Heiko van Eckert

PRAXISHANDBUCH
Vertrieb

Maßgeschneiderte Lösungen für den Kunden

Die Mitarbeiter zum Partner machen

Optimale Rahmenbedingungen schaffen

Cornelsen

Verlagsredaktion: Erich Schmidt-Dransfeld
Technische Umsetzung und Abbildungen: Typeart, Grevenbroich
Umschlaggestaltung: Knut Waisznor, Berlin

 http://www.cornelsen-berufskompetenz.de

1. Auflage   Druck 4 3 2 1   Jahr 08 07 06 05

© 2005 Cornelsen Verlag Scriptor GmbH & Co. KG, Berlin

Das Werk und seine Teile sind urheberrechtlich geschützt.
Jede Nutzung in anderen als den gesetzlich zugelassenen Fällen bedarf der vorherigen schriftlichen Einwilligung des Verlages.
Hinweis zu §52 a UrhG: Weder das Werk noch seine Teile dürfen ohne eine solche Einwilligung eingescannt und in ein Netzwerk eingestellt werden.
Dies gilt auch für Intranets von Schulen und sonstigen Bildungseinrichtungen.

Druck: CS-Druck CornelsenStürtz, Berlin

ISBN 3-589-23681-7

Bestellnummer 236817

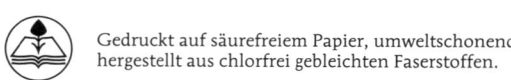
Gedruckt auf säurefreiem Papier, umweltschonend hergestellt aus chlorfrei gebleichten Faserstoffen.

Inhaltsverzeichnis

Einführung 9

Teil A Strategie und Organisation des Vertriebs unter dem Blickwinkel von Kundenorientierung 13

1	**Vertriebsstrategie**	**14**
1.1	Am Anfang steht die Vision .	14
1.1.1	Ihre Unternehmensvision? ..	15
1.2.3	Ihre Vertriebsvision	15
1.1.3	Eine Vertriebsvision entwickeln	16
1.2	Vertriebsanalyse	19
1.2.1	Die 13 wichtigsten Faktoren bei der Vertriebsanalyse	19
1.2.2	Eigene Stärken	25
1.3	Vertriebsstrategie	25
1.3.1	Ihr Spezialgebiet	27
1.3.2	Ihre klar definierte Kernzielgruppe	27
1.3.3	Einzigartige Vertriebsstrategie	29
1.3.4	Customeyes-Vertriebskultur	32
1.3.4.1	*Die 1. Stufe. Gut: Kundenzufriedenheit*	*32*
1.3.4.2	*Die 2. Stufe. Besser: Echte Kundenorientierung*	*33*
1.3.4.3	*Die 3. Stufe. Am besten: Customeyes*	*33*
1.3.5	Gegenprüfen durch eine Checkliste	36
1.4	Spezialthema: Preisstrategie	38
1.4.1	Aktives Preismanagement ...	39
1.4.2	Preisdifferenzierung	40
1.5	Gesamtcheckliste: Vertriebsstrategie	45
2	**Vertriebsorganisation**	**46**
2.1	Die richtige Struktur	47
2.1.1	Unterteilung der Organisation	47
2.1.1.1	*Unterteilung nach Produkten/ Produktgruppen*	*47*
2.1.1.2	*Unterteilung nach Regionen*	*48*
2.1.1.3	*Unterteilung nach Kundengruppen*	*49*
2.1.1.4	*Exkurs: Das Key-Account-Management (KAM)*	*51*
2.1.2	Vertriebskanäle	53
2.1.2.1	*Grundlagen*	*53*
2.1.2.2	*Direkte Vertriebskanäle*	*53*
2.1.2.3	*Indirekte Vertriebskanäle*	*58*
2.1.2.4	*Neue Vertriebskanäle erschließen* ..	*60*
2.1.3	Struktur der Aufbauorganisation	62
2.1.4	Detailstruktur	65
2.1.5	Innendienst-Organisation ..	66
2.1.6	Besonderheit: Vertriebsteams	66
2.2	**Kommunikation und Informationsfluss**	**69**
2.2.1	Customeyes-Kommunikation	69
2.2.2	Schnittstellen der internen Kommunikation	71

2.2.2.1	Schnittstelle Vertrieb	71	
2.2.2.2	Schnittstelle Innen- und Außendienst	72	
2.2.2.3	Schnittstelle Marketing	73	
2.2.2.4	Schnittstelle Technik (Auslieferung/Service/Inbetriebnahme)	74	
2.2.2.5	Schnittstelle Entwicklung	74	
2.2.2.6	Schnittstelle Zulieferer und Lieferanten	74	
2.2.2.7	Schnittstelle Rechtsabteilung	75	
2.2.2.8	Schnittstelle externe Normgremien	75	
2.2.2.9	Schnittstelle Wettebewerb	75	
2.2.2.10	Schnittstelle Kunde	75	
2.3	**Entscheidungskompetenzen in der Organisation**	**76**	
2.4	**Motivation durch Organisation**	**78**	
2.5	**Customeyes-Organisation**	**79**	
2.6	**Vertriebsplan**	**80**	
2.6.1	Organisationsplan	80	
2.6.2	Personalplan	80	
2.6.3	Kommunikationsplan	81	
2.6.4	Motivations- und Förderungsplan	81	
2.6.5	Erstellung des Vertriebsplans	82	
2.7	**Gesamtcheckliste: Vertriebsorganisation**	**83**	
3	**Vertriebsprozesse**	**84**	
3.1	**Vertriebsprozesse identifizieren**	**84**	
3.2	**Einen Vertriebsprozess definieren**	**85**	
3.2.1	Stufen der Vertriebsprozesse	86	
3.2.2	Merkmale je Stufe	89	
3.2.3	Darstellung des Vertriebsprozesses	93	
3.2.4	Vorgehen zur Prozessdefinition	97	
3.2.5	Checkliste: Effiziente Vertriebsprozesse	97	
3.3	**Vertriebsprozess: Kundengewinnung**	**98**	
3.3.1	Stufe 0: Adresse	98	
3.3.2	Stufe 1: Ersttermin vereinbaren	99	
3.3.3	Weiter Stufe 1: Vorbereitung des Erstkontakts	101	
3.3.4	Stufen 1/2/3: Qualifizierte Analyse	103	
3.3.4.1	Wird überhaupt gekauft?	104	
3.3.4.2	Wird bei uns gekauft?	105	
3.3.4.3	Wird jetzt gekauft?	106	
3.3.4.4	Chancen benutzen mit BLUBZEWE	107	
3.3.4.5	Stufe 2: Interessent	107	
3.3.5	Stufe 3: Konzeptkunde	108	
3.3.6	Stufe 4: Angebotskunde	109	
3.3.6.1	Erstellung des Angebots	109	
3.3.6.2	Angebotspräsentation	111	
3.3.6.3	Abschlussverhandlung	111	
3.4	**Kundenwertanalyse**	**111**	
3.4.1	Modelle der Kundenwertanalyse	113	
3.4.1.1	Definition von Betreuungs- und Investitionskunden	113	
3.4.1.2	Klassische ABC-Analyse	113	
3.4.1.3	Portfolio-Analyse mit zwei Dimensionen	114	
3.4.1.4	Portfolio-Analyse mit sprechenden Schlüsseln	115	
3.4.1.5	Portfolio-Analyse mit drei Dimensionen	115	
3.4.1.6	Scoring-Modell	117	
3.4.1.7	Zukunftsorientierter Ansatz: Kundenlebenszyklus-Analyse	118	
3.4.2	Abgeleitete Maßnahmen und Strategien	118	

3.5	Vertriebsprozess Kundenausbau	122	
3.5.1	Stufe 5: Kundenpflege	122	
3.5.2	Stufe 6: Zufriedene Kunden betreuen	125	
3.5.2.1	*Jahresvereinbarung*	*125*	
3.5.2.2	*Servicelevel-Agreement*	*126*	
3.5.3	Stufe 7: Telling customer/ aktiver Empfehlungsgeber	127	
3.5.4	Stufe 8: Partner	132	
3.5.4.1	*Branchen-Know-how teilen*	*133*	
3.5.4.2	*Kooperationen*	*136*	
3.5.4.3	*Netzwerke*	*137*	
3.5.4.4	*Zusammenfassung*	*138*	
3.6	Vertriebsprozess Kundenrückgewinnung	139	
3.7	Die richtige Unterstützung in den einzelnen Phasen	140	
3.8	Ablauforganisation, Prozesse Customeyes	141	
3.9	Gesamtcheckliste: Vertriebsprozesse	142	

Teil B Die konkrete Arbeit mit dem Kunden 143

4	Der direkte Kundenkontakt	144	
4.1	Account-Strategie	145	
4.1.1	Chancenradar BLUBZEWE	146	
4.1.2	Wichtig im B2b und nicht nur dort: Rollen im Buying-Center	149	
4.1.3	Systematisches individuelles Vorgehen	153	
4.1.3.1	*Vier Kundentypen nach INSIGHTS MDI®*	*153*	
4.1.3.2	*Acht Unternehmensstruktur- typen nach dem Graves-Value-System*	*156*	
4.1.4	Checkfragen	158	
4.2	Verkaufsgespräche durchführen	159	
4.2.1	Phasen des Verkaufs- gespräches	160	
4.2.2	Vorbereitung	163	
4.2.3	Beziehungsaufbau	164	
4.2.4	Untersuchungsphase und Fragetechnik	164	
4.2.5	Kaufmotive	165	
4.2.6	Präsentationen	168	
4.2.7	Argumente	173	
4.2.8	Einwandbehandlung	178	
4.2.9	Angebote	182	
4.2.10	Entscheidung	185	
4.2.11	After Sales	188	
4.2.12	Verkaufsgespräche am Telefon	191	
4.3	Kundenorientiertes Verhalten/Kundenservice	192	
4.3.1	Face-to-Face	192	
4.3.2	Telefon	193	
4.3.3	E-Mails	195	
4.3.4	Messen	198	
4.3.5	Reklamationen	198	
4.3.6	10 Regeln für kunden- orientiertes Verhalten im direkten Kundenkontakt	199	
4.4	Zusammenarbeit mit Partnern	200	
4.5	Gesamtcheckliste: Organisation des direkten Kundenkontakts	200	

5	**Verhandlungen durchführen**	**201**	5.10	Spezialthema: Preisverhandlungen ... 226
5.1	Prinzipien	202	5.10.1	Drei Mythen zum Thema Preis ... 227
5.2	Die fünf Phasen der Verhandlung	205	5.10.2	Ihre Einstellung entscheidet . 228
5.3	Erste Phase: Vorbereitung	206	5.10.3	Kleine Rabattpsychologie 230
5.3.1	Ziele der Verhandlung	206	5.10.4	Preisargumentation ... 232
5.3.2	Positionen und Interessen	206	5.10.5	Preistaktiken ... 233
5.3.3	Ziele, Positionen und Interessen des Gegenübers	208	5.10.6	Höhere Preise durchsetzen .. 236
5.3.4	Verhandlungsspielraum	209	5.11	Gesamtcheckliste: Verhandlungen organisieren ... 238

5
Verhandlungen durchführen ... 201

- 5.1 Prinzipien ... 202
- 5.2 Die fünf Phasen der Verhandlung ... 205
- 5.3 Erste Phase: Vorbereitung .. 206
  - 5.3.1 Ziele der Verhandlung ... 206
  - 5.3.2 Positionen und Interessen ... 206
  - 5.3.3 Ziele, Positionen und Interessen des Gegenübers .. 208
  - 5.3.4 Verhandlungsspielraum 209
  - 5.3.5 Kreative Ideen, bittere Pillen, Zuckerl ... 210
  - 5.3.6 Setting ... 211
- 5.4 Zweite Phase: Beziehung aufbauen ... 213
- 5.5 Dritte Phase: Positionen beziehen ... 213
- 5.6 Vierte Phase: Feilschen ... 214
  - 5.6.1 Strategien ... 214
  - 5.6.2 Techniken ... 215
  - 5.6.3 Taktiken ... 216
- 5.7 Fünfte Phase: Kooperation, Ergebnisse festzurren ... 219
- 5.8 Tricks, die man kennen sollte ... 220
  - 5.8.1 Alternativangebot ... 220
  - 5.8.2 Good guy – bad guy ... 220
  - 5.8.3 Ebenen wechseln ... 220
  - 5.8.4 Ja oder Nein? ... 221
  - 5.8.5 Drohung ... 221
  - 5.8.6 Salamitaktik ... 221
  - 5.8.7 Druck ausüben ... 222
  - 5.8.8 Finte ... 223
  - 5.8.9 Andere entscheiden ... 223
  - 5.8.10 „Schmutzige" Tricks ... 223
- 5.9 Verhandeln mit Einkäufern ... 224
- 5.10 Spezialthema: Preisverhandlungen ... 226
  - 5.10.1 Drei Mythen zum Thema Preis ... 227
  - 5.10.2 Ihre Einstellung entscheidet . 228
  - 5.10.3 Kleine Rabattpsychologie 230
  - 5.10.4 Preisargumentation ... 232
  - 5.10.5 Preistaktiken ... 233
  - 5.10.6 Höhere Preise durchsetzen .. 236
- 5.11 Gesamtcheckliste: Verhandlungen organisieren ... 238

Teil C Management des Vertriebs ... 239

- **6 Aufgaben der Vertriebsleitung ... 240**
- 6.1 Ziele setzen ... 241
  - 6.1.1 Ergebnisbezogene Ziele ... 243
  - 6.1.2 Kundenbezogene Ziele ... 245
  - 6.1.3 Mitarbeiterbezogene Ziele ... 245
  - 6.1.4 Prioritäten ... 246
- 6.2 Rahmenbedingungen schaffen ... 247
  - 6.2.1 Vergütung ... 247
    - *6.2.1.1 Vergütungssysteme ... 248*
    - *6.2.1.2 Bemessungsgrößen ... 253*
  - 6.2.2 Aktionsplanung ... 255
  - 6.2.3 Vertriebsmeetings ... 257
- 6.3 Vertriebssteuerung ... 262
  - 6.3.1 Kriterien der Vertriebssteuerung ... 263
  - 6.3.2 Richtig steuern ... 265
  - 6.3.3 Instrumente der Vertriebssteuerung ... 266

6.3.3.1	Balanced Scorecard	266
6.3.3.2	Customer Managed Scorecard	267
6.3.4	Forecast-Planung	268
6.3.5	Steuerung in harten Zeiten . .	272
6.3.6	Checkliste Vertriebscontrolling	274
6.4	**Unterstützung der Vertriebsmitarbeiter . . . .**	**275**
6.4.1	Qualifizierte Mitarbeiter	275
6.4.1.1	Vier Regeln für praxisgerechte Trainings	276
6.4.1.2	SPOT-Methode	277
6.4.1.3	Coaching	281
6.4.2	Engagierte Mitarbeiter	282
6.4.2.1	Motivation	282
6.4.2.2	Führung	283
6.4.3	Spezialthema: Partner und freie Mitarbeiter führen	284
6.4.3.1	Partner	284
6.4.3.2	Handelsvertreter und Freiberufler .	284
6.5	**Veränderungsmanagement**	**285**
6.6	**Checkliste: Erfolgsfaktorenanalyse . . . .**	**289**
6.7	**Gesamtcheckliste: Aufgaben der Vertriebsleitung . . . .**	**292**

7	**Kundenorientierte Vertriebsmitarbeiter . . . . .**	**293**
7.1	**Anforderungsprofil . . . .**	**294**
7.1.1	Rollenverständnis	294
7.1.2	Persönliche Werte	295
7.1.3	Einstellungen	297
7.1.4	Wissen – Können	297
7.1.5	Der Verkäufer im Innendienst	298
7.1.6	Top-Verkäufer-Checkliste . . .	299
7.2	**Recruiting von Vertriebsmitarbeitern . . . . .**	**300**

7.2.1	Auswahl der richtigen Mitarbeiter	301
7.2.2	Mitarbeiter finden	301
7.3	**Selbstorganisation im Vertrieb . . . .**	**307**
7.3.1	Zeitinventur	308
7.3.2	Prioritäten setzen	309
7.3.3	Bedeutung der Tagesplanung	311
7.4	**Selbstmotivation im Vertrieb . . . .**	**312**
7.5	**Gesamtcheckliste: Kundenorientierte Vertriebsmitarbeiter . . . .**	**314**

8	**Integrierte CRM-Systeme .**	**315**
8.1	**Grundlagen des CRM . . . . . .**	**316**
8.1.1	CRM ist „in", warum eigentlich?	316
8.1.2	Was bedeutet CRM im Einzelnen?	317
8.1.3	Die neun Megatrends des CRM	318
8.2	**Eigene Anforderungen klären . . . .**	**319**
8.3	**Auswahl eines Systems . . . . .**	**323**
8.4	**CRM einführen . . . .**	**326**
8.4.1	Erfolgsfaktoren	326
8.4.2	Phasen der Einführung	327
8.5	**Gesamtcheckliste: Integrierte CRM-Systeme . .**	**328**

Nachwort	329
Literaturverzeichnis	331
Stichwortverzeichnis	333

Über den Autor

Heiko van Eckert arbeitet hauptberuflich als Berater, Trainer und Referent für Personal-, Persönlichkeits- und Organisationsentwicklung im Vertrieb. Nach einem Studium der Informatik war er mehr als zehn Jahr lang im Vertrieb von Produkten, Projekten und Dienstleistungen tätig, zuletzt für vier Jahre als Leiter einer Vertriebsniederlassung.

Seit 1997 übt er seine selbstständige Beratungs- und Trainingstätigkeit aus. 2005 hat er mit „salegro" (www.salegro.de) sein eigenes Beratungs- und Trainingsunternehmen gegründet, dessen Anspruch in dem Claim zusammengefasst ist: Wachstum, System, Partnerschaft im Vertrieb.

Heiko van Eckert verfügt über eine Moderatoren- und Managementtrainer-Ausbildung, ist Träger des Siegels „Qualität, Transparenz und Integrität", ausgebildeter NLP-Trainer (INLPTA), zertifizierter INSIGHTS-Berater und akkreditierter TMS-Trainer.

Einführung

Sie sind Vertriebsprofi, Existenzgründer oder aus allgemeinen Gründen am Thema Vertrieb interessiert? Vielleicht Vertriebsleiter/in in einem Unternehmen? Sie haben Kontakt mit Kunden und möchten Ihr Tätigkeitsfeld optimieren? Sie sind in einer Krise oder einem Veränderungsprozess und hätten Ihren Vertrieb gerne neu und besser organisiert? Sie möchten wissen, was es außer den Ihnen bekannten Strategien und Tricks sonst noch im Vertrieb einzusetzen gibt? Sie möchten wissen, wie der aktuelle Stand der Fachdiskussion ist, oder möchten einfach das eine oder andere zum Thema nachschlagen? Für Sie ist das vorliegende Praxishandbuch jetzt der richtige Begleiter.

Als Existenzgründer/in mit zündender Geschäftsidee erfahren Sie, wie Sie Ihre Dienstleistung oder Ihr Produkt optimal beim richtigen Kunden platzieren. Als Mitarbeiter/in einer Vertriebsorganisation erfahren Sie, wie Sie Ihre vertriebliche Tätigkeit optimieren und weiterentwickeln können. Dieses Praxishandbuch möchte Sie zu all den wichtigen Fragen rund um Ihre Vertriebsorganisation umfassend in der Breite der Themen unterstützen.

Umfassende Informationen zur Vertriebsorganisation

Kernthema des Handbuches und Dreh- und Angelpunkt erfolgreichen Vertriebs ist der Kunde – unerlässlich ist es, zunächst seine Bedürfnisse und Probleme zu kennen und zu analysieren um ihm dann maßgeschneiderte Lösungen anbieten zu können. Mit den Augen des Kunden sehen – „customeyes" eben!

Der Kunde steht im Mittelpunkt: „customeyes".

DAS VORLIEGENDE PRAXISHANDBUCH HILFT IHNEN, AUF KEINER EBENE DER VERTRIEBSORGANISATION DEN KUNDENBLICK ZU VERLIEREN.

Dabei ist es wichtig, dass Ihre gesamte Vertriebsorganisation (Vision und Strategie, Struktur, Prozesse, direkter Kundenkontakt), ebenso wie Ihre gesamten Mitarbeiter (Top-Management, Vertriebsleitung, Regionalleiter, Verkäufer), diese gleiche Customeyes-Ausrichtung haben.

Zahlreiche anschauliche Praxisbeispiele und Kundenfragen aus dem Vertriebs- und Berateralltag des Autors bieten Ihnen einen hohen Nutzwert. Das **„Customeyes"-Prinzip** wurde vom Autor entwickelt und ist bereits zum Markenschutz angemeldet.

Was erwartet Sie im Einzelnen in diesem Buch?

In Kapitel 1 beschäftigen wir uns mit dem Thema Strategie. Hier gilt es zunächst, wichtige Fragen zu klären. Wie ist Ihre Unternehmensvision, was sind Ihre Unternehmensziele? Wo wollen Sie hin und sind Sie dabei wirklich kundenorientiert? Darauf aufbauend lassen sich dann die geeignete Vertriebsvision und die daraus abgeleiteten Vertriebsziele sehr klar definieren. Zentraler Punkt dabei ist immer das Wissen über den Kunden und seine Bedürfnisse.

Zieldefinition und Kundenorientierung

Vertriebsorganisation Kapitel 2 widmet sich der optimalen organisatorischen Ausgestaltung des Vertriebs hinsichtlich der definierten Ziele und Strategien. Hier finden Sie Details zu möglichem Aufbau und Struktur, den passenden Vertriebskanälen oder zu effizienter Schnittstellendefinition und Kommunikation. Auch das Thema Vertriebsplan wird ausführlich behandelt.

Vertriebsprozess In Kapitel 3 werden die einzelnen Aspekte eines optimalen Vertriebsprozesses herausgearbeitet. Gibt es bereits einen etablierten Prozess? Sind die einzelnen Phasen und Zuständigkeiten genau definiert? Welchen „Wert" haben Ihre Kunden? Wie können Sie bestehende Kunden halten und ausbauen? Wo liegen die Schnittstellen zu den anderen Bereichen im Unternehmen und gibt es die nötige Unterstützung? Wichtige Fragen, die es bei der Analyse und Definition des individuell passenden Vertriebsprozesses zu beantworten gilt.

Effizienter Verkauf und Kundenkontakt Kapitel 4 steht ganz im Zeichen des effizienten Verkaufs. Der direkte Kundenkontakt ist eine Herausforderung für jeden Mitarbeiter. Dazu gehören die Regeln der Verkaufspsychologie und professionelle Verkaufstechniken ebenso wie konstante Chancenanalysen und Typanalysen im Vorfeld des direkten Kundenkontakts. Bei gründlicher Vorbereitung wird effizientes Verkaufen zum Kinderspiel.

Verhandlungsstrategien Kapitel 5 stellt als Spezialkapitel das Verhandeln in den Mittelpunkt. Hier erfahren Sie alles Wichtige zu den Verhandlungsphasen und zu wichtigen Prinzipen erfolgreichen Verhandelns. Wir zeigen Ihnen Tricks, die Sie kennen sollten, und geben Ihnen Tipps für das Verhandeln mit Einkäufern. Abgerundet wird dieses Kapitel durch das Spezialthema Preisverhandlungen.

Die Rolle der Vertriebsleitung In Kapitel 6 beschäftigen wir uns mit der Rolle der Vertriebsleitung. Was sind ihre wichtigsten Aufgaben? Welche Ziele sollte sie setzen? Wie kann sie optimale Rahmenbedingungen schaffen und im Bedarfsfall zielorientiert nachsteuern? Wie sieht die optimale Unterstützung der Mitarbeiter aus? Wie behält sie im Veränderungsmanagement den Überblick und motiviert in dieser schwierigen Phase ihr Team?

Anforderungen an Vertriebsmitarbeiter In Kapitel 7 gehen wir auf das wichtige Thema „die richtigen Vertriebsmitarbeiter", also kundenorientierte Mitarbeiter, ein. Wie formulieren Sie das richtige Anforderungsprofil? Wie finden Sie die passenden Kandidaten?

Auch die Möglichkeiten der Selbstorganisation und Selbstmotivation der Mitarbeiter werden beleuchtet. Was können die Mitarbeiter selbst zu ihrer Zufriedenheit und ihrem Erfolg beitragen?

Tipps für die Einführung eines CRM In Kapitel 8 kommen wir zum momentan sehr aktuellen Thema Customer Relationship Management. Wir beleuchten die Voraussetzungen für die sinnvolle Auswahl eines passenden CRM-Systems. Dazu gehört auch hier das konsequente Customeyes-Denken und vor allem die genaue Analyse der individuellen Anforderungen an das CRM. Sie finden in diesem Kapitel außerdem Tipps für die erfolgreiche Einführung Ihres CRM, mit Erfolgsfaktoren und der obligatorischen Checkliste.

Einführung

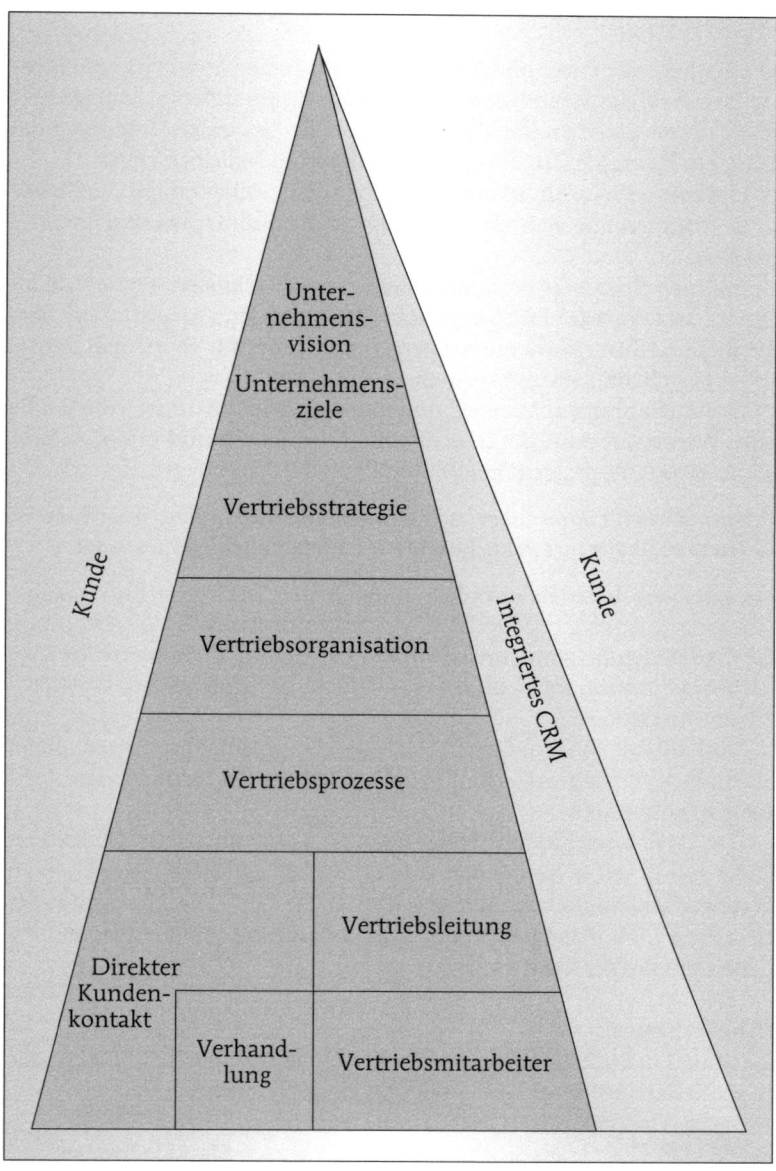

Die Pyramide der behandelten Themen von Zielen und Strategie bis zum operativen Vertriebsgeschehen und der Flankierung durch CRM

Ergänzt werden diese Themen durch zahlreiche Praxisbeispiele aus dem Beratungsalltag des Autors sowie durch zahlreiche Anwenderberichte zu verschiedenen Spezialthemen. Auf sehr anschauliche Art und Weise gelingt somit der Transfer von den theoretischen Grundlagen zum Vertriebsalltag. Spezielle Themengebiete werden so transparent.

Transfer von der Theorie in die Praxis

Gebrauchsanweisung

Das vorliegende Praxishandbuch „Vertriebsorganisation" ist ein Nachschlagewerk, das Sie in Ihrem Alltag unterstützen möchte. Schlagen Sie nach, lesen Sie einzelne Kapitel zu für Sie besonders interessanten Themen, lassen Sie sich durch die geschilderten Fälle inspirieren.

Deshalb werden Sie als aufmerksamer Leser sicher einige Wiederholungen finden, die sich eben aus diesem Nachschlagewerk-Charakter ergeben.

Im Buch finden Sie eine ganze Reihe von Checklisten. Diese sind als Service und Praxistool für Sie gedacht. Die Listen sind so formuliert, dass Sie diese problemlos herauskopieren und sofort für Ihre Analyse und Ihren Berufsalltag nutzen können.

Die Aufzählungen können und wollen natürlich nicht vollständig sein. Wir haben umfassend recherchiert, um Ihnen und Ihrem Außendienst eine Fülle praxisnahen Materials an die Hand zu geben.

Praxisnähe heißt immer aber auch Detailbezug. Bitte ergänzen Sie diese Listen deshalb für Ihre Branche und Ihr Unternehmen entsprechend.

Erfolgreicher Vertrieb erfordert individuelle Strategien und maßgeschneiderte Lösungen. Der Autor möchte Ihnen Wissen vermitteln, Denkanstöße und Anregungen für die Umsetzung Ihrer speziellen Vertriebsorganisation geben und Sie somit bei Ihrer erfolgreichen Vertriebsarbeit unterstützen.

Individuelle Konzepte der Vertriebsorganisation

Deshalb finden Sie in diesem Buch viele Fragen, die Sie anregen sollen, die für Ihre Vertriebsorganisation ganz individuellen Lösungen und Konzepte zu entwickeln.

Das Ende jedes Kapitels bildet nochmals eine Abschluss-Checkliste. Diese soll Ihnen helfen, einen Überblick über die wichtigsten Themen des jeweiligen Kapitels zu erlangen. Nutzen Sie diese Checkliste entweder als kleine „Inhaltsangabe" oder als Überprüfung, ob Sie alle wesentlichen Inhalte des Kapitels erfasst haben.

Urheberhinweis

Sie finden in diesem Praxishandbuch zahlreiche Verweise und Beispiele zu speziellen Verfahren, Analysen und Denk-Systemen:
- Success Insights: INSIGHTS GmbH, Waldshut/Tingen
- P.R.U.N.C.K.: Hans Stöger, Stöger und Partner, Markt Schwaben
- SPIN-Selling: Huthwaite, USA
- SPOT-Methode: Heiko van Eckert, salegro, München
- BLUBZEWE: Heiko van Eckert, salegro, München
- Customeyes: Heiko van Eckert, salegro, München

Details hierzu erfahren Sie bei den jeweiligen Urhebern (siehe Literaturliste) und Besitzern der Warenzeichen.

Teil A

Strategie und Organisation des Vertriebs unter dem Blickwinkel von Kundenorientierung

Vertriebsstrategie
Vertriebsorganisation
Vertriebsprozesse

1 Vertriebsstrategie

Warum beginnen wir dieses Buch über Vertrieb mit dem Kapitel Vertriebsstrategie?

Strategie kommt vor Effizienz und Zahlen.

Ohne Strategie geht es nicht. Strategie kommt vor Organisation, Strategie kommt vor Operation, Strategie kommt vor Effizienz und Zahlen. Und was kommt vor der Strategie? Richtig, die Vision. Die Vertriebsvision und darüber die Unternehmensvision (siehe dazu auch noch einmal die Abbildung in der Einleitung).

1.1 Am Anfang steht die Vision

Jeder strategische Planungsprozess beginnt mit der Vision und den Werten, für die das Unternehmen stehen soll. Sie sind die gemeinsame Basis oder das gemeinsame Endziel. Erst wenn wir wissen, wohin wir wollen, können wir eine Strategie entwickeln, um diese Vision und dieses Ziel zu erreichen.

Was ist eine Vision? Sie ist die konkrete Vorstellung von der zukünftigen Unternehmensentwicklung und die Basis für zielorientierte Maßnahmen. Sie ermöglicht allen Beteiligten, in eine Richtung zu arbeiten.

Eine gemeinsame Vision führt zu produktiver Zusammenarbeit.

Arbeiten ohne gemeinsame Vision führt nicht selten zu kontraproduktiver Zusammenarbeit zwischen den verschiedenen Beteiligten. Jeder geht in irgendeine Richtung, in seine Richtung, aber nicht zwangsläufig in die des Unternehmens. Eine gemeinsame Vision jedoch führt zu einer gemeinsam erlebbaren Ausrichtung der Beteiligten und zu einer produktiven Zusammenarbeit. Weil alle wissen, „wozu und warum", und weil alle die Werte im Wesentlichen teilen. Eine gemeinsame Vision wirkt wie ein Magnet und hilft die Tätigkeiten in eine Richtung auszurichten.

Eine Vision kann so ein machtvolles Instrument für ein Commitment zu einer ambitionierten Strategie sein.

Eine Vision gepaart mit Realitätssinn schafft kreative Energie.

Der Zeithorizont einer Vision ist deutlich größer als fünf Jahre, besser zehn Jahre. Eine inspirierende Vision vor Augen zu haben und gleichzeitig das Wissen über die gegenwärtige Realität lässt eine große und kreative Energie entstehen, die aus einer Vision mit der Zeit Wirklichkeit werden lassen kann.

Ein gutes und immer wieder gerne zitiertes Beispiel für eine Vision, die ungeahnte Kräfte freigesetzt hat, ist die Vision von J. F. Kennedy, der in seiner Antrittsrede als Präsident 1961 Folgendes sagte:

„Diese Nation sollte sich dem Ziel verpflichten, noch in diesem Jahrzehnt einen Menschen zum Mond und sicher wieder zurück zu bringen".

Als Kennedy diese Vision verkündete, setzte er eine hitzige Diskussion in Gang. Zuerst hielt ein Teil der Wissenschaftler es für völlig unmöglich, in dieser kurzen Zeit – wenn überhaupt jemals – zum Mond zu gelangen.

Ein anderer, größerer Teil der Wissenschaftler nahm die Vision an und vertrat den Standpunkt, dass es möglich sei – und setzte damit ungeahnte Kräfte frei. Der Rest der Geschichte ist bekannt.

Visionäre haben eine ganz klare Vorstellungskraft davon, wie etwas sein sollte, das noch nicht existiert. Wie soll Ihr Unternehmen sein, in zehn Jahren?

Unternehmensvision

1.1.1 Ihre Unternehmensvision?

Ja, wie soll Ihr Unternehmen ausschauen in 10 Jahren? Stellen Sie sich die Zukunft vor. Stellen Sie sich doch einmal folgende acht Fragen:

1. In der Zukunft, wie sieht Ihr Unternehmen aus?
2. In der Zukunft, was steht in der Zeitung über Ihr Unternehmen?
3. In der Zukunft, wofür steht Ihr Unternehmen am Markt?
4. In der Zukunft, was sagen Ihre Kunden über Ihr Unternehmen?
5. In der Zukunft, was sagen Ihre Wettbewerber über Sie?
6. In der Zukunft, was sagen Ihre Mitarbeiter, Ihre Mitarbeiterinnen über Ihr Unternehmen?
7. In der Zukunft, wie arbeiten Sie als Führungsteam zusammen?
8. In der Zukunft, worauf sind Sie besonders stolz?

Wir wünschen Ihnen, dass Sie und Ihre Mitarbeiter die Antworten für Ihr Unternehmen auf diese Fragen kennen, denn nur so ist gemeinsames Denken und Handeln durch eine gemeinsame Sicht der Dinge möglich. Dieses so genannte „gemeinsame Geistige" wird mehr und mehr erfolgsentscheidend. Heute und noch mehr in Zukunft können Sie nur noch mit einem Team Gleichgesinnter erfolgreich sein. Mit einem Team, mit einem Unternehmen, in dem alle an einem Strang ziehen.

Erfolgsentscheidend: das „gemeinsame Geistige"

1.1.2 Ihre Vertriebsvision

Ihre Vertriebsvision sollte abgeleitet sein aus der Unternehmensvision. Leider gleichen sich viele Unternehmensvisionen wie ein Ei dem anderen. Denn oft werden Visonen primär für den Kunden formuliert. Sie ähneln eher auf Hochglanz polierten Werbeplakaten, als deutlich darzulegen, wie sich Ihr Unternehmen vom Wettbewerb unterscheidet.

Oft fehlen auch Aussagen, die eine Entwicklungsperspektive aufzeigen. Gerade die Mitarbeiterinnen und Mitarbeiter im Vertrieb aber müssen wissen, wo die Reise hingehen soll.

Deshalb:

Entwickeln Sie, basierend auf der Unternehmensvision, eine spezielle Vertriebsvision, die die naturgemäss recht allgemeinen Aussagen der Unternehmensvision auf die spezielle Arbeit Ihrer Vertriebsorganisation überträgt.

> **Beispiele**
>
> Aus „Wir sind kundenorientiert, Marktführer und Systemanbieter" könnte z. B. werden: „Durch unsere Stellung als Marktführer werden wir bei jedem Individualsoftware-Projekt von über einer Million Euro in der Automobilbranche um ein Angebot gebeten." Oder auch: „Wir werden uns vom führenden Hersteller von Armaturenbrettern zum führenden Systemanbieter für Fahrzeuginterieur entwickeln."

Solche Aussagen können Vertriebsmitarbeitern als Bezugsrahmen für ihr Handeln dienen und sie darüber hinaus viele strategische Entscheidungen besser verstehen bzw. selbst besser treffen lassen. Wichtig ist, dass
- Ihre Vertriebsvision die Vision des Unternehmens unterstützt und
- Ihre Mitarbeiter hinter dieser speziellen Vertriebsvision stehen.

ENTWICKELN SIE DESHALB IHRE VERTRIEBSVISION MIT MÖGLICHST VIELEN BETEILIGTEN.

Entwickeln Sie sie mit Ihren Vertriebsmitarbeitern, Ihren Vertriebsführungskräften und überprüfen Sie später: Ist die Vision allen bekannt? Setzt sie Energie frei? „Macht" sie Ihre Vertriebsmitarbeiter auch „an"?

Die Vertriebsvision muss einen Mehrwert für den Kunden enthalten.

Die entscheidende Frage aber ist: Was hat der Kunde davon? Generieren Sie Mehrwert für Ihren Kunden statt nur zu produzieren und zu verkaufen? Wir hoffen schon.
- Kommt Ihr Kunde vor in Ihrer Vertriebsvision?
- Kommt Ihr Kunde vor in Ihrer Unternehmensvision?

Falls nicht, lesen Sie jetzt, wie Sie eine Vertriebsvision entwickeln, in der Ihr Kunde vorkommt.

1.1.3 Eine Vertriebsvision entwickeln

Visionen entstehen oft informell – im menschlichen Miteinander.

Visionen werden nicht von Komitees geschaffen und entstehen nicht in Führungszirkeln oder in geheimen Workshops mit Unternehmensberatern. Sie entstehen, aus unserer Erfahrung, nicht in formalen Prozessen, sondern in informellen Situationen – oft zwischen Tür und Angel. Deshalb müssen die formalen Meetings zur Visionsfindung aber keineswegs sinnlos sein. Nur wenn sich die Vertriebsleitung auch regelmäßig mit den Visionsprozessen auseinander setzt, kann auf Dauer eine Vision entstehen, die auch von allen Mitarbeitern getragen werden kann.

Bedenken Sie: Ein Unternehmen kann keine Vision besitzen, nur Menschen können dies. Der Unterschied lässt sich leicht erkennen. Gehen Sie einmal auf einen beliebigen Mitarbeiter zu und fragen Sie ihn, was seine Unternehmensvision ist. Deckt sich diese mit der offiziellen, die in Ihrer Visionsbroschüre abgedruckt ist? Prima! Aber, Hand auf's Herz, wo ist das so? Wir jedenfalls haben nur wenige Unternehmen kennen gelernt, in denen das so ist.

> **Praxistipp**
>
> Bevor Sie mit Ihren Mitarbeitern in den Visionsprozess einsteigen, machen Sie doch einmal kurz folgenden Selbstversuch:
> 1. „Wer sind wir?"
>   Schreiben Sie dazu einen kurzen Artikel über max. eine Seite, reduzieren Sie diesen auf 25 Worte, auf einen Satz, auf ein Wort.
> 2. Nennen Sie Aspekte, die Sie für Ihren Kunden einzigartig machen.
> 3. Benennen Sie das Attribut, das den dramatischen Unterschied zu Ihren Wettbewerbern ausmacht.
> 4. „Wer sind die anderen?"
>   Erklären Sie in 25 ehrlichen Worten, wer Ihre wichtigsten Wettbewerber sind, und benennen Sie dabei klare Unterschiede.
> 5. Diskutieren Sie Ihr Ergebnis mit
>   a) Teamkollegen,
>   b) Kunden,
>   c) Produktions-, Lager-, Vertriebs- und Servicemitarbeitern.

Wie also entwickeln Sie eine Vision, die von allen getragen wird? Sie haben schon gemerkt, es ist ein Prozess, kein einzelner Workshop. Dieser kann allerdings ein guter Startpunkt sein. Aber eine Vision muss entwickelt werden, muss leben. Deshalb hier exemplarisch ein möglicher Ablauf eines Workshops als Start eines Visionsprozesses.

Eine Vision muss lebendig sein.

> **Praxis der Visionsentwicklung**
>
> **I. Start Workshop**
> 1. Legen Sie den Fokus der gemeinsamen Ausrichtung fest. Finden Sie ein gemeinsames Verständnis über Inhalt und Ziele der Vision Ihres Unternehmens und auch des Miteinanders in Ihrem Zielszenario.
> 2. Definieren Sie die wichtigsten Fragen, zu denen Sie ein gemeinsames Verständnis schaffen wollen, z. B. Unternehmensziel, Wettbewerber, Kunden, Umgang mit Mitarbeitern, Management etc.
> 3. Berücksichtigen Sie einige Außenperspektiven bei Ihren Fragen: Markt, Kunden etc.
> 4. Formulieren Sie die Fragen so, als ob die Vision schon erreicht wäre. Die Antworten sollen als Wunsch aus der Zukunftsperspektive formuliert werden.
> 5. In einem Meeting beantworten alle Teammitglieder, alle Vertriebsmitarbeiter oder ausgewählte „repräsentative" heterogene Repräsentanten die Fragen eigenständig.
> 6. Unterschiedliche Standpunkte werden erklärt, um ein gemeinsames Verständnis zu erlangen. In Kleingruppen wird jetzt die Quintessenz aus den Antworten gezogen und ein Vorschlag zur Formulierung unterbreitet.
> 7. Diskutieren Sie die Vorschläge im Workshop-Team, bis es für alle Leitsätze ein gemeinsames Verständnis gibt.
> 8. Nun haben Sie eine gute Basis, um mit der inhaltlichen Arbeit zu beginnen.
> 9. Wiederholen Sie diesen Prozess regelmäßig.

II. Operationalisieren

Im nächsten Schritt müssen Sie Ihre Vertriebsorganisation auf die gemeinsame Erfolgsvision ausrichten, diese leben und sich entwickeln lassen. Dies erfolgt am besten in neun Schritten:
1. Die Vision als Zielpunkt definieren.
2. Die gegenwärtige Realität vollständig erfassen.
3. Den Unterschied zwischen Vision und Realität als kreative Spannung begreifen.
4. Die strategische Planung und die Zieldefinitionen für die einzelnen Bereiche auf den Vertrieb herunterbrechen.
5. Die Ziele kommunizieren und transparent machen, sodass alle wissen, wo Sie stehen und wohin Sie wollen.
6. Individuelle Ziele vereinbaren und Entwicklungsmaßnahmen für jeden Vertriebsmitarbeiter definieren.
7. Die Vision weiterentwickeln, um die kreative Spannung zu erhalten.
8. Alles im Auge behalten: Vision, gegenwärtige Realität und Praxis der Umsetzung.
9. Controlling: Sind wir noch auf dem richtigen Weg?

III. Buy-in der Mitarbeiter

Die Vision sollte idealerweise von allen verinnerlicht werden. In der Praxis gibt es jedoch gewisse Unterschiede im Buy-in der Mitarbeiter, denn es wird nicht bei allen auf Anhieb gelingen. Diese Stufen stellen wir in einer sog. Buy-in-Pyramide dar (siehe Abb. 1.1)

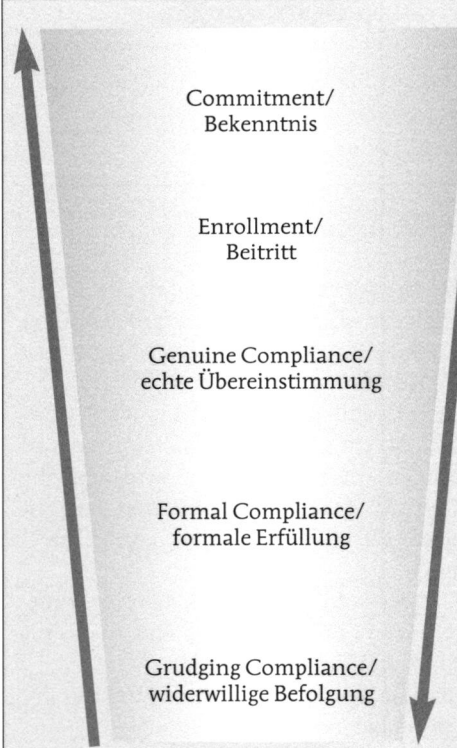

5. Stufe: Commitment/Bekenntnis: Selbstverpflichtung: Der Mitarbeiter, der das Neue aus eigener Überzeugung gänzlich unterstützt und kreativ fördern will.

4. Stufe: Enrollment/Beitritt: Hier erfolgt schon aktive Beteiligung. Der Mitarbeiter will die Vision verwirklichen und mithelfen, das Neue umzusetzen.

3. Stufe: Genuine Compliance / echte Übereinstimmung: Authentische Übereinstimmung mit der neuen Vision. Der Mitarbeiter sieht die Vorteile und tut, was von ihm erwartet wird, manchmal sogar etwas mehr.

2. Stufe: Formal Compliance / formale Erfüllung: Generelle Übereinstimmung mit der neuen Vision. Der Mitarbeiter tut im Großen und Ganzen, was von ihm erwartet wird, aber auf keinen Fall mehr.

1. Stufe: Grudging Compliance / widerwillige Befolgung: Eher widerwillige Umsetzung der Vision. Die Vorteile werden nicht erkannt. Aus Opportunismus tut der Mitarbeiter, was von ihm erwartet wird, lässt aber keinen Zweifel an seiner negativen Einstellung.

Abb. 1.1: Buy-in-Pyramide

Idealerweise schaffen Sie es, in einem solchen „Buy-in-Prozess" möglichst viele Mitarbeiter nach oben zu ziehen, z. B. durch Vorbildfunktion.

GLAUBEN SIE AN IHRE VISION, LEBEN SIE IHRE VISION VOR, UND FEIERN SIE MEILENSTEIN-ERGEBNISSE AUF DEM WEG DORTHIN.

Schnelle Ergebnisse überzeugen.

1.2 Vertriebsanalyse

Bevor Sie nun aus Ihrer Vertriebsvision eine Vertriebsstrategie entwickeln, sollten Sie zunächst die Markt- und Unternehmenssituation gründlich analysieren – und zwar unter Berücksichtigung sämtlicher externer und interner Faktoren.

Analyse der Markt- und Unternehmenssituation

1.2.1 Die 13 wichtigsten Faktoren bei der Vertriebsanalyse

Aus unserer Sicht sind es im Wesentlichen 13 Faktoren, die es zu untersuchen gilt, und zwar:

Die fünf wichtigsten **externen Faktoren**:
1. Marktpotenzial,
2. Wettbewerb,
3. Absatzwege und Vertriebskanäle,
4. Kundenpotenzial,
5. Kundenbedürfnisse, Kundenzufriedenheit.

Faktoren zur **internen Vertriebssituation**:
6. Marktleistung,
7. Vertriebsorganisation,
8. Vertriebsprozesse,
9. Kundenkontakt,
10. personelle Ressourcen,
11. finanzielle Ressourcen,
12. Standort,
13. CRM – Customer Relationship Management.

Für jeden dieser Faktoren finden Sie nachfolgend eine Sammlung von Analysefragen. Auf viele dieser Punkte werden wir später im Buch natürlich noch ausführlicher eingehen. Vorab ist es jedoch wichtig, dass Sie zuerst einmal eine Bestandsaufnahme machen. Nutzen Sie die Fragen in diesem Abschnitt wie eine Checkliste. Machen Sie Notizen, d. h., halten Sie Ihre Antworten schriftlich fest. Das erleichtert nicht nur die Planung aktueller Maßnahmen, sondern ermöglicht den Vergleich, wenn Sie zum späteren Zeitpunkt erneut eine Bestandsaufnahme machen.

Bestandsaufnahme

Analysefragen zur Bestandsaufnahme der vertrieblichen Situation

1. Marktpotenzial
Untersuchen Sie Ihr aktuelles Marktpotenzial:
- Wie entwickelt sich die Marktsituation, welche Trends sind zu erkennen?
- Welche neuen Technologien und Entwicklungen müssen in der vertrieblichen Arbeit berücksichtigt werden?
- Gibt es gesetzliche Aspekte, gesetzliche Veränderungen, die Einfluss auf den Vertrieb nehmen?
- Welche nationalen/internationalen Einflüsse müssen in der Vertriebsarbeit berücksichtigt werden?
- Welche kurz-, mittel- und langfristigen Trends sind zu erwarten und wie wirken sich diese Trends auf uns aus?
- Mit welchen Ereignissen müssen wir im Jahresverlauf rechnen? Welche Folgen ergeben sich für uns?
- Welche Ereignisse des Vorjahres haben wir nicht rechtzeitig erkannt?
- Wie wird sich der Markt entwickeln? Wo finden wir einen wachsenden Markt?
- Wie hoch ist das Marktpotenzial für unser Produkt/unsere Dienstleistung? Wie ist unser Anteil am Marktvolumen und was wäre möglich?

2. Wettbewerb
Analysieren Sie Ihr Wettbewerbsumfeld:
- Welche sind unsere Hauptwettbewerber?
- Wo liegen die Stärken unserer Hauptwettbewerber?
- Welchen Lieferanteil haben unsere Wettbewerber bei unseren Kunden?
- Wie ist der Vertrieb der Wettbewerber organisiert?
- Wie ist die Qualität seiner Vertriebsmitarbeiter einzuschätzen?
- Welches Image hat die Vertriebsorganisation unserer Wettbewerber bei unseren gemeinsamen Kunden?
- Welche vertriebsbezogenen Stärken und Schwächen weist unser Wettbewerber auf und wie schätzen unsere Kunden diese ein?
- Welche Veränderungen stehen bei unseren Wettbewerbern an, die unsere Vertriebsarbeit beeinflussen?
- Wer sind unsere derzeitigen Wettbewerber und wie positionieren sie sich? Wie schätzen sie sich selbst ein? Wie schätzen sie uns ein?
- Auf welche Produkte, Sortiments- und Preisbereiche fokussieren sich unsere Wettbewerber und wie wirkt sich dies auf uns aus? Welche Vertriebskanäle benutzen sie?
- Wie wird sich der Wettbewerbsdruck entwickeln und wie werden die Wettbewerber darauf reagieren?
- Wer sind unsere zukünftigen Wettbewerber?

3. Absatzwege, Vertriebskanäle
Absatzwege und Vertriebskanäle sind zentrale Bestandteile Ihres Vertriebs – denn: Wie kommt Ihr Produkt oder Ihre Dienstleistung zum Kunden?
- In welchen Vertriebskanälen sind wir bereits vertreten?
- Welche wirtschaftliche Bedeutung haben die verschiedenen Absatzwege für uns?
- Welche Bedeutung/welchen Marktanteil haben wir in den einzelnen Vertriebskanälen?
- Welche Bedeutung und welche Dynamik werden die verschiedenen Vertriebskanäle in der Zukunft haben?
- Welche zukünftige Position wollen wir in den Vertriebskanälen einnehmen?
- Ist die Bearbeitung aller Kanäle gleichermaßen gut oder bestehen Qualitätsunterschiede?

- Bestehen Konflikte zwischen verschiedenen Kanälen bzw. sind zukünftige Konflikte zu befürchten? Wie werden wir diese Konflikte lösen?
- Gibt es Überschneidungen zwischen den einzelnen Kanälen?
- Wird es oder sollte es zur Entwicklung neuer Vertriebswege kommen?
- Welche noch nicht genutzten Vertriebswege sollten auf Chancen für Umsatz und Ertragspotenziale untersucht werden?

4. Kundenpotenzial

Nachdem Sie Klarheit über Ihre Absatzwege haben, sollten Sie sich dem wichtigsten externen Faktor zuwenden, dem Kunden.
- Wer sind eigentlich unsere guten Kunden?
- Wer sind unsere A-Kunden?
- Wo verdienen wir Geld? Wer sind unsere wertvollsten Kunden?
- Welche wirtschaftliche Bedeutung haben die einzelnen Kunden für uns?
- Wie ist unser Kunde organisiert?
- Wie ist die finanzielle Situation unserer Kunden? Wie ist ihre Bonität, ihr Zahlungsverhalten etc.?
- Welche geschäftlichen, persönlichen oder sonstigen Veränderungen stehen bei unserem Kunden an und wie sind wir dafür gerüstet?
- Wie ausgeprägt ist die Kundenbindung/Fluktuation wirklich?
- Wie stark ist die Kundenzufriedenheit?
- Wie können wir eine zukünftige Zusammenarbeit mit unseren Kunden sicherstellen? Wie eine engere, eine partnerschaftliche Zusammenarbeit sicherstellen?
- Können wir auch einmal Kunden loslassen? Können wir „nein" sagen, wenn es Kunden gibt, die nicht zu uns passen?
- Wie werden sich unsere Kunden in der Zukunft entwickeln?
- Welche Kundenverluste werden wir voraussichtlich haben? Was bedeutet das für uns?
- Wie viele und welche Neukunden können wir gewinnen? Mit welchem Aufwand?

5. Kundenbedürfnisse/-zufriedenheit

Die Unternehmensberatung Mercuri hat in ihrer zweiten sog. Pisastudie des Vertriebs 140 Einkaufsleiter nach ihrer Zufriedenheit mit den Verkäufern gefragt. Ergebnis: Nur 52 % der Verkäufer bringen aus Sicht der Einkaufsleiter gute oder sehr gute Leistungen. Der Rest hat mehr oder weniger deutliche Mängel. Auch nur gut die Hälfte der persönlichen Verkäuferkontakte wird als wertvoll angesehen. Viele Kontakte sind nicht konkret genug, lassen keinen kundenspezifischen Nutzen erkennen oder die Kompetenzen der Verkäufer reichen nicht aus.

Wenn Sie genauer wissen und analysieren wollen, wie Ihre Kunden mit Ihnen zufrieden sind, fragen Sie sie doch einfach. Machen Sie eine Kundenbefragung!
- Wie könnten wir uns besser auf Sie als unsere Kunden einstellen?
- Wie stoßen Sie auf unser Angebot?
- Wo, wann und wie könnten wir für Sie die Suche nach unserem Produkt oder Service leichter oder günstiger machen?
- Was könnten wir tun, damit wir für Sie selbstverständlich die erste Wahl wären?
- Welche Probleme haben Sie? Wo drückt Sie zurzeit am meisten der Schuh?
- Wann treten diese Probleme auf? Wo und wie treten sie auf, wer ist dabei und wie könnten wir zukünftig dafür sorgen, dass wir von diesen Problemen erfahren?
- Was könnten wir tun, damit Sie als potenzieller Kunde das gut tun können, was Sie nicht können, aber gerne tun würden, wenn Sie wüssten, dass Sie es könnten?
- Wie können wir unser Produkt/unsere Dienstleistung Ihren Bedürfnissen anpassen?
- Wie entscheiden Sie sich?
- Welche Hindernisse und Ängste sind für Sie mit einer Entscheidung verbunden und was könnten wir dagegen tun?

- Wie können wir Ihnen die Wahl erleichtern?
- Welche unbewussten Bedürfnisse haben Sie, die bisher noch niemand erkannt hat?
- Wie bestellen Sie unser Produkt oder unseren Service?
- Wie könnten wir den Bestellvorgang für Sie so leicht wie möglich gestalten?
- Was könnten wir tun, damit wir Ihre Aufträge rechtzeitig erfüllen, besser erfüllen, besser liefern?
- Wie wird das Produkt oder der Service zu Ihnen gebracht?
- Wie könnten wir Kontrolle, Transport, Montage, Installationen, Dokumentationen verbessern?
- Wie können wir Ihnen helfen, das Transportproblem zu lösen?
- Was passiert, wenn das Produkt oder der Service bei Ihnen eingetroffen ist, aber noch nicht einsatzbereit ist?
- Wie wird unser Produkt oder Service bei Ihnen in Betrieb genommen?
- Was könnten wir tun, damit Ihnen die ersten Schritte mit dem Produkt leichter fallen und zu einer positiven Erfahrung werden?
- Wie bezahlen Sie?
- Wie können wir Ihnen die Zahlung erleichtern?
- Wie lagern Sie unser Produkt?
- Was machen Sie eigentlich mit unserem Produkt?
- Was können wir tun, damit Sie möglichst noch mehr davon haben?
- Können Sie unseren Service immer dort in Anspruch nehmen, wo Sie ihn brauchen?
- Wie bekommen Sie Hilfe zu unserem Produkt, wenn Sie sie brauchen?
- Was könnten wir tun, damit aufgetretene Probleme noch besser, schneller und nach Ihren Wünschen gelöst werden?
- Was können wir tun, wenn Produkt oder Service Ihre Erwartungen nicht erfüllen konnten?
- Wie machen wir eine Reparatur zu einem Eingriff, den Sie am besten gar nicht wahrnehmen?
- Wie erhalten wir die Gebrauchsfähigkeit unserer Produkte?
- Wie sorgen wir für eine Langzeitwirkung unserer Dienstleistung?
- Was passiert, wenn Sie das Produkt nicht mehr brauchen und es entsorgen möchten?
- Was tun wir, damit Sie das gebrauchte Produkt bequem und mit gutem Gewissen wieder los werden?

So, wenn Sie nun die externen Faktoren analysiert haben, können Sie sich Ihrer internen Vertriebssituation zuwenden.

6. Marktleistung

Werfen Sie einen kritischen Blick auf Ihr Produkt- bzw. Dienstleistungsportfolio und eventuelle Verbesserungspotenziale.

- Welche Produkte befinden sich in unserem Portfolio?
- Wie könnten wir das Portfolio evtl. straffen?
- Mit welchen Produkten machen wir wie viel Umsatz?
- Mit welchen Produktgruppen machen wir wie viel Gewinn?
- Wo stehen unsere Produkte in ihren Lebenszyklen?
- Welche Dienstleistungen bieten wir an?
- Mit welchen Dienstleistungen machen wir wie viel Umsatz?
- Mit welchen Dienstleistungen machen wir wie viel Gewinn?
- Wo stehen unsere Dienstleistungen in ihrem Lebenszyklus?
- Bieten wir Produkte oder Lösungen?
- Was sind unsere Spezialitäten?
- Wie könnten wir uns zusätzlich abheben?
- Was ist unser USP (Unique Selling Proposition), was ist unser Einmaligkeitsfaktor?

7. Vertriebsorganisation

Führen Sie sich den Status quo vor Augen. Analysieren Sie Ihr derzeitiges Vertriebsumfeld.

- Haben wir die richtige Organisationsstruktur?
- Stimmt die Kommunikation, der Informationfluss zwischen den Einheiten?
- Sind die Entscheidungskompetenzen richtig verteilt?
- Sorgt unsere Organisationsstruktur für Motivation?
- Ist unsere Organisation auf unsere Kunden ausgerichtet?
- Haben wir einen Vertriebsplan?
- Entspricht die Organisationsstruktur unseres Vertriebs insgesamt den heutigen Kundenerfordernissen?
- Entspricht die Aufgabenstellung und organisatorische Eingliederung unseres Key Account Managements und der anderen Vertriebsmitarbeiter den Anforderungen?
- Welche Aufgaben nimmt der Innendienst wahr?
- Wie ist der Innendienst bzw. Kundenservice in die Kundenbetreuung integriert?
- Inwieweit kann durch den Einsatz externer Organisationen flexibler, effizienter und kostengünstiger gearbeitet werden?
- Wo sind Schnittstellen zu den Kunden innerhalb unserer Vertriebsabteilung oder zu anderen Abteilungen im Unternehmen? Läuft dort alles reibungslos?

8. Vertriebprozess

Beleuchten Sie doch Ihre Vertriebsprozesse. Wie führen Sie Ihren Kunden durch seinen Entscheidungsprozess?

- Haben wir überhaupt einen etablierten Vertriebsprozess?
- Sind einzelne Stufen definiert?
- Wissen wir, was in den einzelnen Stufen zu tun ist?
- Haben wir die richtige Unterstützung in den einzelnen Stufen des Vertriebsprozesses?
- Führt uns unser Vertriebsprozess auch direkt zum Kunden?
- Wie gestalten sich Presales-, Sales- und Aftersales-Phase?
- Wie erfolgreich ist der Außendienst bei der Kontaktaufnahme zum Kunden?
- Kennen wir alle wichtigen Personen, die Mitglieder im Buying-Center sind?
- Sind wir ausreichend über die Kundenbedürfnisse informiert, wenn wir anbieten?
- Wie ist unsere Angebotserstellung zu beurteilen? Sind wir professionell, sind wir schnell, sind wir vollständig?
- Sind alle Details unserer Verträge/AGBs aktuell und rechtlich abgesichert?
- Wie ist die Qualität der Auftragsverfolgung?
- Wie ist das Bestellmanagement bzw. die Auftragsabwicklung organisiert?

9. Kundenkontakt

Der direkte Kundenkontakt ist für Ihre dauerhaften Kundenbeziehungen von zentraler Bedeutung.

- Wie agieren unsere Mitarbeiter im Kundenkontakt? Agieren Sie kundenorientiert?
- Haben wir eine Accountstrategie für unsere einzelnen Kundenaccounts?
- Wie ist unsere Verkaufstechnik? Ist sie professionell?
- Gehen wir individuell auf Typen und Zielgruppen ein?
- Sind unsere Vertriebsmitarbeiter selbst gut organisiert?
- Nutzen wir das Potenzial unserer Partner im Zusammenspiel optimal?

10. Personelle Ressourcen

Ihre Vertriebsorganisation besteht aus Menschen. Analysieren Sie Ihren Umgang mit ihnen.

- Wie hoch ist der Auslastungsgrad unserer Vertriebsmitarbeiter?
- Was muss daran ggfs. geändert werden?

- Wie viel aktive Verkaufszeit verbringen unsere Mitarbeiter beim Kunden?
- Welche Anforderungen stellen die Kunden heute an die Qualität der Mitarbeiter und wie ist die Qualität unserer Vertriebsmitarbeiter?
- Wissen die Mitarbeiter, welche Anforderungen an sie gestellt werden und welche Aufgaben sie zu erfüllen haben?
- Gibt es Stellenbeschreibungen?
- Wie erfolgt die Einarbeitung?
- Kennen unsere Mitarbeiter unsere Vertriebsvision?
- Kennen unsere Mitarbeiter unsere Vertriebsziele?
- Sind sie mit unseren Werten konform? Decken sich ihre Werte mit denen des Unternehmens?
- Wie ist die Struktur unserer Vergütungssysteme? Ist sie motivierend und leistungsfördernd für die Mitarbeiter?
- Welche weiteren Motivationsinstrumente werden eingesetzt?
- Wie werden unsere Mitarbeiter weiterentwickelt?
- Agieren unsere Vertriebsmitarbeiter als Unternehmer im Unternehmen? Werden sie auch so behandelt?

11. Finanzielle Ressourcen

Den finanziellen Ressourcen sollten Sie besonderes Augenmerk schenken. Sie sind mit die wichtigste Rahmenbedingung und setzen Grenzen, innerhalb derer Sie kreativ agieren können.
- Welche finanziellen Ressourcen stehen uns für die Vertriebsarbeit zur Verfügung?
- Wie ist die Kostenentwicklung bei den Kunden?
- Welcher finanzielle Spielraum besteht um Kundenforderungen nachzukommen?
- Welcher finanzielle Spielraum besteht um Kundenbearbeitungsmaßnahmen zu optimieren bzw. zu intensivieren?

- Welche Kosten verursacht die Vertriebsorganisation?
- Sind die Möglichkeiten, Kosten einzusparen, ausgeschöpft?
- Welche Möglichkeiten bestehen, effizienter zu werden?
- Steht unseren geldwerten Leistungen entsprechendes Verhalten der Kunden gegenüber?

12. Standort

Den Standortfaktor sollten Sie ebenfalls einer genaueren Betrachtung unterziehen. Diese Rahmenbedingung ist wichtig, da sie sich nur mit großem Aufwand verändern lässt.
- In welcher Lage befindet sich unser Betrieb oder unsere Produktionsstätten?
- Welches ist unser Haupteinzugsgebiet?
- Drängt sich mittelfristig eine Standortveränderung auf?
- In welchem Land, in welcher Region befindet sich unsere Produktion, unser Vertrieb?
- Welches ist unser Hauptvertriebsgebiet?

13. Customer Relationship Management

Das Management der Kundenkontakte lässt sich durch ein CRM-System häufig optimieren.
- Haben wir ein CRM-System?
- Verfolgt unser CRM-System einen integrierten Ansatz?
- Ist unser CRM am Vertriebsprozess orientiert oder orientiert sich der Vertriebsprozess am CRM?
- Wie hilft uns unser CRM-System beim Steuern der Ertragssituation?
- Ist unser CRM-System eine Hilfe für die Kundenwertanalyse?
- Hilft uns unser CRM-System bei der Markt- und Kundenbearbeitung?
- Hilft uns unser CRM-System bei Führung und Steuerung des Vertriebs?

1.2.2 Eigene Stärken

Zum Abschluss der Analyse sollten Sie sich nun auf Ihre Stärken konzentrieren. Ermitteln Sie Ihre Stärken über alle Bereiche hinweg:
- Wo sind wir anders als andere? Wo sind wir einzigartig?
- Was sind unsere Stärken? Wir haben Stärken!
- Welche Stärken können wir gezielt ausbauen? Welche Schwächen vernachlässigen?
- Wie können wir unsere Stärken kombinieren? Zu neuen Leistungen kombinieren?
- Welches ist unser individuelles, unverwechselbares Stärken- und Leistungsprofil?
- Wie können wir den Blick schärfen für neue Betätigungsfelder und Chancen?
- Was ist unser erfolgversprechendstes Spezialgebiet?
- Welche Probleme unserer Kunden können wir mit unseren Stärken lösen?
- Wo können wir Erster sein, Marktführer werden?
- Was machen wir gut, was machen wir gerne und zugleich erfolgreich?
- Wo sind wir die Spezialisten?

Ein Bewusstsein für die eigenen Stärken entwickeln

1.3 Vertriebsstrategie

Kommen wir zur Vertriebsstrategie. Endlich, werden Sie sagen. Aber glauben Sie uns, nachdem Sie sich über Ihre Vision Gedanken gemacht haben und durch den – zugegeben aufwändigen – Analyseprozess gegangen sind, wird es leichter sein, die optimale Strategie zu entwickeln.

**Checkliste:
Wie stark denken und handeln wir strategisch?**

1. Arbeiten wir nach klar definierten Vertriebszielen, heruntergebrochen aus der Vertriebsvision?
2. Reagieren wir flexibel und gleichzeitig fokussiert auf Veränderungen der Rahmenbedingungen?
3. Verlieren wir nie unsere relativen Stärken und Erfolgspotenziale aus den Augen?
4. Ist unser Informationsmanagement darauf ausgerichtet, was für uns wirklich zielführend wichtig ist?
5. Ist unsere klar definierte Zielgruppe immer Richtschnur für unsere Aktivitäten?
6. Machen wir uns häufig Gedanken über bessere Problemlösungen für *unsere* Zielgruppe?
7. Setzen wir neue Impulse etc. auch konsequent genug um, statt diese irgendwo abzulegen und zu vergessen?
8. Basiert unsere Entscheidungsfindung auf festgelegten Kriterien?
9. Haben wir in unserer Zeitplanung auch Luft für mittel- und langfristig wichtige Dinge eingeplant?
10. Reservieren wir uns regelmäßig strategische Planungszeit, um unsere gesamte Geschäftspolitik zu überprüfen?

Auswertung der Checkliste:

Können Sie alle zehn Fragen mit „JA" oder „fast immer" beantworten? Dann herzlichen Glückwunsch! Wenn nein, sollten Sie dieses Kapitel lesen. Hier geht es um die Entwicklung Ihrer Vertriebsstrategie.

Strategische Planung zieht Handeln nach sich.

Es macht unbedingt Sinn, sich über die richtige Vertriebsstrategie ebenso ausführlich Gedanken zu machen wie zuvor über die Vision. Denn: Was der Vertrieb sich strategisch einbrockt, muss er operativ auslöffeln.

Was heißt eigentlich Vertriebsstrategie?

Der Begriff war in der Unternehmenswelt bis Anfang der 60er-Jahre des 20. Jahrhunderts noch weithin unbekannt. Erst 1964 wurde er von Peter Drucker in seinem Buch „Managing for Results" eingeführt. Drucker forderte als Erster eine **aktive Unternehmenspolitik**, denn Ergebnisse entstehen nicht durch die Lösung von Problemen, sondern durch die **Ausnutzung von Chancen**. Die Alternative heißt: entweder Führen oder Scheitern. Manager müssen den „Trend zur Mittelmäßigkeit" stoppen, Strategien überprüfen und anpassen, Ressourcen bündeln und nur die entscheidenden Chancen ergreifen. Aber welche sind die entscheidenden Chancen?

Ergebnisse werden durch die Nutzung von Chancen erzielt.

> AUCH IM VERTRIEB GILT: ERFOLG MUSS ZUERST GEDACHT WERDEN. DESHALB ENTWICKELN ODER PRÜFEN SIE IHRE VERTRIEBSSTRATEGIE, SIE IST DIE RICHTSCHNUR FÜR ZUKÜNFTIGE ENTSCHEIDUNGEN.

Klassische Unternehmensziele sind
- langfristige Gewinnerzielung,
- Kundenbindung,
- Erhöhung des Deckungsbeitrags,
- Erhöhung des Marktanteils und
- Umsatzsteigerung.

Als die Top 5 der Unternehmensstrategien gelten
- Qualität,
- Technologie,
- Service,
- Kosten und
- Marktorientierung.

Wie entwickeln Sie darüber hinaus eine individuelle und vor allem effiziente Vertriebsstrategie?

Damit befassen sich die folgenden vier Unterabschnitte 1.3.1 bis 1.3.4; sie behandeln im Einzelnen Ihr Spezialgebiet, Ihre klar definierte Kernzielgruppe, die Einzigartigkeit der Strategie und die Customeyes-Vertriebskultur.

Vertriebsstrategie 27

1.3.1 Ihr Spezialgebiet

Wenn Sie eine gründliche Analyse Ihrer internen und externen Faktoren durchgeführt und auch Ihre Stärken ermittelt haben (siehe 1.2.2), ist es ein Einfaches, Ihr Spezialgebiet herauszudestillieren. Was können Sie, was können Sie besser als andere, was können Sie am besten (für Ihre Kunden)?
- Sind es Ihre Produkte, die einzigartig sind?
- Ist es Ihre Dienstleistung, die einzigartig ist?
- Ist es die Art und Weise, wie Sie mit Ihren Kunden kommunizieren und/oder zusammenarbeiten?
- Sind es Ihre Mitarbeiter?
- Ist es Ihr Projekt-Know-how?
- Ist es das Zusammenspiel der Partner, Ihres Kompetenznetzwerks?
- Sind es Ihre eigenen Erfahrungen mit der Zielgruppe?
- Ist es der Service, den Sie bieten?
- Ist es Ihre Termintreue?
- Ist es Ihre Innovationsfähigkeit?
- Ist es Ihr Standort?
- Ist es Ihre Präsenz?
- Wo sind Sie die Nr. 1?
- Was ist Ihr konkretes Spezialgebiet? Wofür sind Sie die Experten? Dieses Spezialgebiet bildet die Basis für Ihre Strategie.

Grundlage für jede Vertriebsstrategie: das Spezialgebiet des Unternehmens.

Ein paar einfache Beispiele: Sind Sie Experte für Vertriebssteuerung im IT-Umfeld? Oder sind Sie System-Experte für das komplette Interieur von Automobilen? Oder Spezialist für komplexe Individual-Software-Projekte? Oder Partner für den Betrieb von IT-Infrastruktur für unternehmenskritische Anwendungen? Oder sind Sie weltweit vor Ort als Servicepartner für den Vertrieb von Industriegütern? Oder sind Sie der Berater für Unternehmensberater?

1.3.2 Ihre klar definierte Kernzielgruppe

Die Kernzielgruppe zu ermitteln ist der nächste Schritt.
- Welche ist Ihre Hauptzielgruppe?
- Welche sind Ihre Nebenzielgruppen 1 und 2?
- Was ist das größte Problem Ihrer Kernzielgruppe?

Nicht für abstrakte Geschäftsfelder, sondern für Menschen, sprich: Zielgruppen, sind Ihre Leistungen bestimmt. Nur über den intensiven Austausch mit Ihrer Zielgruppe können Sie Ihre Leistungen zu konkurrenzlosen Spitzenleistungen ausbauen. Und die konsequente Orientierung an einer Zielgruppe wird diesen Lernprozess bei Ihnen auslösen. Deshalb: Nur durch eine genaue Eingrenzung Ihrer Zielgruppe finden Sie Ihre **passende Marktnische**. Ihre Zielgruppe ist wichtiger als Ihre kapitalen Werte. Machen Sie sich das klar.

Die Zielgruppe ist wichtiger als kapitale Werte.

Deswegen: Ermitteln Sie die Zielgruppen hinter Ihrem Geschäftsfeld. Wer könnte das, was Sie besonders gut können, besonders gut gebrauchen? Welche Zielgruppe hat den dringendsten Bedarf für Ihr Spezialgebiet?

Bedenken Sie dabei nicht nur, dass die Kundensegmente immer kleiner werden, nein, die Kunden werden noch dazu auch immer flexibler. Konsumforscher wie Markus Diesler, Nordamerikas jüngster Professor für Marketing- und Konsumforschung, hat 2004 den Begriff des „heteromorphen Wesens", des **„heteromorphen Verbrauchers"** geprägt, der ständig im Wandel begriffen ist. Dank immer neuer Informationstechnologien ist er in der Lage permanent seine Position am Markt zu verändern. Er ist schneller und intelligenter als je zuvor. Er bewegt sich schneller und er verändert sich häufiger als je zuvor. Deswegen gilt mehr denn je: Kundenbesitz ist wichtiger als Produktbesitz – nur so können Sie auch morgen noch wissen, was Ihre Kunden brauchen. Kein Unternehmen kann heute auf allen Hochzeiten, sprich: bei allen Kunden gleichzeitig tanzen. Sie müssen mit Ihren speziellen Kunden verschmelzen.

Kundenbesitz ist wichtiger als Produktbesitz.

BERÜCKSICHTIGEN SIE BEI DER DEFINITION IHRER KERNZIELGRUPPE NICHT NUR HARTE FAKTOREN (BRANCHE, MITARBEITERZAHL, UMSATZ, EINKOMMEN ETC.), SONDERN VOR ALLEM AUCH WEICHE FAKTOREN.

Sind Ihre Kunden offen, modern, technikorientiert, innovativ, konservativ? Haben sie keine Zeit? Sind sie preisbewusst? Sind sie ergebnisorientiert? Legen sie Wert auf lange Beziehungen? etc. etc. etc.

> **Praxisbeispiele**
>
> 1. Ein Kunde von uns, ein Finanzdienstleistungsvertrieb, hat seine Kernzielgruppe wie folgt neu definiert: Menschen, die viel Geld haben oder verdienen, aber wenig Zeit haben, sich selbst darum zu kümmern. Überlegen Sie einmal: Was unterscheidet solch eine Zielgruppendefinition von dieser alten Definition: Gehobener Angestellter, Geschäftsführer oder Unternehmer, kein Beamter oder Arbeiter? Es sind weiche Faktoren, die hier den Ausschlag geben. Denn dieser Vertrieb hatte ermittelt, dass diese weichen Faktoren viel präziser die Zielgruppe beschreiben als harte Faktoren, wie angestellt, verdient mehr als 100 T Euro im Jahr etc. Diese Vertriebsorganisation konnte durch die neue, genauere Zielgruppendefinition sehr viel leichter Produkte und Dienstleistungen, sprich: Lösungen entwickeln, die für diese Kunden Zeit und Geld wert waren.
> 2. Ein Kunde von uns, Möbelhändler, sagte einmal, seine Zielgruppe seien Akademiker, vor allem Ärzte, Professoren und Anwälte, und zwar überwiegend Männer. Während er seine Vertriebsstrategie ausarbeitete, behielt er immer diese Zielgruppe vor Augen. Die Ergebnisse waren

> mäßig. Während unserer Beratung fragten wir, wer denn in der Regel den Erstkontakt herstellt zum Möbelhaus. Ob das wirklich die Professoren, Ärzte und Anwälte waren? Er meinte, nein, das seien deren Gattinnen. Ah, also ist seine Zielgruppe Arzt-, Professoren- und Anwaltsgattinnen, korrigierten wir. Er richtete seine Strategie daraufhin auf Frauen aus, machte seine Kundenzeitschrift zukünftig eher wie eine Frauenzeitschrift auf und seine Umsätze verdoppelten sich.

Brennendstes Problem der Zielgruppe

Wie sagte schon Altmeister Peter Drucker: Nicht Geld zu verdienen ist wesentliches Unternehmensziel („nicht nur falsch, sondern auch irrelevant"), sondern einen Kunden zu finden. „Er entscheidet darüber, was ein Unternehmen ist." Was ist Ihr Unternehmen? Ihr Vertrieb?

Unternehmen sind dazu da, Kunden zu finden. Unternehmen sind dazu da, Kundenprobleme zu lösen, und erst in zweiter Linie, um Kunden Produkte zu verkaufen. Jedes Produkt und jede Dienstleistung sollte beim Kunden ein Problem lösen.

Der Kunde entscheidet darüber, was ein Unternehmen ist.

Problemlösungen für den Kunden

Was ist das größte Problem Ihrer Kernzielgruppe?

Je besser Sie für dieses Problem Ihrer Zielgruppe eine Lösung finden, desto größer wird Ihr Erfolg sein. Übrigens, entscheidend ist dabei, welches Problem Ihre Zielgruppe für ihr wichtigstes hält und nicht welches Sie selbst dafür halten. Überlegen Sie sich also: Wie könnten Sie Ihren Nutzen für Ihre Zielgruppe steigern?
1. Definieren Sie Ihre Kernzielgruppe.
2. Versetzen Sie sich in die Lage Ihrer Zielgruppe und ergründen Sie, welche Probleme diese hat.
3. Spielen Sie in Gedanken die Entstehung, die Nutzung und Entsorgung Ihrer Leistung durch. Überlegen Sie, welche Probleme dabei auftauchen könnten.

Wenn Sie jetzt eine Idee haben, wie Sie das brennendste Problem Ihrer Kernzielgruppe lösen könnten, dann steigen Sie ein in den **Dialog mit Ihrem Kunden**, mit Ihrer Zielgruppe und entwickeln Sie daraus Ihre einzigartige Vertriebsstrategie.

Vorgehensweisen, um den Nutzen für die Zielgruppe zu steigern

1.3.3 Einzigartige Vertriebsstrategie

Werden Sie Problemlöser Nr. 1 für Ihre Zielgruppe.
Einzigartig? Sind Sie einzigartig? Was ist einzigartig an Ihrer Lösung? Haben Sie einen USP (unique selling proposition) bzw. ein Alleinstellungsmerkmal herausgearbeitet?
Dieser USP ist der Schlüssel. Was macht Sie zu der Nr. 1 in Ihrer Zielgruppe?
Wie können Sie Problemlöser Nr. 1 für Ihre Zielgruppe werden?
Oder warum sind Sie Problemlöser Nr. 1 in Ihrer Zielgruppe?
Hier gilt es, kreativ und innovativ zu werden.

Sich als Problemlöser Nr. 1 für die eigene Zielgruppe etablieren

> **Fünf Beispiele aus der Praxis:**
>
> 1. Ein Stahlbauer, der in Deutschland produziert und baut, bietet seinen Kunden neben Stahl zusätzlich Ingenieurdienstleistungen. Er hilft ihnen so, durch verbesserte Statik, innovative Planung etc. die Gesamtkosten des Stahlbaus niedriger zu machen, als wenn er mit herkömmlicher Planung den billigen Stahlbauer aus einem Niedriglohnland engagiert hätte.
>
> 2. Ein PU-Schaumhersteller (ein echtes Commodity-Produkt) führt Designs individueller Dosen für seine Kunden aus und stellt diese auch selbst her, um seinen Kunden die Möglichkeit geben zu können, sich im Markt abzugrenzen gegen den Wettbewerber, der genau den gleichen PU-Schaum verkauft.
>
> 3. Ein Autoverleiher bietet eine Mobilitätsoption für seine Kunden an: Sie mieten ein Auto und können es in München am Flughafen abgeben, fliegen nach Hamburg, nehmen sich dort ein Mietauto gleichen Typs und geben diesen Wagen in Frankfurt am Flughafen ab. Sie fliegen zurück nach München und steigen dort erneut in ein anderes Auto dieses Vermieters ein. Der Preis ist nur wenig höher als die Leasingrate des gleichen Modells, aber deutlich niedriger als die Summe einzelner Anmietungen der betreffenden Autos.
>
> 4. Die Firma Mobility Car Sharing aus der Schweiz geht noch einen Schritt weiter. Sie verkauft einen frei wählbaren Zugang zu einem bunt gemischten Fahrzeugpool. Die einzelnen Fahrzeuge mietet und zahlt man je nach Bedarf. Der Zukunftsforscher Mathias Horx bezeichnet so etwas als Lifestyle-Leasing und ein Geschäftsmodell der Zukunft.
>
> 5. Besonders originell ist folgendes Beispiel aus der Wirtschaftswoche vom September 2004: Die Absolventin Michelle Cox hat über 65 Spitzenmanager der größten und bekanntesten Unternehmen in Deutschland angeschrieben und hat sie gefragt: „Wie wird man CEO?" Ergebnis: Über 35 Manager schrieben zurück, die meisten persönlich. Auch eine einzigartige Strategie, um sich selbst zu verkaufen.

Strategien lassen sich nicht übertragen und sollten individuell entwickelt werden.

Hier sieht man sehr schön, jede einzigartige Strategie funktioniert nur für die passende Person, die eine Vertriebsorganisation, das eine Unternehmen, und sie ist nicht duplizierbar. Deshalb entwickeln Sie Ihre Vertriebsstrategie. Ihre einzigartige Vertriebsstrategie. Verkaufen Sie Lösungen statt Produkte. Verkaufen Sie Dienstleistungen statt Produkte. Wir sind auf dem Weg in die Dienstleistungsgesellschaft. Der Markt und der Bedarf für Dienstleistungen wächst. Ganz im Gegensatz zum Produktmarkt, wo es meist gesättigte Märkte mit vergleichbaren Produkten gibt, die unter Preisdruck stehen.

Der Markt für Dienstleistungen dagegen ist sehr unterschiedlich, sehr segmentiert und damit eher profitabel, weil Sie kundenspezifische Dienstleistungen vermarkten können. Deshalb: Verkaufen Sie Ihrer Kernzielgruppe die beste (Ihre!) Lösung für deren brennendstes Problem.

Lösen Ihre Lösungen das Problem Ihrer Zielgruppe?

Das ist die entscheidende Frage. Ich hoffe doch ja, oder? Prüfen Sie das doch einmal mit den Augen der Kunden.

Konzentrieren Sie sich auf diese Lösung?
Spitz statt breit ist eines der Vertriebsgeheimnisse.
- Konzentrieren Sie sich auf Ihre Zielgruppe.
- Konzentrieren Sie sich auf Ihr Spezialgebiet.
- Konzentrieren Sie sich auf Ihre Lösung.

Öffnen Sie damit die Türen bei Ihren Kunden. Dann erst machen Sie sich breit.

Übrigens, in einer Umfrage unter 170 Unternehmen hat die Firma Dr. Wieselhuber & Partner herausgefunden, dass Innovation, insbesondere Produktinnovation, ein häufig überschätzter Türöffner ist. Den entscheidenden Wettbewerbsvorteil sehen Unternehmen nämlich nicht in der Entwicklung neuer Produkte, sondern in der Innovation auf ganz anderen Feldern. Für 55 % der Unternehmenslenker heißt das, Prozesse neu zu entwickeln. Und für jeweils 48 % neue Wege im Vertrieb zu gehen oder neue Verfahren zu entwickeln.

Wir sagen, entwickeln Sie neue Lösungen: nämlich Ihren individuellen Türöffner.

Entwicklung eines individuellen Türöffners

Wachstumsstrategie: Einfach zum Ziel
Auch wenn Sie weiter wachsen wollen und dafür eine Strategie suchen, bleiben Sie bei Ihrer Kernkompetenz. Der Megatrend 2010 ist der **Wunsch nach weniger Komplexität**. Weniger Produkte, ein schlankeres Produktportfolio schafft mehr Umsatz. Entscheidend sind bessere Lösungen. Künftig zählt vor allem Vertrauen. Dies sagte zumindest der Ex-ALDI-Manager Dieter Brandis in einem Gespräch mit der Zeitschrift Akquisa: „Je einfacher, desto besser, lautet bekanntlich meine Devise. Nicht Perfektion führt zum Erfolg, sondern Klarheit." „Nehmen Sie das 2003 eingeführte neue Preissystem der Bahn. Es war perfekt, aber zu komplex. Es hat nicht funktioniert und die Kunden haben es deshalb nicht angenommen."

Was zählt, sind bessere Lösungen und Vertrauen.

Einfachheit ist eine Unternehmensphilosophie, die in allen Bereichen des Unternehmens zum Ausdruck kommen muss. Deswegen überlegen Sie: Könnten Sie durch eine Reduktion der Komplexität Ihre Positionierung Kunden gegenüber verdeutlichen und so der Problemlöser Nr. 1 Ihrer Zielgruppe werden?

Ist Ihre Vertriebsstrategie zukunftstauglich?
Ihre Strategie und Ihre Leistung können und müssen permanent verbessert werden. Die Konkurrenz schläft nicht und ist heute auf vielen Märkten so groß, dass Stillstand früher oder später Ihre Wettbewerbsfähigkeit einschränken wird.

Der zweite Grund ständig innovativ bleiben zu müssen ist, dass die Bedürfnisse und Probleme Ihrer Kunden sich ständig ändern. Da Sie aber beständig bester Problemlöser Ihrer Zielgruppe sein wollen, müssen Sie natürlich auch Ihre Leistung, Ihre Lösung anpassen. Innovation heißt deswegen vor allem auch: Leistungsanpassung und Leistungsverbesserung. Vergessen Sie dabei nicht:

> IHRE INNOVATION MUSS SICH IMMER AM BRENNENDSTEN PROBLEM
> IHRER ZIELGRUPPE ORIENTIEREN.

Ändert sich das Problem, muss sich auch Ihre Problemlösung ändern! Zukünftig wird mehr denn je gefragt sein, Geschäfte und nicht nur Produkte neu zu erfinden. Ja, nicht nur Geschäfte neu zu erfinden, sondern Geschäfte auch neu zu betreiben. **Vertriebsleadership** ist „One to one ownership". Man besitzt einen Kunden, weil man besser als andere in der Lage ist, in strategisch fokussierten Segmenten die spezifischen Probleme und Wünsche der Kunden zu bedienen, die spezifischen brennendsten Probleme der Kunden zu lösen.

Kunden „besitzt" man, weil man ihnen die beste Problemlösung bietet.

1.3.4 Customeyes-Vertriebskultur

Ein Geschäft, bei dem nichts als Geld verdient wird, ist ein schlechtes Geschäft. Deshalb geht es nicht nur darum, Produkte zu verkaufen, deshalb geht es nicht nur darum, Lösungen zu verkaufen. Es geht darum: Wie stellen Sie Ihre Kunden zufrieden? Wie bringen Sie Ihren Kunden einen Nutzen? Wie sind Sie kundenorientiert? Wie sind Sie „customeyes"? Sehen Sie wirklich mit „customer's eyes"?

Dem Kunden einen Nutzen bringen

Nachfolgend die drei Stufen einer kundenorientierten Vertriebskultur:

1.3.4.1 Die 1. Stufe. Gut: Kundenzufriedenheit

Wir alle kennen die Wirkungen von Kundenzufriedenheit. In verschiedenen Studien, u. A. bei Armin Töpfer: „Kundenzufriedenheit messen und steigern", finden sich folgende Beispiele:
- 600 % teurer ist es, neue Kunden zu gewinnen als vorhandene zu halten.
- 300 % größer ist bei sehr zufriedenen Kunden die Wahrscheinlichkeit, dass sie nachbestellen, als bei nur zufriedenen Kunden.
- Fast 100 % ist die Wahrscheinlichkeit, dass sehr zufriedene Kunden zu den besten Werbeträgern des Unternehmens werden.
- 95 % der verärgerten Kunden bleiben dem Unternehmen treu, wenn das Problem innerhalb von 5 Tagen gelöst wird.
- 75 % der zu Wettbewerbern wechselnden Kunden stören sich an mangelnder Servicequalität.
- Nur 25 % der zu Wettbewerbern wechselnden Kunden stören sich an unzureichender Produktgüte oder zu hohen Preisen.
- Über 30 % der Gesamtkosten der untersuchten Dienstleister werden durch Nachbesserungsaufwand verursacht.
- Über 30 % des Jahresumsatzes gibt ein durchschnittliches befragtes Industrieunternehmen für die Wiedergutmachung von Fehlern aus.

- 7,25 % beträgt die Steigerung des ROI (Return on Invest), die jeder Prozentpunkt nachhaltig gesteigerter Kundenzufriedenheit bewirkt.

Und dabei ist es doch so einfach:
Denn guter Service – Kundenzufriedenheit – ist eine Frage der Freundlichkeit. Und nicht eine Frage von ausgefallenen Angeboten. Das ist zumindest das Ergebnis einer Studie des Hamburger DTM-Teams. Die meisten der bundesweit 1.000 befragten Verbraucher werten es bereits als Zeichen von besonderem Kundenservice, wenn die Mitarbeiter eines Unternehmens einfach nur freundlich sind.

Freundliche Mitarbeiter gelten als Zeichen von besonderem Kundenservice.

1.3.4.2 Die 2. Stufe. Besser: Echte Kundenorientierung

Kundenzufriedenheit ist gut, aber ich frage mich manchmal, warum fahre ich quer durch die ganze Stadt, und ich wohne in München, um zu meinem Friseur zu kommen? Warum fahren wir mit unserer Firma über 100 km, um in einem italienischen Restaurant unsere Weihnachtsfeier abzuhalten? Wo es im Umkreis von 5 km mindestens 30 andere italienische Restaurants gibt, hier in München?

Wie schaffen es diese Anbieter, uns zu bewegen? Sie sind kundenorientiert! Mein Friseur kennt mich, weiß, dass ich wenig Zeit habe, und hält deswegen die vereinbarten Termine pünktlich ein, und mein Espresso steht auch schon bereit. Und der Italiener? Pipo bietet einfach eine tolle Show. Wo sonst noch singt der Chef persönlich „O sole mio"? Dennoch habe ich meinen Friseur gerade gewechselt und unsere nächste Weihnachtsfeier wird auch woanders stattfinden. Warum?

1.3.4.3 Die 3. Stufe. Am besten: Customeyes

Es ist das bisschen mehr, das langfristig den Unterschied macht. Sie wollen noch besser sein als nur kundenorientiert. Und Ihre Kunden dauerhaft binden und „besitzen". Sie wollen handeln, als würden Sie den Kunden mit seinen Augen sehen. Als würden Sie aus den Augen Ihres Kunden sehen. Versetzen Sie sich in seine Lage, erspüren Sie seine Bedürfnisse.

Nochmal: Es geht darum, wie Sie es schaffen, Ihren Kunden dauerhaft zu helfen bessere Geschäfte zu machen. Wie schaffen Sie es, Ihre Kunden so zu bedienen, als würden sie mit Ihrem Fachwissen in deren Situation die Entscheidungen treffen? Wir fragen uns im Vertrieb immer, wenn wir mit unserem Fachwissen in der Situation des Kunden wären, was würden wir tun? Würden wir uns von unserer Firma beraten lassen?

Dem Kunden dauerhaft helfen, bessere Geschäfte zu machen

Die Indianer meinten: Urteile nie über jemanden, ehe du nicht einen Mond lang in seinen Mokassins gelaufen bist. Wir meinen: Verkaufe keinem Kunden etwas, bevor du nicht wochenlang mit seinen Augen geschaut hast.

CUSTOMEYES IST MEHR ALS KUNDENORIENTIERUNG. ES BEDEUTET: ALLE DIENEN DEM KUNDEN.

Die Customeyes-Philosophie umspannt das ganze Unternehmen.

Im B2b bedeutet dies: Alle helfen dem Kunden, dauerhaft bessere Geschäfte zu machen. Und allgemein gilt: Customeyes ist eine Philosophie, die das gesamte Unternehmen durchspannt.

> **Drei Beispiele aus der Praxis**
>
> 1. Der Chefredakteur einer neuen Zeitung im Tabloid-Format verkaufte zum Verkaufsstart seine Zeitung nicht nur an allen Kiosken und mit Straßenverkäufern, nein, außerdem hat er die Redakteure dafür gewonnen, zumindest in den ersten Monaten zweimal pro Woche ab 22.00 Uhr das Blatt eigenhändig in Frankfurter Kneipen zu verkaufen. Er selbst machte natürlich auch mit. So lernten die Redakteure Ihre Leser, also ihre Zielgruppe, richtig kennen.
> 2. Bei IKEA hilft auch der Geschäftsführer an der Kasse aus, falls es wirklich einen Engpass gibt zur Rushhour.
> 3. Das schönste Beispiel kommt aus Japan. Folgende Durchsage ist bei japanischen Busfahrern durchaus üblich: „Mögen die ehrenwerten Passagiere sich festhalten. Ich bremse jetzt, weil die Ampel rot ist". Vielleicht übertreibt der ehrenwerte Busfahrer ein wenig, zumindest aus unserer Sicht. Dennoch können wir von ihm lernen. Er denkt an das Wohl seiner Fahrgäste und er teilt es ihnen mit. Diese fühlen sich bei ihm aufgehoben, sie sehen, dass er sich für sie verantwortlich fühlt und dieser Verantwortung folgt. Hinter dieser zitierten Durchsage steckt eine Haltung, die Busfahrer und Fahrgäste zu einer vertrauensvollen Gemeinschaft verbindet. Dies ist gelebte Customeyes-Kultur.

„Mögen die ehrenwerten Passagiere sich festhalten. Ich bremse jetzt, weil die Ampel rot ist."

Wie erreichen Sie Customeyes?

Wahrhafte Customeyes-Vertriebe bieten an, wonach die Kunden suchen. Durch beständige Innovation, Kundenfeedback und den Einsatz von Wissen macht sich ihr Unternehmen unentbehrlich in ihrer Zielgruppe. Wahre „Customeyes-Vertriebskultur" erreichen Unternehmen aber nur, wenn alle Mitarbeiter mitziehen. Wie sie das schaffen?

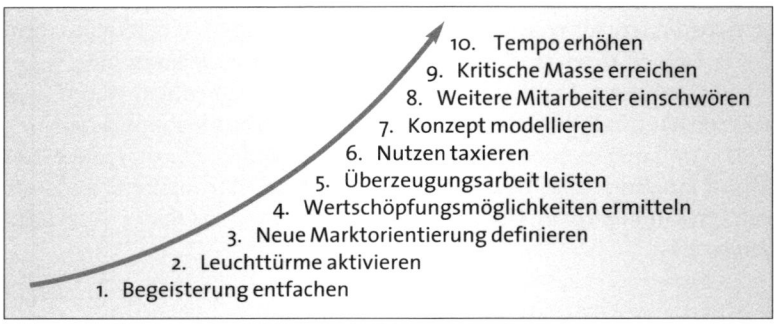

Abb. 1.2: Zehn Schritte in einer Customeyes-Vertriebskultur

Zehn Schritte zu einer Customeyes-Vertriebskultur:

1. Schritt:
Begeisterung entfachen
Der erste und entscheidende Schritt ist getan, wenn die richtigen Leute in einem Unternehmen unruhig werden, weil sie erkennen, dass das Unternehmen seinen Kunden neue Möglichkeiten aufzeigen muss, da es sonst Gefahr läuft an den Rand gedrängt zu werden.
Schaffen Sie eine Customeyes-Vision. Seien Sie fest entschlossen Ihren Unternehmensbereich für Ihre Kunden unentbehrlich zu machen.

2. Schritt:
Leuchttürme aktivieren
Wenn Vertriebsleiter Begeisterung für die neue Richtung entdeckt haben, brauchen Sie auf allen Ebenen Leute, die eine Vorreiterrolle spielen. Denn beziehen Sie gleich zu Beginn zu viele und vor allem die falschen Leute ein, kostet es viel Zeit und Mühe sich mit den Mitarbeitern auseinander zu setzen, die Widerstand gegen alles Neue leisten, solange sie nicht sehen, dass es funktioniert.
Da Customeyes neue Vorgehensweisen voraussetzt und sich nicht darin erschöpft, dass man den Kunden zuhört und entsprechend reagiert, braucht das Unternehmen Leute, die bereit sind mit der Vergangenheit zu brechen und auch dann weiterzumachen, wenn es irritierender Weise noch keine harten Fakten gibt.
Solche Menschen sind die Leuchttürme eines Unternehmens, eines Customeyes-Unternehmens.

3. Schritt:
Die neue Marktorientierung definieren
Definieren Sie Ihre Zielgruppen. Fordern Sie Kundenbesitz statt Produktbesitz.
Überlegen Sie sich, wie Sie das brennendste Problem Ihrer Zielgruppe lösen können.

4. Schritt:
Ermitteln Sie Wertschöpfungsmöglichkeiten
Was nutzt die schönste Lösung, wenn es dafür kein Businessmodell gibt?
Entwickeln Sie für Ihre Problemlösung ein Geschäftsmodell.

5. Schritt:
Überzeugungsarbeit leisten
Entwickeln Sie eine Vertriebsstory. Geschichten sind überzeugender als Geschäftspläne und nützlicher für Unternehmen, die sich im Wandel zu einer Customeyes-Kultur befinden.
Menschen, und hier meine ich nicht nur Mitarbeiter, sondern auch Kunden, reagieren oft mit Angst und Abwehr auf Geschäftspläne, während eine glaubwürdige Erzählung ein interessantes Bild entwerfen und sowohl an den Verstand als auch an die Emotion appellieren kann.

6. Schritt:
Nutzen taxieren
Damit die neue Customeyes-Strategie auch aufgeht, müssen Sie für Ihr Unternehmen analysieren, wie Sie damit Ihre Zahlen verbessern können.
Wenn Sie den Nutzen berechnen, müssen Sie mit einbeziehen, dass Kunden, die neue Angebote annehmen und dafür zahlen, eine stärkere Beziehung zu dem Unternehmen aufbauen und oft auch das bestehende Angebot in größerem Umfang nutzen. Nachhaltigere, vielfältigere und tiefer reichende Einnahmequellen wirken sich positiv auf das Betriebsergebnis aus.
Sie sollten sich jedoch vor dem weit verbreiteten Fehler hüten, schon im Voraus Beweise für diese zusätzlichen Möglichkeiten zu verlangen.

7. Schritt:
Das Konzept modellieren
In den folgenden Phasen muss das Unternehmen den Kunden und den Mitarbeitern den Beweis liefern, dass das Konzept funktioniert. Dazu bezieht man am besten die Kunden mit ein und lässt sie an den ersten Erfolgen mit teilhaben.
Die Modellierung des Konzepts beginnt mit einem Workshop, den das Unternehmen mit Kunden abhält. Aber nicht als Promotion, sondern zu Forschungszwecken.

8. Schritt:
Weitere Mitarbeiter einschwören
Oft beklagen Vertriebsleiter, dass es das Schwierigste im gesamten Prozess sei, Vertriebsmitarbeiter, die im Tagesgeschäft sehr stark eingespannt sind, dazu zu bringen, sich ernsthaft für ein neues Konzept zu engagieren. Um sie für ein Konzept zu gewinnen appellieren Sie sowohl an ihren Verstand als auch an ihre Emotionen. Sie müssen eingebunden werden. Die anderen Einheiten mit Kundenkontakt müssen Sie ebenfalls gewinnen, damit ein einheitliches Angebot für den Kunden entsteht, damit jeder, der Kontakt mit dem Kunden hat, Customeyes lebt und versteht.

9. Schritt:
Die kritische Masse erreichen
Wenn genügend Kunden auf die neue Strategie Ihres Unternehmens reagieren, stellt sich auch der nachhaltige Nutzen ein. Wie schaffen Sie das? Eine Möglichkeit besteht darin, es den Kunden leicht zu machen, „ja" zu sagen. Eine weitere Möglichkeit besteht darin, dass man dem Kunden sowohl die finanziellen als auch die immateriellen Vorteile aufzeigt. Wenn es Ihrem Vertrieb gelingt, Ihren neuen Ansatz für die wichtigsten Kunden unentbehrlich zu machen, müssen Sie danach trachten, die kritische Masse zu erreichen.

10. Schritt:
Das Tempo erhöhen
Wenn Kunden, die ein bestimmtes Ergebnis anstreben, das Unternehmen in dieser Hinsicht für unentbehrlich halten, beeinflussen sie auch andere potenzielle Kunden. Von da an beginnen die erhofften Erträge zu fließen und die Investition in Customeyes macht sich bezahlt.
In dieser Phase der Temposteigerung sollten Sie sich deshalb nicht fragen, gehört es uns, sondern wissen wir, wie das geht, und setzen wir unser Wissen richtig und immer wieder ein und halten es auf dem neuesten Stand.

Niemand würde behaupten, dass es leicht sei, in seinem Unternehmen eine wirklich Customeyes-Kultur aufzubauen. Aber das ist die einzige Möglichkeit die Konkurrenz hinter sich zu lassen. Das gilt gleichermaßen für Sie, wenn Sie Neues aus dem Nichts aufbauen und das Rampenlicht und den Wohlstand auf sich ziehen wollen, als auch für diejenigen Etablierten unter Ihnen, die nach wie vor mit kurzfristigen Taktiken und Strategien konkurrieren wollen oder müssen.

1.3.5 Gegenprüfen durch eine Checkliste

Wenn Sie Ihre Strategie erarbeitet haben, sollten Sie, bevor Sie dann Ihre Customeyes-Vertriebskultur etablieren, noch einige kurze Checks machen, im Sinne der Checkliste auf der gegenüberliegenden Seite.

Checkliste: Customeyes-Strategie

1. Unternehmerischer Aspekt
- Passt unsere Vertriebsstrategie zu den Personen in Führung und Management?
- Passt unsere Vertriebsstrategie zu unserer Firmen-/Vertriebs-Kultur?
- Ist die Finanzierung möglich?
- Sind die Ertragsquellen ausreichend?
- Wie können wir die Strategie intern und extern kommunizieren?
- Haben wir die nötige Flexibilität für diese neue Kultur? Wie schaffen wir die nötige Flexibilität?
- Haben wir die nötigen Distributionskanäle bzw. können wir sie schnell genug aufbauen?

2. Organisatorische Herausforderungen
- Ist die neue Vertriebsstrategie, die neue Vertriebskultur in Übereinstimmung zu bringen mit unserer Unternehmensstruktur?
- Welche Mitarbeiterbeteiligungsmodelle stehen dieser Strategie im Weg oder konterkarieren sie gar?
- Welche Finanzierungsmodelle könnten möglich sein oder müssen erarbeitet werden oder stehen dem entgegen?
- Können wir damit die Rentabilität der eigenen Technologien vorantreiben?
- Was ist mit gewerblichem Rechtsschutz für diese Idee?
- Wie sehen Kooperationsmodelle aus und haben wir dafür genügend juristische Erfahrung?

3. Nutzencheck
Die alles entscheidende Frage für Ihre Strategie lautet:

Bieten Sie den größtmöglichen Nutzen für Ihre Zielgruppe?

Nutzenmaximierung für Ihre Zielgruppe muss ganz klar vor Gewinnmaximierung für Ihr Unternehmen gehen. Nur so sichern Sie dauerhaft Ihr Überleben. Nur so sichern Sie dauerhaft die Verbindung zu Ihrer Zielgruppe.

4. Transparenzcheck
Was nützt Ihnen die beste Strategie, wenn sie keiner kennt? Nach einer Vertriebsumfrage der Absatzwirtschaft und Mercer Unit Research Consulting geben zwar 73,1 % der Befragten an, es gebe eine Vertriebsstrategie in ihrem Haus, doch nur 38,5 % der Mitarbeiter ist diese auch transparent. Deshalb: Binden Sie Ihre Mitarbeiter mit ein in die Entwicklung der Strategie und machen Sie diese Strategie transparent. Leben Sie Customeyes auch in Ihrem Verhältnis zu Ihren Mitarbeitern, sozusagen „Employeyes".

1.4 Spezialthema: Preisstrategie

Als besonderen Aspekt der Vertriebsstrategie möchten wir hier auch Ihre Preisstrategie beleuchten.

Auf Seiten der gewerblichen Abnehmer und des Handels ist eine rasante Konzentration auszumachen. Die frühere Aussage, mit 20 % aller Kunden tätigen wir 80 % des Umsatzes, ist mehrheitlich nicht mehr zutreffend. Häufig reichen 8 bis 12 % aller Kunden, um diese 80 % des Umsatzes zu tätigen. Dadurch entsteht ein gigantischer Preisdruck im B2b-Markt (Business-to-Business).

Gigantischer Preisdruck im B2b-Markt

Ein Kunde von uns hat es neulich einmal sarkastisch formuliert: „Wir müssen aufpassen, dass die Rabatte nicht unseren Umsatz übersteigen".

Auf der anderen Seite steigen die Anforderungen an Service und Dienstleistungen auf Seiten der Abnehmer gewaltig. Immer mehr Unternehmen geraten in dieser Schere in Probleme. Dies ist oft der Anfang vom immer wieder zitierten, global initiierten Verdrängungswettbewerb, der immer härtere, kompromisslosere Formen annimmt.

Ein Beispiel: Anlässlich der Ausschreibung eines Kommunikationsnetzwerkes lagen unserem Kunden Angebote von fünf Anbietern vor, das niedrigste Angebot bei 320 T Euro. Daraufhin veranstaltet der Kunde eine Internetauktion von 15 Minuten und fordert alle Anbieter auf, nun innerhalb dieser Zeitspanne neue Preise anzubieten. Ergebnis: Unser Kunde konnte das Projekt für einen Preis von 210 T Euro vergeben.

Das wird zur Mode werden. Es freut die Kunden, aber freut es auch Sie als Vertriebler?

Rabatt oder Ruin?

Heißt es Rabatt oder Ruin? Oder muss die Frage eigentlich heißen: Rabatt und Ruin? Was ist los am Markt?

Der Preis verliert als strategisches Marketinginstrument an Bedeutung.

In einer aktuellen Mercuri-Preisstudie aus dem ersten Halbjahr 2003 wird festgestellt, dass in der aktuellen, aus den genannten Faktoren resultierenden Preisschlacht der **Preis** immer mehr **an Bedeutung als strategisches Marketinginstrument verliert**. Dann verliert aber auch die Frage, welcher Preis sich am Markt tatsächlich durchsetzen lässt, ihre strategische Bedeutung. Damit verzichten Sie jedoch auf dringend benötigte Erlöspotenziale. Denn Preisnachlässe schlagen stärker als jede andere Marketingmaßnahme auf den Gewinn Ihres Unternehmens durch. So führt nach einer Musterrechnung (die einbezogenen Eckwerte schwanken natürlich je nach Unternehmen) eine 1%ige Senkung der fixen Kosten nur zu durchschnittlich 2,3 % mehr Betriebsgewinn. Eine 1%ige Anhebung der Absatzmenge bringt immerhin schon 3,3 % mehr Betriebsgewinn. Eine 1%ige Anhebung des Preises führt jedoch zu sage und schreibe 11 % mehr Betriebsergebnis. Oder anders herum ausgedrückt: eine 1%ige Senkung des Preises mindert den Betriebsgewinn um mehr als 10 %!

1.4.1 Aktives Preismanagement

Vor dem Hintergrund der oben skizzierten Zusammenhänge ist allerdings die Schlussfolgerung der befragten Manager überraschend: Nur knapp ein Viertel sehen die Preispolitik als Erfolgsfaktor in der Krise gestärkt. 42 % sehen die Preispolitik unter den gegenwärtigen Bedingungen sogar als weniger wichtig an. Eine aktive Preispolitik wird in wirtschaftlich schwierigen Zeiten offenbar kaum als Handlungsoption wahrgenommen. Für Sie bedeutet das:

> MIT EINEM AKTIVEN PREISMANAGEMENT, MIT EINER PREISSTRATEGIE, VERSCHAFFEN SIE SICH EINEN AKTIVEN WETTBEWERBSVORTEIL.

Denn in vielen Ihrer Wettbewerbsfirmen fehlt eine systematische und gezielte **Rabattsteuerung**. Es gibt keine klare Regelung und die Verantwortung ist häufig zwischen Marketing- und Vertriebsleitung im Außendienst zersplittert. Richtig wäre es jedoch, den Außendienst bei seiner Arbeit zu unterstützen und zu motivieren. Aber auch Kontrollen und Grenzen einzuführen, die Willkür bei der Rabattvergabe verhindern.

> DIE VERTRIEBSSTRATEGIE MUSS EINE RABATTSTRATEGIE BERÜCKSICHTIGEN.

Es muss ein generelles Umdenken stattfinden. Der Rabatt sollte sich bewusst bei allen Mitarbeitern als gleichberechtigte Größe neben dem Umsatz in den Köpfen festsetzen. Das Vergütungssystem muss daher als zusätzliche Größe neben dem Umsatz den gewährten Rabatt berücksichtigen. Dies ist über ein Prämien- oder ein Provisionssystem möglich (siehe auch Abschnitt 6.2.1). Die Einführung eines klar definierten Rabattsystems ist unerlässlich.

Unerlässlich: ein klar definiertes Rabattsystem

> DAS GRUNDPRINZIP EINES RABATTSYSTEMS MUSS LAUTEN: KEINE LEISTUNG OHNE GEGENLEISTUNG.

Es muss definiert werden, welche Leistungen des Kunden einen Wert darstellen und welche daher mit zusätzlichen Rabatten honoriert werden. Im einfachsten Fall wählt man den Umsatz des Kunden als Rabattbasis. Darüber hinaus bieten sich Kriterien wie Kundenloyalität, Flexibilität bei Lieferungen oder bestehende Wartungsverträge an. Zusätzlich ist eine klare Regelung nötig, die festlegt, bis zu welcher Grenze der Außendienst selbstständig Rabatte vergeben darf. Erreicht ein Außendienstmitarbeiter seine Grenze, muss er sich an die nächsthöhere Instanz, z. B. den regionalen Vertriebsleiter, wenden.

> FÜR DIE PRAXIS GILT UNBEDINGT: WOLLEN SIE UNTERNEHMER-VERKÄUFER, GEBEN SIE IHNEN AUCH DEN PASSENDEN RABATTRAHMEN!

Preisgestaltung/Rabattpolitik aus einer Hand

Des Weiteren muss die Preisgestaltung/die Rabattpolitik für jeden Kunden in einer Hand liegen. Im internationalen Vertrieb zum Beispiel ist es für den Kunden sonst einfach, die Rabatt-Rosinen der einzelnen Ländervertriebe herauszupicken und sich so seinen Rosinenkuchen aus weltweiten Angeboten zusammenzustellen.

Die Praxis hat gezeigt, dass es in einigen Unternehmen häufig mehr als fünf Ansprechpartner gibt, die Preise mit den Kunden verhandeln. Neben dem Außendienst sind daran oft alle Hierarchiestufen im Vertrieb, diverse Personen im Innendienst und auch die Geschäftsleitung beteiligt. Bei einem derartig verschachtelten System lernen Kunden sehr schnell, wen sie anrufen müssen, um noch ein paar zusätzliche Prozentpunkte zu holen. Die erfolgreichste Lösung liegt in der **Zusammenführung der Preisverhandlungen an einer Stelle** im Unternehmen. Bei einer hohen Anzahl von Aufträgen und Kunden sollte dies der Außendienstmitarbeiter selbst sein. Dieser kennt die Kunden und kann ihre Zahlungsbereitschaft am besten einschätzen.

Zusammenführung der Preisverhandlungen an einer Stelle

1.4.2 Preisdifferenzierung

Eine weitere entscheidende Frage für Ihre Preisstrategie lautet: Wollen Sie teuer oder billig sein?

Hersteller und Dienstleister im Billigsegment muten den Kunden immer mehr versteckte Kosten zu. Die Kunden müssen häufig mehr an Ressourcen investieren denn je. Und verzichten oft darauf, sie dem Anbieter zu belasten. Es stellt sich also die Frage: Welche Preisstrategie wünscht Ihre Kernzielgruppe? Und daraus ergibt sich die Frage nach Ihrer Preisstrategie: Wollen Sie teuer oder billig sein? Als Spezialist, Innovations- oder Kompetenzführer dürfen Sie unter Umständen teuer sein, richtig teuer. Als Kostenführer müssen Sie billig sein, richtig billig.

Richtig billig bzw. konsequent rationalisiert

Im Markt sind heute verschiedene Modelle der Rationalisierung bekannt. Einige davon möchten wir Ihnen kurz vorstellen. Diese Modelle zeigen auf, wie man mit Rationalisierung Wege finden kann, sich im Billigsegment zu etablieren, um auch hier Geld zu verdienen.

Rationalisierungsmodelle

Modell 1: „McDonaldisierung"
Der Fastfoodgigant hat die Essenskultur modernisiert und rationalisiert. Eine geschichtlich einmalige Leistung. McDonald's hat sich in den letzten Jahrzehnten atemberaubend schnell auf der ganzen Welt ausgebreitet und neue Standards gesetzt. Das ist sein Geheimnis: neue Küchengeräte, verbesserte Frischhaltetechniken, vereinfachte Abläufe, neue Jobbezeichnungen, Unternehmertum für jedermann dank Franchising und das alles standardisiert – weltweit standardisiert.

Modell 2: „Starbuckisierung"
Starbucks hat das Fastfoodmodell von McDonald's neu erfunden und es innerhalb weniger Jahre weltweit umgesetzt. Das Starbucksmodell steht für einen bestimmten Lebensstil, der mit Kaffee- und Pausenzeiten beschrieben werden kann. Spannend wird es sein, wie sich Starbucks in Europa durchsetzt. Denn wer etwa in einem Luxushotel wie dem Adlon in Berlin einen Espresso trinkt, bezahlt weniger als bei Starbucks schräg gegenüber. Die Frage ist, wie lange sind die Kunden hierzulande bereit, eine Premium-Lifestile-Marge zu bezahlen?

Modell 3: „Walmartisierung" (oder „Migroisierung" in der Schweiz)
Was dieses Modell auszeichnet, ist das radikale, konsequente Ausnutzen aller Möglichkeiten, die der Heimatmarkt bietet, und dann den Mut zu haben, auch mit wachsender Ausdehnung niedrigste Kosten durch niedrigste Distributionskosten zu realisieren.

Modell 4: „Aldisierung"
Aldi ist die Hardcoreversion von Walmart. Aldi ist deutsch, gründlich und konsequent. Aber vor allem: einfach.

Modell 5: „Vegaisierung bzw. Venedigisierung"
Venedig ist das Gegenmodell zu Las Vegas. Für erwachsene Europäer ist Venedig die Basis für modernisierte Unterhaltung. Anders als Las Vegas steht Venedig nicht für Trends, sondern für Tradition. Venedig bietet, wie andere europäische Städte auch, als Spektakel die Tradition. Freizeitstädte wie Las Vegas oder Venedig stellen nichts mehr her, sie exportieren nichts mehr, sie importieren lediglich Menschen, die billige Dienstleistungsjobs ausüben.

Warum sind diese Modelle erfolgreich?
Drei Prinzipien machen diese Modelle der Rationalisierung so stark:
1. EFFIZIENZSTEIGERUNG UND EINFACHHEIT
- Effizienz passt optimal zur Einfachheit. Aldi vergrößert sein Sortiment nicht, um sich nicht zu verzetteln. Effizienz lässt sich durch Outsourcing steigern.
- Effizient ist, wer Mittelsmänner als Zwischenverdiener ausschaltet und den direkten Zugang zu Endgebraucher und Hersteller sucht. Das Ziel ist, so unabhängig wie möglich zu werden.
- Effizienzsteigerung bedeutet auch, das bereits Vorhandene durch Detailpflege zu optimieren.
- Das Motto lautet: Bigger is better! Die Fastfoodanbieter machen es vor und vergrößern ihre Produkte laufend. Nach dem Burger kam der Doppelburger, nun kommt der Trippleburger. Der Aufwand für die Mehrleistung ist minimal im Vergleich zum Mehrpreis.

2. Vorhersehbarkeit
Der Kunde weiß bereits im Voraus, was ihn erwartet.
- Dies wird auch durch eine ritualisierte Kundeninteraktion erreicht. Diese darf aus Effizienzgründen nur sehr kurz sein. Notfalls läuft sie, wie bei McDonald's, nach Drehbuch.
- Der Kunde will eine Erfolgsgarantie, er will sich nicht langweilen. Disneyland beherrscht dieses „Satisfaction guaranteed"-Einstellung meisterhaft. Alles ist perfekt, jedes Detail stimmt.

3. Kontrolle und Wiederholung
Bei den Rationalisierungsmodellen sind Routinisierungs- und Wiederholungsgrad der Arbeit so hoch wie möglich. Das System kontrolliert alle Abläufe.

Wenn Sie billig werden wollen, schauen Sie sich die Modelle an, übertragen Sie sie auf Ihre Branche, finden Sie Ihre Wege, beherzigen Sie die Prinzipien und merken Sie sich, wenn billig, dann richtig billig. Falls Sie das nicht werden wollen, hilft nur eines:

Raus aus der Rabattfalle

Viele Unternehmen fragen sich nach wie vor, wie sie ihre Preise weiter senken können. Diese Frage führt letzten Endes in eine Abwärtsspirale aus sinkenden Preisen, sinkender Leistung, sinkendem Profit und weiter sinkenden Preisen. Die Praxis sieht dann z. B. so aus: Ist der Preis zu hoch, geht man ins Ausland und lässt dort produzieren. Früher oder später verlegt auch der Wettbewerb seine Produktion. Anschließend treffen sich wieder alle beim Kunden, nur diesmal mit geringeren Preisen.

Kundenmehrwert statt Preiskampf

Die alte Preisfrage muss deshalb dringend ersetzt werden durch eine neue Frage: **„Wie können wir unserem Kunden einen attraktiveren Mehrwert bieten?"** Oder noch besser: Wie können wir unserem Kunden helfen, dass er noch bessere Geschäfte macht?

Allein durch diese neue Frage verändern Sie Ihre Perspektive. In den Fokus rückt unmittelbar Ihr Kunde mit seinen Wünschen und Befindlichkeiten. Sie gewinnen einen frischen Blick auf die Menschen, die Sie begeistern und für Ihr Angebot gewinnen wollen. Kernfragen sind:
- Wie können wir durch Kooperationen mit Lieferanten Mehrwert für unsere Kunden und neue Lösungen für deren Probleme finden?
- Wie können wir unseren Service differenzieren? Was brauchen unsere Kunden noch?
- Wie können wir unsere Leistungen differenzieren?
- Wie können wir unser Produkt noch besser machen?
- Was ist denn das Besondere an unserem Produkt?
- Was zeichnet unseren Service aus?
- Aus welchen Gründen sind unsere Preise zu Recht höher als die unserer Wettbewerber?

Die acht Etappen zu besseren Preisen

1. Schritt: Pricingteam
Berufen Sie ein eigenes Schnittstellen-Team ein, das für die Preisfindung innerhalb des Unternehmens zuständig ist.
Durch die Einbeziehung aller betroffenen Abteilungen steigt die Motivation und Akzeptanz für ein wirklich strategisch orientiertes Pricing.

2. Schritt: Preismotive
Die internen und externen Gründe für die Preisfindung müssen umfassend transparent gemacht werden. Denn Hintergründe und Motive definieren Handlungsfeld und Instrumentarium bei Ihren Kunden und bei Ihnen.

3. Schritt: Marktsegmentierung
Eine betriebswirtschaftlich attraktive Marktsegmentierung ermöglicht es, Kunden mit vergleichbaren Anforderungsprofilen zusammenzufassen und entsprechend passende Preisprofile festzulegen. In welchen Segmenten befindet sich Ihre Zielgruppe?

4. Schritt: Preisangebotskombination
Finden Sie Preis- und Angebotskombinationen für die Marktsegmente und analog dazu justieren Sie die Marketinginstrumente.

5. Schritt: Konditionenpolitik
Integrieren Sie Konditionenpolitik, Liefer- und Zahlungsbedingungen und Rabatte.

6. Schritt: Preisziele
Richten Sie die Arbeitsabläufe im Vertrieb auf Ihre Preisstrategie aus. Geben Sie Ihren Mitarbeitern konkrete Preisziele vor und justieren Sie Organisationsstruktur und Steuerungssysteme entsprechend.

7. Schritt: Führungskräfteinformation
Integrieren Sie Ihre Führungskräfte, ihnen kommt zur Umsetzung eine Schlüsselrolle zu.

8. Schritt: Implementierung
Implementieren Sie Ihre Strategie bei den Vertriebsmitarbeitern (Training, Coaching).

Wenn schon Rabatt, dann aber richtig

Auch wenn Sie eine Preisstrategie entwickelt und umgesetzt haben, werden Sie manchmal nicht umhinkommen, Rabatte zu gewähren. Wie kleine Unterschiede große Wirkung machen können, gerade wenn es um Preise geht, möchten wir an einem Kundenbeispiel erläutern.

Beispiel

Bisher hatte unser Kunde sein Produkt zum Preis von 10 Euro pro Stück angeboten. Beziehder mit einem Mengenvolumen von
- mehr als 200 Stück pro Jahr bekamen einen Rabatt von 5 %
- mehr als 400 Einheiten pro Jahr einen Rabatt von 12,5 % und
- von mehr als 700 Einheiten pro Jahr einen Rabatt von 20 %.

Wir haben das System **umgestellt auf** einen einfachen sog. **inkrementellen Mengenrabatt.** Und das bedeutet:
- Ab einer Abnahme von 100 Stück pro Jahr reduziert sich der Preis für alle weiteren Einheiten um 10 %.
- Ab 200 Stück steigt der Rabatt auf 20 % und
- ab 400 Stück auf 25 % bei allen weiteren Abnahmen.

Der Vergleich zeigt:
Bei einem auf den Gesamtumsatz bezogenen fast gleichen durchschnittlichen Rabatt wie beim ursprünglichen System motiviert das neue System so jedoch zu zusätzlichen Käufen und bindet den Kunden ganz erheblich an das Unternehmen.

So wird z. B. ein Kunde, der bereits 300 Einheiten nachgefragt hat, durch einen 20%igen Rabatt auf jedes weitere Stück an den Hersteller gebunden und das, obwohl der durchschnittliche Rabatt auf die Gesamtmenge von 300 Einheiten nur 10% beträgt. Außerdem ist die nächste Preisabsenkung ab 400 Einheiten bereits in Sicht.

Die Konkurrenz kann jetzt, um einen Auftrag von diesem Kunden zu erhalten, nur durch ähnlich hohe Rabatte nachziehen. Allerdings kostet sie das deutlich mehr, da sie sofort, d. h. bereits für die erste Lieferung an diesen Kunden einen Rabatt von 20 bzw. 25% gewähren muss und nicht über die Ertragssteigerung der Anfangsumsätze mit nur geringem Rabatt verfügt.

Hier die Gegenüberstellung in Zahlen für 100 bis 1.000 Stück:

Kaufmenge St.preis 10 €	Mengenrabatt alt	Gesamtpreis alt	Rabatt neu	Gesamtpreis neu
100	–	1.000 €	–	1.000 €
200	5%	1.900 €	100 ▷ 0% 100 ▷ 10%	1.900 €
400	12,5%	3.500 €	100 ▷ 0% 100 ▷ 10% 200 ▷ 20%	3.500 €
800	20%	6.400 €	100 ▷ 0% 100 ▷ 10% 200 ▷ 20% 400 ▷ 25%	6.500 €
1.000	20%	8.000 €	100 ▷ 0% 100 ▷ 10% 200 ▷ 20% 600 ▷ 25%	8.000 €

Sie sehen in diesem Beispiel: Kleiner Unterschied – große Wirkung! Außerdem ersparen Sie sich die Diskussionen, wenn der Kunde die vereinbarten Zielmengen doch nicht abnehmen konnte. Und Sie haben nebenher auch noch einheitliche Preise mit einheitlichen Rabattstaffeln für „alle Kunden".

Spezialthema: Preisstrategie

Ihr Weg?

Wenn es um die Preisstrategie geht, gilt das Gleiche wie für die Vertriebsstrategie. Entscheidend ist, dass Sie Ihren Weg finden, dass Sie Ihre Strategie finden, die zu Ihnen passt, die zu Ihren Zielkunden passt und die zu Ihrer Vertriebskultur passt.

Eine individuelle Preisstrategie entwickeln

Kleine Checkliste zur Überprüfung Ihrer Preispolitik:
1. Wo liegen unsere Preise im Vergleich zum Marktdurchschnitt?
2. Wo liegt unsere Qualität im Vergleich zum Marktdurchschnitt?
3. Liegt unsere Preispolitik schriftlich vor?
4. Ist unsere Preispolitik jedem Mitarbeiter bekannt?
5. Verfügen wir über eine klare schriftliche Rabattregelung?
6. Werden Rabatte nie nach Gutdünken gewährt?
7. Ist unser Mahnwesen straff organisiert? Mahnen wir pünktlich und konsequent?
8. Bieten wir unseren Kunden Finanzierungsmodelle, die helfen, seine Finanzierungsprobleme zu lösen?

1.5 Gesamtcheckliste: Vertriebsstrategie

1. Am Anfang steht die Vision
- Haben wir unsere Vertriebsvision gemeinsam mit unserem Team definiert?
- Ist unsere Vision so dokumentiert, dass sie jedem Mitarbeiter frei zugänglich ist?
- Setzt unsere Vertriebsvision in unserer Vertriebsorganisation Energie frei?

2. Vertriebsanalyse
- Sind wir uns unserer USPs im Vergleich zum Wettbewerb bewusst?
- Haben wir die internen und externen Faktoren gründlich analysiert?

3. Vertriebsstrategie
- Kennen wir unsere Kernzielgruppe und deren größtes Problem?
- Sind alle unsere (Vertriebs-)Mitarbeiter in der Lage, mit den Augen ihrer Kunden zu sehen?

4. Preisstrategie
- Welche Preisstrategien gibt es in unserem Unternehmen?
- Sind Rabattquoten Bestandteil der Zielvereinbarungen mit unseren Mitarbeitern?

2 Vertriebsorganisation

Die geeignete Organisationsform für die gewählte Strategie finden

Auf dem Weg zum optimalen Vertrieb steht nach erfolgreicher Ausarbeitung der Strategie die nächste wichtige grundsätzliche Entscheidung an: Mit welcher Vertriebsorganisation können Sie die gewählte Strategie am besten umsetzen? Dabei lohnt es sich, etwas Zeit in die Überlegungen zur Optimierung der Organisationsform zu investieren, denn in ineffizienten Organisationen werden zu viele Ressourcen verschwendet und Potenziale nicht gehoben.

Besserer Verdienst durch flexible Organisation

Schlechte Organisationen kosten Geld. Je mehr Bürokratie Unternehmen zulassen, desto weniger profitabel sind sie. Je flexibler Unternehmen sich organisieren, desto besser verdienen sie. Prüfen Sie deshalb gündlich die für Ihre Ziele passende Organisationsform und strukturieren Sie bei Bedarf um oder neu.

Zu häufige Umstrukturierungen wiederum können zu absurden Situationen führen, beispielsweise zu jährlich wechselnden Betreuern für einen Kunden. Ein uns bekanntes Unternehmen hat binnen fünf Jahren jetzt die sechste Umstrukturierung hinter sich, und jedes Mal wechseln für bestimmte Kunden Ansprechpartner und zuständige Serviceorganisation. Trotzdem sollten Sie regelmäßig überprüfen, ob die eingesetzten Mittel und Wege noch die richtigen sind. In den vergangenen Jahren wurden z. B. durch das Internet und die boomenden Call-Center in vielen Branchen traditionelle Vertriebsstrukturen aufgebrochen und die Karten neu gemischt. Fazit:

> DIE PASSENDE ORGANISATION IST WICHTIG, MANCHMAL IST EINE NEUORGANISATION ALSO SINNVOLL, ABER ÜBERTREIBEN SIE ES NICHT.

Der Organisationsaufbau sollte langfristig geplant werden.

Wenn Sie eine Organisation neu aufbauen, dann bedenken Sie, dass Sie über das Vertriebssystem und die Vertriebswege nicht jedes Jahr neu diskutieren können. Überlegen Sie sich Ihre Entscheidungen deshalb genau. In einigen Branchen gibt es darüber hinaus **etablierte Vertriebsstrukturen** (z. B. Mehrstufigkeit, Handel, Handwerk) die **nicht ignoriert** werden können. Ob Sie diese Strukturen nutzen wollen oder eben gerade nicht, das sollten Sie erst nach gründlicher Überlegung entscheiden.

Booz Allen Hamilton ermittelte in einer aktuellen Studie, dass eine gesunde, konkurrenzfähige Organisation sich durch **vier Schlüsselfaktoren** auszeichnet:

Klar definierte Zuständigkeitsbereiche; ungehinderter Informationsfluss

- **Struktur**: Ebenen und Einheiten sind klar angelegt. Jeder im Unternehmen weiß, wofür er zuständig ist.
- **Information**: Information und Know-how fließen effizient und effektiv zwischen Einheiten und Ebenen.
  Der Unternehmenseigner bzw. das Topmanagement erkennt schnell wichtige Veränderungen im Wettbewerb dank guter Informationswege innerhalb der Organisation.

- **Entscheidungskompetenz**: Entscheidungsrechte sind klar abgegrenzt und über die Ebenen hinweg verteilt.
  Obere Führungskräfte mischen sich nicht in kleine Detailentscheidungen ein, sie stören keine Arbeitsabläufe und behindern ihre Mitarbeiter nicht.

  Klar abgegrenzte und verteilte Entscheidungsrechte

- **Motivation**: Anreizsysteme sind auf die Ziele des Unternehmens abgestimmt.
  Flexible und variantenreiche Anreizsysteme sorgen für die richtige Motivation. Es wird nicht nur mit Geld versucht zu motivieren. Umfragen belegen, dass Unternehmen, die ihren Mitarbeitern Gestaltungsspielraum lassen, mit besonders starker Loyalität belohnt werden. Im Einzelnen dazu später noch mehr.

  Abgestimmte Anreizsysteme

2.1 Die richtige Struktur

Ohne eine Organisation herrscht Chaos. Das Ziel einer funktionierenden Organisation ist also eine klare Struktur und damit eine Verbesserung des Unternehmens-, sprich: Vertriebserfolgs.

Die Struktur ist das Bindeglied zwischen den verschiedenen Einheiten und somit die Basis für Vereinfachungen, höhere Effizienz und Optimierung des Erfolgs.

Wie sind die Ebenen und Einheiten in Ihrem Unternehmen angelegt? Berücksichtigen Sie dabei neben den harten auch immer die weichen Faktoren? Und vor allem auch Ihre Kunden? So kann ein Erfolgsfaktor einer Vertriebsorganisation z. B. in flachen Strukturen und einer größeren Spreizung im mittleren Management liegen. Ein anderer ist auch hier wieder die Kundensicht.

Berücksichtigung des Kunden

I̲HRE O̲RGANISATION SOLLTEN S̲IE DESHALB IMMER WIEDER AUCH AUS K̲UNDENSICHT BETRACHTEN.

Denn letztendlich dient unsere Organisation seinem Erfolg.

2.1.1. Unterteilung der Organisation

Wie unterteilen Sie die Organisation? Ist Ihre Organisationsstruktur auf Ihre Kundenstruktur abgestimmt? Es gibt verschiedene Möglichkeiten der Unterteilung:

2.1.1.1 Unterteilung nach Produkten/Produktgruppen

Sie haben die Möglichkeit, Ihre Vertriebsstruktur an den Produkten auszurichten, beispielsweise an den verschiedenen Produktsegmenten oder verschiedenen Marken. Handelt es sich um sehr erklärungsbedürftige Produkte oder komplexe Dienstleistungen, die nicht alle von einem Vertriebler beherrscht werden, dann kann es sinnvoll sein, verschiedene

Produktspezialisten quasi nebeneinander Vertrieb machen zu lassen. Ein **Nachteil** ist dann, dass der Kunde unter Umständen von zwei oder mehr verschiedenen Verkäufern besucht wird. Zusätzlich fällt es meistens schwerer, einen ganzheitlichen Blick für die Kunden zu bekommen und übergreifende Umsatzpotenziale zu erkennen. Deshalb sollten Sie diese Vorgehensweise mit einem Teamsellingansatz kombinieren, bei dem ein kundenverantwortlicher Verkäufer den Einsatz von Spezialverkäufern koordiniert.

Der **Vorteil** einer Unterteilung nach Produkten liegt klar auf der Hand: Der einzelne Außendienstmitarbeiter benötigt weniger breites Produktwissen und kann so mehr Spezialwissen beherrschen. Doch gleichzeitig besteht die Gefahr, dass ein Kunde von mehreren Außendienstlern Ihres Unternehmens „bearbeitet" wird.

Sinnvoller Einsatz von Produktgruppen-Strukturen

Deshalb ist eine Produktgruppen-Struktur dort sinnvoll, wo wenig Synergien oder große Unterschiede zwischen den Produkten in Ihrem Sortiment bestehen.

2.1.1.2 Unterteilung nach Regionen

Eine häufig vorzufindende Vertriebsstruktur ist die Gebietsaufteilung. Hier sind verschiedene Kriterien möglich, beispielsweise Postleitzahlen oder Ländergrenzen, auch entlang Autobahnen oder im internationalen Vertrieb die einzelnen Länder. Die Gebietsplanung sollte dabei immer ein kontinuierlicher Prozess sein, sie sollte der zukünftigen Geschäftsentwicklung dienen und somit vorausschauend sein, statt nur den aktuellen Bedürfnissen Rechnung zu tragen. Diese Organisationsform macht dann Sinn,

- wenn die Vertriebsmitarbeiter eine ausreichende Kompetenz für alle zugeordneten Kunden- und Produktsegmente haben,
- keine besonderen produkt- oder kundengruppenspezifischen Anforderungen bestehen
- oder keine Abhängigkeiten von anderen Kunden oder Zentralabteilungen, die außerhalb des eigenen Vertriebsgebietes liegen.

Auch hier sind die **Vorteile** offensichtlich: Die regionale Verwurzelung des Außendienstmitarbeiters erleichtert den Beziehungsaufbau und verringert den Reiseaufwand. Darüber hinaus lassen sich leicht klare Verantwortlichkeiten und Kommunikationsstrukturen definieren.

Doch auch die **Nachteile** bei dieser Strukturform können gravierend sein. So stellt sich beispielsweise die Frage, wer Großkunden (z. B. Siemens) oder Filialisten (z. B. Media Markt, Metro) betreut. Diese Unternehmen haben zwar einen zentralen Einkauf, doch die Filialeinkäufer vor Ort entscheiden über die Abnahme von gelisteten Waren sowie die Ordermengen.

Gebietsaufteilung v. a. bei betreuungsintensiven Produkten

Deshalb ist eine Gebietsaufteilung im Vertrieb vor allem sinnvoll bei betreuungsintensiven Produkten und Dienstleistungen.

Praxistipp: Computergestützte Gebietsplanung kann eine Vielzahl von Planungs- und Optimierungskriterien gleichzeitig berücksichtigen, um ein ausgewogenes Verhältnis der einzelnen Vertriebsregionen zu erzielen.

Computergestützte Gebietsplanung

Sie ermöglicht bei genauer Kenntnis der Kundenstruktur und des Marktes eine flächendeckende Versorgung mit Vertriebsleistungen und ein systematisches Vertriebscontrolling.

Man unterscheidet zwischen **Landkartensoftware** für Gebietsplanung oder Software für das Abbilden und Präsentieren der **Gebiete mit Potenzialen**. Ziel ist, die Anzahl bestehender und potentieller Kunden oder die Betreuungsintensität sowie Umsatz- und Absatzpotenziale verschiedener Produktgruppen sinnvoll zu verteilen. Standort und Kompetenz der Außendienstmitarbeiter sowie bestehende Kundenbeziehungen können ebenfalls einbezogen werden.

Generell muss bei der Anlage von Vertriebsgebieten die leichte Erreichbarkeit der Kunden sichergestellt werden. Digitale Landkarten sind dafür ideale Werkzeuge.

Ein weiterer Vorteil der softwaregestützten Gebietsplanung ist neben der Zeitersparnis die Möglichkeit zum systematischen Gebietscontrolling, das heißt: Die Kontrolle und Betreuung der Außendienstmitarbeiter bei der Erreichung der Absatzziele wird für Vertriebsleitung und Controlling deutlich einfacher. Potenzialbestimmungen und Umsatzprognosen auf Basis der Vertriebsstruktur sind die Grundlage für eine gerechte Gebietszuweisung und Beurteilung des Außendienstes. Soll-Ist-Vergleiche, räumliche und zeitliche Umsatzentwicklungen sowie Trendanalysen zeigen, ob die gesteckten Ziele erreicht wurden und wie sich der Markt zukünftig entwickeln wird. So lässt sich das Leistungsvermögen des Außendienstes analysieren und die Ursachen für Erfolge und Misserfolge im Vertrieb werden sichtbar. Die beste Voraussetzung, um die bestehenden Vertriebserfolge weiter zu optimieren.

Systematische Gebietscontrolling

2.1.1.3 Unterteilung nach Kundengruppen

Möchten Sie sich bei Ihrer Vertriebsstruktur am Kunden orientieren, gibt es wiederum unterschiedliche Möglichkeiten der Aufteilung, beispielsweise

- nach Privat-/Geschäftskunden,
- nach Umsatz,
- nach Branchen,
- nach vertikalen Funktionen (Händler, Planer, Handwerker, Endgebraucher),
- nach Klassen, oder simpel
- nach dem Grundsatz „first come, first serve".

Hier ein paar Beispiele:

> **Beispiele für Vertriebsbetreuung nach Kundengruppen**
>
> 1. Privatkunden werden über einzelne Filialen betreut, Geschäftskunden über spezielle Betreuer vor Ort, Industriekunden über die Zentrale.
>
> 2. Die Top-Umsatz- bzw. Ertragsbringer werden über Key-Account-Manager angesprochen, die übrigen Kunden über normalen Außendienst.
>
> 3. Eine Branchenunterteilung empfiehlt sich über Größe oder Eigenheiten der Branche. Ein Einsatz von Branchenspezialisten ist dann sinnvoll, wenn besonderes Branchen-Know-how erforderlich ist. Hier gibt es weniger Koordinierungsprobleme als beim Einsatz von Produktspezialisten, weil es kaum Überschneidungen bei den Kunden gibt.
>
> 4. Ihre Organisationsform im Vertrieb kann sich aber auch nach der vertikalen Stufe Ihrer potentiellen Kunden im Markt richten. Ein Kunde von uns, Hersteller u. a. von Parkettklebern, hat für die Großabnehmer eine Vertriebsorganisation, für die Objektplaner und Handwerker eine eigene andere und die Endverbraucher (Häuslebauer etc.) können den Kleber auch im Handel kaufen.
>
> 5. Für Ihr Produkt kann es auch sinnvoll sein, nach Kundenklassen zu unterteilen. Hier unterscheidet man z. B. Weiterverarbeiter und Direktverbraucher oder Großhändler und Direktkunden.
>
> 6. Das Prinzip „First come, first serve" kann Ehrgeiz und Motivation der Außendienstmitarbeiter entfachen, bedarf aber genauer Regeln und Kundenschutz für jeden Einzelnen. „First come, first serve" bedeutet, dass jeder Außendienstmitarbeiter möglichst viel Freiheit in der Kundenakquise hat und diese Kunden dann als „seine" betrachten kann. Sie werden in einer zentralen Datenbank gespeichert und „geschützt".

Vor- und Nachteile einer nach Kunden unterteilten Vertriebsstruktur

Die **Vorteile** einer nach Kunden unterteilten Vertriebsstruktur: Die einzelnen Außendienstmitarbeiter kennen die Bedürfnisse ihrer Kunden aufgrund der homogenen Struktur besser und können sehr viel leichter aus Ihrem gesamten Angebot passende übergreifende Lösungen entwickeln. Allerdings ist die Abgrenzung nach den einzelnen Kriterien häufig schwierig und nicht eindeutig machbar, Streitereien zwischen den Vertriebskanälen daher häufiger.

> Deshalb ist die Kunden-Strukturaufteilung mit möglichst klar zu unterscheidenden Kundengruppen (Branchen oder Klassen) zu empfehlen.

Die richtige Struktur

Unterteilung nach	Vorteil	Nachteil
Produkte /Produktgruppen	• weniger breites Produktwissen bei einzelnen AD-Mitarbeitern nötig • mehr Spezialwissen möglich	• Kunde hat u. U. mehrere Kontaktpersonen
Regionen	• geringer Reiseaufwand • leichter Beziehungsaufbau	• schwierige Betreuung von Großkunden und Filialisten
Kundengruppen	• genaue Kenntnis der Kundenbedürfnisse	• klare Abgrenzung schwierig • u. U. unterschiedliche Betreuungsqualität

Auch eine **Customeyes-Kultur** lässt sich natürlich bei einer Aufteilung nach Kunden und dem daraus folgenden „one face to the customer"-Prinzip leichter umsetzen. Viele Firmen wandeln deshalb in jüngster Zeit Ihre Vertriebsorganisationen von einer produktorientierten in eine kundenorientierte Struktur um.

Trend: von der produktorientierten zur kundenorientierten Struktur

Bei Hewlett Packard zum Beispiel gibt es keine getrennten Vertriebsgruppen mehr für Drucker und Server, sondern Teams für Konzerne und KMUs (kleine und mittelständische Unternehmen).

2.1.1.4 Exkurs: Das Key-Account-Management (KAM)

Schlüsselkunden sind im Wirtschaftsleben gleichzeitig ein sehr altes und sehr neues Phänomen. Kaufleute hatten schon immer besonders wichtige Kunden, die wesentlich zum Geschäftserfolg beitrugen. Hier galt oft das Pareto-Prinzip: Mit 20 Prozent der Kunden werden 80 Prozent des Umsatzes erzielt. Doch die systematische Pflege und Entwicklung dieses Kundensegments hat in Europa erst in den letzten Jahren unter dem Stichwort Key-Account-Management Fuß gefasst.

Die Schlüsselkundendefinition

Umsatz ist immer noch das wichtigste Selektionskriterium für die Auswahl von Schlüsselkunden, heute häufig zusätzlich auch der Ertrag bzw. das Ertragspotenzial. Erfolgreiche Unternehmen messen den Wert eines Kunden in mehreren Parametern. Diese Parameter sollten auch bei Ihnen als Kriterium für die Auswahl von Schlüsselkunden dienen. Auf die Methoden der Kundenwertanalyse werden wir im Kapitel 3.4. noch ausführlich eingehen.

Auswahl von Schlüsselkunden nach Umsatz und Ertrag

Beim Key-Account-Management gilt es fünf Erfolgsfaktoren zu beachten, die nachfolgend zu einer Übersicht zusammengestellt sind.

Erfolgsfaktoren für Key-Account-Management

1. Win-Win als Ziel
Eine Win-Win-Situation mit dem Kunden ist gerade bei Key-Accounts eine realistische Möglichkeit. Begreifen Sie intensivere Betreuung, die Partnerschaft mit dem Kunden, als Chance für beide Seiten.

2. Professionelle Mitarbeiter
Gute Mitarbeiter sind der wichtigste Erfolgsfaktor für den Erfolg von KAM. Deshalb muss Ihr Unternehmen kontinuierlich in Training der Key-Account-Mitarbeiter investieren.

3. Kontinuierliches Lernen
Unternehmen, die nicht mehr an der Verbesserung ihres KAMs arbeiten, reduzieren unweigerlich ihre Umsatzpotenziale. Alle Top-Performer arbeiten trotz guter Leistung weiter an der Optimierung eigener Arbeitsabläufe.

4. Zeitfaktor
Obwohl auch schnelle Erfolge mit KAM möglich und erstrebenswert sind, liegt das eigentliche Potenzial in langfristiger Kundenentwicklung mit dem Ziel echter Partnerschaft.

5. Integrierter Ansatz
KAM ist ein komplexes Konzept und funktioniert umso erfolgreicher, desto stärker es in die Gesamt-Vertriebsstrategie des Unternehmens integriert ist. Isoliertes Vorgehen, beschränkte Zielsetzungen und kurzfristig orientiertes Key-Account-Management werden nur mittelmäßige Ergebnisse produzieren.

Zur Integration des Key-Account-Managements in die Vertriebsorganisation gibt es prinzipiell drei verschiedene Ansätze:
a) Key-Accounts und „normale" Kunden werden von derselben Vertriebsmannschaft betreut.
b) Es gibt separate Key-Account-Verkäufer.
c) Der Verkaufs- oder die Regionalleiter übernehmen die Betreuung der Key-Accounts.
Nachfolgende Tabelle zeigt die Vor- und Nachteile dieser drei Ansätze.

Organistion	Vorteile	Nachteile
eine Vertriebsmannschaft für Key-Accounts und „normale" Kunden	• leichte Integration	• alle Verkäufer müssen das spezielle KAM-Instrumentarium beherrschen • Gefahr der Vernachlässigung der Nicht-Key-Accounts
spezielle Key-Account-Manager	• Qualifikation leichter sicherzustellen • spezielle Maßnahmen leichter zu kommunizieren	• Zwei-Klassen-Organisation • umfangreiche Abstimmung zwischen Vertriebseinheiten • der „normale" Verkäufer muss u. U. Kunden abgeben, die er entwickelt hat
Key-Account-Betreuung durch die Führungsebene	• leichte Integration, da keine grundsätzlichen Veränderungen • spezielle Absprachen leichter durchzusetzen	• Mitarbeiterführung könnte vernachlässigt werden • u. U. Vernachlässigung der „normalen" Kunden im Verantwortungsbereich der Führungskraft

2.1.2 Vertriebskanäle

Die beste Vertriebsstruktur ist nutzlos, wenn Sie nicht im für das Produkt und die Kunden passenden Vertriebskanal mündet. Auch hier finden sich wieder zahlreiche verschiedene Möglichkeiten.

2.1.2.1 Grundlagen

Bei der Festlegung der Vertriebswege sind vor allem Entscheidungen über
- Länge (direkter oder indirekter Vertrieb, Anzahl der eingeschalteten Absatzstufen),
- Tiefe (Anzahl der verschiedene Typen von Verkaufsorganen bzw. Handelsbetrieben pro Absatzstufe) und
- Breite (Anzahl gleichartiger Verkaufsorgane bzw. Verkaufsstätten)

zu treffen. Zunächst erläutern wir Ihnen diese einzelnen Kanäle mit ihren Vor- und Nachteilen. Die Detailstruktur der Organisation folgt dann später in einem eigenen Abschnitt (2.1.4).

BEI DEN VERTRIEBSKANÄLEN UNTERSCHEIDET MAN DIREKTE UND INDIREKTE KANÄLE.

Beispiele für	
direkte Vertriebskanäle	**indirekte Vertriebskanäle**
• Internet, Katalog, Call-Center • Feste Vertriebsmitarbeiter • Handelsvertreter • Außendienst-Leasing • Spezielle Tochterfirmen als Vertriebsfirmen • Spezialfall: Kein eigentlicher Vertrieb, viele Mitarbeiter übernehmen „nebenbei" Vertrieb • Multi-Level-Marketing/ Strukturvertrieb	• Franchising • Distributionspartner • Vertriebs-/Handelspartner • Netzwerke

2.1.2.2 Direkte Vertriebskanäle

Als direkte Vertriebskanäle bezeichnet man die Vertriebswege, die direkt zum Kunden führen.

Kataloge, Internetseiten o. Ä. sind hauptsächlich im Channel-Mix als Ergänzung interessant und sollten in heutiger Zeit unbedingt beachtet werden. Hier liegt großes Markt- und Verbesserungspotenzial. Nach einer aktuellen Studie (WirtschaftsWoche vom 10.02.05) beantworteten 30 % aller Unternehmen Anfragen per E-Mail überhaupt nicht.

Kataloge, Internet etc. können aber auch als eigenes Geschäftsmodell bzw. Low-cost-Vertriebsidee genutzt werden. Ein gutes Beispiel für den klassischen Katalogvertrieb sind Quelle oder Otto.

Bei Katalogen und Internetseiten besteht oft noch Verbesserungsbedarf.

Die gleiche Idee, nur im „neuzeitlichen" Internet-Format, dem **E-Commerce**, verfolgen beispielsweise der Internet-Buchhändler Amazon oder der Computer-Hersteller DELL. Und immer mehr Deutsche kaufen online ein, mittlerweile mehr als ein Drittel. Und über 40% der Deutschen nutzen das Internet vor dem Einkauf um sich zu informieren und Preise zu vergleichen, (Stand 2004). Es ist also durchaus sinnvoll, auch in diesem Vertriebskanal vertreten zu sein.

Über 40% der Deutschen nutzen das Internet zum Preisvergleich.

Mobilfunk, sprich: **M-Commerce**, kann ebenso als neuer Vertriebskanal bisherige Multichannel-Strategien ergänzen. Doch nach den schlechten Erfahrungen mit der WAP-Technologie zögern viele Unternehmen im Moment noch mit dem Ausbau dieses Vertriebskanals, möglicherweise ändert sich das durch die flächendeckende Einführung von UMTS. Auch die immer größere Verbreitung der sog. Smartphones (einer Verschmelzung aus Handy und Organizer) könnte Ihnen hier neue Vertriebswege eröffnen.

M-Commerce als neuer Vertriebskanal

Der **klassische Vertrieb** mit festen eigenen Mitarbeitern ermöglicht einen guten Durchgriff und eine leichte Steuerung. Er ist jedoch mit relativ hohen Fixkosten behaftet und nicht sehr flexibel.

Der klassische Vertrieb mit festen Mitarbeitern

Ein Vertrieb mit **Handelsvertretern** kann relativ schnell auf- und somit auch wieder abgebaut werden, hat aber den Nachteil, dass die Handelsvertreter in der Regel nicht exklusiv für ein Unternehmen bzw. Produkt zur Verfügung stehen. Ein Einsatz von Handelsvertretern macht dann Sinn, wenn der mögliche Umsatz beziehungsweise Deckungsbeitrag einen eigenen Verkäufer nicht trägt. Zusätzlich kann ein Handelsvertreter unter Umständen noch bestehende Kundenkontakte und Verwurzelung in der Branche in die Waagschale werfen. Bei Handelsvertretern ist es durchaus verhandelbar, dass sie exklusiv nur für Sie arbeiten, oder zumindest nicht auch noch für einen direkten Wettbewerber. Wenn er nur für Sie arbeitet, ist zwar die Konzentration auf Ihr Produkt gewährleistet, allerdings gibt es dann auch kaum mehr Kostenvorteile gegenüber dem eigenen Vertrieb und die Steuerungsmöglichkeiten sind insgesamt deutlich schlechter.

Vertrieb mit Handelsvertretern

Eine relativ neue Dienstleistung im Vertrieb ist das **Außendienst-Leasing**. Das heißt, Sie mieten für ein bestimmtes Projekt ein Kontingent an Außendienstmitarbeitern bei einem externen Dienstleister.

Außendienst-Leasing: Ein externer Dienstleister vermietet Außendienstmitarbeiter.

Dabei geht es in der Regel nicht um die komplette Auslagerung des Vertriebs, sondern es kann z. B. nur die Neukunden-Akquisition extern abgedeckt werden. Das Außendienst-Leasing kommt auch immer in Frage, wenn eine Firma zeitlich befristet zusätzliche Vollzeitverkäufer braucht, z. B. zur Markteinführung neuer Produkte oder zur Erschließung neuer Zielgruppen und -gebiete. Der externe Dienstleistungspartner übernimmt Vorbereitung, Durchführung und Controlling des Vorhabens. Ein Vorteil könnte sein, dass Ihre eigenen Außendienstler nicht dem Frust ausgesetzt werden, der mit der Neukunden-Akquisition und dem freudlosen „Klinkenputzen" unvermeidlich verbunden ist.

So bietet es sich an, Kundenbetreuung und Kundengewinnung personell zu trennen und Letztere an Profi-Akquisiteure outzusourcen, die das „Aufreißen" neuer Kontakte besorgen. Die Bezahlung erfolgt in Form eines Fixums oder variabel durch Honorar je Kontakt, je Entscheidergespräch, je Angebot oder Auftrag. Es sollte jedoch nicht rein umsatzbezogen honoriert werden, da dann die Qualität darunter leiden könnte.

Operative Trennung von Kundenbetreuung und Kundengewinnung

Die **Einsätze rechnen sich** immer dann, wenn erstens der Auftraggeber eine klare, zielgerichtete Aufgabenstellung vorgibt und zweitens die Vertriebsagentur die von ihr eingesetzten Leasing-Reisenden den Aufgaben konform auswählt, führt und ordentlich administriert. Grundsätzlich ist Außendienst-Leasing in allen Branchen möglich, wobei ein Einsatz im Bereich hoch technisierter Produkte schwieriger sein wird als im Bereich von Massenprodukten.

Der **Nachteil** dabei: mögliche Konflikte im Verhältnis von eigenem und gemietetem Außendienst, mögliches Konkurrenzdenken, u. U. kurzfristig orientierte Kundenauswahl. Während Leasing-Vertriebsmitarbeiter die 100 Meter bis zum Abschluss immer wieder unter zehn Sekunden laufen müssen, sind die eigenen Außendienstler die Marathonläufer, die ihre Kunden langfristig betreuen.

Fallbeispiel:
Bericht aus der Praxis zum Außendienst-Leasing – als Ressourcenspeicher

Damit ein Produkt seinen Weg in den Markt findet, bedient sich jeder Hersteller unterschiedlichster Methoden, Stichwort: moderner Multi-Channel-Mix.

Der König unter den verschiedenen Vertriebswegen ist und bleibt aber der Mann / die Frau vor Ort. Der Vertriebler ist derjenige, der das Produkt erläutern und seine Vorzüge preisen kann. Er ist derjenige, der sich um seinen Ansprechpartner vor Ort kümmert und ihm die nötigen Hilfestellungen für einen erfolgreichen Verkauf bietet. Manchmal ist er auch Zuhörer, Ansprechpartner und Seelentröster. Eigenschaften, die kein Papier, kein Gerät und kein „www" jemals besitzen werden.

In Zeiten knapper Kassen gilt es, kreative Wege zu gehen. Zum Beispiel die Zusammenarbeit mit externen Dienstleistern, die in der Lage sind Vertriebsteams zusammenzustellen und über die nötigen Kontrollinstrumente verfügen, diese Teams zu leiten und zu organisieren.

Wir begannen vor drei Jahren für einen großen Hersteller aus der IT-Branche eine externe Salesforce (ESF) aufzubauen. Vor der Implementierung einer ESF mussten jedoch fünf wesentliche Fragen beantwortet werden:
1. Baue ich mir ein neues Team und bilde diese Leute langsam zu richtigen Vertriebsmitarbeitern aus oder stelle ich Vertriebsprofis ein und starte mit diesen gleich durch?
2. Kann ich die Agentur und die bei ihr angestellten Mitarbeiter kontrollieren?
3. Wie kann ich die ESF in die Firma integrieren?
4. Welche Ressourcen werden intern dadurch frei?
5. Wer bildet die Schnittstelle im Auftrag gebenden Unternehmen?

In diesem Fall entschied das Unternehmen junge und ehrgeizige Mitarbeiter/innen einzustellen. Der Fokus lag auf dem Ausbau und der Weiterentwicklung eines jeden Mitarbeiters. Jeder Mitarbeiter erhielt einen Jahresvertrag, der nach den ersten zwei Monaten ein Fixum von 60 % und einen variablen Anteil von 40 % beinhaltete. Zudem wurde ein Top Stop bei 150 % eingeführt.

Vorteil: Wir konnten jederzeit überprüfen, ob ein Mitarbeiter produktiv und im Sinne des Unternehmens tätig ist. Stärker als bei einem internen Vertriebsteam ist der Leistungsdruck einer ESF. Sie muss zwei Herren dienen. Zum einen der Agentur, bei der sie angestellt ist, zum anderen dem Unternehmen, für das sie tätig ist.

Zur ständigen Kontrolle wurde die Internet-basierte Vertriebsdatenbank Q i-Base zur Verfügung gestellt. Hier wurden alle Tagesberichte, To dos, Outlet- Marktinformationen und Vertriebszahlen incl. der Umsatzvorgaben tagesgenau ausgewertet.

Intern konnten zusätzliche Ressourcen geschaffen werden, da jetzt die Agentur sich um alles kümmern musste. Zu ihren Aufgaben gehört unter anderem:
- Kontrolle und Organisation,
- Reporting und Auswertungen,
- Aufbau einer Kundendatenbank,
- Schulung der Mitarbeiter und Gehaltszahlung.

Mit diesen Voraussetzungen wurde das Team auf die Strecke geschickt. Nach einer Einarbeitungszeit von drei Monaten wurde das Gehalt entsprechend der Zielvereinbarung angepasst. Gleichzeitig fand eine Überprüfung des Basiskonzeptes statt. Es erfolgten kleinere Korrekturen hinsichtlich der Unternehmensziele und der Voraussetzungen für effektives Arbeiten der ESF.

Danach wurde das Team erneut losgeschickt. Nach weiteren drei Monaten konnte anhand der Vorjahreszahlen eine Umsatzsteigerung von 3,7 % nach Abzug der Kosten für das Leasingteam verzeichnet werden. Damit war die Implementierung einer ESF gerechtfertigt. Die Gesamtumsatzvorgabe von 30 Mio. wurde von dem Team im ersten Jahr um 11,25 % übertroffen. Das lag nicht allein daran, dass unser Team motiviert war.

Das Auftrag gebende Unternehmen integrierte die Mitarbeiter in sein Unternehmen, sodass diese immer das Gefühl hatten Teil eines großen Ganzen zu sein. Jeder Mitarbeiter wurde im Tagesgeschäft nicht als Mitarbeiter der Agentur, sondern als Mitarbeiter des Auftraggebers angesehen und wurde hierdurch zur Visitenkarte vor Ort.

Monatliche Meetings sorgten für eine aktuelle Marktübersicht und führten dazu, dass schnell und marktgerecht reagiert werden konnte. Zusätzlich wurden die Befugnisse des Team im Laufe der Zeit ausgeweitet. Wesentlich war aber auch, dass ein Zusammenspiel zwischen den Key-Accountern, die für den Verkauf in die Zentralen verantwortlich waren, und den Mitarbeitern auf der Strecke stattfand. Aktionen, Vorankündigungen und Marketingaktionen ergaben somit ein Gesamtbild, das sich durch den gesamten Sales zog.

Heute ist das Team immer noch für den Hersteller unterwegs und fester Bestandteil der Verkaufsstrategie. Durch regelmäßige Schulungen in den Bereichen Produkttraining, Präsentationstraining, Vertriebstraining und Teamtraining werden sie regelmäßig in ihrer täglichen Arbeit unterstützt.

[Monty El-Nomany, Idstein]

Für den Vertrieb von geeigneten, speziell abgegrenzten Segmenten oder für spezielle Kundengruppen bietet sich auch die Gründung einer **Tochtergesellschaft** an. Z. B. im Ausland, für ein eigenes Produktsegment (z. B. Generika in der Pharmabranche) etc.

Gründung einer Tochtergesellschaft für bestimmte Segmente oder Kundengruppen

Kein Vertrieb im eigentlichen Sinne wird betrieben, wenn z. B. jeder Mitarbeiter, der Kundenkontakt hat, Augen und Ohren offen hält für neues Geschäft und neue Kunden. Bei möglichen Akquisitions-Chancen kann dann ein eigenes Akquisitions-Projekt gestartet werden.

Diese Methode funktioniert gut bei großen Angebotsprojekten und setzt voraus, dass viele Mitarbeiter in unterschiedlichen Bereichen beim Kunden bereits aktiv sind (z. B. Projektgeschäft, Softwareentwicklung, Beratung etc.). Auch können so Leerlaufzeiten im Projektgeschäft für die Akquisition genutzt werden. Die Nachteile liegen auf der Hand: Es agieren keine Vertriebsprofis, es ist kaum eine Kontinuität in der Akquisitionspipeline sicherzustellen und die Verantwortung für den Vertriebserfolg ist nur schwer zuzuordnen.

Wer sich in Deutschland für den **Strukturvertrieb** entscheidet, hat es nicht leicht: Diesem Absatzweg haftet ein zweifelhafter Ruf an, jedoch ist er weder unseriös noch illegal. Strukturvertrieb bietet sogar eine Reihe von Vorteilen: Unabhängigkeit vom Handel, geringe fixe Kosten für die Vertriebsorganisation, schnelle Marktpenetration und eine hohe Motivation der Mitarbeiter. Durch den direkten Kontakt zum Kunden erfährt das Unternehmen unmittelbar, welche Erwartungen an die Produkte gestellt werden. Der Kunde wiederum schätzt den bequemen Einkauf von zu Hause, die intensive Beratung und die Möglichkeit, die Ware vor dem Kauf auszuprobieren. Wie das auch in Deutschland erfolgreich gehen kann, zeigt z. B. Tupperware, Avon oder Pallas-Seminare.

Vorteile des Strukturvertriebs

> ✓ **Checkliste für eine gute Imagearbeit (nicht nur im Strukturvertrieb)**
>
> - Betreiben Sie professionelle Öffentlichkeitsarbeit (incl. Internet-Aktivitäten, Kultur- und Sportsponsoring, sozialem Engagement).
> - Belohnen Sie Mitarbeiter, die besonders guten Service bieten und zufriedene Kunden haben.
> - Lassen Sie Ihre Mitarbeiter regelmäßig in den Bereichen Produkt, Verkauf, Unternehmertum und Persönlichkeitsentwicklung extern schulen.
> - Wählen Sie eine Vertriebsstruktur mit flachen Hierarchien.
> - Verkaufen Sie Produkte nicht an Mitarbeiter, sondern an Kunden.
> - Seien Sie gründlich und vorsichtig bei der Kundenauswahl. Noch heute ist der Abschluss von Geschäften im Freundes- und Bekanntenkreis ein weit verbreiteter Einstieg ins Geschäft. Diese Methode ist grundsätzlich nicht unseriös, kann bei schlechten Erfahrungen der Käufer aber zu erheblichen Imageschäden führen.

> - Achten Sie darauf, dass Produktverkauf und Kundenbetreuung Vorrang vor Mitarbeiterwerbung haben.
> - Wenn Sie mit freien Mitarbeitern arbeiten, wählen Sie diese verantwortungsvoll aus, schulen und begleiten Sie sie. Dies kann zu einem wesentlichen Erfolgskriterium werden und zum Imagegewinn beitragen. Denn wenn das Anwerben von Freunden und Bekannten Bestandteil einer Rekrutierungs- und Verkaufspolitik ist, die nur auf die kurzfristigen Umsätze des Beraters setzt, wird es unseriös.
> - Seien Sie als Unternehmen oder Vertriebsleiter stets präsent – persönlich, im Internet, am Telefon, per Post und in der Presse.
> - Üben Sie keinen psychologischen Druck auf Mitarbeiter und Kunden aus.
> - Fordern Sie keine Mindestabnahme.

2.1.2.3. Indirekte Vertriebskanäle

Manchmal empfiehlt es sich, im Kontakt zum Kunden eine Zwischenstufe einzuschalten. Gründe dafür könnten z. B. sein: schnellere Marktdurchdringung, weniger Kapitalbedarf/-bindung, externes Know-how, sei es für bestimmte Kundengruppen oder für bestimmte Vertriebswege etc. Wir sprechen dann von indirektem Vertrieb.

Zentrales Element des Franchising ist die Kooperation.

Franchising wird immer beliebter. Bekannte Unternehmen mit diesem Vertriebsmodell sind beispielsweise McDonald's, Obi, Body Shop oder Kieser Training. Franchising ist ein geeigneter Vertriebskanal, um schnell und kundennah Produkte und Dienstleistungen zu vertreiben und zusätzlich Mehrwert aus der eigenen Technologie, dem eigenen Wissen zu schöpfen. Zentrales Element ist dabei die Kooperation.

Die Chancen für den	
Franchisegeber:	**Franchisenehmer**
• direkter Marktzugang,	• professionelle Unterstützung,
• schnelle Expansion,	• zentrale Schulung,
• Stärkung der Wettbewerbsposition,	• Vermeiden von Fehlern,
• relativ geringer Kapitaleinsatz.	• Know-how-Einkauf statt Eigentwicklung

Die **Vorteile** fasst Werner Kieser, Gründer der Kieser Training AG und Präsident des Schweizer Franchise Verbands, so zusammen:
„*All das, was zu erreichen normalerweise ein Unternehmerleben lang dauert, erhält der Franchiseunternehmer unmittelbar zum Start: die eingeführte Marke, das kondensierte Know-how für den Aufbau und die Führung des Unternehmens sowie das Wissen, was in schwierigen Situationen zu tun oder nicht zu tun ist.*"

Für spezielle Märkte ist auch die Zusammenarbeit mit **Distributionspartnern** möglich. Hierbei denken wir an den klassischen Großhandel oder Logistikspezialisten, z. B. für Kühlgüter oder spezielle technische Artikel. Besonders in neuen Märkten oder bei stark zersplitterten Abnehmergruppen bietet sich dieses Vorgehen an, da der Distributionspartner in der Regel bereits über das nötige Wissen, die nötigen Kontakte und die Logistik verfügt. Die Nachteile liegen in der Preiskalkulation (eine Zwischenstufe mehr) und im schwierigeren Kontakt zum Endabnehmer oder Kunden, es ist ja noch ein Partner mehr dazwischen.

Als ein weiterer Vertriebsweg bieten sich **Vertriebs- bzw. Handelspartner** an, die bereits längere Zeit am Markt aktiv sind. Hier gilt Ähnliches wie bei den Distributionspartnern, Vorteile sind Know-how, etablierte Vertriebswege etc. Sie sind aber – ähnlich den Handelsvertretern – in der Regeln nicht exklusiv für ein Unternehmen, ein Produkt tätig, mit all den damit verbundenen Nachteilen.

Zusammenarbeit mit Vertriebs- und Handelspartnern

Abwägen von Vor- und Nachteilen der einzelnen Kanäle

Grundsätzlich gilt: Wenn Ihre Produkte nur einen kleinen Anteil am Einkaufsvolumen Ihrer Kunden ausmachen, kann es schwierig sein, eigene Vermarktungsaktivitäten zu entwickeln. Entweder ist Ihr Kunde nicht bereit, einen eigenständigen Einkaufsprozess für Ihren Artikel durchzuführen, oder die Kosten der direkten Kundenbearbeitung stehen für Sie in keinem vernünftigen Verhältnis zu den Erträgen. In solchen Fällen ist ein Vertrieb über Händler meist sinnvoller als beispielsweise ein eigener Außendienst.

Wenn Ihre Produkte in einem sehr engen Verwendungszusammenhang mit anderen Produkten stehen, man spricht dann von **Sortimentsbindung**, oder wenn eine umfangreiche regionale Lagerhaltung oder Distribution erforderlich ist, haben Sie mit Zwischenhändlern ebenfalls Vorteile.

Auf der anderen Seite stehen die Nachteile bei einem Vertrieb über den Handel. Da Händler in der Regel eine größere Anzahl von Produkten verkaufen, unternehmen sie kaum gezielte Vermarktungsaktivitäten für Ihr Produkt. Mit einem eigenen Vertrieb ließe sich das Marktpotenzial meist besser ausschöpfen. Sie als Hersteller können außerdem keine wirkliche direkte Kundenbeziehung aufbauen. Oft gibt es daher auch nur unzureichendes Feedback über Kundenanforderungen und -reaktionen.

Außerdem müssen Sie beim Händler fast immer mit anderen Herstellern oder Anbietern ähnlicher oder gleicher Produkte um die Aufmerksamkeit konkurrieren. Nicht nur dem Kunden, sondern auch dem Händler und seinen Verkäufern gegenüber.

Betrachten Sie die Vor- und Nachteile, verwundert es nicht, dass viele Anbieter im B2b-Markt, die sich für einen Händlervertrieb entschieden haben, zusätzlich auch noch mit einem eigenen Außendienst ihre Kunden bearbeiten, um die Nachteile auszugleichen.

Auch sinnvoll: Mischformen aus verschiedenen Vertriebskanälen, Netzwerke mit anderen Unternehmen

Oft machen deshalb auch **Mischformen** Sinn, bei denen die Händler nur bestimmte Kundengruppen betreuen und andere Kunden von Ihnen direkt betreut werden.

Die wohl modernste Form der Vertriebszusammenarbeit ist das **Netzwerk**. Das heißt, Sie schließen sich mit anderen Unternehmen zusammen um speziellen Kunden oder Kundengruppen ein maßgeschneidertes Angebot machen zu können. Hierbei müssen keine engen Kooperationen geschlossen werden. Der Vorteil dabei: Man hat schnell motivierte Mitunternehmer an seiner Seite. Die allerdings auch schwer zu steuern sind. Und nicht unbedingt immer in Ihrem Sinne agieren.

2.1.2.4 Neue Vertriebskanäle erschließen

Der Wettbewerb erfordert mehr Innovation und Produktivität.

Die Märkte werden immer dynamischer und die aktuellen Wettbewerbsbedingungen erfordern zukünftig verstärkte Innovations- und Produktivitätssteigerungen auch im Vertrieb. Dabei ist in der Regel ein Höchstmaß an Flexibilität gefordert. Deshalb macht es Sinn, regelmäßig über die Erschließung neuer Vertriebskanäle nachzudenken.

Ein Beispiel: Ein Messeservice-Unternehmen hat gemeinsam mit seinen Verkäufern seine CRM-Datenbank durchforstet und dabei festgestellt, dass viele der Kunden seiner Kunden potenzielle Abnehmer wären. Daraufhin hat man sich entschieden den geeigneten eigenen Kunden eine Handelspartnerschaft anzubieten – mit großem Erfolg.

> **Tipp für den Handel zum Vertrieb über das Internet**
>
> Ein zusätzlicher Internet-Vertriebskanal kann für die meisten Unternehmen bei der Erschließung neuer Kanäle klare Vorteile mit sich bringen. So zeigt eine aktuelle Studie des eec-handel („Multi-Channel-Effekte im Handel"), dass innerhalb eines Kaufprozesses die Informationskanäle häufig gewechselt werden. Die Effekte:
> - 26,5 % der Befragten informierten sich vor einem Kauf im stationären Geschäft im Internet
> - Der Anteil im umgekehrten Fall – Information im stationären Geschäft, Kauf im Internet – beträgt 22,7 %
> - Aber nur 14,9 % des stationären Umsatzes werden auf der Website des ausgewählten Händlers vorbereitet.
>
> Es ist davon auszugehen, dass einem Handelsunternehmen knapp 15 % des stationären Umsatzes entgehen, wenn es darauf verzichtet, einen Internet-Vertriebskanal zu betreiben.

Eine kundenorientierte Verknüpfung des Internets mit dem stationären Geschäft wird künftig für viele Unternehmen von steigender Bedeutung sein.

Ein weiterer Grund darüber nachzudenken, ob es sinnvoll wäre, neue Vertriebskanäle zu erschließen, kann die Einführung neuer oder zusätzlicher Produkte sein. Hier stellt sich regelmäßig die Frage, ob diese Produkte/Dienstleistungen über die bestehende Vertriebsschiene vermarktet werden oder ob ein separater Vertriebskanal aufgebaut werden soll.

Um die Fülle der Entscheidungskriterien zu berücksichtigen, hilft Ihnen nachstehende Übersicht.

Optimaler Vertriebskanal für neue Produkte/Dienstleistungen

Kriterien für einen gemeinsamen Vertrieb mit anderen Produkten

- Ein vorhandener Bedarf für das neue Produkt muss lediglich erfüllt werden, bestehende Kunden werden im Rahmen der üblichen Besuchs-Termine angesprochen.
- Die Kunden für das neue Produkt und für die bereits vertriebenen sind weitgehend identisch.
- Der Kundenstamm ist bereits aufgebaut, das Umsatzziel kann durch Nutzung der bestehenden Kunden erreicht werden.
- Neue und alte Produkte stehen in einem gewissen Verwendungszusammenhang.
- Für alte und neue Produkte sind die gleichen Ansprechpartner beim Kunden am Kaufentscheidungsprozess beteiligt.
- Der Kundenentscheidung liegen ähnliche Kaufentscheidungskriterien zugrunde wie für die alten Produkte.
- Der Verkaufsmitarbeiter kann sich auf einen praxisgetesteten Vertriebsprozess stützen (z. B. zur Neukundengewinnung).
- Das neue Produkt fördert das Image des Verkäufers, er engagiert sich gerne.
- Das neue Produkt kann im Entlohnungssystem ausreichend berücksichtigt werden.
- Erfolgserlebnisse werden sich schnell einstellen.
- Der Vertrieb ist noch nicht ausgelastet und Kapazitäten sind frei bzw. es müssen keine weiteren Kapazitäten geschaffen werden.

Kriterien für den Aufbau eines separaten Vertriebskanals:

- Ein Bedarf für die neuen Produkte muss erst noch aufgebaut, ein separater Kundenstamm erschlossen werden.
- Die potenziellen Kunden sind zum großen Teil nicht identisch, die Verkäufer müssten sich auf ungewohntem Terrain bewegen.
- Zur Erreichung der Ziele muss der Kundenstamm noch um zahlreiche Unternehmen/Kunden ausgebaut werden.
- Die neuen Produkte werden eigenständig genutzt, die Kaufentscheidung wird unabhängig getroffen.
- Auch bei bestehenden Kunden müssen neue Ansprechpartner gefunden werden.
- Die Entscheidungskriterien der Kunden für die neuen Produkte sind anders als für die bisherigen.
- Erfahrungswerte für Außendienstmitarbeiter liegen noch nicht vor, Vorgehensweisen/Vertriebsprozesse müssen neu erarbeitet werden.
- Der Verkauf kann sich mit den neuen Produkten nur schwer identifizieren.
- Die Steuerungssysteme sind auf die anderen Produkte ausgerichtet oder können den zusätzlichen Aufwand nicht tragen.
- Hohe Investitionen in Vertriebskapazitäten sind erforderlich.

Bei der Erschließung neuer Vertriebskanäle zu beachten

Generell gilt: Wenn Sie darüber nachdenken, neue Vertriebskanäle zu erschließen, beachten Sie Folgendes:
- Prüfen Sie, über welche Kanäle Ihr Produkt/Ihre Dienstleistung überhaupt vertrieben werden kann. Nicht jedes Produkt ist für jeden Kanal geeignet.
- Dann überlegen Sie, wie viele Vertriebspartner grundsätzlich sinnvoll sind.
- Wählen Sie anschließend die geeigneten Partner aus. Welche potenziellen Partner haben Zugang zu Ihrer Zielgruppe/Kernzielgruppe?
- Bevor das Ganze ausgerollt wird, machen Sie einen Test in einem begrenzten Gebiet.
- Überzeugen Sie parallel Ihre bisherigen Vertriebsmitarbeiter von dem Nutzen durch den neuen Vertriebskanal.
- Dann fehlen nur noch Durchhaltevermögen und Geduld, denn es kann durchaus etwas dauern, bis sich erste Erfolge einstellen.

2.1.3 Struktur der Aufbauorganisation

Nachdem wir die richtige Unterteilung des Vertriebes und die Vertriebskanäle betrachtet haben, analysieren wir nun den geeigneten Aufbau für Ihre Organisation, d. h. die geeignete Kombination von Kanälen und Unterteilung Ihres Vertriebs.

> DIE (IM ÜBERTRAGENEN SINN ZU VERSTEHENDE) BASISFORMEL LAUTET:
> KUNDEN x PRODUKTE x REGIONEN = VERTRIEBSKANAL

Die Ausgangsfragen lauten: Wie bauen Sie am Besten Ihre Organisation auf? Wer soll den Vertrieb für welche Kundengruppe übernehmen? Wie bekommen Sie eine effektive und effiziente Marktbearbeitung?

Ziel der Aufbauorganisation: die Optimierung der Vertriebswege-Kombination

Ziel der Aufbauorganisation sollte die Optimierung der Vertriebswege-Kombination, also der **Channel-Mix** sein. Dabei kommt es auf die richtige **Mischung aus kosten- und wirkungsoptimaler Vorgehensweise** an.

Beispiel aus der Versicherungsbranche

Dieser Markt wandelt sich zur Zeit rasant: internationale Konkurrenz, anspruchsvollere Kunden, Produktvielfalt etc. – um nur einige Stichworte zu nennen. In dieser verschärften Wettbewerbssituation setzte unser Kunde vor allem auf Innovation, Customeyes-Kultur und eine Multichannel-Vertriebsorganisation. Die Kunden dieser Versicherung können nun selbst entscheiden, ob und wie viel Beratung sie benötigen und welchen Vertriebsweg sie nutzen möchten. Es gibt z. B. das Internet für die preiswerte Kfz-Versicherung oder die persönliche Beratung durch einen qualifizierten hauseigenen Vertriebsmitarbeiter für das komplexere Vorsorgeangebot.

EINE KOMBINATION ZU SCHAFFEN, DIE DIE STÄRKEN DES EINEN ABSATZKANALS MIT DENEN DER ANDEREN VERBINDET, DAS IST DER ENTSCHEIDENDE ERFOLGSFAKTOR FÜR EINE EFFIZIENTE VERTRIEBSAUFBAUORGANISATION.

Einige Beispiele

1. Wenn z. B. alle Produkte an unterschiedliche Kundengruppen in unterschiedlichen Regionen vertrieben werden sollen, empfiehlt sich die **Auswahl verschiedener Kanäle für einzelne Kundengruppen** bei regionaler Aufteilung.
2. Sollen aber unterschiedliche Produkte an unterschiedliche Kundengruppen in unterschiedlichen Regionen verkauft werden, bietet sich ein **klassischer Flächenvertrieb** an. Mit mehreren Kanälen für die verschiedenen Kundensegmente in jeder der einzelnen Regionen. Dabei sind dann viele Vertriebsmitarbeiter nebeneinander unterwegs.
3. Soll ein großflächiger Vertrieb mit allen Produkten für alle Kunden in allen Regionen aktiv sein, so kann das z. B. gut in einem **Strukturvertrieb** oder auch ganz ohne Segmentierung, dann aber mit Kundenschutz je Kunde, organisiert werden. Dabei genügt dann prinzipiell eine Verkaufsorganisation für alle Produkte weltweit.

Diese **Matrixvarianten** lassen sich beliebig weiter durchdeklinieren. Sie merken schon, es gibt viele Varianten. Grundsätzlich sind natürlich auch verschiedene Kanäle in verschiedenen Segmenten möglich. Dabei können Sie die Top-Kunden persönlich betreuen, die übrigen Kunden betreuen Sie vielleicht über ein Call-Center. Oder Sie sprechen Privatkunden direkt an (z. B. in eigenen Shops), Business-Kunden dagegen über einen Partnervertrieb.

Es gibt viele Varianten der Aufbauorganisation.

Grundsätzlich sind auch verschiedene **Kanäle nebeneinander** möglich. Also beispielsweise Franchise-Nehmer und eigene Shops, Handelspartner und eine eigene Vertriebsorganisation, oder Handel und gleichzeitiger Direktvertrieb. Kurz gesagt: Finden Sie Ihren Multi-Channel-Mix oder erweitern Sie Ihre Vertriebsaktivitäten in neue Kanäle (siehe Abschnitt 2.1.2.4.).

Aus all diesen verschiedenen Möglichkeiten mit ihren unterschiedlichen Voraussetzungen und Zielen liegt es nun an Ihnen, die für Ihr Unternehmen und Ihr Produkt bzw. Ihre Dienstleistung passende Variante auszuwählen. Beachten Sie dabei bitte immer, dass neben der richtigen Struktur der Aufbauorganisation auch ein gesicherter Informationsfluss zwischen den Einheiten und Ebenen, klar verteilte Entscheidungskompetenzen und die Motivation der Vertriebsmitarbeiter gesichert sein müssen.

Für das einzelne Unternehmen muss eine individuelle Lösung gefunden werden.

Anregungen und Stoff zum Überlegen sollen Ihnen die nachfolgend skizzierten vier Beispiele aus vier verschiedenen Branchen bieten, die unserer Beratungspraxis entnommen sind.

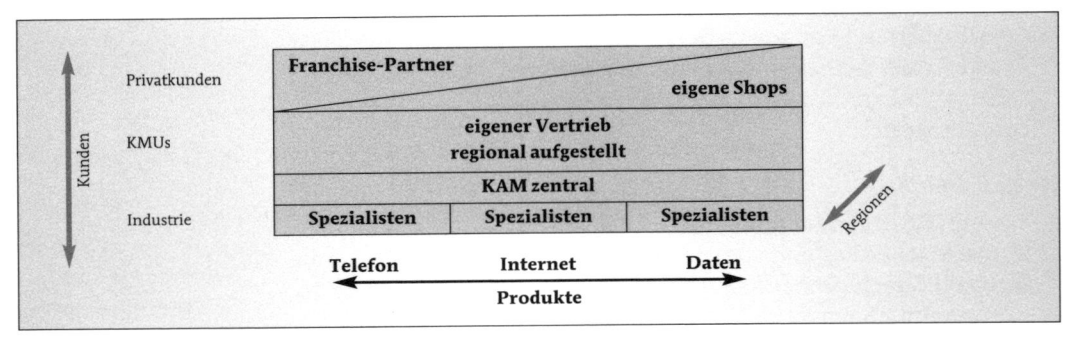

Abb. 2.1: Kommunikationsdienstleister

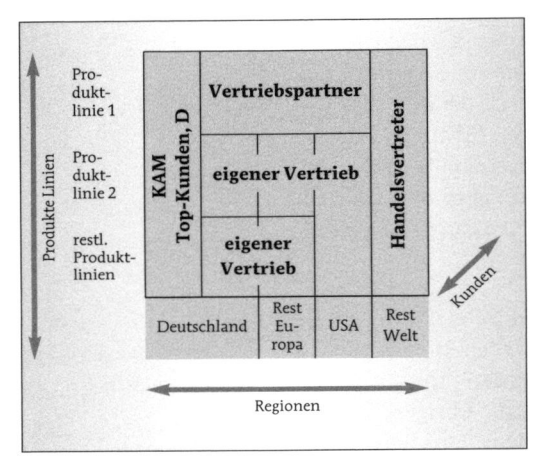

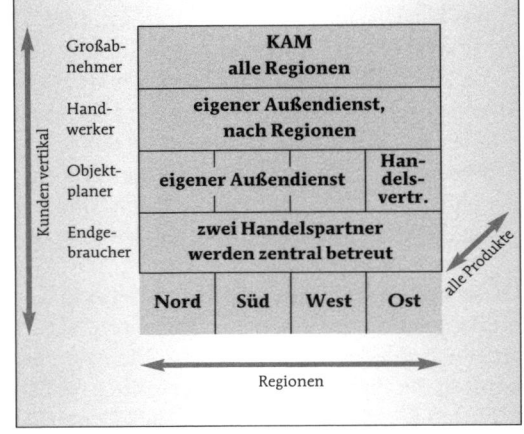

Abb. 2.2: Maschinenbau

Abb. 2.3: Parkettkleber

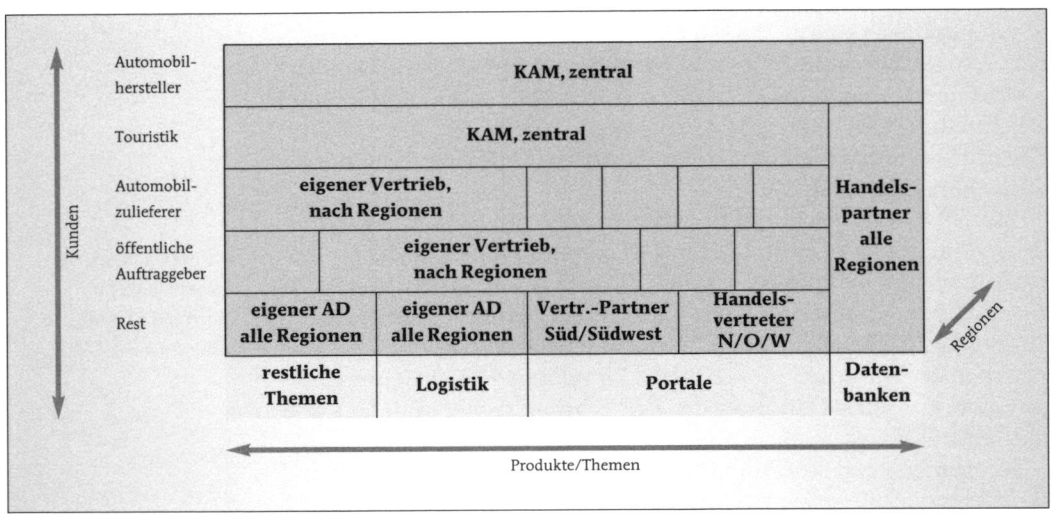

Abb. 2.4: Software

2.1.4 Detailstruktur

Nach der Festlegung der grundsätzlichen Organisationsstruktur muss noch die Detailstruktur ausgearbeitet werden. Damit ist zunächst die Aufteilung der verschiedenen Aufgaben – z. B. auch zwischen Innen- und Außendienst – gemeint. Jede Verkaufsfunktion hat spezifische Vor- und Nachteile, die Sie dabei berücksichtigen sollten.

Viele Aufgaben lassen sich kostengünstiger von Innendienstfunktionen ausführen, ohne dass die Qualität leidet. Das können aber nur Sie in Ihrem konkreten Fall entscheiden.

Übersicht über die Vertriebsfunktionsträger mit ihren Stärken und Schwächen		
Funktionen	Stärken	Schwächen
Key-Account-Manager	• spezielles Kunden-Wissen (deren Einsatz- und Absatzsituationen) • alle persönlichen Wirkungsebenen	• teuer • nur wenige Kunden • nah am Kunden, direktes, auch nonverbales Feedback wird aufgenommen
Regionaler Außendienstverkäufer	• alle persönlichen Wirkungsebenen, • Demonstrationen, Vorführungen	• teuer • nur geringe Anzahl an Betreuungskunden • schlecht erreichbar • von EDV abgeschnitten
Innendienstverkäufer	• schnell • preiswert • viele Kundenkontakte per Telefon und Mail • immer online • schnelle Reaktionszeiten	• eingeschränkte Wirkungsebenen • keine Demonstration, Vorführung • kein direkter Kundenkontakt
Kundendienst-/Anwendungstechniker	• hohes Fachwissen, • Glaubwürdigkeit • viele direkte Kunden-Kontakte • alle persönlichen Wirkungsebenen	• evtl. soziale Unterschiede zu Entscheidern • wenig kaufmännische Kenntnisse • evtl. wenig Kommunikationsfähigkeit
Merchandiser (Verkaufsförderer)	• gute Kenntnis von allg. Kundensituationen • alle persönlichen Wirkungsdimensionen	• meist fehlende Fachkenntnisse über spezielle Produkte

Außendienstlern muss genug Zeit für die eigentlichen Aufgaben bleiben.

Prüfen Sie bei einer Entscheidung, wie viel Zeit Ihren Außendienstmitarbeitern aufgrund Ihrer Organisationsstruktur bleibt, ihre eigentliche Aufgabe zu erledigen. Nicht dass es Ihnen geht wie einem uns bekannten Unternehmen: Nach Einsparung der Vertriebsassistentinnen zeigte eine Vertriebsanalyse auf, dass die Kundenbetreuer im Schnitt nur noch 8 % ihrer Zeit im aktiven Kontakt mit ihren Kunden waren. Das war etwas zu viel der guten schlanken Organisation, oder?

Wenn Sie die Detailstruktur geplant haben, sollten Sie sich weiter Gedanken über die dann passende Innendienststruktur machen (siehe nächsten Abschnitt) und dann erst einmal Ihren Vertriebsprozess definieren. Erst danach können Sie noch einmal darangehen, die Aufbauorganisation zu verfeinern und vor allem auch die Ablauforganisation, die Prozesse, zu definieren – natürlich am besten aus Kundensicht.

2.1.5 Innendienst-Organisation

Auch bei der Organisation des Innendienstes gibt es verschiedene Möglichkeiten der Zuordnung zwischen Kunden, Außendienst und Innendienst. Hier die wichtigsten:

- **Feste Teams**: Die Zuordnung der Außen- und Innendienst-Mitarbeiter ist fest. *Vorteil*: Eingespielte Teams. *Nachteil*: Unterschiedlicher Arbeitsanfall kann nicht aufgefangen werden.
- **Funktionale Teams**: Innendienst aufgeteilt nach Funktionen, z. B. Auftragsbearbeitung, Auslieferung etc. *Vorteil*: Spezialisierung. *Nachteil*: Jeder Außendienst-Mitarbeiter hat mehrere Ansprechpartner; Prozesse und Schnittstellen müssen sauber definiert werden.
- **Projektteams**: Flexible Zuordnung der Mitarbeiter je nach aktuellem Projekt. *Vorteil*: Sehr flexibel; viel Abwechslung für die Mitarbeiter; Einsatz dort, wo die größte Wirkung nötig ist. *Nachteil*: Immer wieder neue Anlaufphasen; neue Eingewöhnung der Teams nötig.

2.1.6 Besonderheit: Vertriebsteams

Verkaufsarbeit ist auch Projektarbeit.

Verkaufsarbeit ist immer auch Projektarbeit. Warum also den Vertrieb nicht unter Projektorganisations-Gesichtspunkten betrachten?

Es ist überlegenswert, Vertriebsprojektteams zu bilden.

Die Zukunft gehört dem Team-Verkauf.

Denn die Zukunft gehört nicht mehr der additiven Spartenorganisation, sondern dem Team-Verkauf – einem Akquisitions-Team aus Außen-, Innen und Kundendienst. Neben einem Maximum im Detail ein Optimum im Ganzen – das ist die Ökonomie des Verkaufsteams.

Der Grundgedanke der Verkaufsteams: Jeder Aussendienstmitarbeiter hat einen Partner im Innendienst und bildet gemeinsam mit Mitarbeitern des Kundendienstes ein Team.

Bei Bedarf kann auch noch ein Techniker, ein Entwickler oder ein weiterer Fachmann hinzugezogen werden. So ergibt sich ein Team aus allen sinnvollen Bereichen, das flexibel, gewinnorientiert und hoch motiviert agiert und immer dicht am Kunden ist. Die **Aufgabenverteilung** wird so umgestellt, dass der Außendienst-Mitarbeiter von den Aufgaben freigestellt wird, die vom Schreibtisch des Innendienst-Verkäufers kostengünstiger erledigt werden können. Hierzu gehören beispielsweise Terminvereinbarung und Angebotsüberarbeitung, Kontrolle schwebender Angebote, Reklamationsbearbeitung, turnusmäßige Kontaktpflege und C-Kunden-Management. Dadurch erhält der Außendienst-Mitarbeiter mehr Zeit um Bedarfe zu analysieren, neue Märkte zu suchen und um neue potenzielle Projekte aufzuspüren. Er kann vermehrt persönliche Kontakte zu Key-Accounts und High-Potentials pflegen und vieles mehr.

Ein fachlich heterogenes Team, das flexibel und gewinnorientiert agiert

Darüber hinaus wird die vorhandene **Marktnähe des Kundendienst-Mitarbeiters** gezielt genutzt. Er wird nun auch häufiger Aufgaben des Innen- und Außendienstes im Bereich der Informationsbeschaffung und -bewertung übernehmen.

Damit Verkaufsteams effizient arbeiten können, müssen sie mehr **Entscheidungsspielraum** bekommen. Das bedeutet in der Praxis: Ziele werden mit dem Team vereinbart (z. B. angestrebte Marktposition). Die Wege der Zielerreichung werden den Mitarbeitern freigestellt. Das Team ist für die Qualität seiner Verkaufsstrategie selbst verantwortlich. Voraussetzung dafür ist eine fehlertolerante Organisationskultur, die hilft, Problemursachen zu suchen und nicht Schuldige. Damit erhalten Sie eigenverantwortliche Teams, die Fehler selbst und sofort vor Ort lösen und dort konsequent entscheiden.

Effiziente Arbeit setzt einen Entscheidungsspielraum voraus.

Die Vorteile der Verkaufsteams

- Kundenwünsche werden aufgrund des intensiveren Informationsaustausches schneller und besser bearbeitet. Alles, was schneller ist, ist auch erfolgreicher.

  Bessere Bearbeitung von Kundenwünschen

- Die neue Aufgabenverteilung fördert das gegenseitige Verständnis im Team und bewirkt den Abbau von Vorurteilen und Vorbehalten. Jeder kann sich den Aufgaben widmen, für die er Spezialist ist. Die Zeiten, wo der Innendienst und der Kundendienst „unproduktive" Abteilungen waren, sind vorbei. Jeder ist Markt- und Trendforscher, jeder ist Ökonom und verhält sich kosten- und ertragsbewusst. Informationen zwischen den Verkaufsregionen und der Zentrale werden durch moderne Kommunikationstechniken besser und schneller fließen. Innendienst und Außendienst können auf dieser Basis substanziellere Angebote machen und Entscheidungen fällen.

  Gegenseitiges Verständnis

  Kosten- und Ertragsbewusstsein

- Kundenreklamationen werden von jedem Mitglied der Arbeitsgruppe angenommen und gezielt bearbeitet, es muss nicht erst lange nachgeforscht werden, sondern jedes Kundenproblem kann meistens unmittelbar gelöst werden.

  Unmittelbare Lösung von Kundenwünschen

> **Checkliste: An diesen Punkten erkennen Sie ein funktionierendes Verkaufsteam:**
>
> - Jeder übernimmt Verantwortung für sich, steuert sein eigenes Verhalten und beteiligt sich an der Gruppensteuerung.
> - Das Vertriebsziel ist klar definiert und wird von allen Beteiligten verstanden und akzeptiert. In der Arbeitsgruppe besteht eine klare und von jedem akzeptierte Rollen- und Aufgabenverteilung.
> - Entscheidungen werden gemeinsam vorbereitet.
> - Es wird zukunftsorientiert gesprochen: Statt zu sagen, was nicht geht, werden Lösungen und zukunftsweisende Vorschläge vorgetragen.
> - Die Führungskraft ist nicht autoritär oder dominant; sie hat eine Vermittlerfunktion. Nicht das Prestige, sondern die Aufgabe und der Erfolg stehen im Vordergrund.

Angebots-Projektteams

Neben dem dauerhaften Verkaufsteam können auch sog. Angebots-Projektteams zusammengestellt werden. Dann werden nur größere Angebote wie Projekte gemanagt.

Die typischen Rollen und Verantwortungsbereiche im Angebotsprojekt:

- **Angebots-Management**: Der Angebots-Manager ist verantwortlich für die termingerechte Fertigstellung und Qualitätssicherung des Angebots. Er hat die Funktion des Projektleiters. Er verteilt die Aufgaben, kontrolliert die Termine und Inhalte, bereitet Entscheidungen vor, kontrolliert die Kosten und ist gesamtverantwortlich für das Angebot.

    Qualitätssicherung

- **Verkaufs-Management**: Der Kundenbetreuer ist für den vertrieblichen und konditionellen Teil des Angebotes verantwortlich. Seine Aufgabe ist, als Kundennahtstelle für das Herbeischaffen der nötigen Informationen zu sorgen und einen ständigen Soll-Ist-Abgleich mit dem Kunden zu machen. Seine Aufgabe umfasst auch die anschließende Präsentation beim Kunden.

    Kundenbetreuung

- **Technisches Management**: Der Technische Manager ist für die Umsetzung der Kundenwünsche in eine technische Lösung zuständig. Als technischer Verantwortlicher steuert er maßgeblich den Angebotspreis sowie die Abwägung von Chancen und Risiken.

    Umsetzung der Kundenwünsche

- **Administrations-Management**: Der Administrator sorgt für die notwendige Infrastruktur, verfolgt Terminlisten, offene Punkte und ist verantwortlich für die Redaktion, das Layout, den Druck und die Vervielfältigung des Angebotes.

- **Controlling**: Der Controller prüft die wirtschaftliche Machbarkeit des Angebotes und des Auftrages. Er kalkuliert die kaufmännischen Bedingungen, unter denen der Auftrag im best/worst case durchgeführt werden kann. Außerdem hat er die Verantwortung für die rechtliche Bearbeitung der Vertragsinhalte.

    Kaufmännische Kalkulation

2.2 Kommunikation und Informationsfluss

Kommunikation und Informationsfluss – zwei Schlagworte, die für viele Bereiche im Unternehmen, nicht nur im Vertrieb, wichtig sind. Eine erfolgreiche Vertriebsorganisation braucht einen effektiven und am Kunden orientierten Informationsfluss.

Entscheidend für den Erfolg: ein effektiver Informationsfluss

Selbstverständlich ist bei Ihnen die Kommunikation gut, sagen Sie? Selbstverständlich fließen Informationen!

Damit haben Sie natürlich Recht: Es wird immer kommuniziert, es gibt immer einen Informationsfluss – und sei es nur der berüchtigte „Flurfunk". Wichtig ist allerdings, dass die Kommunikation gefördert wird und zwischen den einzelnen Einheiten und Ebenen abgestimmt ist.

Wie muss Ihre Organisation aussehen, um Kommunikation und Informationsfluss nicht zu behindern, sondern sicherzustellen und zu fördern?

Für die Praxis: Informations-/Wissensmanagement

Folgende paradoxe Phänomene im Umgang mit Informationen/Wissen haben wir bei Probst und Romhardt gefunden; sie zu beseitigen sind wichtige Schritte in Richtung eines funktionierenden Informations- bzw. Wissensmanagements:

- Wir bilden unsere Mitarbeiter gründlich aus, lassen sie ihr Wissen aber nicht anwenden.
- Wir lernen am meisten in Projekten, geben die gemachten Erfahrungen aber nicht weiter.
- Wir haben für jede Frage einen Experten, die wenigsten wissen aber, wie man ihn findet.
- Wir dokumentieren alles gründlich, aber finden es nie wieder.
- Wir engagieren nur die hellsten Köpfe, aber verlieren sie nach drei Jahren an die Konkurrenz.
- Wir sammeln viele Daten über den Kunden, aber keiner macht aus diesen Daten Wissen.

2.2.1 Customeyes-Kommunikation

Zentraler Punkt effizienten Informationsmanagements und vor allem kundenorientierten Handelns ist eine abgestimmte und konsequent am Kunden orientierte Kommunikation, gerade auch innerhalb des Unternehmens. Die am Vertriebsprozess beteiligten Mitarbeiter und Einheiten, z. B. Außen- und Innendienst, Marketing, Technik etc., wirken alle auf den Kunden und müssen deshalb aufeinander abgestimmt werden. Einfach gesagt: Die Sekretärin, die den Anruf eines Kunden entgegennimmt, sollte die wichtigsten Informationen zu Produkten und Dienstleistungen ebenso parat haben wie der Vertriebsleiter.

Einheitliches Auftreten aller am Vertriebsprozess beteiligten Mitarbeiter

Darüber hinaus ist eine ständige Abstimmung aller Mitarbeiter über die Kommunikationslinie gegenüber dem Kunden wichtig, damit eine

Die Customeyes-Kultur muss für den Kunden spürbar sein.

Customeyes-Kultur auch **gelebt** und für den Kunden bei jedem Kontakt spürbar wird.

Dieser ständige Austausch ist wichtig, um die verschiedenen Schwerpunkte und Zielsetzungen der am Vertriebsprozess Beteiligten in Einklang zu bringen.

Denn das Management ist vorrangig erfolgsorientiert, die Außendienstmitarbeiter emotional orientiert, der Controller orientiert sich an Fakten und der Vertriebsleiter bildet dazu die Schnittstelle.

Für die Customeyes-Kommunikation ist es zunächst wichtig, alle Mitarbeiter mit Kundenkontakt zu identifizieren. Fragen Sie sich dann, welches die für eine Customeyes-Kultur nötigen Informationen sind. Überlegen Sie dann, wie Sie die nötigen Informationen zentral bereitstellen bzw. einfach und schnell verteilen können (z. B. Datenbanken etc.) und vor allem: Wie organisieren Sie die ständige Aktualisierung und Pflege? Wir unterscheiden dabei Vertriebs- und Kunden-Know-how.

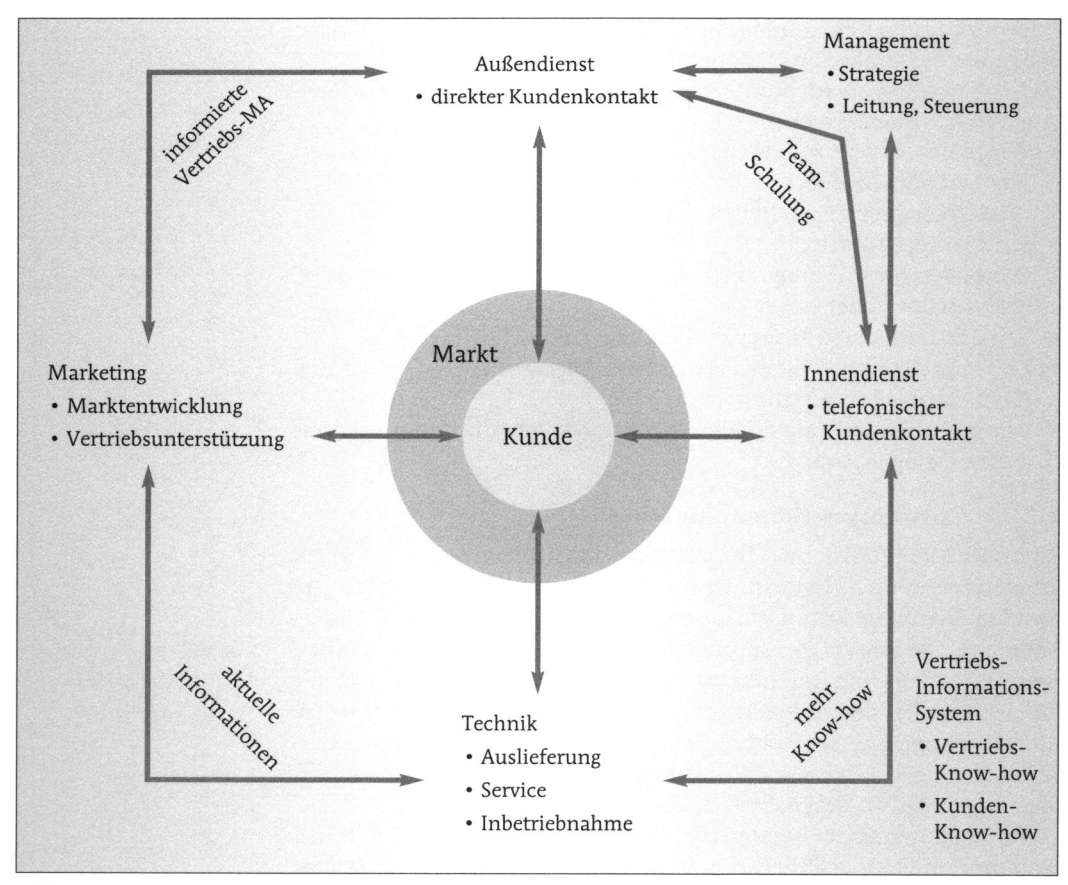

Abb. 2.5: Am Kunden orientierte Kommunikation

Kommunikation und Informationsfluss

Vertriebs-Know-how

Sammeln Sie zunächst alle für den Verkauf nötigen Informationen und das Know-how, das unternehmensintern bei Ihren Mitarbeitern vorhanden ist. Sie werden überrascht sein! Das können u. a. sein:
- Fall-Studien,
- Erfolgsgeschichten,
- Argumentationsketten,
- wissenschaftliche Studien,
- technische Details,
- Referenzen,
- Präsentationen,
- Preislisten.

Zusammenstellung aller für den Verkauf nötigen Informationen

Kunden-Know-how

Nun zu den Informationen und dem Know-how, das bei Ihnen im Unternehmen über die Kunden vorhanden ist. Es ist immer wieder erstaunlich, an wie vielen verschiedenen Stellen Daten über den Kunden vorhanden sind.
- Die zentrale Kundendatenbank hat natürlich wichtige Informationen wie Name, Tel.-Nummer etc.
- Die Auftragsbearbeitung hat Daten über einzelne Aufträge, Preise und Konditionen.
- Der Service kennt die Fehlerhäufigkeit bei jedem einzelnen Kunden.
- Der Vertriebler hat von alle dem etwas, aber meistens nicht alles in seiner Kundenmappe und auf seinem Notebook.

Wie das besser geht, darauf werden wir im Kapitel 7 „CRM" noch gesondert und ausführlich eingehen.

Quellen für Kundendaten

2.2.2 Schnittstellen der internen Kommunikation

Wie bereits eingangs erwähnt, sind an der Kommunikation mit dem Kunden weit mehr Mitarbeiter beteiligt als nur der Außendienst.

Erstellen Sie eine Liste aller wichtigen Abteilungen und Mitarbeiter mit Kundenkontakt, betrachten Sie die Art der Zusammenarbeit und definieren Sie dann den Informationsbedarf und gestalten Sie danach den Informationsfluss!

Nicht nur der Außendienst kommuniziert mit den Kunden.

2.2.2.1 Schnittstelle Vertrieb

Beginnen Sie zunächst beim Kern des Vertriebs, dem Außendienst. Hier kann der Austausch der Mitarbeiter untereinander zur gegenseitigen Motivation der Einzelkämpfer auf der Straße beitragen. So können z. B. Regionalmeetings, die weniger dem Controlling und mehr dem informellen Austausch oder z. B. dem Sammeln von Best-Practice-Beispielen dienen, den Informationsfluss zwischen Vertriebsmitarbeitern fördern. Auch Mentoren oder Lerntandems und Motivationspartnerschaften helfen dem verbesserten Informationsfluss.

2.2.2.2 Schnittstelle Innen- und Außendienst

Hier kommt es regelmäßig zu Abstimmungsproblemen, weil die „weichen" Faktoren häufig außer Acht gelassen werden bzw. die unterschiedlichen Kulturen in den Abteilungen unterschätzt werden.

Dazu ein Bild: Stellen Sie sich Jäger und Bauern vor. Jäger (Außendienst) zeichnen sich durch klare Fokussierung aus: Kunden aufspüren und „gewinnen". Bei erfolgreicher Jagd (erreichtem Ziel) wird der Erfolg gefeiert. Bauern zeichnen sich durch die Bewältigung eines umfangreichen Tagewerks aus. Es müssen viele Aspekte beachtet werden. Der Erfolg ist oft nicht immer gleich sichtbar. Es wird weniger das Ergebnis beachtet. Die zu erledigende Arbeit steht im Vordergrund.

„Jäger-Kulturen" und „Bauern-Kulturen"

In unserer Beratungspraxis haben wir oft festgestellt, dass Vertriebsbereiche „Jäger-Kulturen" pflegen. Oft zählt der individuelle Erfolg. Demgegenüber stehen Innendienst und Verwaltung. Hier dominieren eher „Bauern-Kulturen". Kontinuität und Abarbeitung des Tagespensums stehen im Vordergrund. Einzelleistungen werden nicht besonders hervorgehoben. Wichtig ist, die Unterschiede zu erkennen und zu akzeptieren. Nur wenn die Bedürfnisse, die sich aus dem Arbeitsumfeld ergeben, von der jeweiligen anderen Kultur verstanden und die kulturellen Aspekte berücksichtigt werden, klappt erfolgreiche Zusammenarbeit.

> **Praxistipp**
>
> Wenn Sie das nächste Mal als Vertriebsleiter einen Konflikt mit dem Vertriebsinnendienst oder anderen Bereichen aus der Verwaltung haben, vergegenwärtigen Sie sich geistig das Jäger-Bauern-Modell. Sie werden viele Situationen besser verstehen und sind dann schneller in der Lage, zu argumentieren und das Problem zu lösen. Dabei geht es nicht darum, welches Modell das bessere ist, sondern darum, die unterschiedlichen Sichtweisen zu verstehen und bei der Entscheidung zu berücksichtigen. Haben Sie dabei auch ein Auge auf die Kundenorientierung des Innendienstes. Denkt er customeyes? Hat er offene Ohren? Verkauft er aktiv, wenn er in Kundenkontakt steht?

Checkliste zur optimale Zusammenarbeit zwischen Außen- und Innendienst

- Hat unser Außendienst feste Ansprechpartner im Innendienst?
- Verstehen sich unsere Innendienst-Mitarbeiter als „Verkäufer im Innendienst"?
- Ist unser Verkäufer im Innendienst so qualifiziert, dass er ab morgen einen eigenen Bezirk übernehmen könnte?
- Kennt unser Verkäufer im Innendienst die von ihm – gemeinsam mit dem Außendienst – betreuten Kunden auch persönlich?
- Sind die vom Außendienst und vom Innendienst betreuten Kundenkreise deckungsgleich?

- Wird der Außendienst von kostenintensiven Routinebesuchen durch die verkaufsaktive Einschaltung des Innendienst-Mitarbeiters entlastet?
- Trägt der Innendienst-Mitarbeiter gemeinsam mit dem Außendienst-Mitarbeiter die Umsatz-/Ertrags-Verantwortung?
- Herrscht eine intensive Kommunikation zwischen Innen- und Außendienst (permanent gleicher Informationsstand)?
- Sind Mitarbeiter im Innendienst und Außendienst-Mitarbeiter durch eine Profit-Center-Verantwortlichkeit verbunden?
- Gibt es eine Abstimmung der Besuchs- und Telefonkontakte zwischen beiden Mitarbeiterbereichen?
- Gibt es Vorbehalte des Verkaufs-Innendienstes gegenüber dem Außendienst und umgekehrt?
- Wird der Innendienst in Qualifizierungsmaßnahmen für den Außendienst eingebunden?
- Nimmt der Verkäufer im Innendienst regelmäßig an Außendienst-Besprechungen teil?
- Hat sich die Erkenntnis durchgesetzt, dass die Verkaufsverantwortung in Zukunft auf zwei Schultern ruht: dem Außendienstmitarbeiter und dem „Verkäufer im Innendienst"? Resultiert daraus, dass der Mitarbeiter im Innendienst – in entsprechender Reifephase – ca. 80 % der Durchschnittsbezüge eines Außendienst-Mitarbeiters verdient?
- Gibt es sowohl für den Innen- als auch für den Außendienst variable Entlohnungsbestandteile, die leistungs- und insbesondere erfolgsorientiert sind?
- Gewährleisten diese variablen Entlohnungssysteme, dass zwischen den beiden Mitarbeitergruppen eine absolute Interessen-Identität besteht?
- Gibt es Team-Prämien?
- Existiert ein spezielles Personal-Entwicklungsprogramm für kompetente „Verkäufer im Innendienst"?
- Nehmen erfolgreiche Mitarbeiter im Innendienst an Incentive-Veranstaltungen des Außendienstes teil?
- Wird das Vertriebs-Controlling Impuls gebend für eine Selbststeuerung sowohl im Innen- als auch im Außendienst genutzt?
- Besteht ein konstruktives Führungs- und Leistungsklima in der Zusammenarbeit zwischen Außen- und Innendienst?

2.2.2.3 Schnittstelle Marketing

Ein intensiver Austausch ist zwingend notwendig. Klären Sie Ihre Marketing-Kollegen genau über Ihre Vertriebsstrategie und -ziele auf. Erzählen Sie Ihnen alles über die besten Kunden und das Produkt bzw. die Dienstleistung. Nur dann kann das Marketing aktive Vertriebsunterstützung leisten. Das Ziel muss sein: Miteinander zum Erfolg des Unternehmens beizutragen, durch gemeinsame Umsetzung der Strategie.

Gemeinsamer Beitrag zum Unternehmenserfolg

Hier eine Reihe entscheidender Erfolgsfaktoren für einen optimalen Informationsfluss zwischen Marketing und Vertrieb:
- Ermitteln Sie als Vertrieb den Informationsbedarf des Marketings, damit das Marketing spezielle Maßnahmen zur Vertriebsunterstützung erarbeiten kann.
- Entwickeln Sie gemeinsam (!) Maßnahmen zur Umsetzung der Unternehmens- bzw. Vertriebsstrategie.

- Geben Sie als Marketing dem Vertrieb Feedback; er muss merken, dass seine Informationen wichtig sind und dass Sie sie berücksichtigen.
- Lösen Sie sich von Ihrem Führungsanspruch (gilt für beide). Holen Sie sich gegenseitig Rat, Informationen und Feedback.
- Gehen Sie häufiger gemeinsam zum Kunden.
- Installieren Sie eine gemeinsame Arbeits- und Informationsplattform.

2.2.2.4 Schnittstelle Technik (Auslieferung/Service/Inbetriebnahme)

Die Auslieferung bzw. die Mitarbeiter der technischen Umsetzung, der Installation und Inbetriebnahme kommunizieren immer noch wenig mit dem Vertrieb. Sie fühlen sich häufig als die Gruppe im Unternehmen, die ausbaden muss, was der Vertrieb „Unmögliches" verkauft hat.

In modernen ergebnisorientierten Vertrieben gilt das oben für den Innendienst Gesagte analog auch für die Mitarbeiter der Inbetriebnahme.

- Binden Sie sie frühzeitig, bereits in der Angebotsphase, ein.
- Sorgen Sie für gute Kommunikation und stetigen Informationsfluss zwischen den beiden Bereichen. Und zwar in beide Richtungen.
- Geben Sie den Mitarbeitern der Inbetriebnahme Vertriebsziele, z. B. für Cross-Selling, Anschlussaufträge, Garantieverlängerungen oder Service-Level-Agreements (SLA).
- Auch Ihre Mitarbeiter der Inbetriebnahme sollten den Kunden Ihre Customeyes-Kultur spüren lassen.

Gute Kommunikation und stetiger Informationsfluss

2.2.2.5 Schnittstelle Entwicklung

Bleiben Sie im Dialog mit der Entwicklungsabteilung. Sie ist zum einen wichtiges Bindeglied zu Lieferanten und Zulieferern und zum anderen der richtige Ansprechpartner für Brainstormings zur Produktweiterentwicklung. Geben Sie regelmäßig Rückmeldung, welche zukünftigen Produktentwicklungen Kunden haben möchten, wo Kunden Schwachstellen im Produkt (Qualität, Funktionalität etc.) bzw. im Produktportfolio sehen. Geben Sie auch Rückmeldung, wenn Sie einen Auftrag wegen mangelnder Produktmerkmale verloren haben, hüten Sie sich aber davor, die Kollegen der Entwicklung dafür verantwortlich zu machen.

Halten Sie sich auch auf dem Laufenden über neue, zukünftige Produktentwicklungen. Wir wissen, Sie möchten Ihrem Kunden gerne immer das Beste verkaufen, warten Sie aber bitte nicht mit dem Verkaufen, bis die neue Version da ist, denn bis dahin ist schon wieder eine nächste geplant. Bedenken Sie: Nur wenn Ihr Kunde heute kauft, kann er seinen Nutzen aus Ihrem Produkt oder Ihrer Dienstleistung ziehen.

Regelmäßiger Austausch mit der Entwicklungsabteilung

2.2.2.6 Schnittstelle Zulieferer und Lieferanten

Unterschätzen Sie nie die Bedeutung Ihrer Zulieferer und Lieferanten für Ihren Vertriebserfolg.

Zulieferer und Lieferanten: wichtig für den Vertriebserfolg

Ein Beispiel für das positive Gegenteil zu diesem Thema: Toyota
Viele Unternehmen halten ihre Zulieferer und Partner auf Abstand und hüten eifersüchtig ihr innerbetriebliches Know-how. Ganz im Gegensatz dazu bezieht Toyota seine Zulieferer ein und fördert den Aufbau von Netzwerken, die den Austausch von Informationen erleichtern. Dabei hilft Toyota den Unternehmen bei der Überarbeitung und der Feinabstimmung ihrer Betriebsabläufe. Die Ergebnisse können sich sehen lassen: 14 % höhere Leistung je Mitarbeiter, 25 % niedrigere Lagerbestände und 50 % weniger Produktionsmängel als bei den Lieferungen an Wettbewerber von Toyota.

Diese Verbesserungen durch die enge Zusammenarbeit haben Toyota einen ansehnlichen Wettbewerbsvorteil eingebracht, sodass das Unternehmen unter Hinweis auf die höhere Qualität seiner Produkte deutlich höhere Preise erzielt.

Und wie ist das bei Ihnen? Wann hatten Ihre Vertriebler das letzte Mal Kontakt zu Ihren Zulieferern?

Kontakt zwischen Vertriebler und Zulieferer

2.2.2.7 Schnittstelle Rechtsabteilung
Die Rechtsabteilung kann den Vertrieb in vielfältiger Weise unterstützen, u. a. bei der Angebotserstellung. Überlegen Sie sich, wie Sie den Informationsfluss hier sicherstellen und verbessern können.

2.2.2.8 Schnittstelle externe Normgremien
Unterschätzen Sie ebenfalls nicht die Lobbyarbeit. Sie ist zunächst zeitaufwändig, zahlt sich aber langfristig aus und dient der Zukunftssicherung.

Oft werden in Normungsgremien wichtige Weichen für die Zukunft gestellt, denn dort werden z. B. die Industriestandards für morgen festgelegt. Sie sind doch dabei? Im Gremium? Im Markt der Zukunft?

2.2.2.9 Schnittstelle Wettbewerb
Und dann ist da noch der Wettbewerb. Warum sich nicht einmal mit einem Konkurrenz-Unternehmen zusammensetzen? Ein Erfahrungsaustausch nutzt jedem.

Arbeitskreis mit Konkurrenz-Unternehmen

Vielleicht schließen Sie sich auch einem Arbeitskreis an oder gründen einen für Ihre spezielle Branche – das ist nicht nur öffentlichkeitswirksam, sondern fördert auch den Erfolg der Branche und somit auch Ihren. Die Zukunft gehört der Partnerschaft!

2.2.2.10 Schnittstelle Kunde
Der wichtigste Dialog ist aber der mit dem Kunden. Ja, Sie alle sprechen selbstverständlich bereits mit Ihren Kunden. Aber wir meinen einen **aktiven Informationsaustausch**. Sprechen Sie Ihren Kunden an, fragen Sie aktiv nach seiner Zufriedenheit. Nehmen Sie Beschwerden oder Kritik ernst und sehen Sie diese als Chance für Produktverbesserungen.

Aktiv auf Kunden zugehen, ihre Beschwerden ernst nehmen

Kunden-Feedback als Chance für Produktneuentwicklungen

Hören Sie Ihrem Kunden wirklich zu – erkennen Sie seine Bedürfnisse und sehen Sie dies als Chance für Produktneuentwicklungen.

> **Beispiele**
>
> So hatte z. B. BMW ermittelt, dass die Fahrer seiner Autos am meisten durch das Einparken gestresst wurden. Deshalb entwickelte das Unternehmen eine Einparkhilfe. Die Kunden, stolz auf ihre Fahrkünste, wollten sich jedoch durch ein völlig automatisches System nicht in ihren Gefühlen verletzen lassen. Also installierte BMW kein komplettes System, sondern „nur" akustische Abstands-Signale.
> Ein weiteres gutes Beispiel für kundenorientiertes Verhalten ist der Bekleidungsversandhändler Land's End. Er gibt seinen Kunden eine lebenslange Garantie. Die Retouren und Beschwerden der Kunden fließen direkt in die interne Produktentwicklung ein und helfen so, das Angebot ständig qualitativ zu verbessern.

Weitere Tipps zur Kommunikation mit Ihren Kunden bekommen Sie natürlich im gesamten weiteren Buch.

2.3 Entscheidungskompetenzen in der Organisation

Richtige Verteilung von Entscheidungskompetenzen

Soll im Unternehmen die optimale Vertriebsorganisation reibungslos funktionieren, ist es wichtig, die Entscheidungskompetenzen richtig zu verteilen. Wie sind die Entscheidungsrechte bei Ihnen abgegrenzt und verteilt?

Verkäufer brauchen Entscheidungsbefugnis für unternehmerisches Handeln.

Geben Sie Ihren guten Verkäufern dabei genügend Spielraum, Informationen und vor allem Entscheidungsbefugnis für unternehmerisches Handeln! So können sie effektiv die Entwicklung dauerhaft werthaltiger Geschäfte steuern – in der konkreten Situation, wie in der Zukunft und der perspektivischen Durchdringung ihrer jeweiligen Gebiete. Nur wenn ein Verkäufer, eine Verkäuferin selbst entscheiden kann, entwickelt er/sie die benötigten Fähigkeiten und treibt sie – eigenverantwortlich – voran.

DER UNTERNEHMERISCH DENKENDE UND HANDELNDE VERTRIEBLER, DEN WIR ALLE WOLLEN, BRAUCHT AUCH DIE NÖTIGEN FREIHEITEN UND UNTERNEHMERISCHEN RAHMENBEDINGUNGEN.

Ziele definieren, Verantwortung delegieren

Deshalb: Definieren Sie die Ziele, übernehmen Sie die Verantwortung dafür, und delegieren Sie die Verantwortung und die Entscheidungsbefugnisse für den Weg dorthin konsequent an Ihre Vertriebsmitarbeiter.

Sind die Entscheidungsrechte innerhalb Ihrer Vertriebsorganisation klar definiert? Kann Ihr unternehmerischer Vertriebsmitarbeiter innerhalb seines **Zielkubus** frei entscheiden?

Abbildung 2.6 macht deutlich, in welchen Dimensionen entsprechender Entscheidungsspielraum bedeutsam ist.

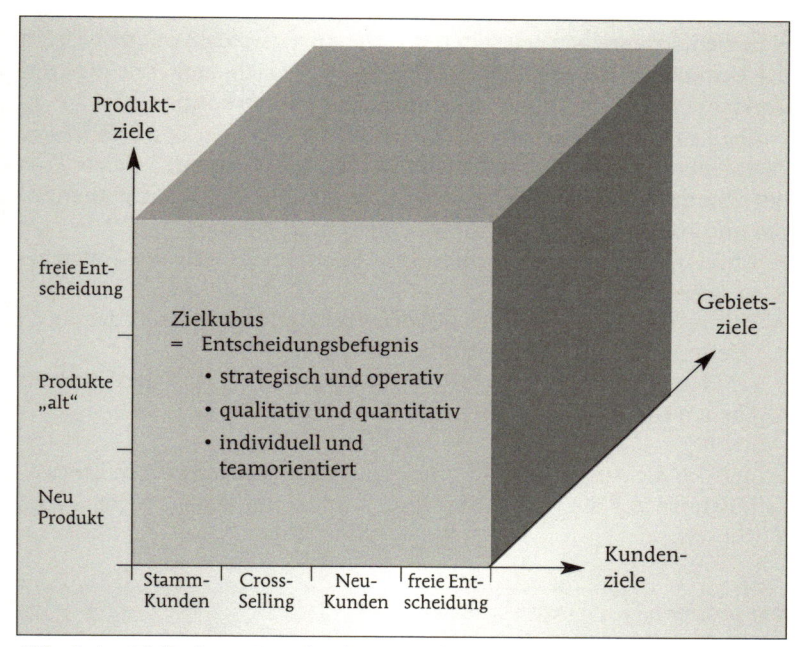

Abb. 2.6: Zielkubus – Entscheidungsspielraum des unternehmerischen Vertriebsmitarbeiters

Entscheidungen an der Schnittstelle Vertrieb – Innendienst

Dreh- und Angelpunkt für die Vertriebseffizienz ist auch hier die Schnittstelle zwischen Innen- und Außendienst. Obwohl alle formalisierten Abläufe so weit wie möglich zu vermeiden sind, muss diese Schnittstelle z. B. in Verbindung mit Angebots- und Auftragsbearbeitung sehr konkret definiert werden. Für sämtliche Aufgaben im Vertriebsablauf sollten die Zuständigkeiten und vor allem die Entscheidungskompetenzen klar geregelt sein. Meistens ist alles, was über Termindisposition, Kundenbesuch mit Dokumentation, Angebotsbearbeitung, Auftragsbegleitung und Marktanalyse des eigenen Verkaufsgebietes hinausgeht, für den Außendienst zu viel.

Klare Regelung von Zuständigkeiten und Entscheidungskompetenzen

REGELN SIE EINDEUTIG, WER DIE VERANTWORTUNG FÜR DAS „WAS" UND WER DIE VERANTWORTUNG FÜR DAS „WIE" HAT.
UNSERE MEINUNG: DAS „WIE" VERANTWORTET IMMER DERJENIGE, DER DIE AUFGABE AUCH AUSFÜHRT.

2.4 Motivation durch Organisation

Die Motivation der Vertriebsmitarbeiter sollte gefördert werden.

Ohne motivierte Vertriebsmitarbeiter keine guten Verkaufsergebnisse – das liegt auf der Hand. Deshalb sollten Sie durch Ihrer Organisationsform die Motivation Ihrer Vertriebsmitarbeiter fördern und unterstützen. Können Sie in Ihrer Organisationsform mit jedem Mitarbeiter individuelle Karrierepläne erarbeiten und die Anreizsysteme mit den Zielen des Unternehmens abstimmen? Überlegen Sie sich auch, wie die Top-Verkäufer auf Dauer ihre Anerkennung bekommen können.

Geht es um Beförderungen, fragen Sie sich: Soll der beste Verkäufer Teamleiter und dann Verkaufsleiter werden oder besetzen Sie diese Posten eher mit der potenziell besten Führungskraft? Und wie argumentieren und kommunizieren Sie die jeweilige Entscheidung?

- Unterstützen oder überprüfen Ihre Stabsabteilungen die Vertriebsmitarbeiter?
- Führen Ihre Manager durch „Überzeugen und Einbinden" oder durch „Kommandieren und Kontrollieren"?
- Greifen Ihre Manager selbst in die operativen Tätigkeiten unterer Ebenen ein und behindern dadurch die Abläufe?

Auswirkungen der Organisation auf die Motivation der Mitarbeiter prüfen

Prüfen Sie die Auswirkungen Ihrer neuen oder umgestalteten Organisationsform auf die Motivation Ihrer Mitarbeiter genau, bevor Sie sie einführen.

Beispiel aus dem Softwarevertrieb: Karriere als „Rockstar"

Eine interessante Variante für Karrierewege im Vertrieb hat einer unserer Kunden entwickelt. *„Rockstar oder Manager?"* Diese Frage stellt der Vertriebsleiter Vertriebsmitarbeitern im Laufe Ihrer Karriere immer dann, wenn ein Karrieresprung ansteht.

Der Vertriebsleiter beobachtete schon zu Beginn seiner Vertriebskarriere, dass sich nicht jeder seiner Vertriebler zum Manager berufen fühlte. Statt zu führen, wollten sie lieber weiter verkaufen. *„Einige waren regelrecht unglücklich, wenn ich angeboten habe, ihnen mehr Personalverantwortung zu übertragen"*, sagt er. Die Lösung des Problems: Zwei unterschiedliche Karrierewege mit vergleichbaren Aufstiegsmöglichkeiten.

Die klassische Managementkarriere als Regional- oder Vertriebsleiter für die einen, die des „Rockstars" für die anderen. Deren Aufgabe: Immer alles infrage stellen. Und gegebenenfalls das eigene Werk zerstören.

Unsere Branche entwickelt sich so schnell, dass ein Vertriebler sagen können muss: Wir müssen neue Wege gehen. Dabei wächst der Grad der Freiheit mit der Karriere.

Die Karrierespitze ist der Lead-Seller (von Lead-Sänger). Er soll sagen, was die Herausforderungen der Zukunft sind. Das Besondere an seinen Stars ist, dass sie dort, wo andere nur ein einzelnes Problem sehen, aufgrund ihrer Erfahrung eine ganze Problemkategorie erkennen, die so oder ähnlich auch bei anderen Kunden vorkommt. Diese Erkenntnisse sind wichtiger Bestandteil der Vertriebsstrategie: Gezielt versucht dieses Unternehmen vor allem solche Aufträge an Land zu ziehen, aus denen sich zukünftiger Erfolg multipliziert aus heutigen Lösungen generieren lässt.

2.5 Customeyes-Organisation

Ist unsere Ablauforganisation vom Kunden her gedacht? Der Kunde im Mittelpunkt ist zwar nichts Neues und wurde bereits seit Jahren und Jahrzehnten immer wieder als zentrales Thema angesehen. Doch wer hat sich daran gehalten? Noch konkreter: Wer hat es denn wirklich bisher gebraucht? Schneller, unerwarteter und grundsätzlicher, als wir alle glauben, hat der Trendbruch in Deutschland stattgefunden. Der Trendbruch von der Industriegesellschaft über die Informationsgesellschaft zur Wissensgesellschaft, in der nicht mehr Informationsvorsprünge entscheidend sind, sondern Wissensvorsprünge. Wissen ist bewertete Information!

Was zählt, sind Wissensvorsprünge, …

Produkte werden keine Rolle mehr spielen. Was bleibt, ist: der Kunde, die Kundenbeziehung, die Kundenbindung und das Wissen darüber, was der Kunde will. Das Wissen wohlgemerkt, nicht die Information.

… das Wissen darüber, was der Kunde will.

Deshalb denken Sie über Anziehungskraft und Attraktivität, über Bequemlichkeit, Schnelligkeit und Service für den Kunden nach. Checken Sie Ihre Organisation aus Sicht der Kunden.

ORGANISIEREN UND POSITIONIEREN SIE SICH ALS KUNDENSPEZIALIST, DER WEISS, WIE, WO UND WAS MAN FÜR DEN KUNDEN OPTIMAL PRODUZIEREN ODER LEISTEN KANN.

Sie besitzen damit Wissensmacht, weil Sie genau wissen, was in und mit der eigenen Kundengruppe passiert, da sie längst Bestandteil dieser Zielgruppe sind und mit den Augen des Kunden sehen. Sie brauchen dann auch weniger Werbung (oder sogar keine Werbung mehr), weil Sog entsteht und Ihnen durch Mund-zu-Mund-Propaganda Kunden zugeführt werden.

Mit den Augen des Kunden sehen

VERSUCHEN SIE, EIN KUNDEN-NETZWERK UND EIN WISSENS-NETZWERK AUFZUBAUEN, BINDEN SIE DAMIT IHRE KUNDEN AN SICH.

Denn fast kein Produkt, keine Dienstleistung wird mehr gekauft, ohne dass man jemanden fragt: Kennst du nicht jemanden, der das und das liefert oder kann? Man verlässt sich kaum noch auf Werbung, Verkäuferaussagen, Fernsehspots und vollmundige Versprechen. Das persönliche Netzwerk ist viel verlässlicher. **Netzwerke** sind damit die **Brücke**, über die sich Kunden und Information zu Wissen verbinden lassen. Ihr Ziel sollte es sein, aktiver Bestandteil dieser Netzwerke zu werden. Denn nur als integrierter Bestandteil können Sie gestalten und überzeugen.

Kunden sind die einzige Energiequelle Ihrer Organisation. Pflegen Sie sie. Der Kunde im Mittelpunkt reicht noch nicht. Sie müssen ein Teil von ihm werden.

Ein Teil des Kunden werden

2.6 Vertriebsplan

Zum Abschluss Ihrer Planungen für eine kundenorientierte Vertriebsorganisation empfiehlt es sich, zur guten Übersicht und zur Erleichterung der Gesamtorganisation einen Vertriebsplan zu erstellen. Er enthält
- die Ergebnisse der Situationsanalyse,
- die Ziele und
- die entwickelten Strategien.

Wir geben Ihnen hier einen exemplarischen Überblick über die wichtigsten Bestandteile des Vertriebsplans.

2.6.1 Organisationsplan

Maßnahmen und Aktivitäten zur Kundenbetreuung

Dieser gibt Ihnen einen Überblick über Ihre in der Vertriebsorganisation geplanten Aktivitäten zur Verbesserung der Kundenbetreuung. Er enthält die Maßnahmen und Aktivitäten incl. der Kosten, die notwendig sind, um sowohl die zentrale Kundenbetreuung als auch die Kundenbetreuung in der Fläche auch in Zukunft sicherzustellen. Beispielhaft könnte ein Organisationsplan nachfolgende Themen beinhalten:
- Art und Weise von Veränderungen in der Kundenbetreuung durch das Key-Account-Management,
- Benennung der Kunden, für die Kundenteams eingesetzt werden,
- Einsatzplanung von weiteren regionalen Key-Account-Managern,
- Veränderungen in der Zusammenarbeit zwischen Kunden und Innendienst,
- Einstellung weiterer Außendienstmitarbeiter, dadurch Verkleinerung der Verkaufsbezirke und Erhöhung der Besuchsfrequenzen bei bestimmten Kundenkreisen,
- Überprüfung der Tourenplanung und Zentralisierung beim Innendienst,
- Auswahl und Einsatz einer Sales-Service-Organisation zur Durchführung von Verkaufsförderungsaktivitäten,
- Kosten, Timing, Projektverantwortliche.

2.6.2 Personalplan

Grundlage für die Personal- und Recruiting-Planungen

Dieser beleuchtet die quantitativen und qualitativen Mitarbeiterressourcen des Vertriebs und stellt notwendige Veränderungen dar. Er dient als Grundlage für Ihre Personal- und Recruiting-Planungen. Dazu gehören:
- Veränderungen im Personalbestand,
- notwendige Einstellungen von Mitarbeitern, Ausscheiden von Mitarbeitern, jeweils mit Begründung,
- Maßnahmen zur Einstellung und Einarbeitung neuer Mitarbeiter,
- Anforderungen an die Qualifikation von Mitarbeitern: Soll-Ist-Vergleich und notwendige Maßnahmen zur Soll-Erreichung,
- Urlaubsplanung/Vertretungsplanung,
- (Gehalts-)Kostenplan, Timing, Verantwortliche.

2.6.3 Kommunikationsplan

Er kann Ihnen helfen, die verschiedenen geplanten Kommunikationsformen aufeinander abzustimmen. Er berücksichtigt die Aspekte der Customeyes-Kommunikation, also beispielsweise:

- Aufzählung aller Mitarbeiter mit Kundenkontakt,
- Ort und Pflege der Informationsdatenbank,
- Ort und Pflege des Sales-Know-how,
- Ort und Pflege des Kunden-Know-how,
- sämtliche Schnittstellen der internen und externen Kommunikation,
- Maßnahmen zur Förderung von Partnerschaften,
- gemeinsame Kommunikationsplattformen mit Kunden und Lieferanten.

Abstimmung der Kommunikationsformen aufeinander

2.6.4 Motivations- und Förderungsplan

Dieser ist die Basis für motivierte Mitarbeiter, auch morgen noch. Er enthält konkrete Angaben darüber, wie die Mitarbeiter gefördert und unterstützt werden können bzw. sollen. Er beinhaltet folgende Themenkreise:

- Art der immateriellen Motivationsinstrumente, die im nächsten Geschäftsjahr eingesetzt werden,
- Angaben über Manager- oder Rockstar-Karrierewege,
- Umfang der materiellen Motivationsinstrumente wie Prämien, Provisionen, Sachpreise, Ausstattung der Arbeitsplätze und Anbindung dieser Instrumente an die Zielvorgaben für den Außendienst,
- Art und Inhalt von Trainings- und Schulungsmaßnahmen,
- Unterstützung der Mitarbeiter in Form von Salesfoldern, Produkten, Proben und Preislisten,
- Erprobung des Nutzens von elektronischen Verkaufshilfen,
- Erweiterungen/Veränderungen bei CAS/CRM-Systemen,
- Maßnahmen zur Erhöhung der Akzeptanz von CAS/CRM durch die Mitarbeiter,
- Kostenplan, Timing, Projektverantwortliche.

Basis für motivierte Mitarbeiter

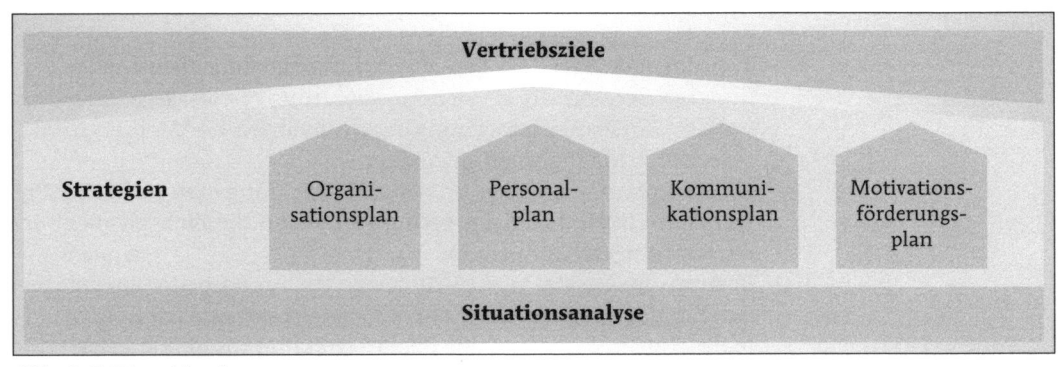

Abb. 2.7: Vertriebsplan

2.6.5 Erstellung des Vertriebsplans

> **Vorgehensweise in vier Schritten**
>
> 1. **Schritt: Zusammenstellung der Informationen**
>   Hieran sollten alle Mitarbeiter im Vertrieb, insbesondere auch die Gebietsverkaufsleiter, ausgewählte Außendienstmitarbeiter und die Key-Account-Manager beteiligt werden.
> 2. **Schritt: Situationsanalyse**
>   Hierzu gehört eine Stärken/Schwächen/Risiken/Chancen-Analyse (SWOT-Analyse) und die Ableitung der Zieldefinitionen. Die Analyse kann durch die Vertriebsleitung selbst erfolgen. SWOT-Analyse und Ziele sollten einen gemeinsamen Konsens durch alle leitenden Mitarbeiter im Vertrieb haben.
> 3. **Erstellung der erforderlichen einzelnen Bestandteile des Vertriebsplans**
>   Hierfür sind die jeweiligen Key-Account-Manager und die Gebietsleiter in Abstimmung mit der Vertriebsleitung verantwortlich.
> 4. **Aggregation zum Vertriebsplan**
>   Aus den einzelnen Plänen ergeben sich die Anforderungen an die Vertriebsressourcenplanung. Dies sollte wieder in den Händen der Vertriebsleitung liegen.

Die Vertriebsleitung muss den Rahmen für Umsatz- und Ertragsziele bekannt geben.

Die Vertriebsleitung hat auch (zum Teil zusammen mit der Marketingabteilung) die Verantwortung dafür, Informationen über neue Projekte, wie Produkteinführungen oder besondere Werbemaßnahmen, in den Planungsprozess einzubringen.

Weiterhin muss die Vertriebsleitung den Rahmen für die Umsatz- und Ertragsziele, die sich aus der Gesamtunternehmensplanung ergeben, verbindlich bekannt geben.

Methoden der Vertriebsplanung

- **Top-down-Ansatz**: Das Top-Management gibt die Ziele und die Planungsgrößen vor, z. B. eine Umsatzsteigerung von 5 % gegenüber dem Vorjahr. Zur Planzielerreichung haben die einzelnen Abteilungen entsprechende Maßnahmen einzuleiten.
  Die Akzeptanz von Zielen, an deren Entwicklung man nicht beteiligt war, kann besonders dann gering sein, wenn die Ziele als nicht erreichbar eingeschätzt werden.
- **Bottom-up-Ansatz**: Hier plant der Vertriebsmitarbeiter vom einzelnen Kunden ausgehend seine möglichen Umsatzziele. Sie werden Stufe für Stufe in der Hierarchie überarbeitet und zusammengefasst, bis das Gesamtumsatzziel feststeht.

Diese Methode ist aufwändiger und zeitintensiver und hat größere Abstimmungsprobleme als die Top-down-Methode. Es wird zudem so sein, dass Mitarbeiter eher niedrigere Ziele angeben, um diese auf alle Fälle zu erreichen. Eine kluge Steuerung von Provision und Prämien kann solchen Tendenzen jedoch entgegenwirken.

- **Down-up-Ansatz**: Um die Vorteile beider Ansätze zu verbinden, sollte die Vertriebsplanung als „Down-up"-Planung durchgeführt werden, also als „Gegenstromplanung", an der möglichst viele Vertriebsmitarbeiter beteiligt sind. Dieses Vorgehen hilft, einen gemeinsamen Konsens herbeizuführen und die Mitarbeiter für die Erreichbarkeit der Ziele zu motivieren.

„Gegenstromplanung", an der möglichst viele Mitarbeiter beteiligt sind

2.7 Gesamtcheckliste: Vertriebsorganisation

1. Die richtige Struktur

- Haben wir eine Vertriebsstruktur gewählt, die zu unserer Vertriebsvision passt?
- Ist unsere Organisations-Matrix aus Kunde x Produkt x Region = Vertriebskanal optimal gewählt?

2. Kommunikation und Informationsfluss

- Haben wir sichergestellt, dass jeder unserer Mitarbeiter zu jeder Zeit die richtige (Kunden-) Information erhält?
- Ist gewährleistet, dass jeder unserer Kunden jederzeit sein Problem loswerden kann und zeitnah eine lösungsbringende Antwort erhält?

3. Entscheidungskompetenzen

- Sind die Kompetenzen in Bezug auf jeden möglichen Kundenkontakt klar geregelt?

4. Motivation durch Organisation

- Gibt es individuelle Karrierepläne und Anreizsysteme, die unsere Vertriebsmannschaft motivieren?

5. Customeyes-Organisation

- Stehen unsere Kunden im Mittelpunkt aller unserer Überlegungen und Entscheidungen? Sind wir Teil unserer Kernzielgruppe?
- Gibt es einen „Customeyes-Beauftragten", der uns dabei unterstützt?

6. Vertriebsplan

- Haben wir einen jährlichen Vertriebsplan?
- Ist dieser Plan so transparent, dass jeder Mitarbeiter ihn kennt?

3 Vertriebsprozesse

Sie kennen Ihre Zielgruppe, Sie haben sich positioniert, Sie haben Ihre Organisation aufgebaut und jetzt sitzen Sie da und warten, bis Ihr Zielgruppenkunde eine Auftragsbestätigung faxt. Nein, so einfach ist es natürlich nicht, das wissen Sie und wir auch. In diesem Kapitel geht es deshalb um die operative Umsetzung der Strategie.

Wie bekommen Sie Ihre Produkte, Ihre Dienstleistung zum Kunden? Welche Schritte sind notwendig, um einen Kunden zu gewinnen und dauerhaft zu halten? Welche logischen vertrieblichen Aktivitäten sind erforderlich um den Auftrag zu bekommen?

In BWL-Deutsch: Ziel der Vertriebsprozesse ist es, erkannte, definierte und fokussierte Ertragspotenziale zukunftsoffen zu erschließen und wertbasiert auszuschöpfen. Oder verständlicher formuliert:

WELCHE AKTIVITÄTEN MÜSSEN WIE OFT UND IN WELCHER INTENSITÄT DURCHGEFÜHRT WERDEN, DAMIT SIE IHRE VERTRIEBSZIELE ERREICHEN?

Zielorientierte Vertriebssteuerung durch klar strukturierte Prozesse

Zu jeder dieser Prozess-Stufen lassen sich Zeitbedarfe ermitteln, Qualifikationsanforderungen beschreiben, Trainingsmodule konzipieren und unterstützende Hilfsmittel erarbeiten. Nur wenn Sie Ihre Vertriebsarbeit in Form solcher Vertriebsprozesse klar strukturieren und entsprechende Erfolgsquoten definieren, können Sie eine aussagekräftige Vertriebszielplanung durchführen und Ihren Vertrieb zielorientiert steuern.

3.1 Vertriebsprozesse identifizieren

Grundmuster aller Vorgehensweisen zur Kundengewinnung

Alle Vorgehensweisen, mit denen Ihr Unternehmen Kunden gewinnen will, besitzen ein identisches **Grundmuster**. Zuerst müssen die Zielkunden identifiziert werden, der nächste Schritt ist dann die Ansprache des Kunden, ein erster Gesprächstermin, Interesse wecken, Bedarf klären, Lösung präsentieren, Angebot erstellen und verhandeln. Wenn alles gut läuft, kauft der Kunde bei Ihnen.

Wie geht es dann weiter? Mit Kundenbindung bzw. Kundenausbau. Diese Struktur sieht etwas anders aus. Hier geht es dann um Kundenpflege, Kundenwertermittlung, Kundenbetreuung, partnerschaftliche Zusammenarbeit etc. Hier sind andere Aktivitäten erforderlich, um dieses andere Ziel zu erreichen.

WIR UNTERSCHEIDEN DAHER EIGENTLICH IMMER MINDESTENS ZWEI, MACHMAL AUCH VIER ODER MEHR VERSCHIEDENE VERTRIEBSPROZESSE:
1. KUNDENGEWINNUNG: ZIEL IST, KUNDEN ZU GEWINNEN, UND
2. KUNDENAUSBAU: ZIEL IST, BESTEHENDE KUNDENBEZIEHUNGEN WEITERZUENTWICKELN.

Wenn Sie es noch weiter verfeinern möchten:
3. **Bestandskundengeschäft**: Ziel dieses Prozesses ist das Generieren von Umsatz bei bestehenden Kunden. Je nach Verfeinerung werden Sie diese Verkaufschancen wie im Prozess Kundengewinnung bearbeiten oder aber einen separaten Prozess dafür definieren.
4. **Kundenbindung**: Hier ist das Ziel, bestehende Kunden zu halten. Der Unterschied zum Kundenausbauprozess könnte z. B. darin bestehen, dass er in einem anderen Vertriebskanal durchlaufen wird (z. B. im Call-Center).
5. **Cross-Selling**: Ziel dieses Prozesses ist das Platzieren neuer Produkte oder Produktgruppen bei bestehenden Kunden. Auch das könnte eine Verfeinerung des Kundenbindungsprozesses sein, wenn er bei Ihnen eine besondere Vorgehensweise erfordert. Es ist z. B. nach dem Zukauf einer neuen Produktlinie sinnvoll, um das Cross-Selling systematisch voranzutreiben.
6. **Kundenrückgewinnung**: Hier ist das Ziel die Rückgewinnung von verlorenen Kunden. Wenn Sie diese Zielgruppe (Ex-Kunden) ansprechen möchten, kann es sinnvoll sein, dafür den Prozess Kundengewinnung abzuwandeln, um den Vertriebsmitarbeitern systematische Erfolgshilfe an die Hand zu geben.
7. **Partnergewinnung**: Diese Abwandlung des Prozesses Kundengewinnung dient nicht der Gewinnung von Kunden, sondern von Vertriebspartnern. Oft ist hier ein anderes Vorgehen sinnvoll und damit ein anderer Prozess.

Wahrscheinlich müssen Sie die einzelnen Vertriebsprozesse für jeden Vertriebskanal anpassen oder auch abwandeln um optimale Ergebnisse zu produzieren. Auch Multi-Channel-Prozesse sind denkbar (z. B. um den Kunden nach dem Besuch Ihrer Website weiter vom Außendienst betreuen zu lassen). *Individuelle Ausgestaltung der Vertriebsprozesse; Multi-Channel-Prozesse*

Sie sehen, es lohnt durchaus einmal, die verschiedenen Vertriebsprozesse in Ihrem Unternehmen zu identifizieren, um sie dann genauer zu spezifizieren.

3.2 Einen Vertriebsprozess definieren

Bevor wir später über die Organisation des einzelnen direkten Vertriebskontaktes sprechen, also die Vorbereitung des Verkaufsgesprächs, Telefonate etc., lassen Sie uns den Kontext betrachten, in dem dieses alles geschieht: die Systematik, die nötig ist, um zu einem Abschluss zu kommen. *Abschlusssystematik*

> IN DER REGEL BENÖTIGEN WIR FÜR EINEN ABSCHLUSS MEHRERE KONTAKTE, ANRUFE, BESUCHE ETC. DIESE ABFOLGE BEZEICHNEN WIR ALS VERTRIEBSPROZESS.

Sie benötigen einen Vertriebsprozess,
- um systematisch vorgehen zu können,
- damit die einzelnen Vertriebsmitarbeiter am Markt ähnlich agieren,
- damit „Best-practice-Lösungen" etabliert werden können und ein KVP (kontinuierlicher Verbesserungsprozess) stattfinden kann,
- um brachliegendes Erfolgspotenzial im Vertrieb zu heben.

Kurzum: Es geht darum, das Richtige in der richtigen Reihenfolge zu tun. Effektiv und effizient soll er sein, der Vertriebsprozess.

Das Richtige in der richtigen Reihenfolge tun

Wichtig ist es, dabei den richtigen Mittelweg zu finden. Auf der einen Seite soll natürlich der Prozess so viel wie nötig definiert sein, um eine Basis für den Erfolg zu legen. Auf der anderen Seite darf so wenig wie möglich fest vorgegeben sein, um die Kreativität und Individualität der Vertriebsmitarbeiter zu erhalten.

Wir empfehlen jede einzelne Verkaufschance in den Prozess einzuphasen. Es kann also durchaus sein, dass ein und derselbe Kunde mit verschiedenen potenziellen Aufträgen mehrfach, vielleicht sogar in verschiedenen Prozessen, vertreten ist.

3.2.1 Stufen der Vertriebsprozesse

Idealerweise erfassen und erklären Ihre strategischen Vertriebsprozesse die gesamte Lebenskurve eines Geschäftspartners. Idealerweise kann so jeder Kontakt zu jedem Zeitpunkt eindeutig einer bestimmten definierten Phase des Vertriebszyklus zugeordnet werden.

Typischerweise gehen alle Kunden zuerst mehr oder weniger über die gleichen Stufen, bis sie Kunde werden:
1. Bedarf erkennen,
2. Möglichkeiten evaluieren,
3. passende Lösung auswählen,
4. Angebot und Verhandlung sowie
5. Lieferung/Implementierung.

Synchronisation von Kauf- und Verkaufsprozess

Ziel des Vertriebsprozesses ist sozusagen die Synchronisation von Kaufprozess (Kunde) und Verkaufsprozess (Verkäufer):

Vertriebsprozess	
aus Vertriebssicht	**aus Kundensicht**
Zielgruppe definieren	Bedarf erkennen
Geschäftsanbahnung	Marktanalyse
Bedarfsermittlung	Qualifizierung
Vorklärung	Vorklärung
Angebotserstellung	Angebotsprüfung
Verhandlung	Verhandlung
Auftragsmanagement	Bestellmanagement
After-Sales-Betreuung	Nutzung
Kundenausbau	Lieferantenmanagement

Einen Vertriebsprozess definieren

Typischerweise besteht ein **Vertriebsprozess** aus bis zu **neun verschiedenen Stufen**. Dies kann je nach Prozessziel und Feinheit des Prozesses, je nach Produkt und Dienstleistung, je nach Kundensegment und natürlich je nach Vertriebskanal variieren.

Konzentrieren wir uns zunächst auf die fünf typischen Stufen des Vertriebsprozesses „Kundengewinnung". Nach diesem Prozess können auch Vertriebschancen bei bestehenden Kunden bearbeitet werden. Diese potenziellen Aufträge werden dann entsprechend direkt in Stufe 2 oder 3 eingestellt.

Stufen eines Vertriebsprozesses – 1. Teilprozess: Kundengewinnung

Stufe 0: Adresse
In dieser Stufe befinden sich alle potenziellen Kundenadressen, meist noch passiv geparkt.

Stufe 1: Kontakt
Hier in dieser Stufe finden sich alle qualifizierten Adressen wieder. Darin findet der Erstkontakt statt. In der Regel ist dies ein Brief, ein Telefonat und dann ein erstes Gespräch.

Stufe 2: Interessent
In dieser Stufe finden sich alle Kontakte mit qualifiziertem Interesse wieder.

Stufe 3: Konzeptkunde
In dieser Stufe finden sich alle Interessenten mit qualifiziertem Bedarf wieder. Qualifizierter Bedarf bedeutet in diesem Zusammenhang:
1. Der Kunde hat einen Bedarf.
2. Wir können diesen Bedarf decken.
3. Der Bedarf soll jetzt gedeckt werden.
Wir bezeichnen Interessenten ab Stufe 4 bewusst als Kunden. Think positive!

Stufe 4: Angebotskunde
In dieser Stufe finden sich alle Verkaufschancen aus Stufe 4 wieder, bei denen eine qualifizierte Abschlusschance besteht. Wir unterscheiden hier bewusst zwischen **Konzeptphase** und **Angebotsphase**, da wir die Erfahrung gemacht haben, dass es Sinn macht, dass Sie Bedarf und Lösung möglichst lange und intensiv abgleichen und auch bereits Position gegen die Wettbewerber beziehen, bevor Sie ein konkretes Angebot abgeben.

Haben Sie den Auftrag gewonnen oder ausnahmsweise verloren, ist der **Vertriebsprozess Kundengewinnung** beendet. Der Kunde – nicht mehr die Verkaufschance – wird dann in der Regel nach dem **Prozess Kundenausbau** betreut, siehe Übersicht auf der folgenden Seite. In diesem Entwicklungsprozess ist jeder Kunde jetzt nur noch einmal vertreten.

Vielleicht fragen Sie sich, warum wir in Stufe 5 einen zweiten Prozess begonnen haben? Zum einen sind das formale Gründe: Im Prozess Kundengewinnung wird die Entwicklung von Verkaufschancen bis hin zum Abschluss beschrieben. Im Prozess Kundenausbau werden hingegen Kunden entwickelt, vom Erstkäufer bis zum Partner.

Zum anderen sollen diese beiden Prozesse auch verdeutlichen, dass die Aufgabe eines Vertriebsmitarbeiters eben auch zweigeteilt ist: Umsatz machen und Kunden binden. Beide Prozesse erfordern unterschiedliche Aktivitäten.

Stufen eines Vertriebsprozesses –2. Teilprozess: Kundenausbau

Stufe 5: Kunde
Hier finden sich alle gewonnenen Kunden wieder. Das sind alle mit gewonnenen Vertriebschancen aus Stufe 4.

Stufe 6: Zufriedener Kunde
Wir unterscheiden diese Stufe bewusst, um Einmalkunden und dauerhafte Kunden unterscheiden zu können.

Stufe 7: Telling Customer (aktiver Empfehlungsgeber)
Dies soll symbolisieren, dass die Arbeit des Vertriebs noch nicht beendet ist, wenn der Kunde zufrieden ist. Nein, wir wollen mehr. Wir wollen, dass unser Kunde positiv über uns spricht, ein loyaler Kunde bleibt und uns aktiv weiterempfiehlt.

Stufe 8: Partner
Unser Customeyes-Konzept sieht diese (anderwärtig nicht immer übliche) weitere Stufe vor. Denn Sie sollen eine Partnerschaft mit Ihren Top-Kunden eingehen. Sie sollen kooperieren und in Netzwerken mit Ihren Kunden zusammenarbeiten.

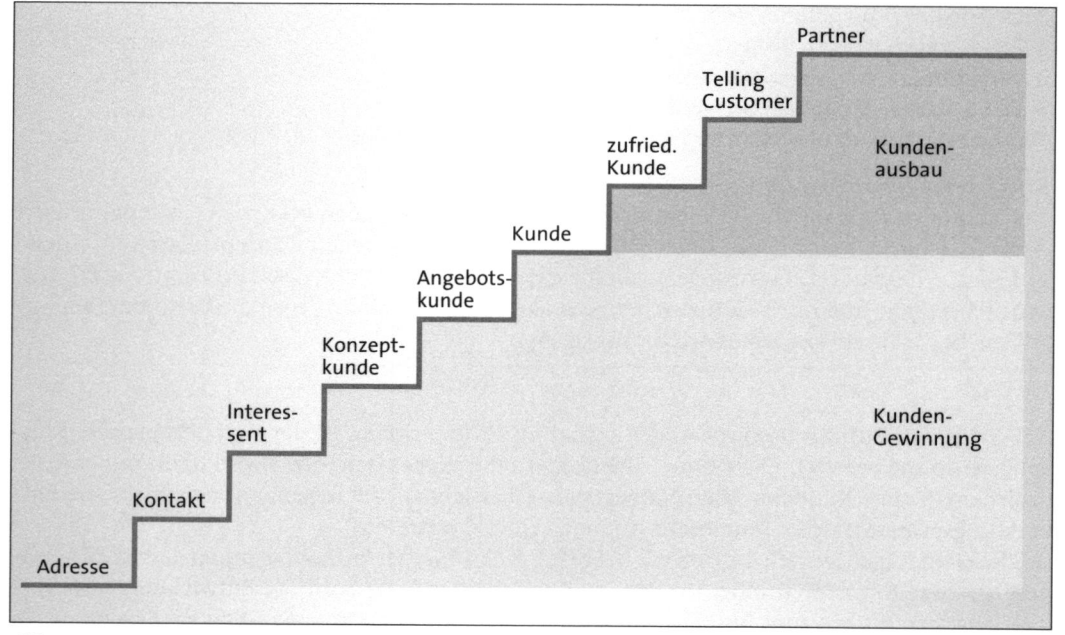

Abb. 3.1: Die neun Stufen des Vertriebsprozesses auf einen Blick

3.2.2 Merkmale je Stufe

Um Kunden oder Verkaufschancen exakt einer bestimmten Stufe des Verkaufsprozesses zuordnen zu können und um Ihren Vertriebsmitarbeitern einen effizienten Umgang mit diesen Kunden/Chancen nahe zu legen, sollten Sie für jede der einzelnen Stufen vier Merkmale genau definieren, nämlich:

Merkmale definieren

> **Merkmale pro Stufe**
>
> 1. **Ressourcen:**
>   Welche Ressourcen setzen Sie sinnvollerweise unter betriebswirtschaftlichen Gesichtspunkten in jeder der einzelnen Stufen ein?
>
> 2. **Weiter-Kriterien:**
>   Welche Meilensteine bringen eine Vertriebschance, einen Kunden in die nächste Stufe? Hier ist besonders darauf zu achten, dass nicht Aktivitäten (also z. B. Termin, Angebot, Anfrage etc.) zu Weiter-Kriterien werden, sondern nur Ereignisse, die eingetreten sind und qualitative Aspekte enthalten (wie qualifizierter Bedarf, hohe Abschlusschance etc.).
>
> 3. **Erfolgsfaktoren**
>   Wovon hängt Ihr Erfolg in jeder einzelnen Stufe ab?
>
> Und ganz wichtig:
>
> 4. **Exit-Kriterien**
>   Für jede Phase sollte genau definiert sein, wann der Prozess beendet wird. Unter welchen Umständen eine Vertriebschance, ein potenzieller Kunde weder in der aktuellen Stufe verharrt, noch eine Stufe weiter kommt, sondern unter welchen Umständen er den Prozess verlassen muss. Und Sie dann Ihre Ressourcen anderweitig, d. h. erfolgversprechender, konzentrieren können.

Ressourcen

Meilensteine

Erfolgsbedingungen

Kriterien zum Verlassen des Prozesses

In nachfolgender Tabelle auf der folgenden Doppelseite, die wiederum in die beiden Teilprozesse „Kundengewinnung" und „Kundenausbau" gegliedert ist, können Sie beispielhaft die Weiter- und Exit-Kriterien, die Erfolgsfaktoren und die zu investierenden Ressourcen für alle neun Stufen erkennen.

Merkmale des Vertriebsprozesses Kundengewinnung

Stufe	Ressourcen	Erfolgsfaktoren	Weiter-Kriterien	Exit-Kriterien
Vertriebsprozess Kundengewinnung				
0. Adresse	• Hier werden die wenigsten Ressourcen investiert. • Idealerweise standardisierte Prozesse	• Zielgruppenauswahl • Qualität der Adressen (aktuell, korrekter Name, Durchwahl etc.) • Gute PR/Marketing	• Qualifizierte Adresse (aus Zielgruppe) • Mit Potenzial	• Nicht Zielgruppe, • kein Potenzial
1. Kontakt (qualifizierte Adresse)	• Werbebrief • Ersttelefonat • Erstbesuch	• Beziehungsaufbau • Qualität der Bedarfsanalyse • thematische Aufhänger, die Interesse wecken	• Qualifiziertes Interesse UND Zusammenarbeit denkbar (Chemie stimmt)	• Kein Interesse • Kein absehbarer Bedarf • Keine Beziehung
2. Interessent (qualifiziertes Interesse)	• Grobkonzept • Erster Lösungsvorschlag • Abklären der Lösungsmöglichkeit	• Individuelle maßgeschneiderte Lösungskompetenz • Mehrere Kontakte im Buying-Center	• Qualifizierter Bedarf • Akquisitionsradar (BLUBZEWE) > 2	• Bedarf nicht konkret • Bedarf von Ihnen nicht zu lösen • Bedarf nicht dringend
3. Konzeptkunde (qualifizierter Bedarf)	• Verfeinertes Lösungskonzept • Demoinstallation • „Probefahrt"	• Individuelle fachspezifische Lösungskompetenz • Qualität der Nutzenargumentation • Einwand-Behandlung	Qualifizierte Abschlusschance • BLUBZEWE > 3	• Abschlusschance zu gering • Ungenügende Bonität

Einen Vertriebsprozess definieren 91

	Ressourcen	Erfolgsfaktoren	Weiter-Kriterien	Exit-Kriterien
4. Angebotskunde (qualifizierte Abschlusschance)	• Angebotserstellung • Abschlussverhandlung • Preisverhandlung	• Aufbau des Angebotes • Abschlusstechniken • Professionelles Follow-up • Verhandlungsgespräch	• Abschluss, Angebot gewonnen	• Wettbewerber hat Zuschlag • Preisvorstellung des Kunden unrealistisch
Vertriebsprozess Kundenausbau				
5. Kunde (mind. ein Auftrag)	• Standardkundenbetreuung • Wie C-Kunde	• Gute Abwicklung/Service • Mehrwert des Produkts/der Lösung	• Dauerhafter, zufriedener Kunde	• Keine gute Beziehung • Kein weiterer Kauf in Sicht • Schlechte Bonität
6. Zufriedener Kunde (dauerhafter Kunde)	• Betreuung wie B-Kunde	• Win-win	• Loyaler Kunde • Empfiehlt uns weiter	• Bevorzugt Wettbewerb • Negativer Deckungsbeitrag • Schlechte Bonität
7. Telling Customer (aktiver Empfehlungsgeber)	• Wie A-Kunde • Clientingmaßnahmen	• Win-win-Zusammenarbeit intensivieren	• Qualifizierte, partnerschaftliche Zusammenarbeit im Netzwerk	• Kein Clienting • Kein Partnering gewüncht (von Ihnen, vom Kunden)
8. Partner	• Zusammenarbeit • Kooperation • Gemeinsames Netzwerk	• Bessere Geschäfte für Sie und Ihren Kunden		• In der Praxis: keines mehr!

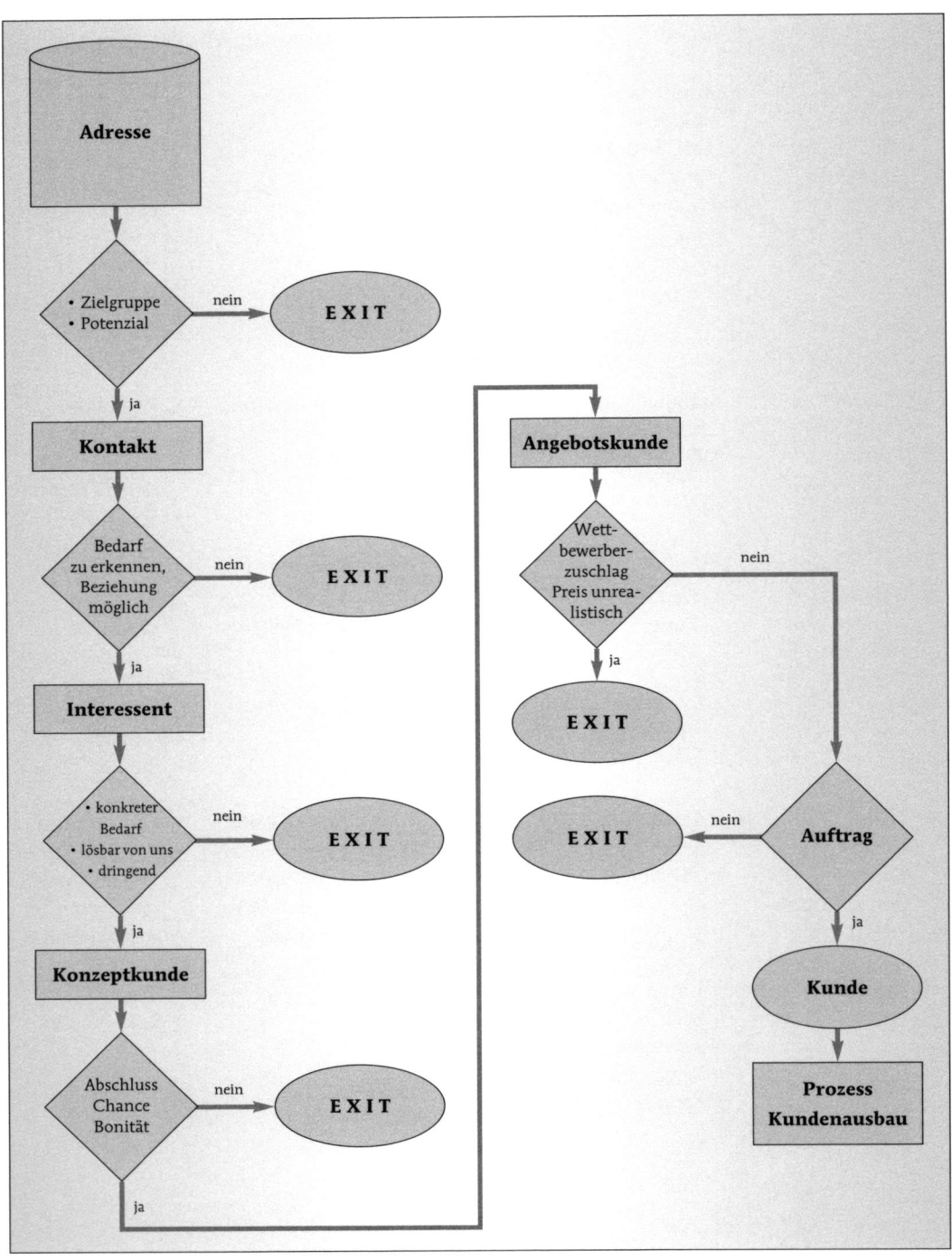

Abb. 3.2: Vertriebsprozess mit Merkmalen

3.2.3 Darstellung des Vertriebsprozesses

Aus unserer Erfahrung gibt es vier Varianten einen Vertriebsprozess darzustellen, nämlich als
1. Vertriebspipeline,
2. Vertriebstreppe,
3. Vertriebstrichter oder
4. Vertriebskreislauf.

Jede dieser Varianten kann Ihnen mehr Klarheit über Ihren Vertriebsprozess bringen. Im Folgenden werden wir kurz auf jede einzelne Darstellungsform eingehen und ein paar Beispiele dafür geben.

Vertriebspipeline

Natürlich ist eine Darstellung des Vertriebsprozesses als einfache Abfolge von Prozessschritten denkbar. Da eine Pipeline auch parallel zu einem Zeitstrahl dargestellt werden kann, können Sie hier gut erkennen, dass ein Vertriebsprozess Zeit erfordert, manchmal 12 oder gar 24 Monate, je nach Branche. Vielleicht verhilft Ihnen diese Darstellung zu mehr Geduld (Abb. 3.3).

Die Pipeline zeigt: Vertriebsprozesse erfordern Zeit.

Wir sind allerdings der Meinung, dass die Darstellungen als Treppe, Trichter oder Kreislauf wichtige Zusatzinformationen erkennen lassen.

Vertriebstreppe

Diese Darstellung ist besonders gut geeignet, um zu verdeutlichen, worauf es bei einem Vertriebsprozess ankommt, nämlich: Sie müssen Stufe für Stufe verkaufen. Versuchen Sie nicht fünf Stufen auf einmal zu nehmen, sonst geht es Ihnen wie im richtigen Leben: Sie fallen auf die Nase. Deshalb noch einmal: Verkaufen Sie Stufe für Stufe.

Die Treppe zeigt: die Vertriebsschritte bauen aufeinander auf.

Verkaufen Sie Ihren Adressen ein Erstgespräch. Und versuchen Sie nicht am Telefon schon Ihr Produkt zu verkaufen.

Gleiches gilt für den Ersttermin. Verkaufen Sie dort Ihre Lösungskompetenz, verkaufen Sie dort die Bedarfsanalyse oder was auch immer Ihr nächster Schritt ist. Aber bitte: Verkaufen Sie im Ersttermin noch nicht Ihr Produkt! (Außer Sie können im Ersttermin bereits einen Abschluss machen, das gibt es ja in der einen oder anderen Branche.)

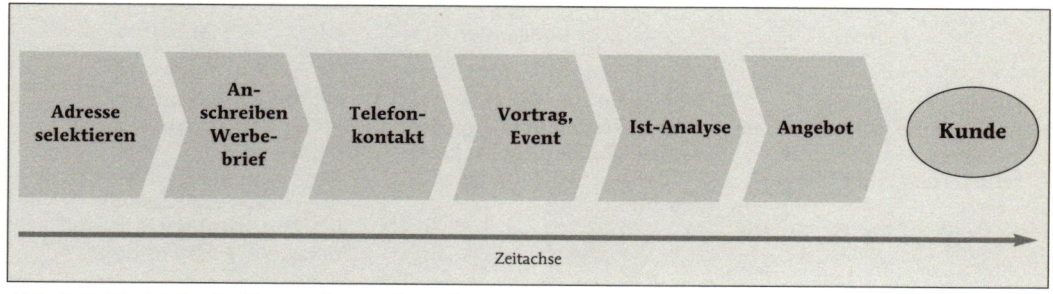

| Adresse selektieren | Anschreiben Werbebrief | Telefonkontakt | Vortrag, Event | Ist-Analyse | Angebot | Kunde |

Zeitachse →

Abb. 3.3: Vertriebspipeline am Beispiel Werbeagentur

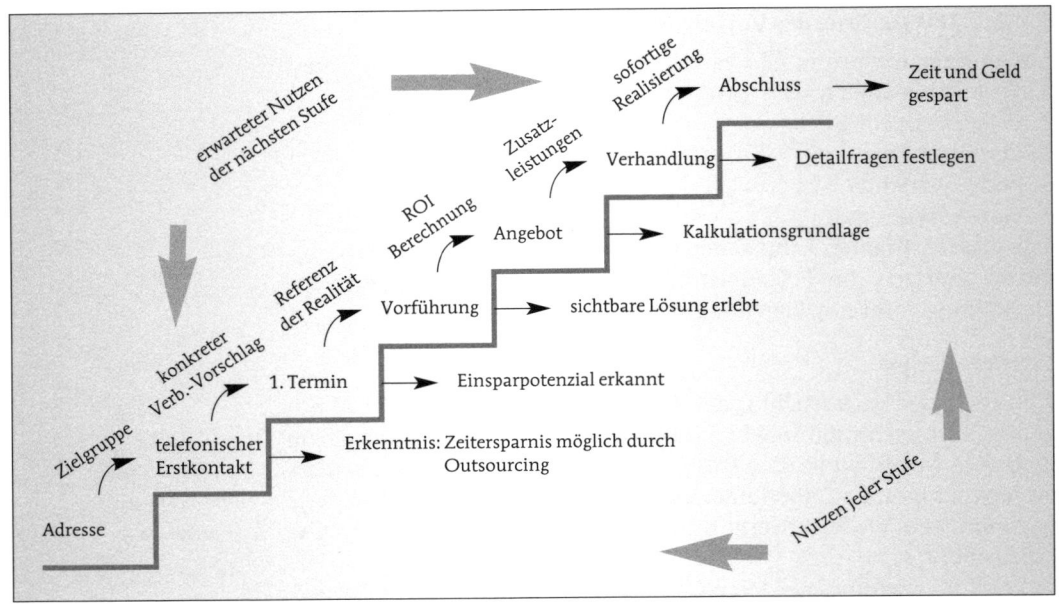

Abb. 3.4: Vertriebstreppe am Beispiel Ingenieurbüro: Hier ist der Nutzen für den Kunden auf jeder Stufe mit dargestellt und zugleich auch der zu erwartende Nutzen, wenn der Kunde die nächste Stufe nimmt.

Wie sieht Ihr Trichter aus?

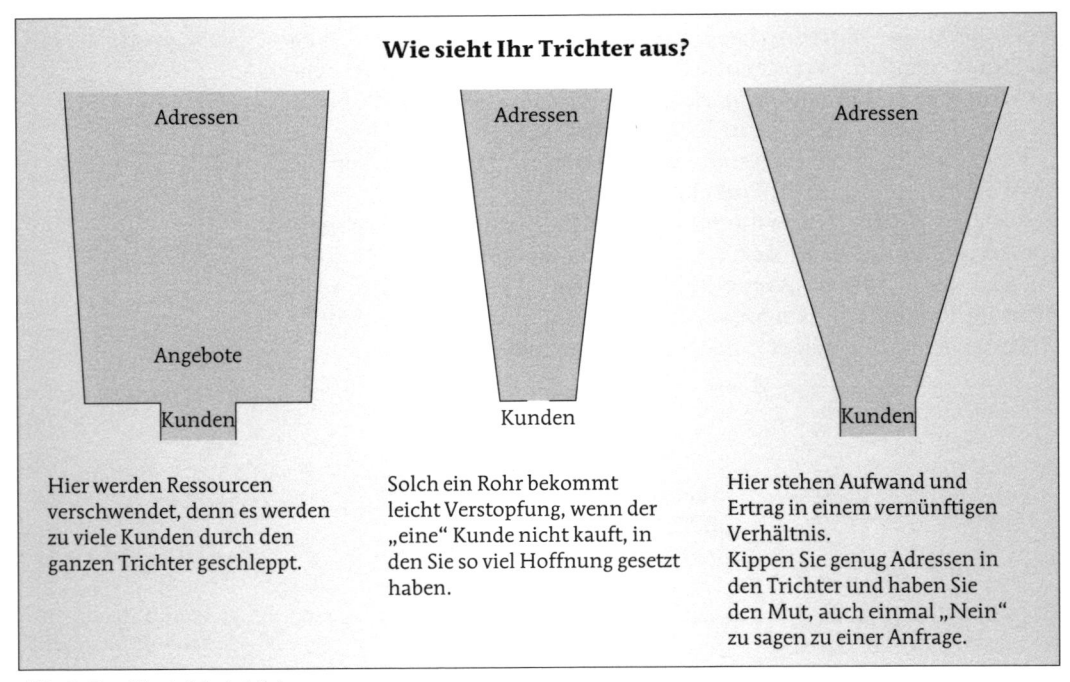

Hier werden Ressourcen verschwendet, denn es werden zu viele Kunden durch den ganzen Trichter geschleppt.

Solch ein Rohr bekommt leicht Verstopfung, wenn der „eine" Kunde nicht kauft, in den Sie so viel Hoffnung gesetzt haben.

Hier stehen Aufwand und Ertrag in einem vernünftigen Verhältnis.
Kippen Sie genug Adressen in den Trichter und haben Sie den Mut, auch einmal „Nein" zu sagen zu einer Anfrage.

Abb.3.5: Vertriebstrichter

Einen Vertriebsprozess definieren

Um die nächste Stufe verkaufen zu können, stellen Sie sich doch bitte zwei Fragen:
1. Welchen Nutzen biete ich meinem Kunden in dieser Stufe? Z. B. welchen Nutzen biete ich meinem potenziellen Kunden bereits im Akquisitionstelefonat, oder wie hat der Kunde profitiert, bereits nach dem ersten Kennenlernen? Kennen Sie keine Antwort, sparen Sie sich bitte den Besuch und stehlen Sie Ihrem Kunden nicht die Zeit.
2. Was hat der Kunde davon, wenn er der nächsten Stufe zustimmt? Und in diesem Zusammenhang auch, was ist der Kunde bereit zu tun, um auf die nächste Stufe zu gelangen, um in den Genuss Ihrer Ressourcen der nächsten Stufe zu kommen? Testen Sie ruhig seine Ernsthaftigkeit.

Frage nach dem Kundennutzen

Vertriebstrichter

Der Trichter ist ein geeignetes Symbol, um darzustellen, dass Sie in der Regel oben mehr Adressen hineinkippen (müssen), als unten als Kunden herauskommen. In dieser Darstellung kann man auch sehr schön erkennen, ob Ihr Trichter eher einem dicken Rohr ähnelt, aus dem zu wenig herauskommt, und Sie somit kräftig Ressourcen verschwenden oder ob Ihr Trichter eher einem dünnen Schlauch ähnelt, der leicht Verstopfung bekommt (Abb. 3.5). Wir nennen das Phänomen gerne: die Suche nach dem weißen Elefanten. Wie sieht Ihr Trichter aus? Die einzelnen Stufen und ein anderes Mengengerüst zeigt Abb. 3.6:

Der Trichter zeigt: nicht aus jedem Kontakt wird ein Kunde.

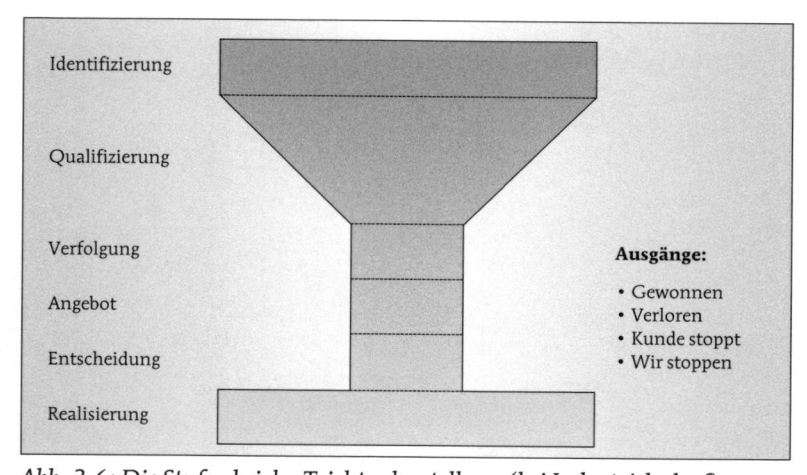

Identifizierung

Qualifizierung

Verfolgung

Angebot

Entscheidung

Realisierung

Ausgänge:
• Gewonnen
• Verloren
• Kunde stoppt
• Wir stoppen

Abb. 3.6: Die Stufen bei der Trichterdarstellung (bei Industriebedarf)

Vertriebskreislauf Verkaufszyklus

Diese Darstellung ist besonders gut geeignet, um darzustellen, dass es immer wieder neue Käufe, immer wieder neue Abschlüsse bei bestehenden Kunden gibt und daher jeder Kunde hoffentlich mehrfach durch diesen Kreislauf läuft. Ein besonders ausgefeiltes Beispiel eines Verkaufszyklus sehen Sie auf der folgenden Seite (Abb. 3.7):

Der Vertriebskreislauf zeigt: es gibt neue Käufe bei bestehenden Kunden.

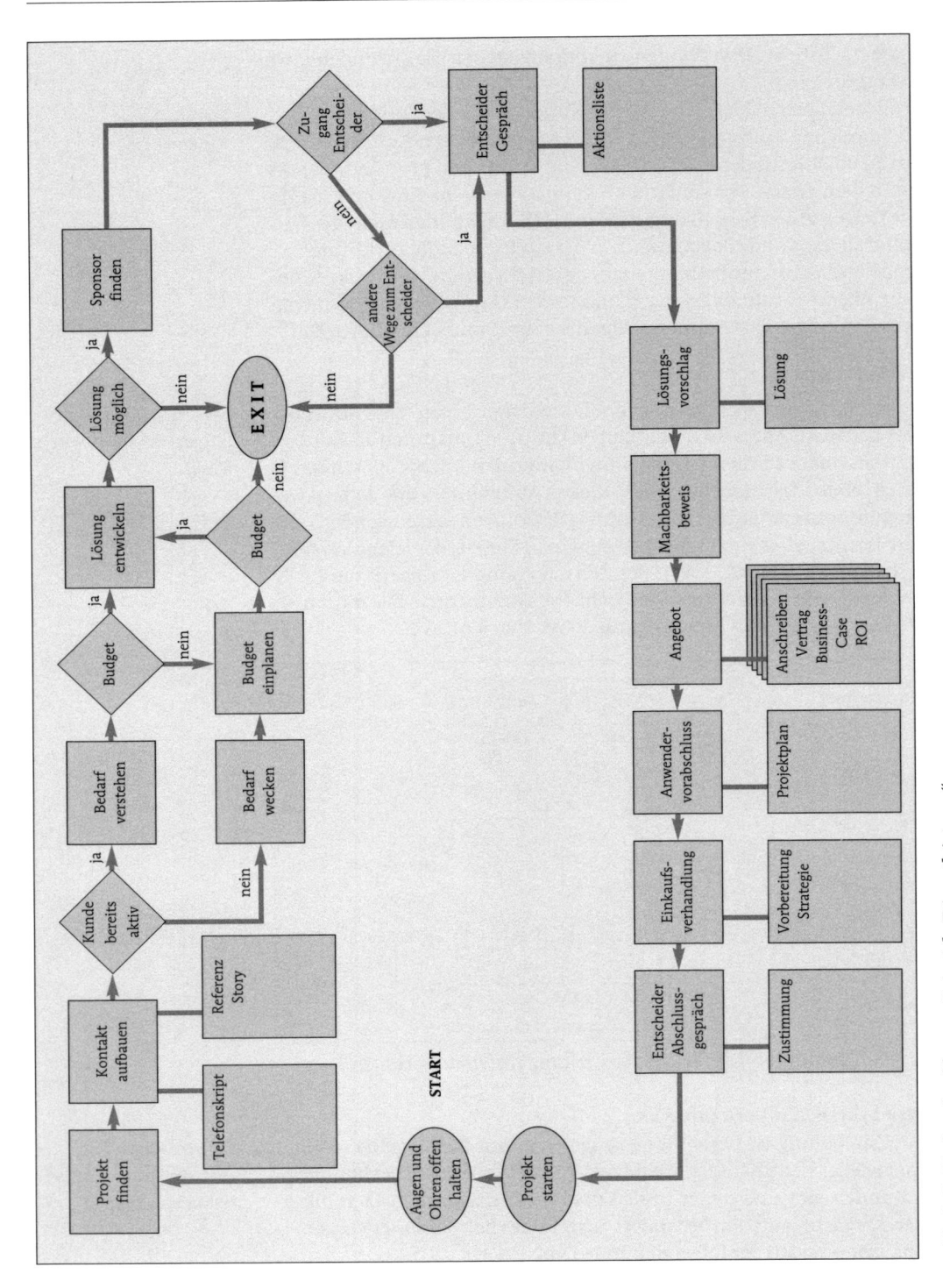

Abb. 3.7: *Verkaufszyklus am Beispiel „Dienstleistung"*

3.2.4 Vorgehen zur Prozessdefinition

Diese Schritte sollten Sie durchführen, um Ihren Vertriebsprozess zu definieren:

1. Analysieren Sie Ihre Markterfolg bringenden Abläufe/Prozesse.
2. Legen Sie typische Kundenberührungspunkte fest. Blicken Sie dabei auf Vertrieb und Prozesse durch die Augen der Kunden.
3. Erweitern Sie die üblichen Außen- und Innendienstkontakte um Instrumente bzw. Medien des Dialogmarketings (Mailing, Newsletter, Call-Center-Aktionen etc.).
4. Verbinden Sie die Kundenkontakte zu einem Vertriebsprozess und unterteilen Sie diesen in einzelne Schritte/Stufen.
5. Definieren Sie für jede dieser spezifischen Stufen den spezifischen Kundennutzen.
6. Da regelmäßige Kundenkontakte anzustreben sind, verlängern Sie Ihren Vertriebsprozess in die Nachkaufphase, in die Betreuungsphase.
7. Legen Sie für jede Stufe (auch Aftersales) Weiter- und Exitkriterien fest. Meilensteine sind Ereignisse, nicht Aktivitäten.
8. Differenzieren Sie diese Abläufe nach Kundenwertigkeiten, klassifizieren Sie auch Ihre Interessenten. Legen Sie für jede Stufe ein Maximum an Ressourcen fest.
9. Testen Sie Ihre kundenorientierten Abläufe gegen das Marktverhalten Ihrer Wettbewerber. Sie brauchen nicht perfekt zu sein. Sie sollten jedoch sicherstellen, dass Sie bei jedem Kundenkontakt einen Tick besser sind als Ihre Wettbewerber.
10. Nutzen Sie Ihren definierten Prozess zur Gestaltung Ihrer CRM-Software. Ihr Prozess treibt die Software, nicht umgekehrt.
11. Überprüfen Sie Ihre Prozese auch auf kostenmäßige Tragfähigkeit. Bringen Sie Kunden- und Kostenorientierung in eine angemessene Balance. Seien Sie aber auch bereit in die richtigen Interessenten zu investieren.
12. Der Lackmustest: Werden Ihre Abläufe auch von Ihren Kunden geschätzt? Bilden Sie eine Kundentestgruppe, befragen Sie Ihre Kunden und lernen Sie aus den Erfahrungen Ihrer Kunden.

3.2.5 Checkliste: Effiziente Vertriebsprozesse

Neben diesen zwölf Schritten, um einen Vertriebsprozess zu definieren, können Sie sich auch noch folgende Fragen stellen, um Ihren Prozess auf Effektivität zu testen.

Checkliste

1. Reflektiert unser Salesprozess den Akquisitionsprozess unserer Kunden? Falls nicht, arbeitet unser Prozess gegen uns.
2. Gibt es einen KVP (Kontinuierlicher Verbesserungsprozess) für unseren Vertriebsprozess? Gute Vertriebsprozesse lernen aus dem Feedback der realen Welt.
3. Kreiert unser Prozess Mehrwert? Gute Prozesse kreieren Mehrwert für unsere Kunden, unsere Vertriebsorganisation und jeden einzelnen Vertriebsmitarbeiter.
4. Verbessert unser Prozess unsere Effektivität? Wenn er unsere Verkaufszyklen verlängert, ist ein Re-Design dringend nötig.
5. Haben „alle" Vertriebsmitarbeiter Erfolg mit dem Prozess? Ein guter Vertriebsprozess sollte auch durchschnittlichen Mitarbeitern ermöglichen, bessere Ergebnisse zu erzielen, nicht nur den Top-Performern.
6. Ist unser Prozess skalierbar? Die Frage ist, ob unser Vertriebprozess Wachstum ermöglicht, erleichtert oder verhindert.
7. Sind unsere Weiter-Kriterien objektiv messbare Ereignisse, die trotzdem qualitative Kriterien beinhalten? Sonst schiebt unsere Verkäuferhoffnung zu viele potenzielle Kunden aus dem Bauch heraus eine Stufe weiter.

3.3 Vertriebsprozess: Kundengewinnung

Dieser Abschnitt behandelt (wie oben in der Vorausschau umrissen) die ersten fünf Stufen des Vertriebsprozesses. Wir gehen dabei auf Fragestellungen wie diese ein: Wie nutzen Sie Ihren Prozess optimal? Was müssen Sie tun in welcher Phase des Vertriebsprozesses? Wie setzen Sie Ihre Ressourcen optimal ein? Und dies konkret: In welcher Phase schreiben Sie eine E-Mail und in welcher ist eine intensive persönliche Beratung angebracht? Bei welchen Kunden schreiben Sie eine E-Mail oder führen ein Telefonat und bei welchem Kunden ist ein persönlicher Besuch besser? Der Abschnitt bezieht sich also auf Ihre Aktivitäten. Für die Kriterien, wann Sie sich bei welchem Kunden in welcher Phase befinden, verweisen wir zurück auf die vorhergehenden Abschnitte.

Optimale Nutzung des Vertriebsprozesses

3.3.1 Stufe 0: Adresse

Neukunden gewinnen – ja, warum eigentlich? Wir haben doch eine ganze Menge bestehender Kunden, oder? Und: Es ist billiger, Kunden zu halten als neue zu gewinnen. Nur, Sie wissen selbst, von bestehenden Kunden allein können Sie dennoch auf Dauer nicht (über-)leben. Irgendwann sind bestehende Kunden voll ausgeschöpft und der eine oder andere Kunde verabschiedet sich (Wettbewerb, Insolvenz, Geschäftsaufgabe etc.). Kurzum, eine Überlebens- oder vor allem eine **Wachstumsstrategie** ist nur mit neuen Kunden möglich und dafür brauchen Sie zuallererst neue qualifizierte Adressen.

Bestehende Kunden allein genügen nicht.

Zielkunden bestimmen

Im Abschnitt 1.3.2. haben Sie Ihre Kernzielgruppe definiert. Nun geht es darum, aus dieser Kernzielgruppe Kunden zu gewinnen. Der erste Schritt dazu kann sein, eine Marktanalyse, eine Potenzialanalyse durchzuführen und die entsprechenden Adressen zu ermitteln. Jetzt bekommen Sie auch ein erstes Gefühl dafür. Sind es 10, sind es 100 oder sind es 1.000? Diese Adressen sollten Sie qualifizieren, bevor Sie beispielsweise zum Telefonhörer greifen, um einen ersten Termin zu vereinbaren.

Aus der Kernzielgruppe Kunden gewinnen

Leads generieren

Eine andere Möglichkeit an qualifizierte Adressen zu gelangen ist es, über geeignete Werbe- und Marketingmaßnahmen so genannte Leads zu generieren: Kunden, die in irgendeiner Form Interesse äußern oder die zumindest genau Ihrer Zielgruppe entsprechen. Dafür gibt es vielfältige Maßnahmen: Verkaufsförderung, Empfehlungsmarketing, Preisausschreiben, Ihre Website, Öffentlichkeitsarbeit, PR-Artikel, Kooperationen, Vorträge auf Fachtagungen, Messen usw.

Werbe- und Marketingmaßnahmen

Systematische Adressgewinnung

Darunter verstehen wir heute eine Kombination verschiedener Einzelbausteine aus den Bereichen Networking, Verkauf und Marketing. Neue

Kombinationen aus Systematik, Methode und modernen Kommunikationstechniken ermöglichen eine erfolgreiche Adressengewinnung. Wichtig ist dabei die Kombination, der richtige Mix. Erst durch geschickte Kombination der o. g. Möglichkeiten generieren Sie heute Ihre Adressen und damit Ihre Verkaufserfolge von morgen.

Individuelle Kombination der Möglichkeiten

Qualifizierte Leads

Wie wichtig es ist, an dieser Stelle nicht einfach nur Massen von Adressen zu generieren, sondern qualifizierte Leads, möchten wir Ihnen am Beispiel eines unserer Kunden erläutern.

> **Beispiel**
>
> Vor dem Messetraining hatte unser Kunde, ein IT-Dienstleistungsunternehmen, 1.200 Messeleads generiert. Die Vertriebsmannschaft war anschließend mehrere Wochen damit beschäftigt, die wertlosen Leads auszusortieren. Jeder weiß, wie demotivierend das ist. Auf der folgenden Messe wurden die Besucher nur zu Gesprächen gebeten, wenn sie als potenzielle Kunden vorqualifiziert waren. So wurden zwar nur 400 Leads an den Vertrieb gegeben, von diesen kannte man aber alle wichtigen Daten und war ziemlich sicher, dass sich eine Bearbeitung lohnte.

3.3.2 Stufe 1: Ersttermin vereinbaren

Egal wie Ihr Kontaktmix aussieht, für Sie/den Vertrieb gilt: früher oder später schlägt sie, die Stunde der Wahrheit – Kalttelefonate sind angesagt. Es bleiben zwei Fragen zu beantworten:
1. Mit wem telefonieren Sie?
2. Wie organisieren Sie solch ein Telefonat?

Zunächst zur ersten Frage, wen anrufen?

Ein IT-Lösungsanbieter fragte uns einmal, was wir für die bessere Art hielten: einen Kontakt zu einem potenziellen Kunden mit der IT-Abteilung zu starten oder besser mit den Anwendern zuerst zu sprechen? Die Frage stellt sich vor allem, weil es bei diesem speziellen Produkt unseres Kunden auch immer um die Arbeitsprozesse geht. Unsere Antwort: Fangen Sie mit der Person an, die am empfänglichsten für Ihre Botschaft ist.

Die Person, die am empfänglichsten für die Botschaft ist, sollte zuerst angerufen werden.

IHR ERSTER ANRUF SOLLTE VOR ALLEM DAZU DIENEN, INFORMATIONEN ÜBER DAS UNTERNEHMEN ZU BEKOMMEN, SODASS SIE SPÄTER GUT PRÄPARIERT SIND, WENN SIE MIT DER PERSON ODER DER ABTEILUNG TELEFONIEREN, DIE DAS PROBLEM „BESITZT".

Auf diese Weise kann es Ihnen vielleicht sogar gelingen, diese Person als späteren Sponsor zu gewinnen, der Sie im Vertriebsprozess dann mit den nötigen Insiderinformationen versorgt. Dazu aber später mehr.

Praxistipp: Entscheider erst anrufen, wenn Sie vorbereitet sind
Führen Sie nicht gleich Ihr erstes Telefonat bei einem potenziellen Neukunden mit dem Entscheider. Was wollen Sie ihm sagen? Sie kennen den Bedarf noch nicht. Sie kennen die anderen Spieler im Buying-Center noch nicht. Sie wissen noch nicht, wie Sie mit Ihrer Lösung sein Problem lösen können. Deshalb machen Sie erst Ihre Hausaufgaben, sammeln Sie Informationen, dann erst rufen Sie den Entscheider an.

Das „Wie" der Kontaktaufnahme

Einen Kernnutzen für den potenziellen Kunden definieren

Zuerst brauchen Sie einen Kernnutzen für Ihren potenziellen Kunden. Sie kennen doch sein brennendstes Problem, oder? Klar, Sie sind ja der Problemlöser Nr. 1 für Ihre Kernzielgruppe. Noch besser ist es, wenn Sie spezielle Informationen über die Firma oder die Person haben, die Sie anrufen möchten (aus der Presse, von der Website, aus vorherigen Telefonaten mit der Firma, aus sonstigen Informationsquellen etc.).

Vor dem Gespräch ein Skript vorbereiten

Was Sie dann noch brauchen, ist ein **Skript**. Viele telefonische Versuche einer Terminvereinbarung scheitern an der unüberlegten Wahl der Worte des Verkäufers. Hierbei wird immer noch viel zu viel improvisiert und der Spontaneität zu viel Raum gelassen. Auch eine telefonische Terminvereinbarung sollte gut vorbereitet sein, wenn man effektiv sein will.

Empfehlungen für den Umgang mit Telefonskripts

1. Entwerfen Sie Ihr Skript immer selbst. D. h., übernehmen Sie kein Skript von anderen. Sonst wirken Ihre Telefonate unecht und gekünstelt.
2. Starten Sie Ihr Telefonskript mit einer Eröffnung. Geben Sie Ihrem potenziellen Kunden Zeit zum Umschalten. Denken Sie daran, er hat nicht vor dem Telefon gesessen und auf Ihren Anruf gewartet. Und nehmen Sie sich Zeit für einen kurzen Beziehungsaufbau. Fallen Sie nicht gleich mit der Tür ins Haus.
3. Wenn es Ihnen reicht, dann können Sie sich mit einem Stichwortkonzept begnügen. Andernfalls ist gegen ein Volltextskript nichts einzuwenden. Es gibt Ihnen auf jeden Fall mehr Sicherheit. Falls Sie ausformulieren, achten Sie bei Ihrer Sprache darauf, dass man nicht merkt, dass Sie den Text ablesen. Schreiben Sie in „Sprechsprache", nicht in „Schreibsprache".
4. Achten Sie darauf, dass Ihre Kunden nur der Nutzen interessiert. Produktdetails gehören nicht in das Skript.
5. Erzeugen Sie mit den Inhalten Ihres Skripts Spannung beim Kunden, die Sie im Falle eines Termingesuchs erst beim Besuch auflösen. Deshalb lassen Sie lieber Ihren Kunden reden, anstatt ihn „zuzutexten".
6. Sehen Sie in Ihrem Skript Antwortmöglichkeiten für Einwände der Kunden vor.
7. Achten Sie auf die Sprache. Nutzen Sie alle Varianten des Power Talking (keine Negationen, nur positive Begriffe, keine Konjunktive, zielgerichtete, optimistische, nach vorne schauende Formulierungen).
8. Üben Sie mit Ihrem Skript intensiv und spielen Sie alle Eventualitäten von Kundenreaktionen durch. Üben Sie so lange, bis Sie sich leicht auch einmal vom Skript befreien können, wenn es die Situation erfordert.

Erst jetzt, wenn Sie sich ganz sicher fühlen, fangen Sie an. Planen Sie Zeit ein. Zeit, um mehrere Telefonate hintereinander führen zu können.
Denn Sie kennen ja das Phänomen, Sie haben sich endlich zu einem Kalttelefonat aufgerafft, wählen die Nummer und – besetzt. Puh, noch mal Glück gehabt. Deswegen hier unser Praxistipp:

Zeit einplanen

> BEREITEN SIE MINDESTENS ZEHN KONTAKTE FIX UND FERTIG VOR.
> LEGEN SIE SIE AUF EINEN STAPEL, NEHMEN SIE DEN HÖRER IN DIE HAND UND TELEFONIEREN SIE. EINEN NACH DEM ANDEREN. SIND SIE ERST EINMAL IM FLUSS, HABEN SIE AUCH ERFOLG.

Noch ein letzter organisatorischer Prozessschritt ist zu beachten bei Ersttermintelefonaten: **Bestätigen** Sie jeden Termin **schriftlich**. Eine nur telefonische Terminvereinbarung bietet keine Gewähr dafür, dass Sie den Kunden auch tatsächlich zur vereinbarten Zeit antreffen, leider. Termine bekommen für Ihre Kunden einen verbindlicheren Charakter, wenn Sie schriftlich bestätigt vorliegen. Selbst kurzfristig vereinbarte Termine können Sie noch am selben Tag per Fax oder E-Mail bestätigen. Auch geben Sie so Ihren potenziellen Kunden die Möglichkeit den Termin abzusagen. Und mal ganz ehrlich, lieber der Kunde sagt ab, als Sie fahren hin und es ist keiner da, oder?

Termine schriftlich bestätigen

Mit diesen Tipps wünschen wir Ihnen viel Spaß an Erfolg beim Kalttelefonieren (unter Beachtung der rechtlichen Regeln).

3.3.3 Weiter Stufe 1: Vorbereitung des Erstkontakts

Nun geht es also um den ersten Termin bei Ihren potenziellen Kunden. Je nach Länge Ihres Vertriebsprozesses kann dieser Termin entweder die Aufgabe haben, erste weitere, tiefere Informationen über Ihren potenziellen Kunden zu bekommen oder aber bereits eine intensive Bedarfsanalyse durchzuführen. Wir wissen, manche Produkte oder Dienstleistungen lassen sich schon im Erstkontakt verkaufen. Für Sie, liebe Leser aus diesen Branchen, gilt das hier Gesagte natürlich ebenso, nur dass Sie die Phasen 1 bis 4 in einem Termin bearbeiten.

Wir wollen uns hier in diesem Abschnitt auf die Vorbereitung dieses Erstkontaktes konzentrieren. Die Durchführung behandeln wir dann im nächsten Abschnitt, „der direkte Kundenkontakt". Denn wir sind der Meinung, Vorbereitung ist 50 Prozent des Erfolgs. Wie sagen die Amerikaner so schön, „sale starts before your salesman calls". In der Tat wissen die besten Vertriebsprofis, dass der Verkauf bereits lange vor dem Verkaufsgespräch einsetzt. Topverkäufer bereiten ihre Verkaufsgespräche sehr gut vor. Vor dem Erstkontakt bedeutet Vorbereitung vor allem Vorbereitung auf den Kunden. Nutzen Sie alle Ihnen zur Verfügung stehenden Informationsquellen, um möglichst viele und breit gefächerte Informationen über Ihren Gesprächspartner und seine Firma zu bekommen.

„Sale starts before your salesman calls"

Vorbereitung auf den Kunden

Beispiel für eine Checkliste „Kundenpotenzialdaten":

1. **Kundenstammdaten**
   - Firmierung, Adresse, URL, Telefonnummer etc.
   - Muttergesellschaft, Konzerneinbindung, Tochtergesellschaften
   - Nutzen: Hinweis auf weiteres Potenzial und etwaige Entscheidungswege
   - Quelle: Geschäftsbericht, Internet etc.

2. **Wirtschaftliches Umfeld**
   - Entwicklung des Unternehmens
   - Entwicklung der Branche
   - Entwicklung der Abnehmerbranchen
   - Nutzen: Hinweis auf zukünftig zu erwartende Trends der Wirtschaftskraft
   - Quelle: Verbandsinformationen, Wirtschaftspresse, Erwartungen des Unternehmens, Aussagen der Geschäftsführung im Geschäftsbericht

3. **Handelnde Personen**
   - Wer ist an der Entscheidungsfindung beteiligt?
   - In welchen Rollen treten die Personen auf? (Unterschreiber, Entscheider, Entscheidungsbeeinflusser, Entscheidungsverhinderer, Sponsor, Anwender)
   - Wie stehen diese Personen zum Anbieter? (aktiv-negativ, negativ, neutral, positiv, aktiv-positiv)
   - Was ist Ihnen wichtig? (schneller, besser, billiger, bequemer)
   - Erkennbare Vorlieben oder Abneigungen
   - Nutzen: die Beziehungsanalyse weist den Weg zu einer tragfähigen Kundenbeziehung
   - Quelle: persönliche Beobachtungen im Gespräch mit den oben aufgeführten Gesprächsteilnehmern

4. **Projektbewertung**
   - Wie groß ist das mögliche Projektvolumen? (Produkte, Dienstleistungen mit jeweiligem Umsatz, Deckungsbeitrag, Marge)
   - Was ist der Bedarf/das Problem?
   - Können wir es lösen?
   - Mit welchen unserer unique selling propositions (USP)?
   - Hat der Kunde hierfür ein Budget?
   - Wann wird hierüber entschieden?
   - Kennen wir bereits alle Entscheider?
   - Nach welchen Kriterien wird entschieden?
   - Gibt es Wettbewerber? Wenn ja, welche?
   - Wie plant der Kunde den Entscheidungs- und Realisierungsprozess?
   - Wie groß sind die Chancen der eigenen Realisierungen?
   - Nutzen: Erkenntnis, mit welchen Chancen und Risiken das Projekt zu gewinnen ist und welchen Wert es für den Anbieter und den Kunden hat.
   - Quelle: Ergebnisse aus den Gesprächen mit den Kunden

5. **Was sind die nächsten Schritte?**

Zugespitzt gesagt: Wenn Sie über seine Firma mehr wissen als Ihr Gesprächspartner, dann sind Sie wirklich fit für den Erstkontakt.

3.3.4 Stufen 1/2/3: Qualifizierte Analyse

In diesem Abschnitt geht es darum: Wie finden Sie heraus, ob der Kunde wirklich qualifiziertes Interesse hat? Und ob es sinnvoll ist, erste konkrete Lösungsvorschläge zu erarbeiten? Dabei sind im Wesentlichen drei Fragen zu entscheiden:

Drei Fragen, um herauszufinden, ob der Kunde qualifiziertes Interesse hat

1. Wird überhaupt gekauft? Sprich: Hat der Kunde einen Bedarf? Hat der Kunde ein Problem?
2. Wird bei Ihnen gekauft? Sprich: Können Sie diesen Bedarf lösen und haben Sie einen USP?
3. Wird jetzt gekauft? Sprich: Ist das Problem zeitkritisch, ist es dringend?

WENN SIE AN DIESER STELLE PROFESSIONELL VORGEHEN, KÖNNEN SIE VIEL ÄRGER, VIEL FRUST UND EINE GROSSE MENGE RESSOURCEN-VERSCHWENDUNG VERMEIDEN.

Beispiele gefällig? Das **Vorlegen von drei Angeboten** ist in gut geführten Unternehmen Pflicht. Vermutlich auch bei Ihren Kunden. Auch wenn sich der Käufer schon für einen Anbieter entschieden hat, muss er die Verkäufer der anderen Anbieter in dem Glauben lassen, dass auch sie gewinnen können, weil diese sonst keine Angebote unterbreiten. Sie kennen doch bestimmt auch Ausschreibungen, von denen Sie eigentlich ganz genau wissen, dass Sie sie nie gewinnen werden, oder? Stellt sich nun die Frage, macht es dann Sinn, überhaupt daran teilzunehmen?

Aussichtslose Ausschreibungen

Wissen Sie, was gute Verkäufer von sehr guten Verkäufern unterscheidet? Die Top-Performer konzentrieren sich auf die wirklich Erfolg versprechenden Vertriebschancen.

Noch ein Beispiel, warum es so wichtig ist, den Kunden von Stufe zu Stufe mitzunehmen (siehe im Abschnitt über „Vertriebsprozess definieren").

> **Beispiel**
>
> Ein Kunde unseres Kunden, der ein Wettbewerbsprodukt einsetzt, forderte unseren Kunden zur Abgabe eines Angebots für eine Folgelösung auf. Volumen 250 T Euro. Um das qualifizierte Interesse zu testen, hatte unser Kunde die Idee, die ca. vier Arbeitstage dauernde Bedarfsanalyse kostenpflichtig anzubieten, für 6 T Euro. Da der potenzielle Kunde dies ablehnte, hat unser Kunde auf die Abgabe eines Angebots verzichtet. Damit hat er vier Arbeitstage à 1.200 Euro = 4.800 Euro gespart und konnte sich in dieser Zeit zusätzlich auf seine mehr Erfolg versprechenden Verkaufschancen konzentrieren.

Wie aber unterscheiden Sie zwischen Interesse und qualifiziertem Interesse? Stellen Sie sich dazu die drei oben bereits genannten Fragen!

3.3.4.1 Wird überhaupt gekauft?

Hier sind zwei Dinge zu beantworten. Gibt es einen Bedarf und gibt es ein Budget?

Kein Problem – kein Verkauf

Zuerst zum **Bedarf**: Gibt es überhaupt einen Bedarf, gibt es ein Problem? Sie wissen ja, kein Problem, kein Verkauf. Ist der Bedarf also konkret und ist er dem Kunden bekannt? Oder kann man im Moment nur von einem ersten allgemeinen Interesse sprechen?

Bei Miller Heimann in „Strategisches Verkaufen" kann man vier verschiedene Kaufhaltungen nachschlagen (Abb. 3.8):
- die Euphoriehaltung,
- die Alles-o.k.-Haltung,
- die Wunschhaltung und
- die Problemhaltung.

Bei welcher dieser vier Kaufhaltungen des potenziellen Kunden besteht wohl eine realistische Wahrscheinlichkeit auf eine positive Kaufentscheidung?

Hohe Wahrscheinlichkeit einer Kaufentscheidung

Richtig, in der **Problemhaltung** ist die Wahrscheinlichkeit einer Kaufentscheidung groß. Das gilt, selbst wenn die finanziellen Mittel knapp sind.

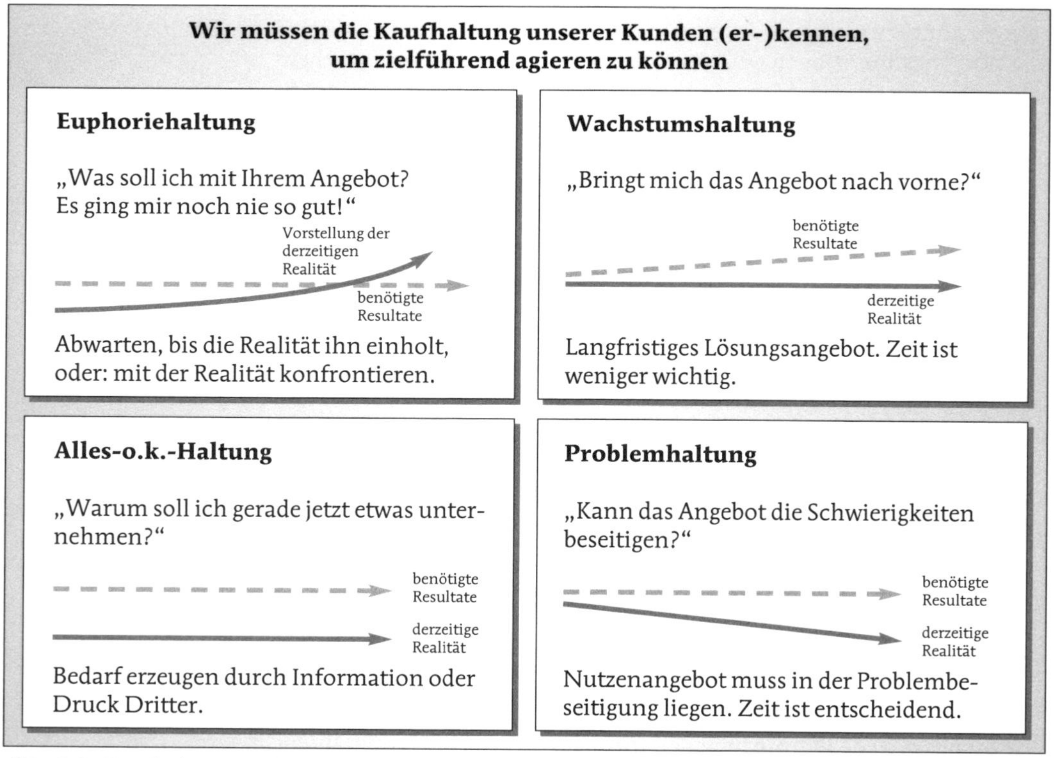

Wir müssen die Kaufhaltung unserer Kunden (er-)kennen, um zielführend agieren zu können

Euphoriehaltung

„Was soll ich mit Ihrem Angebot? Es ging mir noch nie so gut!"

Vorstellung der derzeitigen Realität
benötigte Resultate

Abwarten, bis die Realität ihn einholt, oder: mit der Realität konfrontieren.

Wachstumshaltung

„Bringt mich das Angebot nach vorne?"

benötigte Resultate
derzeitige Realität

Langfristiges Lösungsangebot. Zeit ist weniger wichtig.

Alles-o.k.-Haltung

„Warum soll ich gerade jetzt etwas unternehmen?"

benötigte Resultate
derzeitige Realität

Bedarf erzeugen durch Information oder Druck Dritter.

Problemhaltung

„Kann das Angebot die Schwierigkeiten beseitigen?"

benötigte Resultate
derzeitige Realität

Nutzenangebot muss in der Problembeseitigung liegen. Zeit ist entscheidend.

Abb. 3.8: Kaufhaltungen (nach Miller/Heimann, Strategisches Verkaufen)

In der **Wachstumshaltung** ist die Wahrscheinlichkeit einer Kaufentscheidung mittel- bis langfristig hoch. Falls, ja falls genügend finanzielle Mittel vorhanden sind. In der **Euphoriehaltung** wird die Luft schon dünner. Die Wahrscheinlichkeit einer Kaufentscheidung ist momentan gering. Das könnte sich aber mit der Zeit ändern. Deshalb brauchen Sie diesen Gesprächspartner jetzt nicht intensiv zu bearbeiten. Sie sollten aber am Ball bleiben, bis ihn die Wirklichkeit einholt, sodass Sie dann parat stehen. Und in der **Alles-o.k.-Haltung**? Richtig, da gibt es keinen Grund etwas zu unternehmen und die Wahrscheinlichkeit einer Kaufentscheidung ist sehr gering. Deshalb sollten sie diesen Kunden auf keinen Fall in die nächste Stufe befördern.

Mittelfristige und geringe Wahrscheinlichkeit einer Kaufentscheidung

Sehr geringe Wahrscheinlichkeit einer Kaufentscheidung

Bleibt noch die **Frage nach dem Budget**. Ist es ausreichend, ist es klar definiert und kann Ihr Gesprächspartner darüber entscheiden? Wenn Sie alle drei Fragen mit „Ja" beantworten können und ein echtes Problem existiert, dann bestehen gute Chancen, dass etwas gekauft wird. Die Frage ist nur, bei wem?

Das Budget des potenziellen Käufers

3.3.4.2 Wird bei uns gekauft?
Für diese Frage gibt es fünf Unterpunkte:

1. Lösung

Hier stellt sich berechtigterweise die Frage, können Sie das Problem lösen? Können Sie alle Anforderungen erfüllen? Und haben Sie genügend Ressourcen um das Problem Ihres Kunden zum geplanten Termin zu lösen?

2. USP

Haben Sie einen USP (unique selling proposition = Alleinstellungsmerkmal)? Hat der Kunde ihn verstanden, akzeptiert und auch als wichtig erkannt?

3. Entscheider?

Wer sind die Player im **Buying-Center** beim Kunden? Wir unterscheiden sechs verschiedene **Rollen**, die im nächsten Abschnitt noch genauer erläutert werden. Nämlich zuerst einmal Entscheider und Unterschreiber. Zwei verschiedene Rollen, denn manchmal ist der Unterschreiber nicht der wirkliche Entscheider. Auch die Entscheidungsbeeinflusser, wie z. B. Experten und die Anwender, sind zu berücksichtigen und zu kontaktieren.

Noch etwas, vergessen Sie nicht die Entscheidungsverhinderer. Gremien oder Personen wie Betriebsrat, Controlling, Rechtsabteilung etc. Wer sie übersieht, verliert Aufträge und weiß nicht warum. Über all das kann Sie ja Ihr Sponsor informieren. So vergessen Sie keinen der Spieler.

4. Entscheidungskriterien

Kennen Sie die Entscheidungskriterien der Anwender?

Kennen Sie die Entscheidungskriterien der Entscheider?

Beides sollte Ihnen bekannt sein und kann jetzt in eine Reihenfolge sortiert nach Wichtigkeit gebracht werden.

5. Wettbewerber

Kennen Sie Ihre Wettbewerber im Allgemeinen? Kennen Sie Ihre Wettbewerber hier in diesem Angebotswettbewerb?

Wenn ja, stellen Sie doch einmal eine **Verwundbarkeitsanalyse** auf. Dies geht in vier Schritten, wie folgt:

Verwundbarkeitsanalyse

1. Schritt: Sortieren Sie in Spalte 1 (Abb. 3.9) die Entscheidungskriterien Ihres Kunden nach der Wichtigkeit.
2. Schritt: In Spalte 2 sortieren Sie die gleichen Kriterien für Ihr Unternehmen und Ihr Angebot und zwar danach, wie gut Sie diese Kriterien erfüllen.
3. Schritt: Wiederholen Sie den 2. Schritt jetzt für jeden Ihrer Wettbewerber bei diesem Angebot.
4. Schritt: Wenn Sie jetzt die wichtigsten Kriterien Ihres Kunden für die Entscheidung mit einer dicken Linie verbinden, dann sehen Sie auf einen Blick, wo Sie verwundbar sind, aber auch wo Ihre Konkurrenten zu schlagen sind.

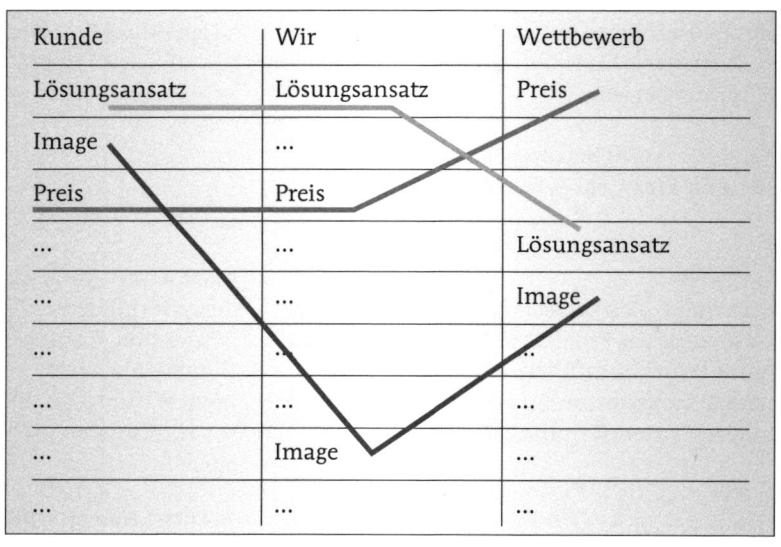

Kunde	Wir	Wettbewerb
Lösungsansatz	Lösungsansatz	Preis
Image	...	...
Preis	Preis	...
...	...	Lösungsansatz
...	...	Image
...	...	...
...	...	...
...	Image	...
...	...	...

Abb. 3.9: Verwundbarkeitsanalyse

Also, wenn Sie das Problem lösen können, Ihr USP als wichtig erkannt wurde, Sie mit allen Entscheidern des Kunden persönliche Beziehungen haben, die Entscheidungskriterien konkret bekannt sind und Sie Ihre Wettbewerber kennen und vorne liegen, na dann, dann bekommen Sie auch den Auftrag. Wenn, ja wenn, er erteilt wird. Wenn die Zeit dafür reif ist.

3.3.4.3 Wird jetzt gekauft?

Das ist die Frage, die noch übrig bleibt. Ist das Problem dringlich? Soll und muss es jetzt gelöst werden? Gerade in Zeiten knapper Kassen ist die **Dringlichkeit** ein sehr wichtiges Entscheidungskriterium. Denn die knappen Budgets Ihrer Kunden werden in der Regel für die Dinge ausgegeben, die wirklich einer dringenden Lösung bedürfen.

Wichtiges Entscheidungskriterium: Dringlichkeit

3.3.4.4 Chancen bewerten mit BLUBZEWE

Wir haben für Sie diese acht Unterpunkte übersichtlich zusammengefasst und jedes dieser acht Kriterien in fünf Stufen unterteilt sowie dafür eine Visualisierung überlegt; die acht Buchstaben stehen für je ein Kriterium (Abbildung 3.10):

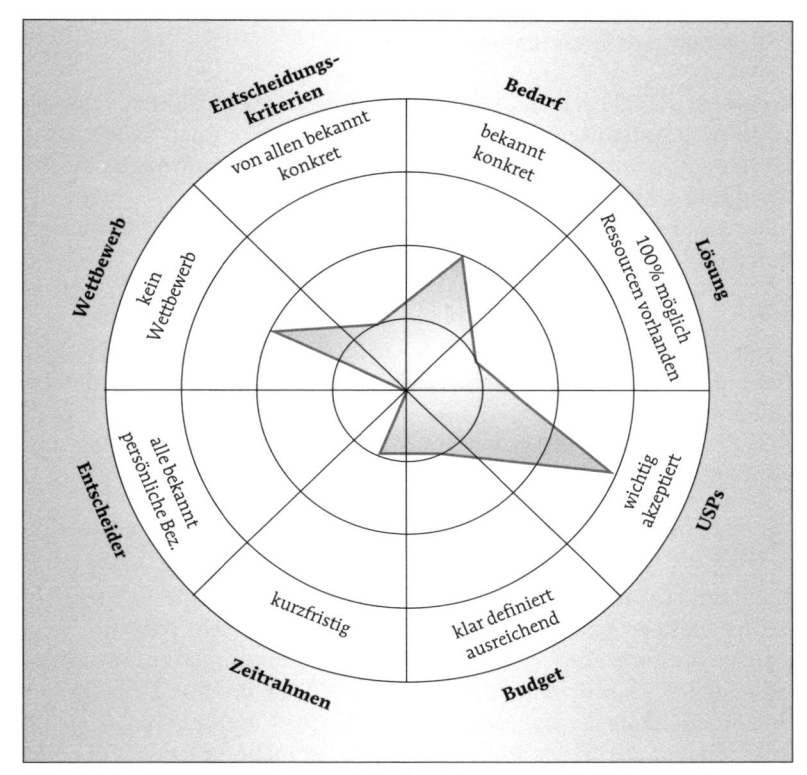

Abb. 3.10: BLUBZEWE Account-Radar; Eine genaue Erläuterung dieses Account-Radars finden Sie im Abschnitt 4.1.1

Diese Visualisierung kann als Raster im Laufe des Prozesses mehrfach benutzt und fortschreitend aktualisiert werden, je nachdem, wie sich der Kontakt entwickelt. In einem Erstbesuch werden Sie natürlich nicht auf alle acht Fragen eine umfassende Antwort bekommen. Aber nur wenn Ihr potenzieller Kunde ein qualifiziertes Interesse zeigt und Sie sich auch auf der menschlichen Ebene eine Zusammenarbeit vorstellen können, können Sie Ihren Kontakt in die nächste Stufe setzen. Falls nicht, dann sagen Sie freundlich, aber bestimmt „Lebe wohl"!

Im Prozessverlauf kann das Visualisierungsraster aktualisiert werden.

3.3.4.5 Stufe 2: Interessent

In der Stufe 2 können Sie mit Ihren Interessenten erste grobe Lösungsvorschläge erarbeiten.

Während der Diskussion der Grobkonzepte und der gemeinsamen Erarbeitung der Lösungsvorschläge haben Sie in der Regel beste Gelegenheiten, weitere und genauere Antworten auf Ihre acht Fragen zu bekommen.

IN DIESER PHASE SOLLTEN SIE AUCH ANFANGEN DEN PERSÖNLICHEN KONTAKT ZUM ENTSCHEIDER SUCHEN.

Wenn Sie auf alle acht Fragen des Account-Radars BLUBZEWE durchschnittlich Antworten mit mindestens Wert 2 bekommen haben, können Sie von einem qualifizierten Bedarf sprechen und Ihre Akquisitions-Chance in die nächste Stufe befördern.

Jetzt lohnt es sich wirklich, mehr Aufwand, mehr Ressourcen zu investieren und ein Feinkonzept zu erstellen.

3.3.5 Stufe 3: Konzeptkunde

Haben Sie Ihren potenziellen Kunden in diese Stufe befördert und festgestellt, dass es sich lohnt, mehr Ressourcen zu investieren? Herzlichen Glückwunsch.

Denn erst jetzt ist ein erhöhter Ressourcen-Einsatz wirklich sinnvoll, wie folgendes Beispiel zeigt.

> **Beispiel**
>
> Das bundesweit tätige Produktionsunternehmen verkauft ein komplexes Produkt und zog es bisher vor, die Verkäufer sehr früh im Verkaufsprozess mit einem Kollegen vom Presales zusammen zum Kunden zu schicken. Damit verdoppelten sich die Kosten des Kundenbesuchs. Außerdem fehlte der Kollege in der Projektarbeit. Heute geht der Technikspezialist erst in der Stufe 3 bei Konzeptkunden mit zum Kunden. Das daraus resultierende Einsparpotenzial lag bei 600 Presales-Tagen pro Jahr. Die Technik-Kollegen können jetzt mit einem Honorar von 850 EUR pro Tag im Projektgeschäft eingesetzt und fakturiert werden. Dies entspricht einem Mehrerlös von einer halben Mio. Euro im Jahr. Nur dadurch, dass der Presales-Kollege erst bei qualifiziertem Bedarf den Vertriebskollegen begleitet.

Den richtigen Zeitpunkt für eine Demo erkennen

Es gibt noch einen weiteren Grund erst **später mit der Demo o. Ä. zu beginnen**. Verkäufer, die von der Qualität Ihres Produktes überzeugt sind, neigen dazu, einem potenziellen Kunden möglichst früh das Produkt zu demonstrieren. Der Kunde ist zu diesem Zeitpunkt oft jedoch noch nicht reif für eine Demo.

Die Reaktionen dieser Kunden kennen Sie bestimmt auch: Das ist zu komplex, verstehe ich das überhaupt, können meine Mitarbeiter damit umgehen?

Nach der frühen Demo braucht der Verkäufer Tage, manchmal Wochen, um den Kunden die Angst vor dem Angebot, vor dem Produkt zu nehmen, um den Auftrag zu bekommen.

DESHALB: ERMITTELN SIE ERST EINEN QUALIFIZIERTEN BEDARF UND ERSTELLEN SIE DANN EIN INDIVIDUELLES KONZEPT.

Achtung, in dieser Phase geht es um **Konzepte**, um Lösungen, es geht **noch nicht** um ein detailliertes **Angebot**. Sie brauchen zuerst die Grundlage für dieses Angebot. Denn Sie sollten möglichst sicher sein, bevor Sie ein Angebot abgeben. Deshalb gehören zu dieser Phase Demoinstallation, Probefahrt, Pflichtenheft erstellen, Verfeinerung der Ziele, Ausarbeitung des Konzeptes, Gestalten einer Ausschreibung usw., aber noch kein Angebot. In die Angebotsphase können Sie erst übergehen, wenn Sie wissen, dass Ihre Abschlusswahrscheinlichkeit weiter gestiegen ist. Sie können das daran erkennen, dass Ihr BLUBZEWE-Radar immer voller, immer größer wird und weniger Dellen hat. Dann können Sie Ihren Kunden befördern und ihn in die Angebotsstufe qualifizieren.

Konzeptphase: Hier geht es noch nicht um Angebote.

3.3.6 Stufe 4: Angebotskunde
Die Stufe Angebotskunde umfasst drei Schritte. In der Regel sind dies:
1. Erstellung des Angebots,
2. Angebotspräsentation und
3. Abschlussverhandlung.

3.3.6.1 Erstellung des Angebots

FÜR DIE ERSTELLUNG VON ANGEBOTEN EMPFEHLEN WIR IHNEN DRINGEND EINEN QUALITÄTSSICHERUNGSPROZESS ZU DEFINIEREN.

Qualitätssicherung bei der Angebotserstellung

Je nach Umfang und Variabilität Ihrer Angebote kann dies eine einseitige Checkliste wie die umseitig abgedruckte sein, oder aber auch ein umfangreiches Word-Dokument (wie wir es in der Praxis bei einem unserer Kunden erlebt haben, es umfasste dort 22 Seiten).

BEIM DEFINIEREN DIESES PROZESSES SOLLTEN SIE AUCH DARAUF ACHTEN, DASS FÜR JEDEN PROZESSSCHRITT GENAUE ZUSTÄNDIGKEITEN UND VERANTWORTLICHKEITEN FESTGELEGT SIND.

Die folgende Kurzbeschreibung zeigt den Angebotsablauf beispielhaft für das Projektgeschäft. In der Realität empfiehlt sich, falls mehrere Personen am Angebot beteiligt sind, den Prozess als **Kommunikationsmatrix** zu gestalten. Darin ist genau festgelegt, welche Organisationseinheit, welcher Verantwortliche und welche Führungskraft wofür verantwortlich ist, wo Mitwirkungspflicht besteht und wo nur informiert werden soll.

Checkliste: Erstellung eines Angebots

1. Kundenanforderung analysieren
2. Der Abteilungsleiter benennt den Projektleiter, der auch bei der Ausführung das Projekt leitet. Er ist jetzt zugleich Angebotsprojektleiter.
3. Risikoeinschätzung mittels Checkliste: Risikoanalyse.
4. Entscheidung Angebotserstellung, ja oder nein.
Bei Entscheidung Angebotserstellung ja:
5. Prüfen, ob für den Angebotsprojektleiter ein erfahrener Coach erforderlich ist.
Falls ja, wird dieser vom Abteilungsleiter benannt.
6. Holen einer Angebotsnummer aus der Nummernverwaltung, z. B. des ERP-Systems (SAP)
7. Bonitätsprüfung des Kunden
8. Aufwandsanalyse verfeinern
9. Erstellung einer Angebotskalkulation
10. Bearbeitung der Checkliste: Projektrisiko
11. Erstellung der Angebotsunterlagen
12. Bei Formularverträgen: Vertragsprüfung mit Checkliste: Formularvertrag
13. Bei einzeln verhandelten Verträgen: Einbeziehung der Rechtsabteilung
14. Bei Änderung der AGB's auf Wunsch des Kunden: Einbeziehung der Rechtsabteilung
15. Prüfung und Freigabe des Angebots
16. Angebotsabgabe
17. Gegebenenfalls mehre Verhandlungsstufen bis zur endgültigen Entscheidung des Kunden

Endgültiges Angebot beim Kunden

18. Ablage einer Kopie des Angebots mit den dazugehörigen Dokumenten
19. Bei Überschreitung der Bindefrist: Kunden kontaktieren
20. Bei Rückgabe des Vertrags vom Kunden: Vertrag prüfen auf
    a) Änderungen durch den Kunden
    b) Begleitbrief des Kunden mit Hinweisen auf Zusätze
    c) Beruft sich der Kunde im Begleitschreiben auf seine AGB's bzw. Einkaufsbedingungen?

Fall A: keine Modifikation durch den Kunden:

21. Original des Vertrags ablegen
22. Alle beteiligten Funktionen informieren

Fall B: Kunde hat geändert, ergänzt:

23. Prüfung durch die Rechtsabteilung, ggfs. Widerspruch

Sie sehen, professionelle Angebote abzugeben ist durchaus ein komplexer Prozess. Finden und definieren Sie den Ihren und achten Sie dabei auf alle Schnittstellen, Knackpunkte und Eventualitäten.

3.3.6.2 Angebotspräsentation

Sie sollten darauf achten, Ihr Angebot möglichst immer persönlich präsentieren zu können. So haben Sie die Chance, direkt ein Feedback, und sei es auch nur nonverbal, von Ihren Kunden zu bekommen. Dazu aber mehr im Abschnitt 4.2.9.

Angebote möglichst persönlich präsentieren

3.3.6.3. Abschlussverhandlung

Auch auf diesen dritten Schritt der Angebotsphase möchten wir hier nicht näher eingehen, denn wir werden im Kapitel 5 das Thema „Verhandeln" ausführlich besprechen.

Wenn Sie bis hierhin alles richtig gemacht haben, wird Ihr Kunde häufig auch bei Ihnen kaufen. Herzlichen Glückwunsch!

Damit sind Sie am Ende des Vertriebsprozesses Kundengewinnung angekommen, denn Sie haben – hier angekommen – einen neuen Kunden bzw. einen neuen Auftrag gewonnen.

3.4 Kundenwertanalyse

Nach dem Knappheitsprinzip, das Sie ja nicht nur aus der BWL-Vorlesung, sondern vor allem auch aus der Praxis kennen, stehen nie genug Ressourcen zur Verfügung, um alle Kunden gleich perfekt zu betreuen. **Die entscheidende Frage lautet also: Welche Betreuungsmaßnahmen für welchen Kunden?**

Denn auch in der Kundenbetreuung muss gelten: konsequente Ertragsorientierung! Wenn von 20 Außendienstmitarbeitern jeder immer noch 120 bis 150 Kunden betreut, liegt hier wahrscheinlich ein Höchstmaß an Unwirtschaftlichkeit vor. Eine Break-Even-Analyse kann Ihnen sagen, bei welchen Umsätzen bzw. Deckungsbeiträgen ein Kunde betreuungswürdig ist bzw. wann er an den Innendienst, das Call-Center, delegiert werden sollte. Wie hat kürzlich ein Vertriebsleiter zu uns gesagt: „*Wir stellen immer wieder fest, dass Außendienstmitarbeiter Kunden regelmäßig besuchen, nur weil sie auf dem Nachhauseweg liegen oder eine gewachsene Beziehung zu ihnen besteht.*" Deshalb: Geben Sie Ihren Mitarbeitern genaue Zahlen an die Hand. Bewerten Sie Ihre Kunden, sodass der Außendienst seine Ressourcen kundenwertorientiert einsetzen kann.

Auch in der Kundenbetreuung kommt es auf konsequente Ertragsorientierung an.

> PRAXISTIPP: STATT STRENGE VORGABEN ÜBER FREQUENZ UND DAUER ZU GEBEN IST ES BESSER, IHRE AUSSENDIENSTMITARBEITER KONSEQUENT ZU UNTERNEHMERN IM UNTERNEHMEN ZU ERZIEHEN. DANN KONZENTRIEREN SIE SICH VON SELBST AUF DIE WERTVOLLSTEN KUNDEN.

Im Folgenden stellen wir Ihnen sechs verschiedene grundsätzliche Modelle zur Kundenwertanalyse vor, denen wir anschließend je einen kurzen Abschnitt widmen:

Kundenwertanalysemodell im Überblick

1. Einfache Definition von Betreuungs- und Investitionskunden (2 Klassen),
2. klassische ABC-Analyse (3 Klassen),
3. Portfolio-Analyse Ihrer Kunden nach zwei Dimensionen (4 oder 9 Klassen),
4. Portfolio-Analyse mit sprechenden Schlüsseln,
5. ausgefeilteres Modell: Portfolio-Analyse mit drei Dimensionen (z. B. 27 Klassen),
6. Scoring-Modell mit vielen Kriterien, die zu einem Wert addiert werden, und
7. zukunftsorientierter Ansatz: Kundenlebenszyklus-Analyse.

AUCH HIER GILT NATÜRLICH WIEDER: FINDEN SIE FÜR IHRE BRANCHE, FÜR IHR UNTERNEHMEN DAS RICHTIGE MODELL.

Stand der Kundenwertorientierung in größeren deutschen Unternehmen

Vorab noch einige Fakten zum Stand der Kundenwertorientierung in größeren deutschen Unternehmen. Die Firma Wundermann Consulting hat 2004 in einer Studie in der Industriegüterbranche bei vorwiegend mittelgroßen Unternehmen mit Jahresumsätzen zwischen 50 und 500 Mio. Euro 465 Vertriebsleiter, Marketingleiter und Geschäftsführer befragt. Nach dieser Studie setzen zur Zeit überhaupt nur 39 % der Unternehmen eine systematische kundenwertorientierte Steuerung im Vertrieb ein. Dort, wo Verfahren zur Kundenwertorientierung eingesetzt werden, dominieren ABC-Analysen nach Umsatz. Dann folgen Kundenbefragungen, Kundendeckungsbeitragsrechnungen und ABC-Analysen nach Deckungsbeitrag.

Steuerungsmöglichkeiten mit der Kundenwertanalyse

Die befragten Unternehmen steuern mit den Ergebnissen der Kundenwertanalyse ihre Messeplanung, ihre Gebietsplanung, ihre Bearbeitungsintensität, Ihre Kontaktfrequenz, den Service, die Rabatte, die Produktlösungen, die Preise und die Lieferpräferenzen. So die Topantworten.

Neben dem Verfahren (ABC oder Portfolio) sind natürlich vor allem die Kriterien interessant, nach denen bewertet wird. Wir unterscheiden zwischen

- monetären und nicht monetären Kriterien und
- Kriterien mit Gegenwartsbezug und Kriterien mit Zukunftsbezug.

Im Einzelnen sind das z. B.:
- Umsatz-Ist,
- aktuelles Umsatzpotenzial,
- Kundenbindung oder -treue, sprich: Unser Umsatzanteil beim Kunden,
- Bonität des Kunden und
- Kundenzufriedenheit, v. a. ermittelt aus Befragungen, und
- der Deckungsbeitrag.

Die Kriterien mit Zukunftsbezug sind z. B.:

- das mögliche Umsatzwachstum des Kunden, also sein Wachstum und sein Bedarfswachstum, und
- die Prozesskostenrechnung, das heißt die Berücksichtigung aller bei uns anfallenden Kosten, um diesen Kunden zu gewinnen, zu beliefern oder zu betreuen.

3.4.1 Modelle der Kundenwertanalyse

Nachdem wir über Verfahren und Kriterien im Allgemeinen gesprochen haben, lassen Sie uns nun die sechs Modelle genauer beleuchten.

3.4.1.1 Definition von Betreuungs- und Investitionskunden

Dies ist das einfachste Verfahren, um eine gewisse Kundenklassifikation vorzunehmen. Sie legen ein Kriterium mit einer Größe fest, z. B. den Umsatz. Wer dann z. B. mehr als diese bestimmte Summe Umsatz p. a. mit Ihnen macht, ist ein Investitionskunde, in ihn wird weiter investiert. Alle anderen Kunden unter dieser Umsatzschwelle werden von Ihnen nur nach Standardprozessen oder gar nicht mehr persönlich, sondern im Call-Center betreut. Natürlich sind viele andere digitale Entscheidungskriterien denkbar. Es ist besser, Sie machen solch einen kleinen ersten Schritt zur Kundenklassifizierung als – wie in 61 % der von Wundermann befragten Unternehmen – gar keine Klassifizierung. Das gilt erst recht für kleinere Unternehmen, in denen man eine noch geringe Quote vermuten kann. Im kleinen Betrieb muss man natürlich aufpassen, nicht ein zu mächtiges, zu aufwändiges Instrument auszuwählen.

Kundenklassifikation nach Umsatzhöhe

3.4.1.2 Klassische ABC-Analyse

Die ABC-Analyse nach Umsatz ist das klassische Kundenselektionsverfahren. Rund 84 % der von Wundermann befragten Unternehmen setzen diese Methode ein. Als Beispiel: A-Kunden machen mehr als 500 T Euro Umsatz p. a., C-Kunden machen weniger als 100 T Euro Umsatz p. a., B-Kunden liegen dazwischen. In kleineren Unternehmen sind die Zahlen ggf. um eine Null kleiner, in größeren um eine Null größer.
Eine Umsatz-ABC-Analyse kann Ihnen **wertvolle Hinweise** geben
- auf den Grad der Abhängigkeit von Großkunden (z. B. die zwei größten Kunden bringen 92 % des Umsatzes),
- auf den Grad der Verzettelung mit Kleinkunden (z. B. 90 % aller Kunden tragen nur 7 % zum Gesamtumsatz bei).

Dem stehen jedoch auch gravierende **Nachteile** gegenüber:
- Der Umsatz ist eine zweifelhafte Maßgröße für die Kundenwertigkeit. Was nützt Ihnen der hohe Umsatz eines Kunden, wenn er Sie durch negative Deckungsbeiträge geradewegs in die roten Zahlen führt.
- Wirklich relevant sind eigentlich nur Umsatzerlöse, hinter denen auch zahlungskräftige Kunden stehen.
- Umsatzerlöse sind Vergangenheitswerte und für Zukunftsentscheidungen maximal als Basis für Prognosen tauglich.

Das klassische Kundenselektionsverfahren

Der Umsatz ist eine zweifelhafte Maßgröße für die Kundenwertigkeit.

Erweiterung der ABC-Analyse um weitere Kriterien

Aus diesen Gründen macht es vielfach Sinn, die ABC-Analyse um weitere – auch weiche – Kriterien (wie beispielsweise Kaufwahrscheinlichkeit, strategisch wichtig, Referenzkunde etc.) zu erweitern oder auch eine Deckungsbeitrags-/Ergebnis-ABC-Analyse zu verwenden.

Eine Problematik bleibt: Wer sagt, dass ein C-Kunde von heute morgen nicht zum A-Kunden wachsen kann? Und unser C-Kunde kann beim Wettbewerb ein A-Kunde sein!

Deshalb ist der nächste logische Schritt ein Kundenportfolio-Management mit zwei Dimensionen.

3.4.1.3 Portfolio-Analyse mit zwei Dimensionen

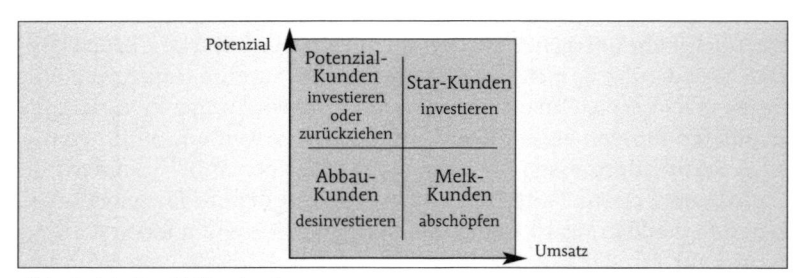

Abb. 3.11: Portfolio-Analyse

Beispiel eines Umsatz-Potenzial-Portfolios

Die Abbildung verdeutlich das Prinzip am Beispiel eines Umsatz-Potenzial-Portfolios. Man bildet ein Portfolio mit den Achsen „Umsatz" und „Potenzial" und bekommt folgende vier Kundenklassen:

- Feld 1: Die Starkunden, mit hohem Umsatz und hohem Potenzial. Das sind unsere **Umsatzstars**. Gute Abnehmer, weiteres Wachstum. Strategie: fördern, investieren und auf die Vertriebskosten achten.

- Feld 2: Die sog. „**Melkkunden**". Sie machen zwar viel Umsatz, versprechen aber wenig weiteres Wachstum. Für sie gilt folgende Strategie: Position halten und Erträge erzielen.

- Feld 3: Die sog. **Potenzialkunden** kaufen zur Zeit noch relativ wenig, könnten aber kräftig wachsen. Hier könnten Sie mehr investieren, als dieses Ihnen im ersten Augenblick einbringt. Denn die Potenzialkunden von heute könnten die Starkunden von morgen sein.
Beachten Sie aber unbedingt Ihre Exit-Kriterien. Vielleicht sollten Sie sich hier auch besser zurückziehen, weil der Wettbewerb eine marktführende Position innehat.

- Feld 4: Die **Abbaukunden** haben geringe Liefermengen und versprechen kaum Wachstum. Deshalb gilt hier die Strategie, mit möglichst geringen Kosten diese Kunden zu betreuen.

3.4.1.4 Portfolio-Analyse mit sprechenden Schlüsseln

Während Klassen oder die vier Felder aus der Portfolio-Analyse nur Grundlagen für eine oberflächliche prioritätenbezogene Kundenbetreuung liefern – ein nach Umsatz sehr gewichtiger Kunde kann z. B. für das aktuelle neue Produkt völlig unwichtig sein –, erlauben differenzierte „sprechende" Kundenschlüssel treffgenauere Kundenansprachen.

Differenzierte Kundenschlüssel erlauben treffgenaue Ansprachen.

Beispiel

Skala 1: Potenzialschlüssel

A-Kunde	= Umsatzpotenzial	> 1 Mio €
B-Kunde	= Umsatzpotenzial	0,5–1 Mio €
C-Kunde	= Umsatzpotenzial	100.000–500.000 €
D-Kunde	= Umsatzpotenzial	10.000–100.000 €
E-Kunde	= Umsatzpotenzial	< 10.000 €

Skala 2: Diffusionsschlüssel

1 = Programmabdeckung	> 80 %
2 = Programmabdeckung	50–80 %
3 = Programmabdeckung	20–50 %
4 = Programmabdeckung	< 20 %

Hier können Sie bereits interessante Details herauslesen. Nur zwei Interpretationen als Beispiel:
B4-Kunden haben ein hohes Potenzial, aber nur eine geringe Sortimentsabdeckung, sind also für Akquisitions- und vor allem Cross-Selling-Strategien zu empfehlen. A1-Kunden haben ein hohes Potenzial, allerdings ist hier unser Sortiment bereits breit abgedeckt. Hier geht es mehr um Potenzialausschöpfung.

Die Nachteile des hier beschriebenen Portfolio-Modells liegen klar auf der Hand. Wir haben zwar ein zukünftiges Umsatzwachstum des Kunden berücksichtigt, machen aber noch keine Aussage über die Attraktivität des Kunden für uns; sprich: die erzielten Deckungsbeiträge bzw. die in Zukunft zu erzielenden Deckungsbeiträge.

3.4.1.5 Portfolio-Analyse mit drei Dimensionen

Hier werden aus zwei Dimensionen drei. Typischerweise ergänzt man Umsatz und Potenzial um eine Ertragskomponente. Wir zeigen nachfolgend ein Modell, in dem wir beispielhaft folgende drei Dimensionen für die Kundenwertanalyse zugrunde legen: 1. unsere Stellung beim Kunden im Vergleich zum Wettbewerb, 2. das Entwicklungspotenzial des Kunden in seinem Markt und 3. seine Attraktivität für uns, gemessen an den erzielten Deckungsbeiträgen.

Ertragskomponente

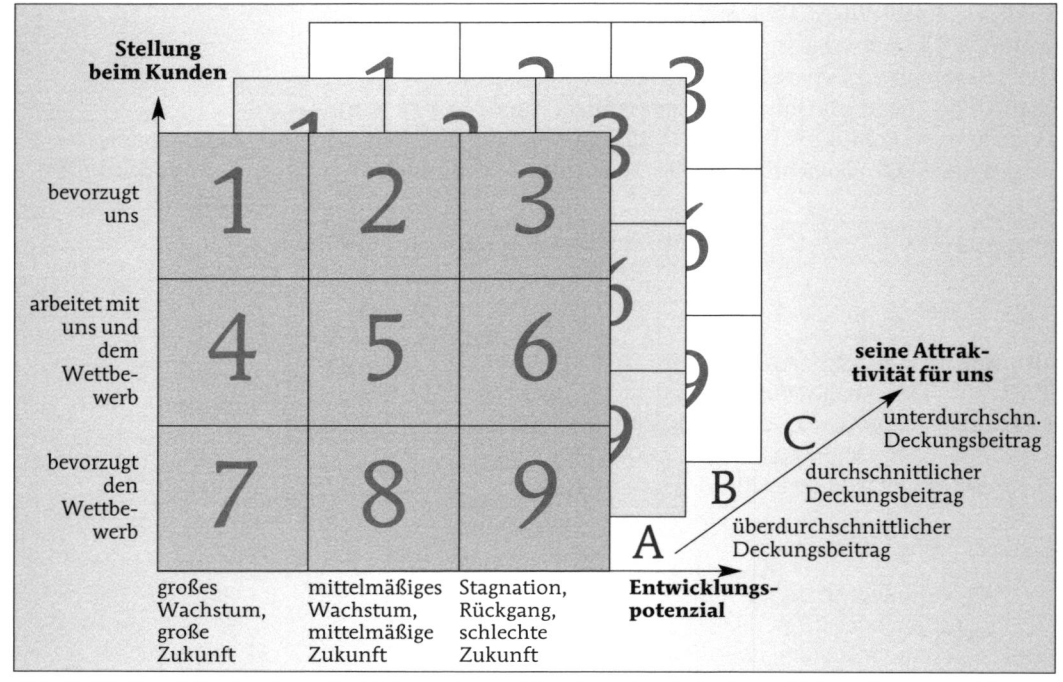

Abb. 3.12: Portfolio-Analyse mit 3 Dimensionen (das Grundmodell geht auf Ackerschott zurück)

27 verschiedene Kundenklassen

Wir unterteilen die einzelnen Achsen nicht in zwei, sondern in drei Felder. So bekommen wir in diesem Modell 27 verschiedene Kundenklassen. Falls Sie jetzt sagen, dass ist nicht mehr praxistauglich, können wir Ihnen versichern: Ein Kunde von uns hat dieses Modell exakt so umgesetzt und ist damit sehr erfolgreich im Markt!

Falls Ihnen in Ihrer Praxis mehr Daten zur Verfügung stehen als nur die je drei, die wir hier heranziehen, können Sie sogar für jede Achse auch mehrere quantitative und qualitative Bewertungsgrößen zugrunde legen.

Wir bekommen bei unseren je drei Kriterien zunächst die oben ausgewiesenen neun Kundenklassen, darunter z. B.

Kundenklasse 1: ein Kunde mit großem Wachstum, großer Zukunft, der uns bevorzugt
Kundenklasse 2: bevorzugt zwar auch uns, hat allerdings nur noch ein mittelmäßiges Wachstum vor sich
Kundenklasse 6: arbeitet mit uns und dem Wettbewerb, hat allerdings eine schlechte Zukunft vor sich
Kundenklasse 9: bevorzugt den Wettbewerb und hat eine schlechte Zukunft vor sich

Jetzt kommt noch die dritte Dimension hinzu: die gemessenen Deckungsbeiträge, die Attraktivität für uns.

Vertriebsprozess: Kundengewinnung

- A-Kunden generieren überdurchschnittliche Deckungsbeiträge,
- B-Kunden generieren durchschnittliche Deckungsbeiträge und
- C-Kunden generieren unterdurchschnittliche Deckungsbeiträge.

Sie können für die Attraktivität auch gerne mehr als nur ein Kriterium festlegen. Neben dem Deckungsbeitrag könnte das auch der Umsatz, der strategische Wert des Kunden oder die Zugehörigkeit zur weiter oben definierten Kernzielgruppe sein. So oder so haben wir jetzt z. B. 1A-Kunden, 2B-Kunden, 6C-Kunden oder 8B-Kunden usw.

Was ist der Unterschied zwischen einem 6B-Kunden und einem 2B-Kunden? Richtig, der 2B-Kunde bevorzugt uns und hat ein mittelmäßiges Wachstum vor sich, während der 6B-Kunde stagniert und auch mit unserem Wettbewerber zusammenarbeitet. Daran knüpfen sich Fragen für die Ausgestaltung des Vertriebsprozesses, beispielsweise:

Kundenklassifizierung: Konsequenzen für die Ausgestaltung des Vertriebsprozesses

- Wie sollte sich der Unterschied auf Besuchsfrequenz, Sonderaktionen oder die Preisgestaltung bzw. Rabattbereitschaft auswirken?
- Mit welcher Strategie kann der betreuende Vertriebsmitarbeiter z. B. aus einem 4A-Kunden einen 1A-Kunden machen?
- Und was machen Sie mit 3C-Kunden oder gar 6C-Kunden?
- Oder, wie sichern wir 1A-Kunden?

Sie sehen, dieses Kundenanalysemodell gibt nicht nur eine Grundlage für die Steuerung der Kundenbetreuung, sondern es gibt dem Vertriebsmitarbeiter auch Möglichkeiten an die Hand Strategien zur Ertragssteigerung für einzelne Kunden zu erarbeiten.

3.4.1.6 Scoring-Modell

Sollen noch mehr Dimensionen in Ihre Kundenwertanalyse einfließen, bietet es sich an, ein Scoring-Modell einzusetzen. Hier können Sie eine Vielzahl von relevanten, quantitativen und qualitativen Parametern berücksichtigen, die dann in einer gewichteten Summe den Wert (die Priorität) Ihres Kunden bestimmen. Hier eine Übersicht von häufig in der Praxis verwendeten Parametern (zwangsläufig nicht vollständig):

Weitere Dimensionen in der Kundenwertanalyse

Kaufmännische Parameter:	**Technische Parameter:**
- Umsatz heute - Umsatzpotenzial/Einkaufsbudget - Eigener Anteil am relevanten Einkaufsbudget - Deckungsbeitrag - Bonität - Zahlungsmoral - Betreuungsaufwand - Kooperationsverhalten - Referenzwert (Ist er eine gute Referenz?)	- Bedeutung unserer Produkte/Dienstleistungen für das Kundengeschäft - Zukunftspotenzial der eingesetzten Technologie (Lebenszyklus) - Verfügbarkeit nötiger Ressourcen - Absicherung der Lieferposition (USP, Patente, Systembindung des Kunden etc.) *Falls Sie in Ihrer Praxis ein Scoring-Modell einsetzen wollen, müssen Sie sich zuerst Gedanken über die sinnvollen und möglichen (Datenquelle) Parameter machen.*

3.4.1.7 Zukunftsorientierter Ansatz: Kundenlebenszyklus-Analyse

Alle bisher hier vorgestellten Modelle zur Kundenwertanalyse sind nur Momentaufnahmen, selbst wenn man das erwartete Umsatzvolumen für die nächsten Jahre grob abschätzt. Bei zukunftsorientierten Ansätzen fließen auch Daten über den Verlauf und den Wert von Kundenlebenszyklen mit ein.

Daten über Verlauf und Wert von Kundenlebenszyklen

BESONDERS WICHTIG SIND SOLCHE CUSTOMER-LIFETIME-VALUE-ANSÄTZE FÜR SIE, FALLS SIE IN MÄRKTEN MIT UP-SELLING UND CROSS-SELLING-POTENZIALEN ZU HAUSE SIND.

Das gilt z. B. für Banken, Versicherungen, Kommunikationsdienstleister, Systemintegratoren etc. Ziel ist es, die Mitglieder einer **Kundengruppe dauerhaft zu binden**, also z. B. für eine Bank einen Berufsanfänger über die Jahre systematisch zu begleiten und sein Wertpotenzial optimal auszuschöpfen.

Kundenbindungs-Zyklus

Wir nennen den Kundenlebenszyklus deshalb auch gerne Kundenbindungs-Zyklus.

Durch diese Sichtweise wird der **Kundenwert** zu einer **kalkulierbaren Größe** und Sie können in den einzelnen Phasen des Bindungszyklus besser entscheiden, ob sich eine Investition in eine Kundenbeziehung lohnt. Der Kundenwert ergibt sich nicht nur aus dem Umsatz, sondern im Prinzip aus drei Arten von Wertbeiträgen:

- monetärer Kundenwert (Umsatz, Deckungsbeitrag, Vollkostendeckung etc.),
- Informationswert (Wie stark profitieren Sie als Lieferant vom Know-how des Kunden?) und
- Referenzwert (In welchem Maße ist Ihr Kunde bereit, durch Referenz/Empfehlungen geben Ihren Wirkungskreis auszuweiten?).

Dieser Ansatz erfordert allerdings unbedingt den Einsatz eines integrierten CRM-Systems, um die erforderlichen Daten auch herleiten zu können. Dazu später in Kapitel 8 mehr.

3.4.2 Abgeleitete Maßnahmen und Strategien

Strategische Informationen aus der Kundenwertanalyse ableiten

Sind Sie uns bisher gefolgt, um die Ausführungen in diesem Buch gleich als Leitfaden für Ihre Praxis zu nutzen, sind nun wieder Sie dran. Überlegen Sie: Welche strategischen Informationen möchten Sie aus Ihrer Kundenwertanalyse ableiten? Legen Sie dann die Kriterien fest. Überwinden Sie die typischen Schwierigkeiten, die üblicherweise auftreten. Als da wären: die Schwierigkeiten bei der Messung qualitativer Kriterien, fehlende bereichsübergreifende Standardisierung der Daten, zu wenige Informationen aus der Marktforschung, zu wenige Informationen über die Kunden, fehlende Möglichkeiten der IT-Systeme, aus technischen Gründen oder auch wegen mangelnder Datenaktualität.

Bevor Sie sich aber nun an die konkreten Maßnahmen machen und das **Betreuungslevel** (Kontaktfrequenz, Service-Level, Bearbeitungsintensität, mögliche Rabatte etc.) für die einzelnen Klassen festlegen, vergegenwärtigen Sie sich noch einmal die **Ziele**:
1. Vertriebsressourcen kundenwertentsprechend zuteilen,
2. uninteressante Kunden identifizieren und günstiger betreuen, reaktivieren oder abbauen, um
3. mehr Effizienz und Ergebnisorientierung im Verkauf zu erreichen;
4. Wertgruppen bilden, um die strategische Planung zu unterstützen,
5. Aktion statt Reaktion in der Vertriebsorganisation und
6. wertorientierte individuelle Betreuung der Kunden.

Mehr Effizienz und Ergebnisorientierung im Verkauf

NEBEN DEM BETREUUNGSLEVEL SOLLTEN SIE AUCH NOCH OPERATIVE STRATEGIEN AUS DER KUNDENWERTANALYSE ABLEITEN.

Dazu können Sie sich z. B. folgende Fragen stellen, um operative Portfolio-Analyse zu betreiben:

Fragestellungen für eine operative Portfolio-Analyse

- Bringen Großkunden die höchsten und Kleinkunden ausreichende Deckungsbeiträge?
  (Umsatzanteile des Kunden ↔ Kunden-Deckungsbeiträge, siehe Abb. 3.13 auf der folgenden Seite)
- Haben wir bei den umsatzstärksten Kunden auch die höchsten Lieferanteile?
  (Umsatzanteile der Kunden ↔ eigene Lieferanteile bei den Kunden, siehe Abb. 3.14 auf der folgenden Seite)
- Sind unsere zufriedenen Kunden auch treu?
  (Kundenzufriedenheitsindex ↔ Loyalität, siehe Abb. 3.15 auf der folgenden Seite)
- Sind unsere Umsatzträger mit uns auch zufrieden?
  (Umsatzanteile der Kunden ↔ Kundenzufriedenheitsindex)
- Haben wir uns hohe Lieferanteile mit schlechten Preisen erkauft?
  (Eigene Lieferanteile bei den Kunden ↔ Kunden-Umsatzrenditen)
- Steht der Betreuungsaufwand im richtigen Verhältnis zur Kundengröße?
  (Umsatzanteile der Kunden ↔ Betreuungsaufwand)
- Bei welchen Kunden führt ein hoher Akquisitionsaufwand nur zu kleinen Lieferanteilen?
  (Eigene Lieferanteile bei den Kunden ↔ Betreuungsaufwand)
- Welche unserer Kleinkunden haben hohe Einkaufsbudgets?
  (Eigene Lieferanteile bei den Kunden ↔ Einkaufsbudgets-/Einkaufspotenziale-/Chancenpotenziale-Portfolio)

Aus diesen sogenannten operativen Portfolio-Analysen lassen sich trefflich Vertriebsstrategien ableiten. Wo steckt in Ihrer Vertriebsorganisation noch strategisches Potenzial?

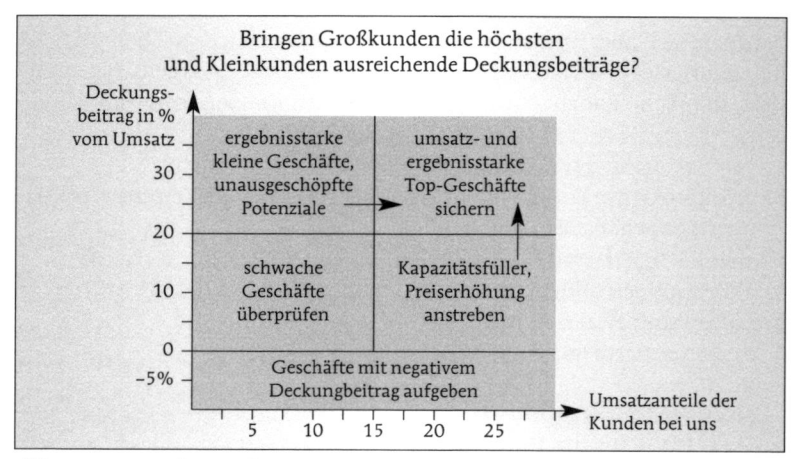

Abb. 3.13: Kundenrendite-Portfolio

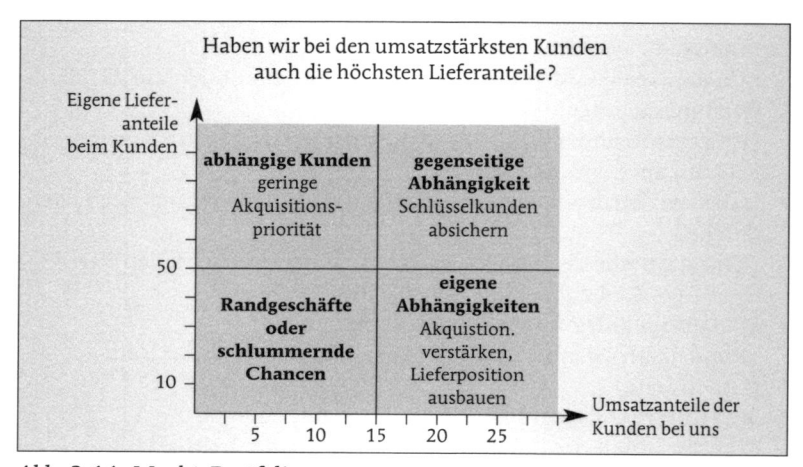

Abb. 3.14: Macht-Portfolio

Abb. 3.15: Portfolio zur Qualität der Zusammenarbeit

Vertriebsprozess: Kundengewinnung

Jetzt klassifizieren Sie Ihre Kunden und legen Sie entsprechende Maßnahmen für die einzelnen Kundenklassen fest. Bedenken Sie: Nur wenn Sie aus den Ergebnissen auch operative Strategien und Aktivitäten ableiten, macht eine Kundenwertanalyse Sinn.

Einer Kundenwertanalyse sollten operative Strategien und Aktivitäten folgen.

Mögliche Aktivitäten für Top-Kunden könnten sein:

1. **Detaillierte Kundenplanung:** Dazu gehören z. B. die systematische Ausweitung der Kontaktebenen, Kommunikations-, Angebots- und Argumentationsstrategien.
2. **Individuelle Angebotspakete:** Sie können für bestimmte Kunden maßgeschneiderte Angebote (Preise, Konditionen, Lieferzeiten etc.) erstellen, die genau auf ihre Anforderungen zugeschnitten sind. So können Sie aktiv eine höhere Kundenzufriedenheit und -bindung erreichen.
3. **Exklusiv-Produkte:** Für Ihre Key-Accounts können Sie spezielle, an deren Wünsche angepasste Produkte oder Dienstleistungen kreieren. Dank höherer Abnahmemengen kann sich das für Sie lohnen. Natürlich beeinflussen Sie auch hierdurch die Kundenbindung positiv.
4. **Übernahme von Arbeitsprozessen:** Sie können beispielsweise auch ganze Arbeitsschritte von Ihrem Kunden übernehmen. Mit dieser Art der strategischen Partnerschaft bieten Sie Ihrem Kunden eine Chance zur Produktivitätssteigerung. So können Sie sich als echter Partner etablieren, und nicht mehr der Produktpreis, sondern der Beitrag zum Geschäftserfolg des Kunden steht im Fokus.

**Checkliste:
Kundenwertanalyse**

- Hat unsere Kundensegmentierung einen konkreten Nutzen? Oder ist sie nur Selbstzweck?
- Erfassen wir die strategische Bedeutung? Achten wir darauf, dass wichtige Meinungsmacher und Multiplikatoren in der quantitativen Segmentierung nicht untergehen?
- Achten wir auf die disziplinierte Datenpflege? Haben wir diesen Punkt in die Zielvereinbarungen für die Mitarbeiter aufgenommen?
- Nutzen wir die Möglichkeiten der Standard-Datenpflege und -Anreicherung durch externe Lieferanten?
- Haben wir eine Freigabe-Schleife bei der Änderung von kritischen Kriterien (andere Preisliste, keine Bemusterung, schlechteres Service-Level etc.)? Informieren wir unsere Kunden vorab über die Änderungen?
- Ist die Segmentierung Basis für die Jahresplanung? Wenden wir die Kriterien so an, dass nur wirklich bedeutsame Kunden individuell geplant werden?
- Überprüfen wir die Segmentierung regelmäßig? In welchen Zeitabständen?

Konkreter Nutzen der Kundensegmentierung?

3.5 Vertriebsprozess Kundenausbau

Ziel: loyale Kunden, aktive Empfehlungsgeber gewinnen

Ziel dieses Vertriebsprozesses ist es nicht mehr, neue Kunden zu gewinnen, es geht auch nicht darum, zufriedene Kunden zu gewinnen. Das Ziel dieses Vertriebsprozesses der die Stufen 5 bis 8 umfasst) muss es sein, loyale Kunden zu gewinnen, Telling Customer, also aktive Empfehlungsgeber. Denn nach einer Erhebung der Unternehmensberatung Bain & Company sind nicht, wie viele Unternehmen glauben, zufriedene Kunden automatisch auch gewinnbringend, nein, Wachstumsträger sind allein loyale Kunden. Besonders diejenigen unter ihnen, die ein Unternehmen ohne Einschränkung Geschäftsfreunden und Geschäftspartnern weiterempfehlen, bieten das größte Potenzial.

Die loyalen Kunden zu Partnern ausbauen

Und dieser Prozess soll noch mehr. Er soll Ihre loyalen Kunden zu Partnern ausbauen, denn nur eine partnerschaftliche Zusammenarbeit mit zumindest einigen Ihrer Kunden ist die Gewähr für ein Verschmelzen mit Ihrer Zielgruppe und somit für den Geschäftserfolg von morgen und übermorgen.

3.5.1 Stufe 5: Kundenpflege

Nun ist er also Kunde, Ihr Interessent. Er hat gekauft. Wir hoffen, der Trichter ist an dieser Stelle breit genug, sodass wirklich viele Kunden diese Stufe erreichen. Aber was nun?

Jetzt kommt es darauf an, Ihre Ressourcen zur Kundenbetreuung und Kundenpflege optimal, sprich: effizient einzusetzen und dabei gleichzeitig das Risiko zu minimieren, dass Ihr Kunde zum Wettbewerber wechselt.

> **Tipp**
>
> E-Mails werden das wichtigste Medium in der Kommunikation zwischen Unternehmen und Kunden werden, oft sind sie es schon. Ein Grund für den Siegeszug der elektronischen Post ist leicht auszumachen: niedrige Kosten. Telefonische Beratung eines Kunden schlägt im Schnitt mit bis zu 8 Euro zu Buche, E-Mails sind nur halb so teuer. Eine intensive persönliche Beratung, welche noch deutlich teurer kommt, wird sich deshalb zukünftig auf margenstarke Kunden beschränken. Auf der anderen Seite können Sie sich natürlich im wahrsten Sinne des Wortes hier auch „totsparen" und wechselbereite Kunden reihenweise durch unpersönlichen Service an den Wettbewerb verlieren.

Kunden binden und entwickeln bis zum vollständigen „Kundenbesitz"

Ihr Ziel hier in dieser Phase „Kundenpflege" muss es daher sein, Ihre Kunden zu binden und zu entwickeln. Von der Erhaltung über die Ausschöpfung und Entwicklung bis zur Erschließung, zum vollständigen Kundenbesitz. Für welche Kunden Sie mit welcher Strategie agieren können und ob es sich lohnt, haben Sie ja im vorhergehenden Kapitel analysiert.

Vertriebsprozess Kundenausbau

UM WECHSELBEREITE KUNDEN LANGFRISTIG ZU HALTEN, MÜSSEN SIE ALLE ABTEILUNGEN MIT KUNDENKONTAKT AUF DIE VERTRIEBSUNTERSTÜTZUNG EINSCHWÖREN UND EIN GEMEINSAMES KUNDENORIENTIERTES AUFTRETEN SICHERSTELLEN.

Lieferdienst und Service

Der erste Kontakt des Kunden mit Ihrer Firma nach dem Abschluss ist in der Regel Ihr Lieferdienst oder Ihr Installationsteam. Welche Prozessschritte sind sinnvoll, welche Maßnahmen nötig um Ihrem Kunden hier das Gefühl zu geben, dass er die richtige Entscheidung getroffen hat? Bedenken Sie: Fast jeder Kunde spürt Kaufreue.

Dem Kunden das Gefühl vermitteln, die richtige Entscheidung getroffen zu haben

Nach der Lieferung kommt, richtig, der Service. Früher oder später braucht der Kunde Sie. Entweder weil er Probleme hat in der Bedienung oder Ihr Produkt erste Reparaturen erfordert oder Ihre Dienstleistung nicht mehr nachhaltig wirkt.

> **Checkliste:**
> **Wie gut ist unser Service?**
>
> - Erklärungsbedürftige Produkte liefern wir mit einer leicht verständlichen Bedienungsanleitung.
> - Wir bieten auf unsere Produkte und Dienstleistungen eine überdurchschnittliche Garantie.
> - Unser Reparaturdienst arbeitet schnell, präzise und zuverlässig.
> - Auf Wunsch erhält der Kunde während der Reparatur ein Ersatzgerät zur Verfügung gestellt.
> - Unsere Kundschaft wird regelmäßig über Änderungen und Verbesserungen (Updates) der gekauften Produkte informiert.
> - Reklamationen werden kulant und zuvorkommend behandelt. Dem gesamten Personal ist klar, welche Chancen Reklamationen in sich bergen.
> - Das gesamte Personal wird regelmäßig in korrekter Reklamationsbehandlung geschult.

Zum Thema Reklamationen gibt es übrigens später im nächsten Kapitel den eigenen Abschnitt 4.3.5.

Serviceführerschaft

Viele kleine und mittelständische, aber auch einige große Unternehmen entscheiden sich heute für den Weg zur Serviceführerschaft, um so ihre Kunden zum Kaufen einzuladen. Doch die Umsetzung dieser Strategie erweist sich in der Realität meist schwieriger als zunächst gedacht. Denn Serviceorientierung muss bei jedem einzelnen Kundenkontakt gelebt werden. Ansonsten wird es kaum gelingen, Kunden langfristig für sich zu begeistern. Es gibt jedoch auch eine ganze Reihe von Unternehmen, die es geschafft haben, zusammen mit ihren Mitarbeitern eine exzellente

Serviceorientierung muss bei jedem Kundenkontakt gelebt werden.

Servicephilosophie zu erarbeiten. Am Beispiel einer Hotelkette möchten wir Ihnen die erfolgreiche Grundstruktur eines solchen Servicekulturprozesses erläutern.

> **Beispiel: Servicekulturprozess**
>
> Im ersten Schritt hatten dort alle Zimmermädchen die Aufgabe, folgende Frage für sich zu beantworten: Wenn Sie als Gast in unser Hotel kämen, woran würden Sie am konkreten Verhalten der Zimmermädchen erkennen, dass diese einen Extraaufwand für Sie machen und Sie als Gast persönlich willkommen sind?
> Lesen Sie so manche deutsche Servicephilosophie, dann steht da Freundlichkeit und Höflichkeit gegenüber dem Gast. Darunter kann man sich so ziemlich alles vorstellen. Die Antwortliste unserer Zimmermädchen war da schon umfangreicher und vor allem wesentlich konkreter. Z. B.: „Wenn ich es mit meinem Mann eilig hätte und wir würden zu einem Geschäftstermin gehen, dann möchte ich, dass die Zimmermädchen uns kurz und freundlich grüßen. Wenn wir dagegen eher herumschlendern, weil wir im Urlaub sind, dann hätte ich gerne, dass die Zimmermädchen uns ansprechen, etwas Small Talk machen und uns beispielsweise auf Sehenswürdigkeiten hinweisen und uns Insidertipps geben".
> Im zweiten Schritt haben sich neben den Zimmermädchen auch Gärtner, Kellner und Verwaltungsangestellte mit dieser und ähnlichen Fragen beschäftigt und konkrete praxisnahe Serviceideen formuliert.
> Diese Servicephilosophie wird tagtäglich gelebt, auch wenn die Leistung am Kunden über den eigentlichen Aufgabenbereich hinaus reicht.
> Im letzten Schritt wurden die einzelnen Ergebnisse zu einer hotelweiten Servicephilosophie weiterentwickelt und letztlich entstand so durch die Mitarbeit aller die weltweite Servicephilosophie der SAS Radisson Hotels.
> Das ganze Team wurde so zu einer Mannschaft zusammengeschweißt, die auf Ihren exzellenten Servicestandard, den sie sich selbst gegeben hatte, entsprechend stolz ist. Sie sehen, Service betrifft nicht nur den Vertrieb. Serviceorientierung ist natürlich im Vertrieb und in der Kundenberatung sehr wichtig. Jedoch verschenken Sie mögliche Umsatzzuwächse, wenn Sie nicht alle Mitarbeiter Ihres Unternehmens in die Entwicklung von Serviceideen einbinden. Fragen Sie doch einmal Ihre Servicemitarbeiter.

Konkrete Vorstellungen von Service

Ein exzellenter Servicestandard ist eine Teamleistung.

Customer Care Call-Center

Wie kundenorientiert ist eigentlich Ihr Call-Center? Wie lange hängen Ihre Kunden in der kostenpflichtigen Warteschleife, bis sie den ersten persönlichen Kontakt haben? Diese Frage stellt sich natürlich auch, wenn Sie gar nicht groß genug für ein Call-Center sind, sondern die Kunden direkt bei Ihnen anklingeln. Durch wie viele von Computerstimmen animierte Menüs muss sich Ihr Kunde drücken, bis er bekommt, was er will – nämlich Hilfe?

Wie oft werden Ihre Kunden im Schnitt verbunden, bis sie den Mitarbeiter am Telefon haben, der ihr Problem dann letztendlich löst? Ist Ihr Call-Center (bzw. der Platz, wo die Anrufe anlanden) ein Customer Care Call-Center oder dient es nur dazu die Kosten Ihrer Firma zu senken? Wann haben Sie das letzte Mal in Ihrem Call-Center angerufen (bzw. den Test gemacht, Ihre Firma einmal von außen anzufen)? Wann haben Sie Ihre Mitarbeiter nach Verbesserungsideen befragt? Auch hier schlummert in der Regel ein großes Verbesserungspotenzial Prozesse effizienter und kundenorientierter zu gestalten.

3.5.2 Stufe 6: Zufriedene Kunden betreuen

Warum betreuen Sie Ihre Kunden? Klar, weil Sie weiterhin mit ihnen Geschäfte machen wollen.

Und mit den Augen der Kunden betrachtet? Klar, weil der Kunde weiterführende Problemlösungen von uns braucht. So zumindest lautet die routinierte Antwort vieler Vertriebler. Unter Problemlösung verstehen sie natürlich solche, die um Ihr Produkt herum erforderlich werden, z. B. anwendungstechnische Beratung etc.

In Wirklichkeit lösen Sie damit aber nicht die Probleme Ihres Kunden. Sie lösen höchstens die Probleme, die er hat, weil er mit Ihren Produkten arbeitet.

Ihre Betreuung sollte deshalb mehr bieten. Speziell im B2b sollte die Frage in der Kundenbetreuung lauten: Wie können Sie Ihrem Kunden helfen zukünftig noch bessere Geschäfte zu machen? Wie kann Ihr Kunde mit Hilfe Ihrer Produkte seine Produkte besser vermarkten? Wie erreicht er selbst eine höhere Produktivität? Wie können seine Mitarbeiter besser qualifiziert und motiviert werden? Wie erreicht er günstigere Herstellungskosten? So heben Sie sich über das Erkennen und Lösen von echten Kundenproblemen spürbar vom Wettbewerb ab.

Kundenbetreuung im B2b: dem Kunden helfen, künftig noch bessere Geschäfte zu machen

3.5.2.1 Jahresvereinbarung

Ein Instrument, um solche Maßnahmen organisatorisch umzusetzen, ist eine Jahresvereinbarung mit Ihren Zielkunden. Der Abschluss einer innovativen Jahresvereinbarung im obigen Sinn als Partnerschafts-Kundenentwicklungs-Programm bringt in der Regel stabilen Zusatzerfolg.

Partnerschafts-Kundenentwicklungs-Programm: i.d.R. stabile Zusatzerfolge

Definieren Sie zunächst die Kunden, für die sich der Abschluss von Jahresvereinbarungen lohnt. Dies können Kunden sein, bei denen Ihr Lieferanteil über 50 % liegt. Oder Kunden, die selbst ein stabiles Wachstum in den folgenden Jahren versprechen.

Prüfen Sie doch einmal Ihre Kundenwertklassen: Wen sollten Sie auf diese Art ausbauen?

Wenn dann Ihr Vertriebsmitarbeiter noch bestätigt, dass der Kunde grundsätzlich kooperationswillig ist, steht der Ernennung zum Zielkunden nichts mehr im Wege. So konzentrieren Sie Ihre Energie, um das Ertrags- und Umsatzwachstum über Jahresvereinbarungen zu realisieren.

Verbindlichkeit in der Zusammenarbeit mit den Zielkunden

DURCH DIE JAHRESVEREINBARUNG ERREICHEN SIE EIN HOHES MASS AN VERBINDLICHKEIT IN DER ZUSAMMENARBEIT MIT DEN ZIELKUNDEN.

Regelmäßiges Nachdenken über Erfolgssteigerungsmöglichkeiten

Sie zwingen sich über das Instrument der Jahresvereinbarung zumindest einmal im Jahr umfassend und gründlich über die Kundenbeziehung nachzudenken und nach Erfolgssteigerungsmöglichkeiten in beiderseitigem Interesse zu suchen.

Insbesondere regelt die Jahresvereinbarung auch verbindlich die **Inhalte von Leistung und Gegenleistung**. Festgelegt werden Art und Inhalt sowie Häufigkeit der vereinbarten Maßnahmen, die zu erreichenden Zielsetzungen, die damit verbundenen Kosten und ihre Aufteilung.

Es bleibt die Frage, was Ihr Kunde davon hat, wenn er mit Ihnen eine Jahresvereinbarung abschließt. Ihr Kunde erhält seinerseits **attraktive Zusatzleistungen**, die auf seine Problemlösungen abgestellt sind. Aufgrund einer Jahresvereinbarung kann sich Ihr Kunde auf die von Ihnen gemachten Zusagen verlassen. Seinerseits wird auch er seine Ressourcen auf die Lösung seiner Probleme bzw. die Erreichung seiner Zielsetzung konzentrieren. Ja, vielleicht helfen Sie ihm sogar erst, das eine oder andere Problem zu erkennen, zu analysieren und zu lösen.

Jetzt sind Sie auf bestem Wege vom Produktbesitz zum Kundenbesitz zu gelangen. Ihre Chancen zum Problemlöser Nr. 1 Ihres Kunden zu werden und damit zur dauerhaften Kundenbindung und Profitsteigerung wachsen ganz erheblich. Eine Checkliste zum Abschluss einer solchen Vereinbarung finden Sie im Abschnitt 4.2.11 über After-Sales.

3.5.2.2 Servicelevel-Agreement

Eine andere Möglichkeit mit einem Kunden eine verbindliche Vereinbarung zu treffen, die beide Seiten verpflichtet, ist der Abschluss eines sog. Servicelevel-Agreements. Dort legen Sie genau fest, auf welchem Niveau Sie Service liefern, an wie viel Tagen pro Woche Sie wie viele Stunden bereitstehen und in welcher fachlichen Tiefe. Dafür zahlt Ihr Kunde in der Regel ein pauschales Honorar. So binden Sie Ihren Kunden und Ihr Kunde hat verlässliche Grundlagen zur Kalkulation seiner Servicekosten. In ein Servicelevel-Agreement können Sie die oben beschriebene Maßnahmenfülle einbauen. Nur, dass das Servicelevel-Agreement einen deutlich verbindlicheren Charakter hat.

Mit einem Servicelevel-Agreement kann der Kunde seine Servicekosten verlässlich kalkulieren.

Die kurzen Beispiele zeigen, dass Kunden zu betreuen vielfach recht aufwändig ist. Deshalb macht es mehr denn je Sinn, die Kunden zu klassifizieren und nicht jedem Kunden das volle Maß an Service zur Verfügung zu stellen.

3.5.3 Stufe 7: Telling Customer / aktiver Empfehlungsgeber

Auf dieser Stufe befinden sich Ihre guten Kunden. Die, die Sie auch weiterempfehlen und so auch als Referenzkunde zur Verfügung stehen.

Über geeignete Maßnahmen für Kunden dieser Wertklasse und über zweckmäßige Strategien, Kunden in diese Stufe zu qualifizieren, haben wir bereits mehrfach geschrieben. Hier möchten wir deshalb auf das Thema „Empfehlungen" ausführlicher eingehen.

Warum brauchen Sie Empfehlungen?

Ohne ein systematisches Empfehlungsgeschäft und ohne ein funktionierendes Netzwerk werden Sie es in Zukunft immer schwerer haben. So einfach ist das – oder eben auch nicht. Denn auf die Frage: „Wie wichtig ist Empfehlungsgeschäft?" antworten die meisten unserer Kunden: „sehr wichtig!". Doch die nächste Frage zeigt, dass es eine große Lücke zwischen Anspruch und Wirklichkeit gibt. „Wie viel Prozent Ihres Neugeschäfts basierten auf Empfehlungen?" „Über 50%" oder sogar „über 75%" antworten nur die wenigsten. Dabei ist das Empfehlungsgeschäft richtig verstanden, akzeptiert und umgesetzt das einfachste Geschäft.

Ein funktionierendes Netzwerk wird immer wichtiger.

Rufen wir uns doch noch einmal die Notwendigkeit des Empfehlungsgeschäfts ins Gedächtnis zurück: Neukunden gewinnen wird immer teurer und risikoreicher. Klassische Werbung versagt immer mehr und führt bestenfalls zu Imagebildung. Und der Kunde wird immer kritischer und unkalkulierbarer. Andererseits ist kein Kunde eine einsame Insel. Er kennt immer eine ganze Menge Leute, denn er hat längst sein privates und berufliches Netzwerk. Ihre Vorteile liegen auf der Hand. Ihr Kunde hat ständig Kontakt mit Herrn Müller, Meier oder Frau Weber. Er weiß, dass Herr Meier nie so etwas kaufen würde, dass aber Herr Müller und Frau Weber das letzte Mal bereits erwähnten, etwas von Ihrem Angebot gebrauchen zu können. Idealer geht es nicht. Jetzt müssen Sie nur Ihren Kunden aktivieren, damit er Sie ins Gespräch bringt. Tun Sie es nicht, tut es ein anderer und Sie müssen mindestens einige 500-Euro-Scheine investieren, um einen Neukunden mit klassischer Kaltakquise zu gewinnen. Sollte Ihr Empfehlungsgeschäft nicht bereits bei 75% des Neugeschäfts liegen, sollten Sie ernsthaft darüber nachdenken, wie Sie Ihr Empfehlungsgeschäft systematisieren und erfolgreicher gestalten wollen. Profitieren Sie dabei von den Erfahrungen des Autors. Er hat in den Jahren als Vertriebsmitarbeiter im B2c-Vertrieb mehr als 98% seiner Kunden über Empfehlungen gewonnen. Und auch heute als Berater im B2b-Vertrieb sind immer noch mehr als 80% aller Neukunden Empfehlungskunden.

Den Kunden aktivieren, damit er Sie ins Gespräch bringt

Wir wissen, dass ein zufriedener Kunde Ihrer Firma es mindestens drei weiteren potenziellen Kunden erzählt. Die Frage ist nur, kennen Sie diese drei potenziellen Kunden?

Konzentrieren wir uns auf die Chancen. Im Empfehlungsgeschäft – in systematisierter Form – schlummern noch erhebliche Reserven.

Nachfolgend erfahren Sie einiges über die Möglichkeiten des Empfehlungsmarketings und über die Erfolgskriterien. Dann können Sie auch noch einen Praxisbericht lesen.

Möglichkeiten des Empfehlungsmarketings

Persönliche Kontakte

Sie können Empfehlungen erstens über Ihr **persönliches Netzwerk** gewinnen. Welche Ihrer persönlichen Kontakte eignen sich als Multiplikatoren?

Zufriedene Kunden

Der klassische Weg, Empfehlungen zu generieren, ist natürlich der Kunde. Zufriedene Kunden, loyale Kunden, telling customer, empfehlen Sie gerne weiter.

Mitarbeiter mit Kontakt zu potenziellen Kunden

Aber auch Ihre Techniker, Ihre Servicemitarbeiter, sprich: alle Mitarbeiter mit Kontakt zu potenziellen Kunden können als Empfehlungsgeber fungieren.

Eine weitere Möglichkeit ist der **Dreiecksverkauf**. Der systematische Aufbau von Beziehungen, mit dem Ziel, Netzwerke aufzubauen. Diese Netzwerke schaffen Kontakte und über die größere Anzahl an Kontakten gewinnen Sie wiederum neue Kunden und somit neue Kontakte. Entscheidend ist allerdings, dass die gewonnenen und ausgebauten Netzwerke auch genutzt werden.

BEI ALL DEM IST DARAUF ZU ACHTEN, DASS ES KEINE EINSEITIGE AUSNUTZUNG DES KUNDEN GEBEN SOLL, SONDERN EIN GEGENSEITIGES GEBEN UND NEHMEN ENTSTEHT.

Es gilt, und das ist uns wichtig, auf beiden Seiten Spielregeln oder Umgangsformen einzuhalten. Nur wenn Ihr Kunde bzw. Ihre Kontakte auch dauerhaft profitieren, werden sie Sie gerne weiterempfehlen.

Erfolgskriterien

Wir stellen sieben Erfolgskriterien vor, die aus unserer Sicht entscheidend sind, um Empfehlungsmarketing systematisch zu fördern.

Legen Sie die Punkte fest und definieren Sie genau die Schritte, wie Sie Ihre Empfehlungen gewinnen.

1. Definierter Prozess

Aus unserer Sicht ist es ganz einfach: Wenn Sie Ihr Empfehlungsgeschäft dem Zufall überlassen, dann überlassen Sie auch den Erfolg dem Zufall. Kein systematischer, definierter Empfehlungsprozess, keine Empfehlungen. Das ist übrigens auch der Grund, warum dieses Thema im Kapitel Vertriebsprozess aufgehängt ist. Wann und wo in Ihrem Verkaufsprozess gewinnen Sie Empfehlungen?

2. Fragen statt warten

Wissen Sie, warum die meisten Empfehlungen nicht gewonnen werden? Ganz einfach, weil die Verkäufer nicht danach fragen.

Also noch einmal: Definieren Sie den Prozess, definieren Sie die Fragen und definieren Sie genau, wann Ihre Mitarbeiter mit welcher Story Ihre Kunden nach Empfehlungen fragen.

3. Eigene Einstellung

Offensichtlich existiert zwischen Chance und Wirklichkeit eine große Lücke, denn fast jeder stuft das Empfehlungsgeschäft als wichtig ein, aber kaum einer treibt es wirklich voran. Woran liegt das?

Wir haben versucht zu erfahren, welche Gründe es für fehlendes Empfehlungsgeschäft gibt. Einer der wichtigsten Gründe sind wieder einmal die eigenen Gedanken. Viele Verkäufer empfinden sich als Bittsteller, wenn Sie den Kunden nach weiteren potenziellen Kunden fragen müssen. Man tut so etwas nicht, ist häufig das Argument. Der Kunde wird es schon von alleine tun, wenn er es für nötig hält. Nach allen Erfahrungen wird er das aber nicht. Deshalb überlegen Sie sich doch einmal:

Was hat Ihr Kunde davon, wenn er Sie weiterempfiehlt? Wenn Sie hier keine Antwort finden, brauchen Sie in der Regel auch nicht zu fragen. Also denken Sie lieber weiter nach.

(Vielleicht kann Ihnen Abschnitt 4.2.5, Kaufmotive, dazu ein paar Anregungen geben.)

4. Zeit einplanen

Der zweithäufigste Grund der Empfehlungsverhinderung ist, dass die Frage nach der Empfehlung erst mit der Türklinke in der Hand gestellt wird. Viele Verkäufer besinnen sich erst kurz vor dem Hinausgehen darauf, dass man den Kunden nach einer Empfehlung fragen kann. Dann, es ist jedoch kein Wunder, ist der Kunde mit seinen Gedanken schon beim nächsten Thema. Auch der Verkäufer signalisiert ja mit seiner späten Frage im Gehen, dass er dem Thema selbst keine große Bedeutung beimisst.

Deshalb planen Sie in Ihrem Prozess Zeit ein für Ihr Empfehlungsmarketing.

5. Story – Nutzen für den Kunden

Dies ist der dritte Empfehlungsverhinderungsgrund. Und Sie sollten diese Frage nach dem Nutzen nicht nur für sich selbst beantworten. Sie sollten diese Frage auch dem Kunden beantworten. Transportieren Sie einen Nutzen in Ihrer Empfehlungsformulierung, in Ihrer Frage nach Empfehlungen. Auch Empfehlungen müssen verkauft und argumentiert werden. Wie man richtig argumentiert, lesen Sie im Abschnitt 4.2.7. Hier also noch einmal die Frage:

Was hat Ihr Kunde davon, wenn er Sie weiterempfiehlt?
Aus diesem Kundennutzen formulieren Sie eine konkrete Empfehlungsfrage.

6. Wann?

Wann ist der beste Zeitpunkt für die Frage nach einer Empfehlung? Soll man abwarten, bis das Produkt ausgeliefert ist, oder wartet man nur bis zur Unterschrift?

Ein Teil der Verkäufer schwört auf den Zeitpunkt des Auftragsabschlusses. Wir schwören auf den Zeitpunkt nach der Bedarfsanalyse, noch vor dem Abschluss, noch vor der Präsentation des Produktes oder der Lösung. Denn zu diesem Zeitpunkt empfiehlt der Kunde Sie, Sie als Person und nicht Ihr Produkt oder Ihre Lösung. Egal welcher Meinung Sie sind, welches der beste Zeitpunkt ist, die Auslieferung, die Unterschrift oder der Erstkontakt: Entscheidend ist, dass Sie fragen.

Der beste Zeitpunkt, um nach einer Empfehlung zu fragen ist unbedingt: JETZT!

7. Immer wieder

Wie so oft im Leben gilt auch für das Empfehlungsgeschäft, nur wenn Sie oft genug danach fragen, nur wenn Sie regelmäßig danach fragen, werden Sie Erfolg haben.

Weiß Ihr Kunde, dass Sie Empfehlungsprofi sind? Hat er zu jeder Zeit die Möglichkeit Ihnen eine Empfehlung zu geben? Wird es ihm leicht gemacht? Fragen Sie oft genug?

Wenn Sie diese sieben Erfolgskriterien berücksichtigen, versprechen wir Ihnen, dass es Ihnen gelingt, deutlich mehr aktive Empfehlungsgeber unter Ihren Kunden zu haben. Denn darauf kommt es doch letztendlich an. Der typische passive Empfehlungsgeber ist ein zufriedener Kunde, der niemals von sich aus die Initiative ergreift, Werbung für Sie zu machen. Wenn Sie diesen Kunden lange genug bitten, dann können Sie ihm vielleicht eine Empfehlung entlocken. Doch ein Umsatzwachstum durch ein Empfehlungswachstum, welches auf die Mund-zu-Mund-Propaganda solcher passiven Empfehlungsgeber setzt, kann naturgemäß nur gering ausfallen.

Aktive Empfehlungsgeber

Was wir wollen, sind aktive Empfehlungsgeber. Sie berichten begeistert und enthusiastisch Ihren Geschäftspartnern, Geschäftsfreunden, Bekannten, Nachbarn und Arbeitskollegen von Ihrem tollen Angebot und sie schwärmen von der vorzüglichen Dienstleistung. Und wann immer sie die Chance sehen, diese Leistung ins Gespräch zu bringen, machen sie davon gerne Gebrauch. Wenn zu Ihren Kunden oder Geschäftspartnern viele solcher aktiven Empfehlungsgeber zählen, dann pflegen Sie diese Kontakte besonders sorgfältig und regelmäßig. Sorgen Sie dafür, dass Sie diesen Kunden permanent im Gedächtnis bleiben, z. B. durch Aktionen oder Ereignisse.

Kontakt besonders pflegen

Basis für zukünftiges Wachstum

Die aktiven Empfehlungsgeber sind die Basis für Ihr zukünftiges Wachstum. Denn diese Menschen bringen mit wenig Aufwand viele neue Kunden.

Bericht aus der Praxis: Das Konzept muss passen

Empfehlungen aktiv zu bekommen ist zugleich das Schwierigste wie auch das Leichteste im Verkauf. Einmal ausprobieren bringt rein gar nichts. Sie sollten ein Konzept haben, wie Sie das Empfehlungsthema ansprechen (Text!) und an welchen Stellen Sie darüber reden wollen.

Zum besseren Verständnis hier meine Vorgehensweise: Die erste Kontaktaufnahme findet immer über das Telefon statt. In diesem Telefonat beziehe ich mich gleich auf den Empfehlungsgeber. Kommt es zum Termin, so schicke ich dem Kunden eine Terminbestätigung mit folgendem Text: „Schön, dass wir uns auf Grund der Empfehlung von Herrn/Frau … persönlich kennen lernen werden."

Am Anfang des ersten Termins frage ich, was der Empfehlungsgeber schon erzählt hat.

Nach der Vorstellung meiner Firma kommt für mich der entscheidende Punkt: Ich verspreche dem Kunden eine gute objektive Beratung und erwarte dafür von ihm, dass er mich aktiv weiterempfiehlt. Dies endet mit der Frage: „Halten Sie dies für fair?" 95 % der Kunden antworten hier mit Ja. Am Ende des Gesprächs frage ich den Kunden, wie ihm das heutige Gespräch gefallen hat. Wenn es ihm gefallen hat, warum es ihm gefallen hat. „Also, wenn ich Sie recht verstehe: Durchaus empfehlenswert?" Jetzt nehme ich meine vorbereiteten Empfehlungskarten in die Hand und beginne zu schreiben.

Dieses Vorgehen ist natürlich nur verkürzt dargestellt, aber alle „Big Points" sind enthalten. Suchen Sie Ihr eigenes Konzept. Wichtig: Sie müssen sich mit Ihrem Konzept zu 100% wohl fühlen. Die Angst sich mit dieser Frage ein Geschäft zu zerstören schwingt in fast jedem Verkäufer. „Das ist unseriös, lieber erst das Geschäft sichern, was, wenn deswegen der Kunde abspringt..." Es gibt viele Gedanken in Ihrem Kopf, aber glauben Sie mir, sie sind aus meiner Erfahrung absolut unbegründet. Ein gutes Konzept nimmt Ihnen die Angst.

Eine einfache Regel: Je öfter und je selbstverständlicher Sie über dieses Thema mit Ihren Kunden reden, desto einfacher und schneller bekommen Sie Empfehlungen.
Jeder Spitzensportler trainiert! Sie auch?

Die Chance, Empfehlungen zu bekommen, steigt, wenn Konzept und Einstellung stimmen und dies dauerhaft trainiert wird. Ich trainiere dieses Thema seit 17 Jahren permanent. Trotz Training und Konzept mache ich noch Fehler beim Kunden, aber das macht ein Profisportler wie Michael Schumacher auch. Mein Ziel sind immer fünf Empfehlungen pro Kunde. Das funktioniert nicht immer, aber immer öfter. Bei 50% meiner Kunden bekomme ich mit diesem Konzept auf erstes Anfragen mindestens eine Empfehlung. Die erste Empfehlung ist die schwierigste, dann ist der Bann gebrochen. Bei den restlichen 50% ist eine Einwandbehandlung nötig. Je nachdem wie gut ich in diesem Moment vorbereitet (trainiert) bin, geben dann noch einmal 25% Empfehlungen. Mit dem Rest, die partout keine geben wollen, kann ich gut leben. Diese Quote reicht aus, um 95% meines Neugeschäftes über Empfehlungen zu machen.

Alle kochen nur mit Wasser.
Wenn Sie verschiedene Bücher zu diesem Thema lesen, so werden Sie feststellen, dass das Grundkonzept immer sehr ähnlich ist. Der Unterschied liegt hier wie so oft im TUN.

Hier Erfolgsfaktoren aus meiner eigenen Erfahrung:
1. Eigene Einstellung zu dem Thema regelmäßig checken und daran arbeiten. Wenn ich merke, dass ich ein „Grummeln im Bauch" habe, dann schreibe ich mir auf, welche Vorteile ich und mein Kunde von den Empfehlungen habe. Dies können Sie natürlich auch schon machen, bevor das schlechte Gefühl im Bauch kommt.
2. Ein Konzept, welches genau zu mir passt. Strukturieren Sie Ihr Gespräch. Legen Sie genau fest, wo was passiert. Es muss für Sie und den Kunden gute Gründe geben, warum Sie Empfehlungen verdient haben. Lassen Sie Ihr Konzept wachsen, aber kontrolliert. Schreiben Sie auf, was Sie sagen wollen.
3. Perfekte Vorbereitung sowie Textsicherheit.
4. Öfters und möglichst früh im Gespräch ansprechen.
5. Training, Training, Training!

Ach ja, das Wichtigste habe ich fast vergessen: Sie müssen sich natürlich trauen, danach zu fragen.

Spätestens jetzt sollte Ihnen bewusst sein, dass Empfehlungen für Sie ein Gewinn sind. Wenn Sie es nicht glauben, so probieren Sie es aus. In der Überschrift schrieb ich jedoch für alle. Überlegen Sie selber, welchen Gewinn sowohl der Empfehlungsgeber als auch der Empfohlene in Ihrem Fall hat. Sie werden erstaunt sein, wie viele Vorteile Sie finden, wenn Sie sich auf die Suche machen. Einen vorneweg von mir: Auch für den Kunden ist es angenehmer mit jemanden zusammenzuarbeiten, mit dem ein guter Freund oder Kollege schon gute Erfahrungen gemacht hat. Sind Sie, Ihre Dienstleistung und Ihr Produkt empfehlenswert? Dann fragen Sie auch danach!

Viel Erfolg! *Robert Engel, Würzburg*

3.5.4 Stufe 8: Partner

Gerade in einem schwierigen Marktumfeld kommt der Pflege und der Bindung des Kundenstamms eine verschärfte Bedeutung zu. Um wechselbereite und dazu noch ertragsstarke Kunden langfristig zu halten und diese dank starker Loyalität zum Verkäufer für uns zu machen, sollte Ihr Unternehmen mit allen Abteilungen im Kundenkontakt unser Customeyes-Konzept verfolgen. Und die Kunden zu Partnern entwickeln.

Für den Kunden stellt sich ja oft nicht die Frage, ob er überhaupt kaufen muss, sondern sehr häufig nur die Frage, wenn er kaufen muss, wo kauft er dann?

Doch wie soll man an Kunden verkaufen, die täglich beweisen, dass sie die Macht am Verhandlungstisch übernommen haben? Wie soll man in solch einem Umfeld Kunden dauerhaft gewinnen?

Viele Vertriebsprofis lassen sich heute auf einen Preiskampf mit dem Wettbewerb ein, der sich nicht selten zur rentabilitätsbedrohenden Abwärtsspirale für alle Beteiligten entwickelt. Clienting nach Geffroy, das Total loyality marketing Konzept von Anne Schüller oder unser Customeyes-Konzept, wir alle wollen nur eines: Wir möchten Ihren Kunden zum dauerhaften Kunden, zum Partner Ihres Unternehmens machen.

Den Kunden zum Partner des Unternehmens machen

Dabei ziehen wir nur die Konsequenzen aus einer im Markt nicht mehr zu leugnenden Entwicklung.:

> NICHT LÄNGER DIE VERKÄUFER, SONDERN DIE KUNDEN BESTIMMEN HEUTE DIE SPIELREGELN, NACH DENEN VERKAUFEN GESPIELT WIRD. DIES VERLANGT NEUE EINSICHTEN UND NEUE VERHALTENSWEISEN, VOR ALLEM ABER EINE GANZHEITLICHE BETRACHTUNGSWEISE AUS DEM BLICKWINKEL DES KUNDEN, CUSTOMEYES EBEN.

Daraus resultiert eine **stärkere verkäuferische Einbindung aller Mitarbeiter** sowie eine **Fokussierung des Managements auf die Kundensicht**. Customeyes will den Telling Customer, den loyalen Kunden, den Partner, der zuerst mit Ihrem Unternehmen zu einem Abschluss zu kommen versucht, bevor er sich nach Alternativen im Markt umsieht. Ja, einen Kunden, der mit Ihnen gemeinsam darüber nachdenkt, wie er und Sie bessere Geschäfte machen können.

Jeder Abschluss ist nur so gut wie die Mitarbeiter, die das Versprochene umsetzen.

Insbesondere in der **After-Sales-Phase** bewahrheitet sich, jeder Abschluss ist nur so gut wie die Mitarbeiter, die das Versprochene umsetzen. Dabei sollen geweckte Erwartungen nicht nur erfüllt, sondern durch den Einsatz von Begeisterung am besten noch übertroffen werden. Um so eine emotionale und nachhaltige Verbundenheit auszulösen. Die wachsende Beziehung soll individuell gepflegt und ausgebaut werden.

Verkauft Ihr Kunde mehr, verkaufen Sie mehr.

In manchen Branchen ist der Engpass für weitere Verkaufserfolge Ihr eigener Kunde, weil er nicht mehr mehr abnimmt. Verkauft Ihr Kunde mehr, verkaufen Sie mehr. Die Frage, die sich hier also stellt, ist: Wie können Sie dazu beitragen, Ihre Kunden noch erfolgreicher zu machen?

3.5.4.1 Branchen-Know-how teilen

Überlegen Sie einmal: Verfügen Sie z. B. über Branchenwissen, mit dem Sie Ihren Kunden Wettbewerbsvorteile verschaffen und sie so enger an sich binden können? Oft ahnen Ihre Kunden gar nicht, wie viel Sie über ihr Geschäft wissen. Tatsächlich verfügen Sie in der Regel über Informationen, die für Ihre Abnehmer höchst wertvoll sind. Die sich Ihre Kunden aber nicht selbst erschließen können. Da Sie mit vielen ganz verschiedenen Abnehmern in Kontakt kommen, sehen Sie gewissermaßen aus der Helikopterperspektive die Wettbewerbssituation einer ganzen Branche, während Ihr Kunde meist nur einzelne Aspekte davon sieht. Diese umfassende Erfahrung können Sie nutzen, um Ihren Kunden einen Wettbewerbsvorteil zu verschaffen. Das bedeutet nicht, dass vertrauliche Details über das Geschäft eines Kunden an die Konkurrenz weitergegeben werden. Die Herausforderung ist vielmehr, aus der Übersicht über eine gesamte Branche nützliches Wissen für den Kunden zu ziehen. So können auch Sie Ihrem Kunden helfen Betriebskosten zu senken oder Risiken zu verringern. Und werden Ihrerseits durch mehr Kundentreue und größeren Spielraum in der Preisgestaltung belohnt. Die Kenntnisse, die Sie Ihrem Kunden bieten können, sollen ihm helfen, Antworten auf Fragen zu finden, die ihm selbst verschlossen sind.

Informationen, die für die Abnehmer sehr wertvoll sind

Die eigene Erfahrung nutzen, um dem Kunden einen Wettbewerbsvorteil zu verschaffen

1. Was spielt sich anderswo in der Branche ab?
2. Wo stehe ich im Vergleich zu anderen?
3. Was geschieht, wenn ...?

Es gibt drei Strategien, mit denen Sie Ihren Überblick in zusätzlichen Nutzen für Ihre Kunden und in eigene Wettbewerbsvorteile umsetzen können. Jede dieser Strategien beantwortet eine der von Ihren Kunden gestellten Fragen.

1. Die erste Strategie besteht darin, dass Sie einfach Erfahrungen aus einem Teil der Branche an einen anderen weitergeben.

Erfahrungen aus einem Teil der Branche in einen anderen weitergeben

> **Beispiel**
>
> Ein führender Hersteller von Bohrmaschinen und Befestigungssystemen beherrscht diese Strategie meisterlich. Dieses Unternehmen macht praktisch seinen gesamten Umsatz mit Unternehmen der Bauindustrie. Zwar sind manche Abnehmer größer als unser Kunde und sogar selbst weltweit tätig. Aber im Wesentlichen arbeiten Bauunternehmen nach wie vor innerhalb von Ländergrenzen. Seine Kunden verfügen daher nicht über die geografische Spannweite, um globale Entwicklungen der Bautechnik zu verfolgen, obwohl sie alle mit ähnlichen Problemen zu kämpfen haben.
> Dank seiner Präsenz in über 120 Ländern kann dieses Unternehmen seinen Kunden helfen, diese Lücken zu schließen. Ein Eckpfeiler dieser umfassenden Erfahrung ist das Direktverkaufssystem, in dem über

> 11.000 Mitarbeiter mit Kunden arbeiten und Informationen austauschen. Zusammen bringen sie es auf weltweit 100.000 Kundenkontakte pro Tag. Nur wenige Anbieter können solch integrierte Informationen liefern. Der Hersteller und seine Kunden sehen in der Kundenorientierung, dem anwendungstechnischen Know-how und der exzellenten Beratung Vorteile, die seine hohen Preise rechtfertigen.

Benchmarks, Rankings und Landkarten für die Firmen in der eigenen Branche entwickeln

2. Um die zweite Strategie anwenden zu können, entwickeln Sie Benchmarks, Rankings und Landkarten für die Firmen in Ihrer Branche. Diese geben Ihren Kunden anhand wichtiger Kriterien Auskunft über deren Position.

Beispiel

Ein Unternehmen im Internetbusiness hat Benchmarkingtools entwickelt, mit denen potenzielle Kunden sich mit führenden Internetunternehmen vergleichen und ihre eigene Situation diagnostizieren können. Diejenigen, die dann eine Internetstrategie verfolgen, stellen fest, dass der Lieferant der Studien viele Produkte und Dienstleistungen anbietet, durch die sie im Internet flexibler, effizienter und konkurrenzfähiger werden können.

Die eigenen Erfahrungen nutzen, um dem Kunden zu Prognosen zu verhelfen

3. Um die dritte Strategie anzuwenden, nutzen Sie von Ihnen zusammengefasste Kundenerfahrungen und verhelfen damit Ihrem Kunden zu Prognosen, deren Recherche für ihn zu kostspielig oder zu riskant gewesen wäre.

Sie sehen, es gibt verschiedene Möglichkeiten, wie Sie Ihr Branchenwissen gewinnbringend für Ihre Kunden einsetzen können.

Aber zunächst einmal müssen Sie entscheiden, welche der oben genannten Strategien Sie hier verfolgen möchten. Selbstverständlich konzentrieren Sie sich am besten auf die Themen, die Ihren Kunden wichtig sind. Sie kennen doch die Themen, die Ihren Kunden, Ihrer Kernzielgruppe, wichtig sind, oder?

Zugegebenermaßen ist die Realisierung eines solchen Konzeptes aufwändig. Erinnern Sie sich aber daran, dass Sie diesen Problemkatalog für Ihr eigenes Unternehmen bereits mehrfach gelöst haben. Sie verfügen über ganze Abteilungen, die sich diesen Problemlösungen widmen, und daraus kann dann die Idee entstehen, wie Sie Ihren Kunden am besten helfen können.

Fragen Sie sich:
- Welche Hilfestellung kann Ihre Personalabteilung beim Personalmarketing Ihrer Kunden leisten?
- Welche Möglichkeiten hat Ihre EDV-Abteilung, ihr Know-how in den Kundenkreis hineinzutragen?

- Inwieweit können Ihre Kunden von Ihrer Controllingkompetenz profitieren?
- Inwieweit können bestehende bzw. zusätzlich zu entwickelnde Personalqualifizierungsprogramme bei Ihrem Kunden Nutzen stiften?
- Inwieweit ist es vorstellbar, dass Ihre Mitarbeiter Konstruktions-, Arbeitsvorbereitungs-, Produktions- und Qualitymanagementprozesse beim Kunden optimieren?
- Welche weiteren Anknüpfungsbereiche könnten in den Disziplinen Recht, Marketing, Kundendienst, Servicemaßnahmen liegen?
- Welche Chancen sehen Sie für die Servicemaßnahmen Ihres Kunden für seine Kunden?

DIE WICHTIGSTE VORAUSSETZUNG IST, DASS IHR UNTERNEHMEN ORGANISATIONSSYSTEME SCHAFFT, DURCH DIE DIE KONTAKTE MIT IHREN KUNDEN WIRKLICH ALS NETZWERK FUNKTIONIEREN UND NICHT NUR ALS EINE ANSAMMLUNG NICHT MITEINANDER VERBUNDENER KNOTEN.

Beispiel

Ein tolles Beispiel für diese Art der Zusammenarbeit findet sich beim weltgrößten Industrieversicherer, der FM Global. Der Industrieversicherer betreibt auf dem weltweit größten Forschungscampus seiner Art präventive Forschung, um Sachbeschädigungen und Betriebsunterbrechungsrisiken für Industrieunternehmen so gering wie möglich zu halten. In einem Interview mit der Wirtschaftswoche sagt FM-Vizechef Ruud Bosman: *„Unser Ziel ist es, Schäden bei den Unternehmen im Vorfeld zu verhindern. Ihre Verwundbarkeit hat durch die Globalisierung und die immer kürzeren Lieferzeiten zugenommen. Was nutzt unserem Kunden die Versicherungsprämie, wenn er seinen Kunden nicht mehr beliefern kann und das Geschäft verliert."* Schäden verhindern, das wollen alle Versicherer, doch FM Global hat dazu eine recht eigenwillige Strategie entwickelt. Die Amerikaner beschäftigen keine Versicherungsmathematiker, sondern 1.400 Ingenieure. *„Anders als in der Branche üblich kalkulieren wir unsere Prämien nicht primär anhand historischer Statistiken, unsere Leute bewerten das Risiko vor Ort"*, sagt Bosman. Mit dem Konzept der Risikovermeidung werden Verbesserungsvorschläge erarbeitet. Wer den Ideen der FM-Ingenieure folgt, zahlt später niedrigere Prämien. Wie Risiken in Fabriken und Lagerhallen einzuschätzen sind, lernen die FM-Experten auf dem Forschungscampus. Von den im Testcampus gewonnenen Erkenntnissen profitieren auch die Kunden. *„FM bietet uns Zugang zu ihrer Datenbank. Damit können wir unser Risikoprofil mit anderen Unternehmen vergleichen"*, sagt ein Kunde von FM Global. *„Uns hat die Idee der Risikovermeidung gefallen. FM ist der einzige Versicherer, der aktiv mit dem Kunden zusammen an der Schadensverhütung arbeitet."* (Quelle: Wirtschaftswoche)

3.5.4.2 Kooperationen

Sie können sogar noch einen Schritt weiter gehen, bis zur konsequenen Kooperation.

> **Beispiel aus der Lebensmittelbranche**
>
> Dort kooperiert ein Markenhersteller mit einem Einzelhändler. Gemeinsam hat man eine Strategie zur Kundenansprache entwickelt, mit für beide Seiten erfreulichen Ergebnissen. Gemeinsam Kundendaten zu generieren und zu nutzen ist ein typischer Startpunkt, um gemeinsame Interessen zu verfolgen. Der Markenartikler besitzt typischerweise eine große Fülle an Daten über den Kunden als Verwender der Ware. Und der Handel hat umfangreiche Kenntnisse über den Kunden als Käufer der Ware. Dieses Wissen lässt sich höchst wirkungsvoll kombinieren, um neue Marketinginstrumente zu entwickeln.
>
> Der Ausgangspunkt der Kooperation war eine genaue Analyse der Kundenstruktur und der Entwicklung des Ausgabeverhaltens der Käufer.
>
> Sodann ging es darum, eine Strategie zu entwickeln, wie der Einzelhändler mit Hilfe des Markenartiklers sich gegenüber den Wettbewerbern klar positionieren konnte.
>
> Nachdem die Zielgruppe definiert war, wurden die Details der Kommunikationsstrategie sorgsam ausgewählt. Dabei half die Kompetenz des Markenartiklers. Er stellte sein großes Portfolio starker Familienmarken sowie sein Marketing-Know-how für spezielle Aktionen und Kampagnen zur Verfügung.
>
> Den preisgünstigen No-Name-Produkten der Discounter setzte unser Einzelhändler bewährte Marken entgegen, die er in Groß- bzw. Vorratspackungen zu attraktiven Preisen anbot.
>
> Durch die verstärkte Vermarktung dieser beliebten und im Preisbewusstsein der Kunden präsenten Markenartikel beurteilten die Verbraucher das Preis-Leistungs-Verhältnis des Handelsunternehmens positiver, wie eine Befragung von 5.000 Kunden zeigte.
>
> Handzettel informierten über die verschiedenen gemeinsamen Aktionen. Um die anvisierte Zielgruppe zu erreichen, ermittelte der Markenhersteller mit Hilfe seiner internen Datenbank die im Umkreis der Märkte lebende Familien mit Kindern und lud diese per Post ein.
>
> Dies war natürlich nur ein kleiner Ausschnitt aus dem integrierten gemeinsam entwickelten Strategiekonzept. Insgesamt haben sich im Verlauf der Kooperation alle entscheidenden Kennzahlen verbessert. So konnte durch die Kooperation der Kunde des Herstellers gestärkt, die Profitabilität des Markenartiklers erhöht und der Endkunde langfristig gebunden werden.

Gemeinsam Kundendaten generieren: ein typischer Startpunkt, um gemeinsame Interessen zu verfolgen

3.5.4.3 Netzwerke

Prüfen Sie doch einmal, wer Kontakt mit Ihren Kunden hat. Wer hat Kontakt zu Menschen, die Ihr Produkt als Endgebraucher benutzen? Wie können Sie dort Ihr Produkt stärken und so helfen, Ihren Kunden mehr zu verkaufen? Oder wie können Sie diese Kontaktpersonen als loyale Kunden, als Telling Customer gewinnen?
Wie bauen Sie Kundennetzwerke auf?

> Eine wirksame und einfache Form des Aufbaus von Netzwerken ist die Durchführung von Kundenseminaren oder Kundenevents.

Das können Abendveranstaltungen oder Tagesseminare sein. Eingeladen werden Kunden und/oder Interessenten, die über die Dinge informiert werden, die für sie persönlich wichtig sind.

Typisch für den Netzwerk-Gedanken ist folgender Nebeneffekt: Nichts ist glaubwürdiger, als wenn ein Kunde einem Interessenten über seine Erfahrungen mit Ihrem Unternehmen berichtet.

Sehr wirkungsvoll ist es, wenn ein Kunde einem Interessenten von seinen Erfahrungen berichtet.

Auch glaubhaft und ehrlich gelebte **Kundenclubs** sind eine der interessantesten Möglichkeiten Netzwerke aufzubauen. Allerdings muss hier, wie in jeder Beziehung, etwas passieren, sonst kommt Langeweile auf und der Club wird uninteressant.

Den Kontakt zu Kunden können Sie auch über einen interessanten **Informationsdienst** organisieren. Ein **Newsletter** über zwei bis vier Seiten bietet sich an. Denken Sie aber bitte daran, dieser Newsletter soll Nutzwertinformationen für Ihre Kunden bieten. Nicht Werbung steht im Vordergrund, sondern der Vorteil Ihres Kunden.

Newsletter: im Vordergrund steht der Vorteil des Kunden.

Auch **Couponing** oder **Kundenkarten** sind eine Möglichkeit Kundennetzwerke aufzubauen.

Und es gibt noch ein hervorragendes Kundenbindungs-, ja Kundenbegeisterungsinstrument: **Reklamationen**. Ja, Sie haben richtig gelesen. Gut bearbeitete Reklamationen sind eine hervorragende Quelle für zufriedene Kunden. Die Canard Graduate School of Management hat in einer Studie einmal die Wahrscheinlichkeit des erneuten Kaufs untersucht.

Gut gelöste Reklamationen sind eine hervorragende Quelle für zufriedene Kunden.

- Bei einem fehlerfreien Produkt liegt die Wiederkaufwahrscheinlichkeit bei 78 %.
- Bei einem fehlerhaften Produkt und schlechtem Kundenservice liegt die Wiederkaufwahrscheinlichkeit bei 32 %.

Nicht erstaunlich. Aber jetzt kommt's:

- Bei einem fehlerhaften Produkt und einem guten Kundenservice liegt die Wahrscheinlichkeit des erneuten Kaufs bei 89 %.

Das sind mehr als zehn Prozentpunkte mehr als bei einem fehlerfreien Produkt. Deshalb finden Sie in Kapitel 4 noch das Spezialthema: Reklamationen.

3.5.4.4 Zusammenfassung

Wir schließen den Abschnitt über die Vertriebsstufe 9 zu Partnern mit einer Checkliste ab.

Checkliste: Partnernetzwerke

- Was wissen wir über unseren Kunden?
- Wie sprechen unsere Kunden über uns?
- Wann ist der beste Zeitpunkt, um nach einer Empfehlung zu fragen?
- Was können wir tun, damit unser Kunde bessere Geschäfte macht?
- Wie können wir uns und unseren Kunden durch Informationsvorsprünge Wettbewerbsvorteile sichern?
- Wie können wir unsere eigene Attraktivität und Anziehungskraft erhöhen?
- Welche Ereignisse schaffen wir für unsere Kunden?
- Ist unser Kunde unser Partner?
- Sind unsere Kunden begeistert?
- Wie oft haben wir zu unseren Kunden nach Auftragserhalt noch persönlichen Kontakt?
- Erfassen wir in unseren Stammdaten unserer Kunden auch persönliche Daten wie Hobbys, Interessen etc.?
- Haben unsere Außendienstmitarbeiter diese Daten in einer elektronischen Datenbank jederzeit abrufbereit?
- Wie sieht unsere persönliche Beziehungspflege zu unseren Kunden aus?
- Wie akquirieren wir potenzielle Kunden, die noch nie mit unserem Unternehmen gearbeitet haben? Über Beziehungsnetzwerke oder klassisch?
- Führen wir Veranstaltungen für unsere oder gemeinsam mit unseren Kunden durch?
- Führen wir eine gemeinsame Produktentwicklung mit unseren Kunden durch?
- Prüfen wir die Kundenzufriedenheit regelmäßig?
- Wie prüfen wir die Kundenbeziehungen?
- Wissen wir, wie unser Kunde über unser Unternehmen, unsere Leistungen, unseren Service und unsere Produkte denkt und spricht?
- Wie beschaffen wir uns interessante Empfehlungen?
- Kennen wir das Engpassproblem unserer Kunden und wie gehen wir vor, um die Probleme unserer Kunden zu ergründen?
- Wie sehen unsere Beziehungen zu unseren Lieferanten aus und was könnten wir verbessern?
- Welches Kundenerfolgssteigerungsprogramm haben wir bisher umgesetzt?

3.6 Vertriebsprozess Kundenrückgewinnung

Sie haben auf der Suche nach immer mehr Umsatz und mehr Gewinn viel investiert in die Definition der Kundengewinnungs- und Kundenbetreuungsprozesse. Lassen Sie uns nun ein paar Sätze über strukturierte Vertriebsprozesse zur Rückgewinnung von Ex-Kunden sagen.

In vielen Fällen liegen Ihrem Unternehmen wertvolle Daten Ihrer Ex-Kunden vor, die geradezu danach rufen, effizient genutzt zu werden. In vielen Fällen birgt die Zielgruppe der Ex-Kunden sogar ein sehr hohes Potenzial.

Oft birgt die Zielgruppe der Ex-Kunden ein hohes Potenzial.

Der Aufbau eines Rückgewinnungsprozesses kann in fünf Schritte gegliedert werden:

Rückgewinnungsprozess in fünf Schritten

1. Am Anfang eines strukturierten Kundenrückgewinnungsprozesses stellt sich natürlich die Frage nach der Ursache für den Verlust des Kunden. Der erste Schritt eines Kundenrückgewinnungsprozesses kann also mit der Überschrift **Ursachenforschung** betitelt werden.
2. In einem zweiten Schritt müssen die Ursachen **strukturiert** und **analysiert** werden.
3. Dann stellt sich – im dritten Schritt – die Frage nach den möglichen Maßnahmen oder Maßnahmenbündeln, deren Kosten und natürlich dem **zu erwartenden ROI** (Return on invest).
4. In einem vierten Schritt wird, in Abhängigkeit der Ergebnisse des Schrittes drei, ein **Kommunikations- und Aktionsbündel** entwickelt, verabschiedet und initiiert.
5. In einem letzten Schritt wird ein **Controllingsystem** entwickelt und installiert, um die Wirksamkeit des Maßnahmen- und Kommunikationsbündels zu überprüfen und die Einleitung korrigierender Maßnahmen frühzeitig zu ermöglichen.

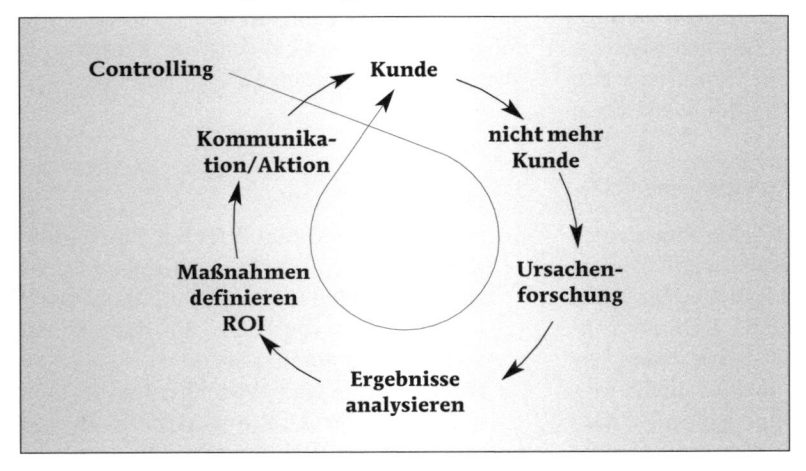

Abb. 3.16: Visualisierung des Kundenrückgewinnungsprozesses

3.7 Die richtige Unterstützung in den einzelnen Phasen

Wie schaffen Sie es, Verkäufer so zu unterstützen, dass sie sich in jeder Vertriebsphase auf die Umsetzung, die Ausführung konzentrieren können? Dass sie sich darauf konzentrieren können, ihren eigenen Erfolg zu produzieren und ihre Kunden systematisch zu entwickeln?

Wer kann dabei helfen?
Zum einen das **Marketing**: Es kann Ihren Vertrieb mit den üblichen Verkaufshilfen wie Flyer, Präsentationen etc. unterstützen. Auch Aktionen wie Messen oder Events können hilfreich sein. Ebenso kann das Marketing Seriendaten für Mailings zur Verfügung stellen.

Hinzu kommt die Unterstützung durch **Spezialisten**: Mit Produkt-Know-how, speziellem Wissen zur Anwendungstechnik können die Vertriebsmitarbeiter unterstützt und entlastet werden. Hinzu kommen Spezialisten mit speziellem Branchenwissen.

Natürlich können auch **vereinheitlichte Prozesse** den Vertriebler entlasten, vor allem auch einheitliche Vertriebsprozesse, aber auch definierte Prozesse für Angebotserstellung etc.

Wichtig ist die zentrale **Koordination von Schulungen**. Das spielt sowohl für die eigene Schulung der Mitarbeiter als auch die Schulung der Vertriebspartner und Kunden eine Rolle.

Eine koordinierte und gut organisierte **Produktsortimentpolitik** hilft, um die Markteinführung mit Hilfe definierter Verkaufsprozesse (Cross-Selling) an die verschiedenen Kundensegmente zu unterstützen.

Die **IT-Abteilung** kann mit Bereitstellen von Wissen erheblich zum Vertriebserfolg beitragen. Es sind sowohl die Kundendaten und Informationen über Wettbewerber, die den Mitarbeitern zu jeder Zeit zur Verfügung stehen sollten, als auch eine Fall-Sammlung mit Referenzen und/oder Erfolgsgeschichten.

Hier stellt sich vor allem die Frage: Wie kommen wir da heran? Fragen Sie Ihre Außendienstkollegen nach außergewöhnlichen Anwendungsfällen. Sammeln Sie selbst Ihre interessantesten Erfolgsstorys. Überlegen Sie zusammen mit Experten Ihres Hauses, wie Ihre Produkte noch vielfältiger eingesetzt werden könnten. Fragen Sie Ihre Kunden, was sie mit Ihrem Produkt machen. Gehen Sie mit Ihrem Kunden in die Betriebe und lassen Sie sich die Einsatzorte und die Anwendung Ihrer Produkte zeigen. Sprechen Sie mit den Anwendern in den Betrieben über deren Praxisfälle. Fragen Sie Ihre guten Kunden, ob sie Ihnen als Referenzen zur Verfügung stehen. Bitten Sie Ihre guten Kunden Ihnen Referenzen zu schreiben. Sie werden erstaunt sein, wie gut diese Kunden über Sie sprechen.

Noch etwas kann die IT-Abteilung tun. Sie kann helfen, es dem Kunden so einfach wie möglich zu machen bei Ihnen zu kaufen, mit Webshops, E-Commerce etc.

Fragenliste: Unterstützung für Vertriebler

1. Wer könnte in der **Pre-Sales-Phase** noch Leads generieren? Beispielsweise kommt bei einem führenden Hersteller für weiße Ware (Waschmaschinen, Kühlschränke etc.) ein großer Teil der Leads von den Servicetechnikern. Diese melden nicht nur, wenn die Waschmaschine kaputt ist, sondern erkennen auch Cross-Selling-Ansätze bei erfolgreichen Reparaturen.

Überlegen Sie einmal: Wer hat denn sonst noch Kontakt zu Ihren potenziellen Kunden? Wo finden Sie Ihr Zielpublikum bzw. wo finden Sie die Leute, die Kontakt zu Ihrem Zielpublikum haben?
Noch heute werten Versicherungsberater in Scharen die Geburtsanzeigen in Tageszeitungen und Rathausaushängen aus.

> Fragen Sie sich doch auch einmal: Wo informieren sich Ihre potenziellen Kunden vor dem Kauf?
>
> 2. Wer, was kann Sie in der **Sales-Phase** unterstützen?
> Neben dem üblichen Coach oder Sponsor? Wer weiß mehr über Ihre Kunden als Sie? Wer kennt jemanden, der Ihren Kunden kennt?
> Und wo informiert sich Ihr Kunde über Sie? Kennen Sie Ihre Wettbewerber?
>
> Stellen Sie sich diese Fragen während der Verkaufsphase. Die für Sie hilfreichen Ansätze sollten Sie dann systematisieren, um sie immer wieder verwenden zu können.
> Und noch ein **Tipp**: Warten Sie nicht, was das Marketing von sich aus macht. Stellen Sie dem Marketing Aufgaben und erarbeiten Sie gemeinsam eine Strategie, um an Ihre Kundenkernzielgruppe anzudocken.
>
> 3. Wie kann Ihre **After-Sales-Betreuung** unterstützt werden? Was machen Ihre Kunden, die Ihr Produkt benutzen?

3.8 Ablauforganisation, Prozesse Customeyes

Machen Sie sich klar, der Markterfolg liegt in den Abläufen. Betrachten Sie Ihre Prozesse durch die Augen der Kunden: Customeyes eben. Betrachten wir ein typisches, nur zu bekanntes Bespiel:

Kennen Sie das? Rückflugbestätigung bei einer bekannten Fluglinie: *„Ihr Inlandsflug ist nun in Ordnung"*, sagt der Berater am Telefon. *„Ich stelle Sie jetzt für den Connectionflight zu meinem Kollegen von der Reservierung International durch. Wenn die Leitungen besetzt sind, dann warten Sie bitte."*

Machen Sie sich klar: Unzufriedene Kunden sind eine Schwächung der Kundenbindung. Vor allem die Zeit, in der die Kunden sich alleine überlassen bleiben, ist eine verlorene Umsatzchance. Diese Zeit kommt nie wieder zurück.

Wie sagt eine alte Lebensweisheit: Es gibt kein Glück, sondern nur glückliche Momente. Wie sagt eine alte Vertriebsweisheit: Es gibt keine dauerhafte Kundenzufriedenheit, Kundenzufriedenheit wächst vielmehr als eine Kette von Ereignissen, bei denen ein Kunde mit seinem Lieferanten zufrieden ist, wenn dieser seine Erwartungen erfüllt oder übererfüllt. Darum geht es:

Schaffen Sie die Chance, schaffen Sie diese glücklichen Momente für Ihren Kunden, damit er Kunde wird oder Kunde bleibt oder loyaler begeisterter Kunde und Partner wird. In diesen Momenten der Wahrheit entscheidet sich, wer der Bessere im Markt ist. Entscheidet sich, wer den nächsten Auftrag bekommt.

Aber nicht nur bei Kauf- oder Servicekundenkontakten, auch bei Beschwerdevorgängen lohnt es sich, die Prozesse zu beleuchten. Sie kennen das ja, mal ist niemand für einen Vorgang zuständig, mal müssen, wie im obigen Fall der Flugreisebestätigung, mehrere Kontaktstellen angesprochen werden. Deshalb noch einmal: Prozessbetrachtungen aus Kundensicht werden Schwachstellen in der Organisation aufdecken. Die sog. **Customer Journey** bietet Chancen, damit die Abläufe verschiedener Abteilungen besser aufeinander abgestimmt werden können. Die kundenorientierte Prozessanalyse führt zur Daten- und Ablaufintegration. Hier geht es dann auch um Effizienz. Für den Kunden zählt nur das Ergebnis: dass ein Vorgang zu seiner Zufriedenheit rasch, eindeutig und kostengünstig zum Abschluss kommt. Für uns geht es auch darum, dass der Kunde überhaupt zum Abschluss kommt.

3.9 Gesamtcheckliste: Vertriebsprozesse

1. Vertriebsprozesse identifizieren

- Haben wir unsere unterschiedlichen Vertriebsprozesse differenziert benannt?
- Sind diese Prozesse in unseren verschiedenen Vertriebskanälen entsprechend angepasst?

2. Einen Vertriebsprozess definieren

- Haben wir unsere einzelnen Vertriebsprozesse in mehrere Stufen mit klaren Abgrenzungskriterien (Ereignisse, nicht Aktivitäten) unterteilt?
- Für welche Art der Visualisierung unserer Prozesse haben wir uns entschieden?

3. Vertriebsprozess: Kundengewinnung

- Ist dieser Prozess so attraktiv entwickelt, dass ihn jeder Mitarbeiter anwendet?
- Haben wir uns auf ein einheitliches Instrument zur Bewertung der Chance je Kontakt bzw. Kunde geeinigt?
- Sind unsere Angebote einheitlich, aber customeyes formuliert?

4. Kundenwertanalyse

- Können wir den Wert unserer Kunden jederzeit bestimmen?
- Weiß jeder Vertriebsmitarbeiter um den persönlichen Nutzen aus einer solchen Analyse?

5. Vertriebsprozess Kundenausbau

- Gibt es ein systematisches Empfehlungsgeschäft, aus dem alle Beteiligten ihren individuellen Nutzen ziehen können?
- Wie entwickeln wir unsere Kunden zu „Telling Customers"?
- Wie fördern wir eine partnerschaftliche Zusammenarbeit mit unseren Kunden?

6. Vertriebsprozess Kundenrückgewinnung

- Haben wir auch diesen besonderen Prozess vollständig definiert und dokumentiert?
- Wer ist für das Controlling dieses Prozesses verantwortlich?

7. Die richtige Unterstützung in den einzelnen Phasen

- Durch welche weiteren Fachabteilungen in unserem Haus werden unsere Vertriebsmitarbeiter in den einzelnen Prozessen unterstützt?
- Was tun wir, um die zufälligen informellen Gespräche zwischen den einzelnen Abteilungen zu systematisieren?

8. Ablauforganisation, Prozesse Customeyes

- Haben wir alle unsere Prozesse, Dokumente und Ziele aus Kundensicht formuliert?
- Haben wir geeignete Kunden nach ihrem Eindruck gefragt?

Teil B

Die konkrete Arbeit mit dem Kunden

Der direkte Kundenkontakt
Verhandlungen durchführen

4 Der direkte Kundenkontakt

Wir wissen heute, dass die wirklich entscheidenden Erfolgsfaktoren eines Unternehmens nicht Gewinn und Umsatz sind, sondern Image, Sympathie, Zuverlässigkeit und Vertrauen, die dann für den nötigen Umsatz und den nötigen Gewinn sorgen. Alles so genannte weiche Faktoren. Nur, wie lassen sich Image, Sympathie, Zuverlässigkeit, Vertrauen flächendeckend „organisieren"? Wie lassen sich diese weichen Werte systematisieren?

Systematisierung weicher Faktoren

Wenn Sie das vorliegende Buch als Leitfaden nutzen und die Kapitel 1 bis 3 umgesetzt haben, haben Sie bisher Ihre Ziele festgelegt, Ihre Organisation und den Prozess definiert, die Kunden nach Wert klassifiziert.

Nun stellt sich die Frage: Was müssen Sie beachten im direkten Kundenkontakt, um eine wirkliche Customeyes-Kultur auch zum Kunden zu transportieren? Denn hier, im direkten Kundenkontakt, entscheidet sich letztendlich der Erfolg oder auch der Misserfolg Ihrer gesamten Vertriebsorganisation. Erfolgreich verkaufen heißt letztendlich ja nicht nur: „Wird ein Auftrag erteilt?", sondern viel entscheidender für Sie ist die Frage: „Bekommen **wir** diesen Auftrag?"

Im Kundenkontakt entscheidet sich Erfolg und Misserfolg der Vertriebsorganisation.

Bisher haben wir uns um alles rund um die Verkaufseffektivität gekümmert. Also das richtige Produkt an den richtigen Kunden zu verkaufen, die richtige Dienstleistung, die richtige Lösung dem richtigen Kunden anzubieten. Kurzum, das Richtige zu tun.

In diesem Kapitel wollen wir uns darum kümmern, das Richtige richtig zu tun, sprich: **Verkaufseffizienz**. Wie lässt sich Verkauf effizient durchführen, um so eine verbesserte Produktivität zu erreichen?

Effizienter Verkauf für eine bessere Produktivität

Verkaufseffizient bedeutet auch die Abschlussquote zu erhöhen. Viel zu viele Unternehmen haben sich damit abgefunden, dass der Vertrieb nur drei von zehn Verkaufschancen mit qualifiziertem Bedarf abschließt. Das heißt, 70% der Vertriebskosten sind „verschwendet". Ihre Vertriebler müssen also sieben Absagen verkraften, um drei Aufträge zu einem Erfolgsabschluss zu bringen. Das drückt verständlicherweise auf die Motivation. Woran liegt das?

Verkaufseffektivität ist		Verkaufseffizienz ist		Verkaufserfolg ist
• den richtigen Kunden ansprechen • die richtigen Produkte verkaufen • die Wettbewerbsposition verbessern	**+**	• Abschluss und zufriedene Kunden gewinnen • Produktivität verbessern	**=**	• gute Geschäfte für Sie • gute Geschäfte für Ihre Kunden

Abb. 4.1: Verkaufserfolg = Summe aus Verkaufseffizienz und -effektivität

Überwiegend werden heute Anfragen bearbeitet, die Kunden an mehrere Anbieter stellen. Aber es kann nur einer gewinnen. Im Vertrieb gibt es nun mal keine Silbermedaille.

Verkaufseffizienz bedeutet in diesem Kapitel Antworten auf die Fragen: Haben wir die richtige Strategie bei jedem unserer einzelnen Accounts? Können wir frühzeitig erkennen, ob wir gewinnen oder verlieren werden? Ist unsere Verkaufstechnik professionell organisiert – sodass wir mehr Angebote auch zum Abschluss bringen? Agieren alle Mitarbeiter mit Kundenkontakt kundenorientiert – um die Wiederkaufquote zu erhöhen? Stimmen dafür die organisatorischen Rahmenbedingungen? Ist die Zusammenarbeit mit unseren Partnern beim Kunden optimal?

Machen Sie sich klar: Schon durch eine Steigerung der Abschlussquote von 30 % auf 40 % erzielt Ihre Vertriebsorganisation 33 % mehr Aufträge!

4.1 Account-Strategie

Sie betreuen mehrere, vielleicht sogar „viele" Kunden. Sie haben einige, hoffentlich viele Verkaufschancen in Ihrer Pipeline. Ihre Aufgabenliste wird immer länger. Irgendwann kommt der Moment, da verlieren Sie den Überblick. Sie reagieren nur noch, statt durch Prioritäten gesteuert zu agieren.

In diesem Abschnitt wollen wir Ihnen Werkzeuge an die Hand geben, damit Sie für jeden einzelnen Kunden, für jeden einzelnen Account, für jede einzelne Verkaufschance die richtige Strategie finden. Sodass Sie jederzeit wissen, wo Sie stehen, und jederzeit wissen, was der nächste sinnvolle Schritt ist. Zusätzlich können Sie so auch noch leicht Ihre jeweiligen Abschlusschancen ermitteln.

Werkzeuge, mit denen man für jeden Kunden die richtige Strategie findet

Wissen Sie, was Topverkäufer von erfolgreichen Verkäufern unterscheidet?

> DIE TOPVERKÄUFER KONZENTRIEREN SICH AUF DIE
> CHANCENREICHSTEN ACCOUNTS, WEIL SIE WISSEN,
> DASS SIE NICHT ALLES SCHAFFEN KÖNNEN.

Noch etwas wollen wir mit diesem Abschnitt abstellen. Vielleicht kennen Sie das: Sie sprechen mit einem Kunden, haben einen guten Draht und ein gutes Vertrauensverhältnis aufgebaut, einen Bedarf ermittelt und wenn es dann zum Abschluss geht, heißt es: „Ja, entscheiden tut das jetzt mein Chef." Und der Chef kennt dann einen, der einen Ihrer Wettbewerber kennt, und der kommt dann zum Zug.

Deshalb wollen wir in diesem Abschnitt auch darüber sprechen, wie man die richtigen Personen, die am Kaufprozess beteiligten Personen beim Kunden, die Player im Buying-Center, ermittelt und wie man mit ihnen umgeht.

Ermittlung der Player im Buying-Center

4.1.1 Chancenradar BLUBZEWE

Sie haben dieses Instrument schon in Abschnitt 3.3.4 kurz kennen gelernt. Hier folgt die ausführliche Erklärung unseres Chancenradars. Dieses Radar gibt Ihnen die Möglichkeit, in den acht für einen Abschluss relevanten Bereichen einen Überblick zu bekommen, wo Sie genau stehen bei einem speziellen Kunden. Wo Sie noch Defizite haben, wo Sie schon stark positioniert sind.

Zunächst nennen wir im Überblick einmal alle acht Kategorien mit den Fragen, die Sie für die Einstufung beantworten müssen.

Die 8 Kategorien von BLUBZEWE

1. B = Bedarf
Wie konkret ist der Bedarf des Kunden?
Hat der Kunde nur ein allgemeines Interesse, ein wenig konkretes Bedürfnis oder ist sein Bedarf sehr konkret und schriftlich beschrieben und Ihnen in allen Einzelheiten bekannt? Denn nur wenn Ihnen sein Bedarf wirklich bekannt ist, können Sie ihn auch decken.

2. L = Lösung
Können Sie mit Ihrer Lösung diesen Bedarf decken?
Können Sie nur die Mussanforderungen decken? Oder auch die Kann-Anforderungen? Nur teilweise oder ja, aber anders? Oder können Sie alle Anforderungen erfüllen? Gibt es noch genügend Ressourcen bei Ihnen im Haus?

3. U = USP (unique selling proposition = Alleinstellungsmerkmal)
Haben Sie einen USP in Stellung gebracht? Akzeptiert und versteht der Kunde ihn? Ist er ihm wichtig?
Nur, wenn Ihr USP dem Kunden auch bekannt und relevant ist, haben Sie die größten Chancen den Auftrag zu bekommen.

4. B = Budget
Gibt es ein Budget? Ist es vorhanden und ist es ausreichend? Ist es klar definiert?
Denn erst, wenn ein Budget klar definiert und ausreichend ist, hat die Lösung eine Chance auch realisiert zu werden.

5. Z = Zeitrahmen
Wie dringend ist der Bedarf, wie dringend das Problem? Ist der Zeitrahmen definiert, in dem eine Lösung gebraucht wird? Binnen eines Jahres, im nächsten Quartal, noch diesen Monat? Wann kann also mit einem Auftrag gerechnet werden?

6. E = Entscheider
Die Frage aus der Einleitung: Sprechen Sie mit den wirklichen Entscheidern? Ist es nur einer oder sind es mehrere? Sind sie Ihnen persönlich bekannt? Besteht zu allen Entscheidern eine persönliche Beziehung?
Sie wissen ja, das erhöht Ihre Abschlusschancen erheblich.

7. W = Wettbewerb
Gibt es Wettbewerber? Sind sie benannt und Ihnen bekannt? Wissen Sie, wie sie liegen? Oder gibt es keinen Wettbewerb (mehr)?

8. E = Entscheidungskriterien
Die meisten Aufträge werden nach einer klar definierten Entscheidungsmatrix entschieden. Dort sind die Kriterien für die Auftragsvergabe benannt. Anwender und Entscheider stellen u. U. verschiedene Kriterienkataloge auf, dann ist es wichtig, beide zu kennen. Formale Beschaffungskriterien sind meist Produkt- und Dienstleistungsqualität und der Preis. Kennen Sie beide Kritierenkataloge? Dann können Sie Ihr Angebot und Ihre Argumentationsstrategie auch darauf abstellen.

Wenn Sie mit dem Chancenradar BLUBZEWE arbeiten, können Sie auf einen Blick erkennen, wo Sie noch Defizite haben. Sie können direkt definieren, in welchen Bereichen Sie in Ihrem nächsten Kundenkontakt Informationen einholen müssen, um Ihre Chancen weiter zu verbessern. Ebenso sei daran erinnert, dass Sie auf diesem Radar genau erkennen können, wie hoch Ihre Abschlusswahrscheinlichkeit ist. Dies ist für die Forecast-Planung – dazu später mehr – äußerst hilfreich.

Darüber hinaus können Sie weiterhin sehr gut sehen, ob es sich lohnt, den Kunden, diese Verkaufschance, in die nächste Stufe Ihres Trichters zu befördern, siehe Abschnitt 3.2.2.

Auch die sog. roten Flaggen für kritische Punkte im konkreten Verkaufsprojekt können Sie hier auf dem Radar erkennen. Vorsicht ist dann geboten, wenn sich in einem der Bereiche etwas zum Negativen verändert oder wenn Sie in einem der Bereiche noch deutliches Nachholpotenzial im Vergleich zu den anderen haben. Also z. B., wenn Ihnen im Bereich Budget noch wichtige Informationen fehlen oder im Bereich Entscheider ein neuer Player das Spiel betritt.

Wert	0	1	2	3	4
Bedarf	Keine Information	Allg. Interesse	Mündlich beschrieben	Wenig konkret (nicht schriftl.) oder nicht vollständig bekannt	Konkret schriftlich beschrieben, uns bekannt
Lösung	Keine Aussage möglich	100 % Muss-Anforderung	Kann-Anforderung teilweise	Ja, aber anders	100 %-Anforderung, eigene Ressourcen ausreichend
USPs	Nicht bekannt	Kennt sie	Versteht sie	Akzeptiert sie	Sind dem Kunden wichtig
Budget	Keine Information	Vorhanden, Höhe nicht bekannt	Zu niedrig	Ausreichend, aber allgemein	Klar definiert, ausreichend
Zeitrahmen für Entscheidung	Keine Information	Noch nicht definiert	12 Monate	3 Monate	Kurzfristig, Bedarf dringend
Entscheider	Keine Information	Einer persönlich bekannt	Alle bekannt	Alle persönlich bekannt	Zu allen persönl. Beziehung vorhanden u. Motive bekannt
Wettbewerb	Keine genauen Informationen über Wettbewerber	Wettbewerb bekannt	Reihenfolge bekannt	Wir liegen vorne	Kein Wettbewerb
Entscheidungskriterien	Keine Information	Anwender-Kriterien bekannt	Anwender- und Entscheider-Kriterien bekannt	Gewichtung bekannt	Kriterien aller mit Gewichtung bekannt

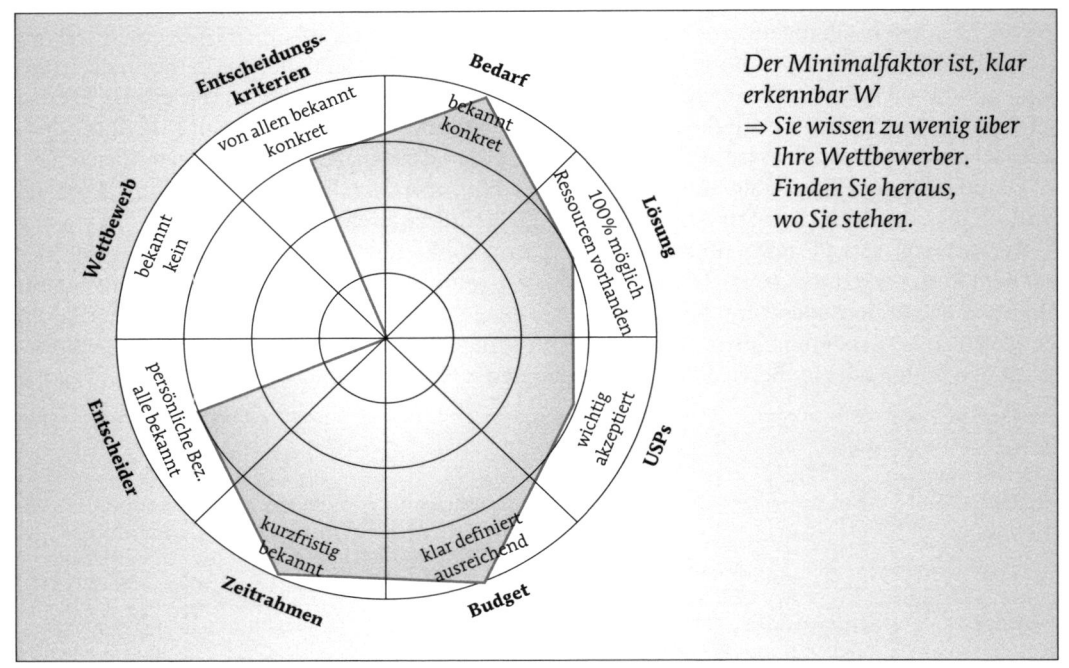

Abb. 4.2: Beispiel 1 zu BLUBZEWE

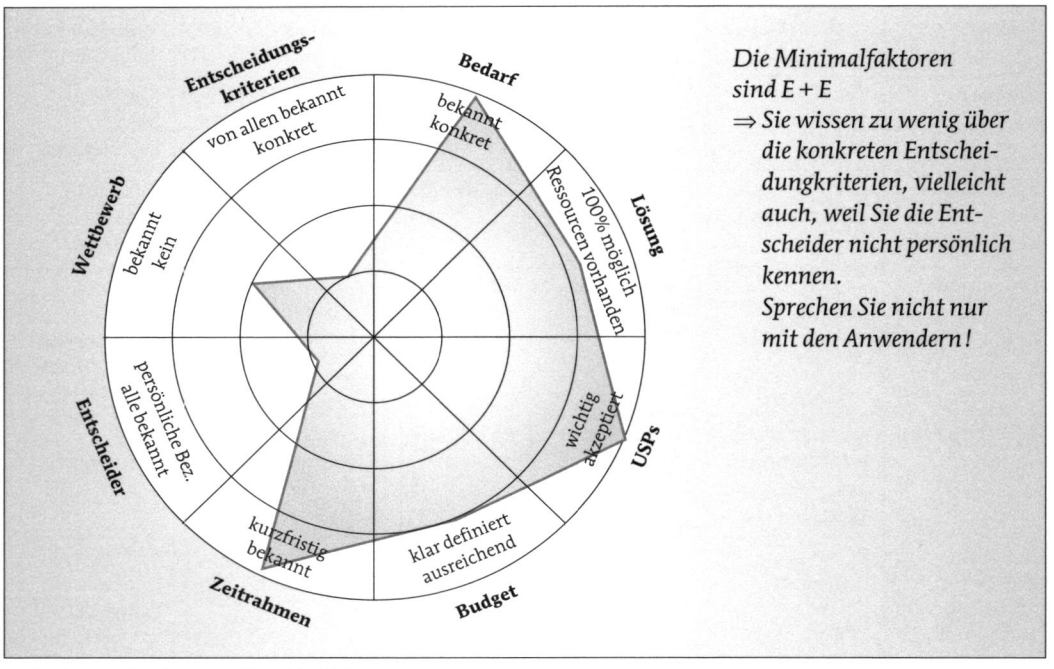

Der Minimalfaktor ist, klar erkennbar W
⇒ Sie wissen zu wenig über Ihre Wettbewerber. Finden Sie heraus, wo Sie stehen.

Abb. 4.3: Beipiel 2 zu BLUBZEWE

Die Minimalfaktoren sind E + E
⇒ Sie wissen zu wenig über die konkreten Entscheidungkriterien, vielleicht auch, weil Sie die Entscheider nicht persönlich kennen.
Sprechen Sie nicht nur mit den Anwendern!

4.1.2 Wichtig im B2b und nicht nur dort: Rollen im Buying-Center

Nun geht es um die einzelnen Spieler, die Personen auf Kundenseite, die relevant sind für diesen Auftrag. Die klassischen Modelle, siehe z. B. bei Miller-Heimann, „Strategisches Verkaufen", unterscheiden hier vier verschiedene Rollen: den Anwender, den Wächter, den Coach und den Entscheider. Wir haben noch zwei weitere Rollen ergänzt; so sind es – von uns leicht abgewandelt – die im Folgenden beschriebenen sechs Spieler:

Sechs Rollen auf der Kundenseite

1. Der Entscheider

Diese Rolle kann von einem oder von mehreren Personen besetzt werden, dann ist es ein Gremium. Er ist der wirkliche Entscheider. Er trifft die definitive Entscheidung zur Freigabe der erforderlichen Mittel und entscheidet letztendlich in der Regel auch, wer den Auftrag bekommt.

2. Der Unterschreiber

Wir haben diesen Spieler ergänzt, da wir in unserer Praxis festgestellt haben, dass der formale Entscheider oft nur der Unterschreiber ist. Um Sie erst gar nicht in diese Falle tappen zu lassen, sondern Sie dazu anzuhalten, sehr genau zu analysieren, wer letztendlich der wirkliche Entscheider ist, haben wir diese Rolle eingefügt.

3. Der Entscheidungsbeeinflusser

Die Entscheidungsbeeinflusser werden häufig unter-, manchmal auch überschätzt. Sie sind diejenigen Personen, die auf die Entscheider und auf die Entscheidung Einfluss nehmen. Dazu gehören Expertengremien, Lenkungsausschüsse oder auch der Einkauf.

> PRAXISTIPP: DER EINKAUF IST IN DER REGEL NUR EIN ENTSCHEIDUNGSBEEINFLUSSER, KEIN WIRKLICHER ENTSCHEIDER, OBWOHL MANCHMAL SOGAR AUCH UNTERSCHREIBER.

Die Entscheidungsbeeinflusser sprechen Empfehlungen aus, können jedoch ohne die Genehmigung der Entscheider keinen definitiven Auftrag erteilen. Oft benutzen diese fachlichen Spezialisten ihren Status als Experten, um eine Entscheidung in eine bestimmte Richtung zu steuern. Die Entscheidungsbeeinflusser sind wichtige Spieler und sollten in Ihrer Strategieplanung unbedingt berücksichtigt werden.

4. Die Entscheidungsverhinderer

Diese Spieler werden oft vergessen. Klassischerweise sind Entscheidungsverhinderer oft in den Funktionen Betriebsrat, Controlling, Rechtsabteilung oder Ähnlichem zu finden. Die Entscheidungsverhinderer haben, im Gegensatz zu den Entscheidungsbeeinflussern, ein Vetorecht. Einige unserer Kunden aus der IT-Branche können ein leidvolles

Lied davon singen, wenn z. B. Data-Warehouse-Spezialisten schlicht vergessen hatten, den Betriebsrat frühzeitig zu informieren und dieser dann aus datenschutzrechtlichen Gründen fast schon beauftragte Softwareprojekte stoppt.

Nur mit viel Mühe ist ein einmal eingelegtes Veto solch eines Entscheidungsverhinderers wieder aus der Welt zu schaffen. Deshalb denken Sie rechtzeitig daran, diese Personen mit einzubeziehen.

5. Die Anwender

Auch in dieser Rolle gibt es oft mehrere Personen pro Account. Sie definieren den Bedarf aus operativer Sicht. Sie ziehen einen Nutzen aus der angebotenen Lösung und müssen mit den realisierten Lösungen leben. Die Anwender können deshalb wichtige Entscheidungsbeeinflusser sein. Sie sind sozusagen der Kunde, der eigentliche Käufer, ganz selten jedoch sind sie auch die Entscheider!

6. Der Sponsor

Und nun zur vielleicht wichtigsten Rolle im Spiel, zum Sponsor oder Coach. Diese Person kann als Türöffner wirken und Sie quasi auf dem kleinen Dienstweg mit relevanten Informationen aus dem Buying-Center versorgen. Im Idealfall schaffen Sie es, einen Sponsor bereits vor einem größeren Akquisitionsprojekt aufzubauen.

Idealerweise genießen Sie bei dieser Person Glaubwürdigkeit und sie hat ein persönliches Interesse daran, dass Sie zum Abschluss kommen.

Ebenso hilfreich ist es, dass diese Person bei den anderen Kaufbeeinflussern und vielleicht sogar Entscheidern selbst glaubwürdig ist.

Ein Sponsor kann gleichzeitig eine andere Rolle haben. Er kann aber auch eine im Kaufprozess unbeteiligte Person sein. Wir empfehlen Ihnen dringend mindestens für jedes größere Akquisitionsprojekt einen Sponsor aufzubauen.

So, nun kennen Sie die Spieler, vielleicht drei, vielleicht fünf, vielleicht zehn, vielleicht mehr Personen. Und was nun?

Die Player im Buyingcenter analysieren

Nun gilt es, für jeden einzelnen Spieler im Buying-Center zu analysieren:
- Wer sind alle Spieler auf Kundenseite?
- Wie können wir zu möglichst vielen Spielern, idealerweise zu allen relevanten, persönliche Beziehungen knüpfen?
- Wie ist die Kaufhaltung der Kunden?
  Die vier verschiedenen Kaufhaltungen wurden weiter oben ja bereits beschrieben. Hier geht es nicht darum, wie deren Meinung über Ihr Angebot ist, sondern wie deren Grundeinstellung bezüglich der Notwendigkeit einer Verbesserung der Situation ist. Weniger wichtig ist in diesem Zusammenhang, was Sie selbst für notwendig für Ihren Kunden halten.
- Was sind die Motive jedes einzelnen Spielers?
  Warum möchte er gerne, dass an dieser Situation etwas geändert wird

oder eben nichts geändert wird? Hier geht es also um Bedürfnis, nicht um Bedarf. Die Bedürfnisse können auf den einzelnen Ebenen und in den verschiedenen Fachabteilungen unterschiedlich sein.
- Wer lässt sich von wem beraten? Wer hört auf wen (also eine Art Soziogramm)?

Für die Systemiker unter den Lesern ein kleiner Tipp. So etwas lässt sich hervorragend mit den Mitteln der Organisationsaufstellung darstellen. Quasi wie die Feldherren früher mit Ihren Zinnsoldaten im Sandkasten.

Organisationsaufstellung

Um die Interessen der beteiligten Parteien leichter analysieren zu können, hier eine Checkliste zur Unterstützung.

Checkliste Buying-Center: Wer will was?

Die Geschäftsführung stellt langfristige Ziele in den Vordergrund. Geschäftsführer fragen z. B.:
- Ist der Return on Invest nachvollziehbar?
- Ist das Produkt innovationsfähig?
- Sind Unterhaltskosten kalkulierbar?

Dem strategischen Einkauf sind langfristige kaufmännische Ziele wichtig. Einkäufer fragen z. B.:
- Wird die Lieferantenbeziehung dauerhaft funktionieren? Ist der Partner zukunftssicher?
- Sind die ausgehandelten Konditionen und Verträge langfristig gültig?
- Wie hoch ist der Bestellaufwand und daraus resultierende Prozesskosten?
- Wie aufwändig ist die Pflege der Kunden-Lieferanten-Beziehung durch den Einkauf?

In den Fachabteilungen und der Logistik spielen Handhabung und Abwicklung eine große Rolle. Fachabteilungen fragen z. B.:
- Wie ist der Kundenkontakt (Anzahl der Ansprechpartner, individuelle oder standardisierte Betreuung, Kompetenz der Ansprechpartner, Erreichbarkeit etc.)
- Wie wird mit Reklamationen umgegangen?
- Wie tritt das Lieferpersonal auf?
- Wie sicher funktioniert der Service?

Dem Vertrieb des Kundenunternehmens sind die Einkaufskonditionen und Wiederverkaufbarkeit wichtig. Vertriebler fragen z. B.:
- Welche Margen entstehen aus den Einkaufskonditionen?
- Wie lieferfähig und flexibel ist der Lieferant?
- Welchen Namen und Ruf haben die eingekauften Produkte oder verarbeiteten Rohstoffe oder Teile?
- Welche Verkaufsargumente bieten die Produkte?
- Welche Exklusivität kann gewährleistet werden?

Die Technik gibt vor, welche Daten und Leistungskataloge eingehalten werden müssen. Techniker fragen z. B.:
- Welche Sicherheiten, Referenzen und vergleichbare Projekte gibt es bereits?
- Wie qualifiziert sind die technischen Ansprechpartner des Lieferanten?
- Welche Unterstützung gibt das Lieferunternehmen bei technischen Problemen?
- Wie groß ist die Abhängigkeit vom Lieferantenunternehmen?
- Wie gut sind die technischen Spezifikationen dokumentiert?

Bleiben wir noch einen Moment beim letzten Punkt. Techniker verfügen oft über große Detailkenntnis. Oft spielen hier auch persönliche Präferenzen für bestimmte Produkte eine Rolle. Hier haben die Verkäufer am ehesten die Möglichkeit direkt einzugreifen, denn meist finden Vorgespräche zwischen Technikern und Verkäufern statt. Wenn es hier möglich ist, die Spezifikationen so zu beeinflussen, dass nur Ihr Produkt in Frage kommt, wird der Einkauf nur noch abnicken und versuchen, die Konditionen so günstig wie möglich zu verhandeln.

Wenn Sie diese Analyse-Arbeit geleistet haben, dann können Sie Ihre Strategie festlegen.

Taktikmatrix   Zur besseren Übersicht hat sich eine so genannte Taktik-Matrix bewährt, wie nachfolgend beispielhaft dargestellt.

Spieler/Rolle	Herr Albert, Entscheider	Herr Bernd, Entscheider	Frau Claus, Entscheidungsbeeinflusser	Herr Detlef, Entscheidungsverhinderer
Kaufhaltung	Nicht gesichert	Wunschhaltung	Problemhaltung	Problemhaltung
Persönliches Motiv	Dominanz, Kontrolle	Stimulanz, Entdeckung	Macht, Sicherheit	Sicherheit
Typisches Entscheidungsverhalten	Zahlen- und Fakten-orientiert. Blau-roter Typ	Will der Erste sein, der eingeweiht wird. Rot-gelber Typ	Macht- und vor allem absicherungsorientiert. Blau-roter Typ	Wird der Terminplan eingehalten? Blau-grüner Typ
Lässt sich beraten von	Assistent und Bereichsleitung	seinem Marketingleiter	von unserem Sponsor Herrn X.	?
Eine Zustimmung bekommen wir wenn,	die Vorteile und Zahlen auf einer Seite zusammengefasst sind und die Argumente des Entscheiders B schon behandelt sind.	nachgewiesen wird, dass der Marktführer auch so verfährt und der Faktor Marketing positiv und als wertvoll herausgestellt wird.	sicher ist, dass der Vorschlag angenommen wird.	er eine schriftliche Vorabinformation bekommt, die er dann leicht umgestaltet und als seine eigene verkaufen kann.
Unsere Einschätzung	Positiv	Negativ	Wankend	Aktiv-positiv
Zugeordnete Person bei uns	KAM Müller, VL Weber etc.	KAM Müller	Pre-Sales-Techniker Otto	PL Patzke

Wenn Sie für sich Ihre Taktik-Matrix ähnlich dem nebenstehendem Beispiel erstellt haben, wissen Sie, wer wie entscheidet und wer wen berät.

Hier noch ein Praxistipp im Vorgriff zum späteren Kapitel 5 über Verhandlungen, der daran anschließt, dass wir gerade über Entscheidungsverhinderer und Entscheidungsbeförderer gesprochen haben.

> **Tipp zum Verhandeln**
>
> Manchmal kann es ein erstes Ziel und auch ein erster Erfolg sein, wenn Sie sog. aktiv-negative Parteien, also Spieler, die in jedem Meeting aktiv und lautstark gegen Sie argumentieren, von dieser aktiv-negativen Haltung in eine „nur" negative Haltung bringen, sodass sie zumindest still sind. Oder, dass Sie bisher positive Meinungsführer dazu bringen, zu aktiv-positiven Meinungsführern zu werden, die im Meeting und hinter den Kulissen für Sie arbeiten.

Nachdem wir nun so viel über die einzelnen Personen im Buying-Center Gedanken gemacht haben, macht es Sinn, in einem weiteren Abschnitt noch einmal auf die einzelnen Kundentypen einzugehen.

Damit verlassen wir übrigens wieder den engeren B2b-Bereich, denn diese Kundentypen treffen Sie natürlich ganz generell an (privat haben z.B. Ehefrauen, Steuerberater, gute Freunde etc. Beeinflusserrolle).

Kundentypen

4.1.3 Systematisches individuelles Vorgehen

„Natürlich will ich auf meine Kunden individuell eingehen", höre ich Sie sagen. Aber woher soll ich denn wissen, was für ein individuelles Verhalten mein Gegenüber gerade wünscht? Mit den in diesem Abschnitt vorgestellten zwei Modellen wollen wir Ihnen helfen, Ihre Vorhersagequalität zu verbessern, sodass Sie mit höherer Wahrscheinlichkeit vorausahnen können, wie Ihr Gegenüber reagieren wird:
1. Das INSIGHTS MDI® Modell typologisiert Kundentypen.
2. Das Graves-Value-System typologisiert Unternehmens-Strukturen.

Mit höherer Wahrscheinlichkeit vorausahnen, wie das Gegenüber reagiert

Beide Modelle werden Ihnen helfen, Ihr Gegenüber besser zu verstehen, um sich dann besser auf ihn einstellen zu können. Denn letztendlich geht es um Flexibilität. Sie wissen ja: Der flexibelste Teil eines Systems steuert das System. Insofern sind diese beiden Modelle auch eine Art Flexibilitätstraining für Sie, für Ihren Geist, für Ihre Strategie und für Ihr Verhalten.

Der flexibelste Teil eines Systems steuert das System.

4.1.3.1 Vier Kundentypen nach INSIGHTS MDI®
Das INSIGHTS-Modell unterscheidet je nach Verfeinerungsstufe zwischen 60, 8 oder 4 Typen. Wir wollen uns hier in diesem Buch auf das einfachste Modell mit seinen vier Grundtypen beschränken. (Wer dieses Modell für sich nutzen möchte, findet dann mehr dazu bei F.M. Scheelen: „So gewinnen Sie jeden Kunden!").

Die vier Kundentypen nach INSIGTHS MDS ®

1. Typ: Der gewissenhafte Blaue: Er ist der introvertierte Denker. Er ist genau, analytisch, kritisch, detailorientiert und distanziert. Es ist der Farbtyp, der sich am meisten dafür interessiert, genau zu verstehen, wie Ihr Produkt funktioniert. Er erwartet, dass Sie akkurat sind, weil er nicht kaufen wird, solange er nicht selbst beurteilen kann, dass Sie und Ihr Service das geringste Risiko und die ideale Lösung für seine Bedürfnisse darstellen.

2. Typ: Der dominante Rote: Er ist der extrovertierte Denker. Er ist beherrschend, kontrollierend, entscheidungsfreudig, zielgerichtet und sachorientiert. Sie kommen auf seine Seite, indem Sie betonen, was Ihr Produkt tut, um seine Probleme zu lösen. Konzentrieren Sie sich auf die Aufgabe, nicht auf die Menschen. Und stellen Sie dem Roten jede Menge Optionen zur Verfügung, damit er sich selbst entscheiden kann.

BLAU	ROT
gewissenhaft	**dominant**
• genau	• beherrschend
• analytisch	• kontrollierend
• kritsch	• entscheidungs- freudig
• detailorientiert	• zielgerichtet
• distanziert	• sachorientiert
• beständig	• kontaktfreudig
• gewohnheits- liebend	• aufgeschlossen
• sicherheits- bedürftig	• begeisterungs- fähig
• einfühlsam	• kreativ
• zuverlässig	
stetig	**initiativ**
GRÜN	GELB

3. Typ: Der initiative Gelbe: Er ist der extrovertierte Fühler. Er ist kontaktfreudig, aufgeschlossen, optimistisch, begeisterungsfähig und kreativ. Wer Ihre Produkte mit Erfolg benutzt hat, ist für den Gelben von größerem Interesse als das Wissen, was genau man damit machen kann. Als Beziehungsspezialist hat der Gelbe ein großes Netz von Kontakten und ist immer darauf aus, es zu erweitern. Vielleicht, indem er ein Netz zu Ihnen knüpft.

4. Typ: Der stetige Grüne: Er ist beständig, gewohnheitsliebend, sicherheitsbedürftig, einfühlsam und zuverlässig. Er erwartet von Ihnen, dass Sie ihm direkt in die Augen sehen, wenn Sie die Frage beantworten, warum Ihr Produkt die beste Lösung für sein Problem ist. Das „Warum" zu verstehen hilft bei den meisten Kaufentscheidungen. Und: das Risiko zu minimieren. Denn der grüne Typ vermeidet Risiken, wo er kann.

Accountstrategie 155

Die vier Typen wollen individuell behandelt werden

BLAU

Eisblaue sind der Farbtyp, der sich am meisten dafür interessiert, genau zu verstehen, wie Ihr Produkt funktioniert. Sie erwarten, dass Sie akkurat sind, weil sie nicht kaufen werden, solange sie nicht selbst beurteilen können, dass Sie und Ihre Service das geringste Risiko und die ideale Lösung für ihre Bedürfnisse darstellen.

Der **Erdgrüne** erwartet von Ihnen, dass Sie ihm direkt in die Augen sehen, wenn Sie die Frage beantworten: „Warum ist das Produkt die beste Lösung für mein Problem?" Das Warum, zu verstehen hilft bei den meisten Kaufentscheidungen, das Risiko zu minimieren und der Erdgrüne vermeidet Risiken wo er kann.

GRÜN

ROT

Indem Sie betonen, was Ihr Produkt tut, um die Probleme des **Feuerroten** zu lösen, kommen Sie sofort auf seine Seite. Konzentrieren Sie sich auf die Aufgabe - nicht auf die Leute - und stellen Sie dem Roten jede Menge Optionen zur Verfügung, um selbst zu entscheiden.

Wer Ihre Produkte mit Erfolg benutzt hat, ist für den **Sonnengelben** von größerem Interesse als das Wissen, was genau man damit machen kann. Als Beziehungsspezialist hat der Gelbe ein großes Netz von Kontakten und ist immer darauf aus, es zu erweitern - vielleicht indem er ein Netz zu Ihnen knüpft.

GELB

Die 4 Farb-Typen erfordern entsprechenden Umgang

BLAU

PLUS
- Offen sein für Fragen
- Zeit geben zum Nachdenken und Vorbereiten
- Hintergrundinformationen geben

MINUS
- Informatione zurückhalten
- Sofortige Antworten verlangen
- Berufung auf Autorität und Verlangen von Aktionen

MINUS
- Schnelle Veränderung
- Seine Wertvorstellung missachten
- Unpersönlich sein

PLUS
- Aus Persönlichkeit handeln
- Persönlich sein
- Interesse zeigen

GRÜN

ROT

PLUS
- Sofortiges Feedback geben
- Auf die Aufgabe konzentrieren
- Positive Sichtweise

MINUS
- Untergraben der Autorität
- Verschwenden von Zeit auf Unwesentliches
- Bremsen des Handlungsbedürfnisses

MINUS
- Vorgabe von Einschränkungen
- Sofortige Aktion verhindern
- Negativ reagieren

PLUS
- Positiv sein und sofort Reaktion zeigen
- Öffentlich Anerkennung geben
- Optimistisch sein
- Involviert bleiben

GELB

Dieses einfache Modell kann Ihnen helfen, Ihre Kunden zu typologisieren. Sie schlagen damit zwei Fliegen mit einer Klappe. Zum einen hilft es Ihnen bei der Vorbereitung auf einen Termin ebenso wie im Gespräch oder bei der Suche nach dem persönlichen Ziel der jeweiligen Person. Weil Sie sich natürlich sehr viel besser auf Ihren Kunden einstellen können, wenn Sie ihn richtig einschätzen.

Den Kunden richtig einschätzen und sich auf ihn einstellen

Zum anderen haben Sie mit diesem einfachen 4-Typen-Modell ein gemeinsames Raster gefunden, um sich mit Ihren Kollegen im Akquisitionsprojekt auszutauschen. Sie können so z. B. mit „Das ist ein Blauer, bereite dich präzise auf ihn vor" Ihren Kollegen einen wichtigen Tipp für ein kundentypisches Vorgehen geben.

Tipps für Kollegen

Richtige Einordnung des Modells

Natürlich lassen sich die Menschen, die Kunden, nicht in vier Schubladen stecken. Dieses Modell soll auch nur ein Werkzeug sein, um eine grobe Richtung vorzugeben. Natürlich wären 6 Milliarden Schubladen für 6 Milliarden Menschen ideal. Aber dann würden wir keine Übersichtlichkeit gewinnen, oder? Natürlich gibt es Mischtypen. Blau-Rote, Rot-Gelbe oder auch Rot-Grüne z. B., und natürlich gibt es Kunden, die nur ganz, ganz schwer ihren präferierten Verhaltensstil erkennen lassen. Aber orientieren wir uns doch an den 80 % der Kunden, bei denen Ihnen dieses Werkzeug erfahrungsgemäß eine Hilfe sein kann, sich besser auf Ihr Gegenüber einzustellen.

4.1.3.2 Acht Unternehmensstrukturtypen nach dem Graves-Value-System

Das zweite Modell, das wir Ihnen vorstellen möchten, ist das Graves-Value-System. Es wurde von Clare Graves entwickelt und beschreibt mit bisher acht verschiedenen Evolutionsleveln, wie Menschen und Systeme „denken".

Acht Evolutionslevel

„Bisher acht", weil, so hoffen wir zumindest alle, die Evolution der menschlichen Systeme noch nicht abgeschlossen ist. Jedes Level entsteht als Reaktion auf die bisherige Stufe. Dieses Modell kann uns helfen, Management- und Organisationsformen sowie Lern- und Motivationsstrategien zu verstehen.

Für den Businesskontext sind nach unserer Meinung nur die Level CP bis HU relevant. Deshalb werden wir auch nur diese ausführlicher beschreiben. Nicht relevant sind das

- Level AN: Leben oder Überleben (Survival Sense) und das
- Level BO: Stammesdenken (Kin Spirits).

An die auf der gegenüberliegenden Seite darstellten weiteren sechs Level schließt im Sinne der Weiterentwicklung dann das

- Level IV

an, das noch nicht definiert ist.

Unternehmensstrukturen nach Graves

Level CP: Autokratie (Power God)

Die Managementform hier ist die „Diktatur", die Autokratie, man könnte auch sagen „leader of the gang". Businessbeispiele finden sich vereinzelt bei eigentümergeführten Unternehmen, bei Strukturvertrieben oder nach feindlichen Übernahmen. Hier arbeiten die Einzelkämpfer. Als Motivationsstrategie herrschen Bewunderung und Respekt für den Stärkeren, den Chef, und die Belohnung durch den Chef vor.
- Der Fokus liegt auf: ich und meine Stärke.
- Geschätzt wird sich ausdrücken können, Power und Charisma.

Level DQ: Bürokratie (Truth Force)

Die vorherrschenden Managementformen hier sind Bürokratie, Hierarchie, Patriarchat. Businessbeispiel in diesem Level ist die bürokratisch reglementierte und stark strukturierte Firma mit vielen Regeln und Vorschriften für alle Gelegenheiten, mit vielen Hierarchieebenen und Titeln. Hier arbeiten die Loyalen. Als Motivationsstrategien herrschen hier Disziplin, Aufopferung, Ehre und Titel sowie Status vor.
- Der Focus liegt auf: mein Rang, mein Titel.
- Geschätzt wird Loyalität, Treue und Geduld.

Level ER: Ökonomie (Strive Drive)

Die Managementformen in dieser Stufe sind Kapitalismus und Marktwirtschaft. Businessbeispiele sind die fortschrittliche leistungsorientierte Firma, Marketing, klassische Unternehmensberatung, CRM. Hier arbeiten die Erfolgssucher. Sie sind in der Regel motiviert durch Herausforderung, Besitz und Gewinn.
- Der Focus liegt auf: mein Erfolg.
- Geschätzt wird Effektivität, Zielstrebigkeit und Tatkraft.

Level FS: Team (Human Bond)

Vorherrschende Managementform ist der „Sozialstaat" bzw. das Team. Businessbeispiele: Firmen mit Teamarbeit, flachen Hierarchien und Mitarbeitermitbestimmung. Typisch sind viele Besprechungen, um zum Konsens zu kommen. Hier arbeitet der Teammensch. Er ist in der Regel motiviert durch Dazugehören, Zuwendung und Teilnehmen.
- Der Focus liegt auf: wir, unser Team.
- Geschätzt wird Integration, Wertschätzung und Wir-Gefühl.

Level GT: Netzwerk (Flex Flow)

Die vorherrschenden Managementformen sind selbst gesteuerte Einheiten, Netzwerke, Projekt und Selbstorganisation. Businessbeispiele sind virtuelle Teams, situative Hierarchien, Firmen bestehend aus Experten, die aufgrund ihrer Kompetenzen an einem gemeinsamen Projekt zusammen arbeiten. Nach Projektende gehen sie wieder auseinander. In diesen Firmen arbeiten die Möglichkeitensucher. Sie sind motiviert durch Autonomie und Freiheit, Überblick, Optionen und Informationen.
- Der Focus liegt auf: Optionen.
- Geschätzt wird Flexibilität, Kreativität und Autonomie.

Level HU: Globale Gemeinschaft (Global View)

Die Stufe ist geprägt durch Chaosmanagement, Konstruktivismus, perspektivische und fraktale Unternehmenskulturen. Businessbeispiel ist selbst organisiertes vernetztes Arbeiten in virtuellen weltweit agierenden Firmen (z. B. Linux.org). Hier arbeiten die Globalisten. Motivationsstrategie: globales Überleben, Gleichwertigkeit der Menschen.
- Der Focus liegt auf: die Erde, unser Planet.
- Geschätzt wird Ökologiedenken und Entwicklungsdenken.

DAS GRAVES-VALUE-SYSTEM KANN IHNEN HELFEN, DIE **FIRMA** IHRES KUNDEN ZU VERSTEHEN.

Erfolgreiche Akquisitionsstrategien entwickeln

Es kann Ihnen helfen Kaufmotive zu erkennen und erfolgreiche, weil angepasste Akquisitionsstrategien zu entwickeln. Wir haben aus diesem Modell schon viele Vorteile ziehen können. Beispiel gefällig?

> **Beispiele**
>
> 1. Einmal angenommen, Sie kommen aus einer ER-Organisation (Ökonomie) und werden selbst auch bevorzugt durch Herausforderung und Gewinn motiviert. Ihr Kunde hingegen ist eher bürokratisch organisiert (Level DQ). Dort zählen vor allem Loyalität und Disziplin. Sie ahnen, was ich meine?
> 2. Sie sind ganz der Alte geblieben (ER, Ökonomie), Ihr nächster Kunde ist jedoch eine Teamorganisation (FS). Dort arbeiten Team-Menschen, die Wertschätzung und Wir-Gefühl hochhalten und viele Besprechungen brauchen, um dann im Konsens zu entscheiden. Wie kommen Sie dort wohl an, wenn Sie auf schnellen Erfolg, Tatkraft und Zielstrebigkeit setzen?

Was wir Ihnen mit auf den Weg geben wollen:

Systematisch und individuell auf Kunden eingehen

GEHEN SIE SYSTEMATISCH UND INDIVIDUELL AUF IHRE KUNDEN (MENSCHEN **UND** ORGANISATIONEN) EIN UND VERSUCHEN SIE ZU VERSTEHEN, WIE DIESE DENKEN UND HANDELN.

Dann können Sie deren Problem am besten verstehen und lösen.

4.1.4 Checkfragen

Wenn Sie folgende sieben Fragen laut mit „Ja" beantworten können, können Sie sich ziemlich sicher sein, dass Sie nicht nur effektive, sondern auch effiziente Verkaufsstrategien haben.

Hier die sieben Fragen:
1. Sind Sie so gut organisiert, dass Sie für jede Verkaufschance immer genau wissen, wo Sie stehen?
2. Führen Sie konstant Chancenanalysen durch und konzentrieren sich dann auf die erfolgversprechendsten Accounts?
3. Wissen Sie, wie das Kundenunternehmen tickt?
4. Kennen Sie die Spieler im Buying-Center des Kunden?
5. Wissen Sie von jedem Spieler, welcher Typ er ist?
6. Welche Kaufhaltung er hat?
7. Welche persönlichen Motive?

4.2 Verkaufsgespräche durchführen

In diesem Abschnitt geht es also darum: Wie schaffen Sie es, dass Ihr Kunde spürt, dass Sie wirklich eine Customeyes-Kultur leben? Denn hier im direkten Kundenkontakt, im Kundengespräch, können Sie es den Kunden am besten spüren lassen.

Aber denken Sie kurz an Ihre eigenen Einkaufserlebnisse: Man muss sich doch wundern, oder? 50 Jahre nachdem Peter Drucker zum ersten Mal das Marketingkonzept vortrug, den Gedanken, dass Unternehmen Ihre Aktionäre reich machen können, indem sie die Bedürfnisse der Kunden erfüllen, klaffen Theorie und Praxis noch weit auseinander.

Wie also können Sie mit dem Kunden kommunizieren, sodass er das bekommt, was er gerne haben will?

Die Bedürfnisse der Kunden erkennen

Betrachten wir kurz die grundlegenden Regeln der Verkaufspsychologie. Bereits in den 70er-Jahren des letzten Jahrhunderts wurde in den USA in drei verschiedenen Studien das sog. Kommunikationsmodell entwickelt. Es besagt, dass wenn zwei Menschen miteinander kommunizieren, sich nur 7 % der ausgetauschten Informationen sich auf den Inhalt beziehen. 38 % der Informationen werden über Sprache und Stimme transportiert. Die restlichen 55 % der Informationen werden über das, was wir landläufig unter Ausstrahlung verstehen, im Wesentlichen die Körpersprache, kommuniziert.

Und heute? In jüngster Zeit verbinden Wissenschaftler aus Münster modernste Marketingforschung mit modernster neurologischer Forschung. Diese Wissenschaftler testen die Entscheidungsprozesse ihrer Probanten, während diese in modernen Hochfeldkernspintomografen liegen. Sie bekommen so während des Entscheidungsprozesses beeindruckend gute Bilder vom Gehirn. Die Wissenschaftler zeigen so, mit Hilfe von Neuroökonomie und Neuromarketing, was in den Hirnen der Menschen passiert, wenn sie sich innerhalb von Sekundenbruchteilen für oder gegen den Kauf eines bestimmten Produktes entscheiden.

Was geschieht bei der Entscheidung für oder gegen einen Kauf im Hirn?

Statt echter Softdrinks bekamen die Probanten Bilder präsentiert, während sie in der engen Röhre des Tomografen lagen. Mal von Kaffeesorten, mal Angebote von Reiseveranstaltern. In einem zweiten Durchgang wurde ein Teil der Produkte mit bekannten Markennamen in Verbindung gebracht. Prompt verschob sich die Wahl zugunsten der Markenartikel. Im Gehirn leuchteten andere Areale auf – vor allem solche, die den Emotionen zugeordnet sind. „Bei Marken schaltet der Verstand aus", kommentiert der Neurophysiker Michael Deppe, einer der fünf Forscher das Ergebnis. Die funktionelle Kernspintomografie versetzt nicht nur die Sinnesphysiologen in Begeisterung.

„Bei Marken schaltet der Verstand aus."

Allmählich erkennen auch die Geisteswissenschaftler ihr enormes Potenzial. So untermauern die bunten Bilder aus dem Kopf, was Wirtschaftswissenschaftler seit langem ahnen. Der Homo oeconomicus ist eine Fiktion. Niemand ist so rational, wie die Theorie es unterstellt. Ob

Der Homo oeconomicus ist eine Fiktion.

Emotionen geben bei Käufen den Ausschlag.

ein Kunde seinen Geldbeutel öffnet, darüber entscheidet nicht sein Verstand, sondern Emotionen und Intuition geben den Ausschlag. In einem viel größeren Maß, als das die meisten von sich selbst vermuten und zugeben würden. Wir kaufen Dinge, die wir nicht brauchen, die aber Spaß oder Prestige versprechen. Wir geben Geld lieber hier und jetzt aus, statt möglichst viel zurückzulegen, wie es die ökonomische Vernunft nahe legen würde. Der Neurologe Paul Glimcher von der New York University beschreibt dieses Phänomen als Forwarddiscounting. Den Menschen ist das Geld oder jeder andere Vorteil jetzt mehr wert als in 20 Jahren.

Diese Forschungen zeigen, was Sie als Verkaufsprofi schon seit langem wissen: Ihre Kunden entscheiden nur zu einem geringen Teil rational. Sie entscheiden viel mehr mit dem Bauch.

So, jetzt wissen wir also, wie sich der Kunde für ein Produkt entscheidet. Bleibt die Frage: Wie schaffen Sie es, dass er sich für Ihr Produkt entscheidet und es auch bei Ihnen kauft?

Auch dazu gibt es wissenschaftliche Studien, die die Erfolgsfaktoren von Verkäufern erforschen. Eine aktuelle stammt von Dr. Alexander Haas von der Friedrich Alexander Universität in Erlangen/Nürnberg. Seine Ergebnisse zeigen, dass speziell zwei Verhaltensaspekte für den Verkaufserfolg wichtig sind.

VERKÄUFER MÜSSEN VERSUCHEN, EIN ANGENEHMES GESPRÄCHSKLIMA AUFZUBAUEN, SOWIE DEN KUNDEN BEI DESSEN KAUFENTSCHEIDUNG UNTERSTÜTZEN.

Der folgende Abschnitt beschäftigt sich also mit der Frage: Wie bekommen Sie den Kunden dazu, dass er bei Ihnen kauft?

Wie bekommen Sie den Kunden dazu, dass er bei Ihnen kauft?

Haben Sie den feinen Unterschied bemerkt? Die Frage lautet nicht: Wie können wir dem Kunden etwas **verkaufen**? Die Frage muss heute lauten: Wie bekommen Sie den Kunden dazu, dass er **bei Ihnen kauft**? Wie schaffen Sie es, den Kunden zum Kaufen einzuladen? „Sog statt Druck", ist die Devise.

Im Folgenden möchten wir Ihnen daher für zehn Stichworte des Verkaufsgesprächs eine ausführliche Erläuterung und einen kurzen Überblick über die erfolgversprechendsten Verhaltensstrategien geben. Stichwort elf beschäftigt sich mit dem After-Sales-Service und zum Schluss gibt es noch ein Sonderthema: Verkaufsgespräche am Telefon. Wir starten also mit Stichwort 1.

4.2.1 Phasen des Verkaufsgespräches

Wie können wir das psychologische Wissen jetzt in der Vertriebspraxis nutzen? Wie sieht idealerweise ein typischer Gesprächsverlauf aus?

Wenn Ihr Kunde aus dem Bauch heraus entscheidet und dafür ein angenehmes Gesprächsklima einer der Erfolgsfaktoren ist, dann muss es also Ziel eines jeden Gesprächs sein, eine intensive Beziehung und ein angenehmes Klima zu schaffen, um dann auf dem Höhepunkt dieser Beziehung den Kunden dabei zu unterstützen, die richtige Entscheidung zu treffen. Nämlich, hoffentlich mit Ihnen, den nächsten Schritt zu tun. Aus dem Kapitel Vertriebsprozess heraus wissen Sie ja, dass es wichtig ist, in jedem Gespräch konkrete Ergebnisse zu erzielen und den Kunden Stufe für Stufe über die Verkaufstreppe zu führen. Die letzte Phase eines Verkaufsgesprächs bezeichnen wir deshalb mit Kontrakt bzw. konkreter Verbleib. Die Phase davor benötigen Sie in der Regel für die Beschäftigung mit dem Contra des Kunden. Es geht um die Überzeugung des Kunden und um Ihre Glaubwürdigkeit. In der Phase davor haben Sie Ihr Angebot präsentiert, Ihre Lösung für die nächste Stufe vorgestellt und dabei Nutzenargumente vorgebracht. Damit Sie Ihre Lösung kunden- und nutzenorientiert argumentieren können, muss die Phase davor zwangsläufig eine Phase der Analyse bzw. der Untersuchung sein. Hier gilt es, Bedarfe und Bedürfnisse zu ermitteln. Ja, und damit Ihnen der Kunde in der Untersuchungsphase Ihre Fragen auch wahrheitsgemäß beantwortet und Ihnen vor allem die ganze Wahrheit sagt, ja, dafür brauchen Sie bereits eine gute Beziehung. Und deshalb sollte die erste Phase eines jeden Gesprächs dem Beziehungsaufbau, dem Warm-up dienen. Wir nennen das Rapport-Phase.

Ein angenehmes Gesprächsklima schaffen

Den Kunden Stufe für Stufe über die Verkaufstreppe führen

Die erste Gesprächsphase dient dem Warm-up.

Halt, eine Phase haben wir noch vergessen. Bevor Sie ins Gespräch mit Ihrem Kunden gehen, sollten Sie sich vorbereiten. Sie sollten sich einstimmen. Persönlichkeit, Präparation nennen wir deshalb diese Phase.

Was wir gerade rückwärts entwickelt haben ist unser P.R.U.N.C.K.®-Stück für einen systematischen Gesprächsaufbau.

Phase	0	I	II	III	IV	V
	P	R	U	N	C	K
	Persönlichkeit Präparation	Rapport	Untersuchung	Nutzenargumentation	Contra	Kontrakt konkreter Verbleib

(Intensität der Beziehung / Dauer)

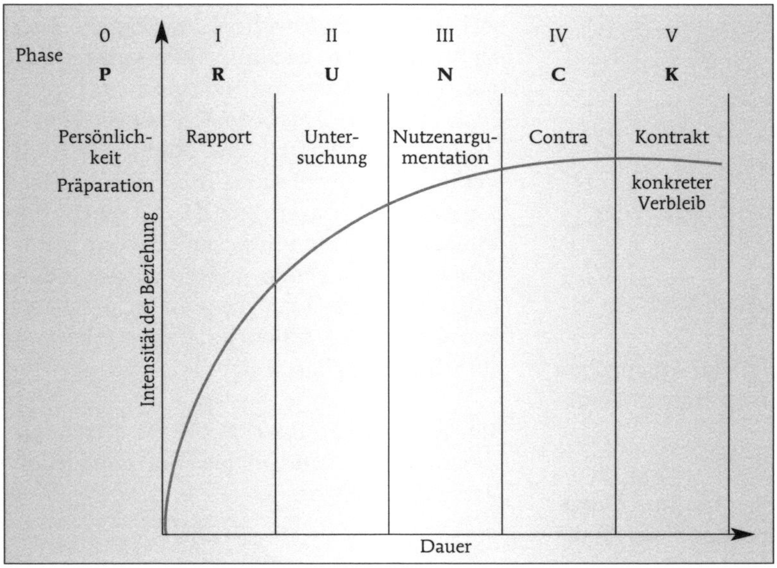

Abb. 4.4: Das P.R.U.N.C.K.-Stück zum systematischen Gesprächsaufbau

Überblick der Gesprächsphasen von vorne nach hinten	Wie verwenden Sie das P.R.U.N.C.K.®-Stück in Ihrer Praxis?

Phase 0
P für Persönlichkeit und Präparation
- Vorbereiten von Ziel und Strategie
- Einstimmen, Selbstmotivation

Phase I
R wie Rapport
- Begrüßung
- Warm-up
- Erster Eindruck
- Gute Atmosphäre gestalten
- Einsteigen mit Zielvereinbarung

Phase II
U wie Untersuchung
- Analyse von Bedarf und Bedürfnissen
- Ist-Soll-Vergleich

Phase III
N wie Nutzenargumentation
- Überzeugen
- Lösungen darstellen / gemeinsam erarbeiten
- Nächste Stufe verkaufen

Phase IV
C wie Contra
- Einwände entkräften
- Überzeugen
- Glaubwürdigkeit erhalten/verstärken

Phase V
K wie Kontrakt oder konkreter Verbleib
- Aktivieren
- Weg und Aktivitäten planen / durchgehen
- Konkrete Zielvereinbarung treffen, Verabschieden
- persönliches Commitment

Nachbereitung, Analyse, Lernen und Dokumentation ist dann quasi schon Phase 0 des nächsten Gespräches

---

Wir empfehlen diese Phasen für jedes Gespräch, natürlich mit unterschiedlicher Gewichtung. Wenn Sie im Laufe des Vertriebsprozesses mehrere Gespräche führen, sollten Sie sich jedesmal entsprechend orientieren.

In einem **Erstkontakt** oder in den **frühen Phasen** des Verkaufsprozesses werden Sie den Schwerpunkt des Gespräches natürlich auf die R- und U-Phase legen. Aber auch hier ist es wichtig, in der Endphase des jeweiligen Gesprächs dem Kunden den Nutzen für das Gesprächsziel, die nächste Stufe, zu vermitteln. Denn nur wenn der Kunden auch seinen Nutzen sieht, wird er z. B. einer persönlichen Angebotspräsentation zustimmen.
D.h., auch in diesem Gespräch haben Sie idealerweise einen konkreten Verbleib, nämlich das **gemeinsame Commitment zum Betreten der nächsten Stufe**.

Weiter hinten im Vertriebsprozess müssen Sie vermutlich (oder hoffentlich) nicht mehr so viel in die Rapport-Phase investieren. Aber auch hier macht es Sinn, einen kurzen Rapport-Check zu machen und eine kurze Untersuchungsphase. Das bedeutet, dass Sie individuelle Ziele abklären und zumindest nach Veränderungen auf Kundenseite seit dem letzen Gespräch fragen, um dann ausgestattet mit den aktuellsten Informationen von Kundenseite die folgende Angebotspräsentation bereits auf diese Neuigkeiten abstimmen zu können und den Schwerpunkt in diesem Gespräch auf die Phasen N und C zu setzen.

Sie sehen also, P.R.U.N.C.K.® erleichtert Ihnen die effiziente Organisation eines jeden Verkaufsgesprächs.

4.2.2 Vorbereitung

Sie kennen bestimmt diesen Spruch: Eine gute Vorbereitung ist 50 % des Erfolgs. Aber mal ganz ehrlich, sind Sie so gut organisiert, dass Sie zur Vorbereitung eines Kundengesprächs eine Checkliste verwenden, in der sowohl organisatorische als auch mentale Punkte aufgeführt sind? Wir helfen Ihnen dabei. Hier ist unsere ...

Checkliste zur Vorbereitung eines Kundengesprächs

1. Wer ist mein Kunde?

Die Firma:
- Genaue Firmenbezeichnung
- Branche
- Anschrift
- Zentrale Telefonnummer
- Daten zur bestehenden Geschäftsbeziehung
- Graves-Value-Level

Der/die Gesprächspartner:
- Name, Titel
- Stellung im Unternehmen
- Tätigkeit
- Kompetenzen
- Sachkenntnisse/Wortschatz
- Rolle im Buying-Center
- Kaufhaltung
- Persönliches Kaufmotiv und typisches Entschlussverhalten
- Farb-Typ
- Mentalität, Eigenheiten
- Pro – Contra unser Unternehmen
- Kontakte, Querverbindungen, Beziehungen
- Andere wichtige Gesprächspartner im Unternehmen

2. Was will mein Kunde?
- Kundenprobleme (Ist)
- Wünsche, Vorstellungen (Soll)
- Bedarf
- Bedürfnisse
- Erwartete allgemeine Widerstände
- Erwartete Einwände gegen das Gesprächsziel
- Ansatzpunkte zu deren Überwindung
- Ergebnisse bisheriger Gespräche
- Kundenmotiv für weitere Gespräche

3. Was will ich erreichen?
- Hauptziel
- Nebenziel
- Worst-Case-Ziel
- Welche Motivation habe ich?
- Welche Ängste habe ich?
- Mein Gesprächsfokus, mein Mantra

4. Wie fange ich an?
- 1. Satz
- Einstiegsthema
- Erwartungen klären
- Aufhänger, Überleitung
- Ergebnisse letztes Meeting
- Typgerechtes Auftreten

5. Welche Rahmenbedingungen unterstützen mein Ziel?
- Kleiderordnung
- Visitenkarte
- Handouts
- Angenehme Atmosphäre schaffen
- Sitzordnung
- Medien checken

6. Fünf Minuten davor
- Mentale Vorbereitung (positives Ergebnis visualisieren)
- Physische Vorbereitung (z. B. Toilette)
- Kleidung checken
- Schuhe!

Der beste Zeitpunkt für die Vorbereitung des nächsten Termins: direkt nach dem letzten Termin

Wann beginnen Sie idealerweise mit der Vorbereitung? Der beste Zeitpunkt für die Vorbereitung auf den nächsten Termin ist, sofort nach dem vorgangegangenen Termin damit zu beginnen. Denn dann haben Sie noch ganz aktuelle frische Eindrücke und können Ihre Strategie für den nächsten Termin am treffsichersten festlegen.

4.2.3 Beziehungsaufbau

In dieser Phase geht es darum, dass Sie zu Ihrem Kunden eine tragfähige Beziehung aufbauen, eine Beziehungsbrücke bauen. Forschungsergebnisse zeigen immer wieder, dass speziell der Anfang eines Gesprächs maßgeblich über den Erfolg des gesamten Gesprächs entscheidet. So betonen erfolgreiche Verkäufer insbesondere die Anfangsphase jedes Gesprächs und konzentrieren sich dort auf Gemeinsamkeiten. Denn Sie wissen ja, „wir mögen die Menschen, die so sind, wie wir sind". Gleichheit, Gemeinsamkeit fördert die Sympathie und festigt den guten Draht. Wir kommen sozusagen auf die gleiche Wellenlänge. Wenn es Ihnen gelingt, in dieser Phase eine stabile Beziehungsbrücke zu bauen, dann ist das die beste Basis für die anschließende Untersuchungsphase. Viele von Ihnen werden sagen, dass Sie nur ungern mit fremden Menschen Small Talk halten. Aber genau darum geht es. – Am Ende dieser Phase sollte Ihr Kunde kein Fremder mehr sein.

Gemeinsamkeiten fördern die Sympathie

Aktives Zuhören

Stellen Sie Ihren Kunden in den Mittelpunkt. Lassen Sie vor allem Ihren Kunden sprechen und konzentrieren Sie sich auf aktives Zuhören und das Betonen von Gemeinsamkeiten. Achten Sie hierbei neben verbindenden Inhalten auch auf Gleichheiten/Gemeinsamkeiten in Körpersprache, Stimme und Wortschatz.

Ein witziges Beispiel zum Thema „Fachwortschatz, zwei Welten prallen aufeinander" habe ich neulich auf einer Party erlebt: Eine Bekannte von mir, angehende Ärztin, erzählte ganz stolz, dass sie heute zum ersten Mal ganz alleine eine Thorakostomie durchgeführt hatte. Auf meine Frage, „und, was heißt das?" antwortete sie wie selbstverständlich „na, ganz alleine, so total ohne Hilfe". Zum Glück musste sie mir die Öffnung meines Brustkorbes nicht verkaufen.

4.2.4 Untersuchungsphase und Fragetechnik

Die nächste Phase ist die Untersuchungsphase. Hier gilt es herauszufinden, welchen Bedarf und welche Bedürfnisse der Gesprächspartner hat. Oder auch einfach nur herauszufinden, welche Neuigkeiten es gibt, seit dem letzten Gespräch.

Eine Win-win-Lösung setzt die Kenntnis der Ziele des Gegenübers voraus.

Denken Sie daran, nur wenn Sie die Ziele und Interessen Ihres Gegenübers wirklich kennen, können Sie später mithelfen eine wirkliche Win-win-Lösung zu finden.

Interessant ist immer wieder, dass durch eine längere Anfangsphase (Rapport und Untersuchung) die eigentliche Beratungsphase und auch das Verkaufsgespräch insgesamt kürzer verlaufen.

Verkaufsgespräche organisieren 165

Wenn Sie sich zu Beginn des Gesprächs eine klare Vorstellung von den Bedürfnissen und Wünschen des Kunden machen können, können Sie auf diesen Informationen aufbauen und sich im weiteren Beratungsverlauf darauf konzentrieren, die für Ihren Kunden passende Problemlösung zu finden. Die Einwände und Widerstände der Kunden werden dadurch naturgemäß weniger. Auf keinen Fall kommen Sie in dieser Phase um eine ausgefeilte Fragetechnik herum. Wir bevorzugen als Rahmen die SPAN-Fragetaktik, frei nach Neil Rackham's SPIN®-Selling;

S steht für **Situationsfragen**. Sie zielen darauf ab, Fakten über die gegenwärtige Situation des Kunden herauszufinden.

Fakten über die Situation des Kunden herausfinden

P steht für **Problemfragen**. Sie zielen darauf ab, Unzufriedenheiten, Bedarf und Bedürfnisse aufzudecken. Diese Fragen sind wichtig, denn ein Axiom des Vertriebsmarketings sagt, dass sich vorbeugende Maßnahmen am schlechtesten und Lösungen für Probleme am besten verkaufen. Also: kein Problem, kein Verkauf.

A steht für **Auswirkungsfragen**. Sie zielen darauf ab, Auswirkungen des Problems bewusst zu machen, Unzufriedenheiten zu entwickeln und Bedürfnisse zu verstärken. Sie wissen ja bereits aus dem Abschnitt über die vier Kaufhaltungen, dass in der Problemhaltung ein Abschluss am wahrscheinlichsten ist. Bei diesen A-Fragen geht es also darum, die Auswirkungen des Problems bewusst zu machen und somit den Lösungswillen zu verstärken.

Die Auswirkungen des Problems bewusst machen und den Lösungswillen stärken

N wie **Nützlichkeitsfragen**. Sie zeichnen einen Lösungsweg vor, kanalisieren die Aufmerksamkeit in die gewünschte Richtung und trainieren den Kunden als internen Verkäufer. Diese Fragen führen vom Problem zur Lösung.

Denken Sie daran: Durch gezielte Fragetechnik sollen Sie nicht nur herausfinden, welchen Bedarf der Kunde hat und was er braucht, Sie sollen auch auf der Beziehungsebene seine Bedürfnisse herausfinden, seine Interessen, seine Treiber. Durch offene und öffnende Fragen gelingt Ihnen das am besten. Welches die häufigsten und übergeordneten Interessen und Motive sind, erläutern wir im nächsten Abschnitt.

4.2.5 Kaufmotive

Wenn Sie Ihre Kunden überzeugen wollen, müssen Sie – wie bereits erwähnt – an deren Unterbewusstsein appellieren. Die neuesten Erkenntnisse der Neurobiologie, wir haben schon kurz erwähnt, geben erstmals Aufschluss über die geheimsten Wünsche der Kunden. Kunden treffen rund 70% Ihrer Entscheidungen unbewusst und auch in den übrigen Fällen haben unbewusst wahrgenommene Faktoren einen wichtigen Einfluss. Der Grund: Das Gehirn setzt viele Signale in Entscheidungen um und leitet Handlungen ein ohne das Bewusstsein zu informieren. Diese Erkenntnis wurde in vielen Studien bestätigt, die unabhängig voneinander, z. B. vom Harvard-Forscher Prof. Wegner und von Prof. Prinz

Das Unterbewusstsein spielt eine große Rolle.

Das lymbische System

vom Max Planck Institut in München, durchgeführt wurden. Von besonderer Bedeutung für diese unbewussten Entscheidungsprozesse ist das lymbische System, das Gefühlszentrum im Gehirn. Insgesamt gibt es sechs solcher Motiv- und Emotionsfelder im Kopf. Je nachdem, welches dieser Felder das individuelle Handeln steuert, entscheiden sich Kunden für bestimmte Produkte bzw. Dienstleistungen. Zwei Beispiele:

> **Beispiele**
>
> 1. Wenn Ihr Kunde sagt, sein Auftragsabwicklungsprozess sei zu langsam, dann ist das ein Problem. Es enthält implizit einen Bedarf. Jetzt gilt es, diesen Bedarf in einen expliziten Lösungsbedarf, einen Vorteil, zu entwickeln, z. B.: Wir müssen schneller werden, um ... Ja, warum eigentlich? Jetzt sind wir am Kern, jetzt sind wir am emotionalen Motiv Ihres Kunden. Wir müssen schneller werden, z. B. um wettbewerbsfähig zu bleiben (und damit meine Macht zu sichern).
> Hinter dem expliziten Bedürfnis schneller zu werden steckt in diesem Fall das emotionale Motivfeld Macht.
> 2. Sie hören von Ihrem Kunden: Wir haben Qualitätsprobleme mit unserem Lieferanten. Dies gilt es zu entwickeln in einen Lösungsbedarf, der da heißen könnte: Qualitätsverbesserung ist unsere Toppriorität, aus Verantwortung unserem Kunden gegenüber. Hier ist der emotionale Motivtreiber hinter dem „Bedarf Qualität" die Fürsorge.

Wir kennen im Prinzip vier explizite Bedürfnisse/Vorteile:
1. Tempo,
2. Qualität,
3. Preis und
4. Bequemlichkeit.

Im Verkäufermund auch schneller, besser, billiger, bequemer genannt.

Hinter jedem dieser expliziten Bedürfnisse kann eines oder auch mehrere der emotionalen Motivfelder als Antreiber stecken. Diese sechs **Gefühlszentren im Gehirn** sind die folgenden:
1. Balance: Sicherheit, Stabilität, Ordnung
2. Kontrolle: Disziplin, Perfektion, Effizienz, Logik
3. Dominanz: Macht, Status, Ansehen, Durchsetzung
4. Revolution: Risikobereitschaft, Mut, Abenteuer
5. Stimulanz: Neugier, Erlebnishunger, Kreativität, Entdeckung
6. Offenheit: Toleranz, Fantasie, Genuss, Flexibilität, Entlastung, Fürsorge

Die Kenntnis der Motivfelder ist entscheidend für den Erfolg im Vertrieb.

Das sSpannende an diesen Motivfeldern ist, dass sie als Treiber für fast jeden Bedarf gültig sind. Sie treffsicher zu kennen ist daher einer der wichtigsten Erfolgsfaktoren im Vertrieb.

> **Beispiel**
>
> Das explizite Bedürfnis im oben zitierten Fall („wir müssen schneller werden") war Macht. Steckt ein anderes Motivfeld dahinter, müssen Sie ein anderes Lösungsangebot machen und anders argumentieren, z. B. beim Motivfeld Balance: „Wir müssen schneller werden, um unser Geschäft weiter stabil zu halten." Das ist etwas anderes als: „Wir müssen schneller werden, um damit Macht zu sichern." Noch ganz anders wird Ihre Strategie aussehen, wenn das Motiv Stimulanz hinter dem Bedürfnis „schneller werden" steckt: „Wir müssen schneller werden, weil ich neugierig bin, wie schnell es denn noch geht" usw.

Sie wollen noch besser werden, noch genauer treffen? Sie wollen mit dem ersten Schuss ins Bull's Eye treffen? Dann müssen Sie die Motivfelder mit zwei multiplizieren, denn von jedem der o. g. Motive gibt es zwei Ausprägungen. Einmal Ziel erreichen, hin zu mehr Balance, mehr Dominanz, mehr Stimulanz etc., oder Problem vermeiden, weg von Unsicherheit, weg von Abhängigkeit, weg von Langeweile etc.

Von jedem Motiv gibt es zwei Ausprägungen.

	Vorteil		**Motive**	
			hin zu...	**weg von...**
	Qualität		Balance	Unsicherheit
			Kontrolle	Chaos
Problem	Tempo		Dominanz	Ohnmacht
	Preis		Revolution	Beständigkeit
	Bequemlichkeit		Stimulanz	Langeweile
			Offenheit	Intoleranz

implizierter Bedarf: Unser Auftragsabwicklungsprozess ist zu langsam,

explizierter Lösungsbedarf: wir müssen schneller werden,

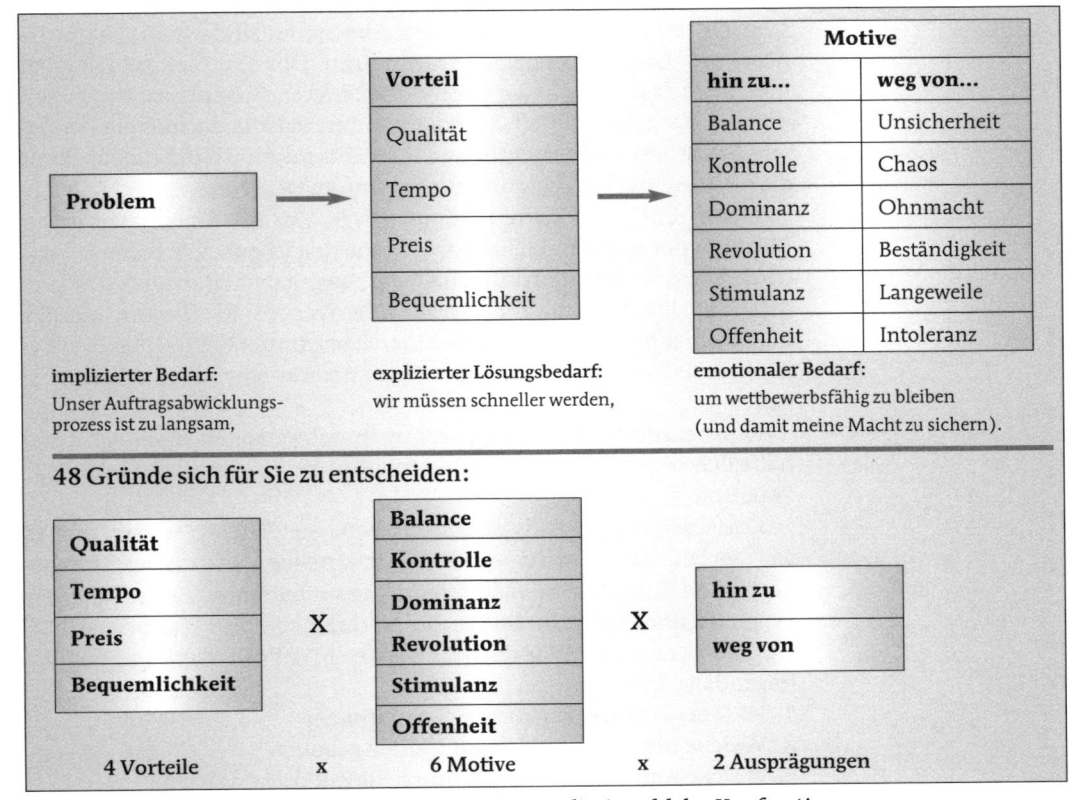

emotionaler Bedarf: um wettbewerbsfähig zu bleiben (und damit meine Macht zu sichern).

48 Gründe sich für Sie zu entscheiden:

Qualität		Balance		
Tempo		Kontrolle		hin zu
Preis	X	Dominanz	X	weg von
Bequemlichkeit		Revolution		
		Stimulanz		
		Offenheit		

| 4 Vorteile | x | 6 Motive | x | 2 Ausprägungen |

Abb. 4.5: Oben: Vom Problem zum Motiv   Unten: die Anzahl der Kaufmotive

4.2.6 Präsentationen

Viele Präsentationen verlaufen immer nach dem gleichen Schema. Das Produkt bzw. die Dienstleistung mit Verkaufsunterlagen und Folien garniert vorführen, die Vorzüge anpreisen, ohne Drehbuch mit Spannungskurve und ohne Einbindung der Interessenten. Dem Nichtfachmann werden technische Details zu ausführlich beschrieben, dem Technikfreak Gestaltung und Design überschwänglich erläutert. Beliebt sind in letzter Zeit auch Folienschlachten à la Power Point. Der Rekord, den wir bei einem unserer Kunden gesehen haben, liegt bei 62 Folien in knapp 50 Minuten. Deshalb erste Regel für Präsentationen:

DAS GUTE ALTE KISS – KEEP IT SHORT AND SIMPLE.
ODER AUCH DIE VARIANTE: KEEP IT SIMPLE STUPID.

Ziel der Präsentation ist, dass der Kunde sich für die nächste Stufe entscheidet.

Erlauben Sie uns noch einen Hinweis: Überlegen Sie, welche Entscheidung Sie mit Ihrer Präsentation erreichen möchten. Es geht nämlich nicht darum, Ihr Produkt zu präsentieren, sondern darum, eine positive Entscheidung für die nächste Stufe zu bekommen.

Auch in Präsentationen hat sich das P.R.U.N.C.K.®-Stück (vgl. Abschnitt 4.2.1) bewährt. Auf die Präparationsphase sind wir im genannten Abschnitt bereits ausführlich eingegangen. Das dort Gesagte gilt auch hier. Nur, dass Sie es in der Regel mit mehreren Personen zu tun haben und sich deshalb natürlich auch auf mehrere Personen vorbereiten müssen. Ach ja, wer sollte eigentlich an Ihrer Präsentation teilnehmen, damit die gewünschte Entscheidung auch getroffen werden kann?

Teilnehmer der Präsentation

Dann geht's los. Starten Sie mit etwas, was die Amerikaner einen **Mindopener** nennen; Fremdworte vermeiden ist gut, aber dieser Begriff trifft so schön den Kern: irgendetwas, das neugierig macht, das Lust macht auf Ihre Präsentation. Gerade Amerikaner sind oft wahre Meister im Geschichtenerzählen oder im Zitieren bekannter/berühmter Persönlichkeiten. Hier an dieser Stelle können wir uns eine Scheibe abschneiden.

Rapport aufbauen ist, wenn man mehreren Personen gegenübersteht, natürlich anspruchsvoller und komplexer als in einer 1:1- oder 1:2-Situation.

Die vier Lerntypen ansprechen

Deswegen ein Tipp aus der Lernpsychologie: Wie wir wissen, gibt es vier verschiedene **Lerntypen**. Problemlernende, Infojunkies, Rezeptköche und Zukunftslernende. Wenn Sie es schaffen, zu Beginn alle vier Typen abzuholen, ist Ihnen die Aufmerksamkeit aller Zuhörer sicher. Deshalb beantworten Sie doch zu Beginn Ihrer Präsentation immer die folgenden vier Fragen:
1. Welches Problem löst diese Präsentation?
2. Welche interessanten Details werden geboten?
3. Welche Anwendungstipps können die Zuhörer erwarten?
4. Welche Zukunftschancen ergeben sich für die Zuhörer?

Natürlich sollten Sie diese Versprechen anschließend auch einlösen! Wenn Sie jetzt noch gleich in den Dialog mit Ihren Zuhörern einsteigen wollen – was wir dringend empfehlen, denn eine Präsentation ist kein Monolog, sondern ein Verkaufsgespräch –, dann bietet es sich an, an dieser Stelle die Teilnehmer ihre Erwartungshaltung formulieren zu lassen. Dies zeigt Wertschätzung Ihren Zuhörern gegenüber und gibt Ihnen die Möglichkeit später während der Präsentation noch einmal eine Feinjustierung vorzunehmen. Sie sehen, Customeyes funktioniert auch bei Präsentationen.

Eine Präsentation ist ein Verkaufsgespräch!

Zum Ende der R-Phase und als Übergang in die eigentliche Präsentation kann es jetzt auch sinnvoll sein, die eigenen Ziele zu nennen. So ist jedem klar, wer wohin will.

Die anschließende eigentliche Präsentation können Sie gut in zwei Teile teilen. Eine **U-(Untersuchungs)- und eine N-(Nutzen)-Phase.** Die erste Phase Ihrer Präsentation können Sie sehr gut dazu verwenden, die Kundenanforderungen noch einmal zu hinterfragen und zu spezifizieren. Selbst wenn Ihr Kaufinteressent seine Anforderungen in Form detaillierter Aufgabenbeschreibungen oder Pflichtenhefte vorgegeben hat, haben Ihre Gesprächspartner in der Regel einen unterschiedlichen Wissensstand. Denn Bereichsleiter oder auch Geschäftsführer werden oft erst jetzt zum ersten Mal in Anforderungsdetails involviert. Dann stellen diese Personengruppen fest, dass Ihre eigenen sehr speziellen Vorstellungen oft nicht adäquat berücksichtigt sind. Deshalb hat es sich bewährt, vorgegebene Anforderungen noch einmal zu prüfen und zu hinterfragen. Ein weiterer Vorteil für Sie bei der Diskussion der Anforderungen: Sie lernen nicht nur die unterschiedlichen Wünsche der Teilnehmer kennen, sondern auch deren Konflikte und Machtpositionen untereinander.

1. Phase: Kundenanforderungen hinterfragen und spezifizieren

Im eigentlichen Präsentationsteil können Sie als Strukturierungshilfe noch einmal auf die oben bereits beschriebenen Lerntypen zurückgreifen. Beantworten Sie zuerst die Fragen der problemlernenden **Why-Typen.** Diese wollen wissen, warum sie sich mit Ihrem Thema beschäftigen sollen. Sie brauchen einen persönlichen Bezug zum Thema. Sie suchen sofort nach Berührungspunkten zu ihren Werten und Motiven. Ohne praktische Relevanz für ihren Arbeitskontext fragen sie sich ständig, was das alles eigentlich soll.

Dann versorgen Sie die **What-Typen,** die Infojunkies, mit den nötigen Informationen. Diese wollen interessante Informationen haben, egal, ob sie sie brauchen oder nicht. Sie wollen oft auch kleinste Details wissen. Geben Sie ihnen deshalb Zahlen, Daten, Fakten und Statistiken, Untersuchungsergebnisse mit Quellen und Historie.

Im nächsten Schritt versorgen Sie die **How-to-Lerner,** unsere Rezeptköche. Diese sind ständig auf der Suche nach Anwendungstipps und sie interessieren sich weniger für die Theorie. Sie wollen am liebsten selbst alles ausprobieren, mitmachen und erleben. Für sie sind eigene Erfahrungen und konkrete Beispiele wichtig. Demonstrationen, Begehungen,

Besichtigungen oder aber zumindest Erfahrungsaustausch und Anwendungsdiskussionen sind hier die richtigen Mittel. Im letzten Teil Ihrer Präsentation bedienen Sie dann die **What-If-Learner**, die Zukunftslernenden. Diese interessiert die Anwendung, das schnelle Umsetzen im Alltag. Sie fragen nach Transferideen für die Praxis. Die zukünftige Nützlichkeit muss für sie klar sein, geben Sie ihnen deshalb einen Blick in die Zukunft, konkrete Ergebnisse, eine Zusammenfassung, einen Aktionsplan und Ausblick. Beschreiben Sie den Transfer und die Marktchancen.

Und jetzt sind Sie hoffentlich mit Ihrer Zeit noch nicht am Ende. Denn es fehlen noch zwei Phasen.

Nehmen Sie sich Zeit, das **Contra** Ihrer Kunden jetzt sofort behandeln zu können. Planen Sie Zeit ein, um möglichst viele, idealerweise alle Fragen, jetzt und gleich vor Ort befriedigend beantworten zu können.

Möglichst alle Fragen vor Ort beantworten

Sind alle Fragen geklärt oder konnten Sie zumindest glaubhaft versichern, dass Sie sie beantworten werden, dann können Sie zur **K-Phase** wechseln und konkrete Ergebnisse festhalten. Fordern Sie in dieser Phase den Kunden auf, mit Ihnen den nächsten Schritt zu gehen. Wichtig:

VISUALISIEREN SIE DIESE ERGEBNISSE, SODASS SIE VON ALLEN TEILNEHMERN EIN EINDEUTIGES COMMITMENT BEKOMMEN KÖNNEN, OHNE DASS ES HINTERHER DISKUSSIONEN NACH DEM MOTTO „DAS HATTEN WIR SO NIE VEREINBART" GIBT.

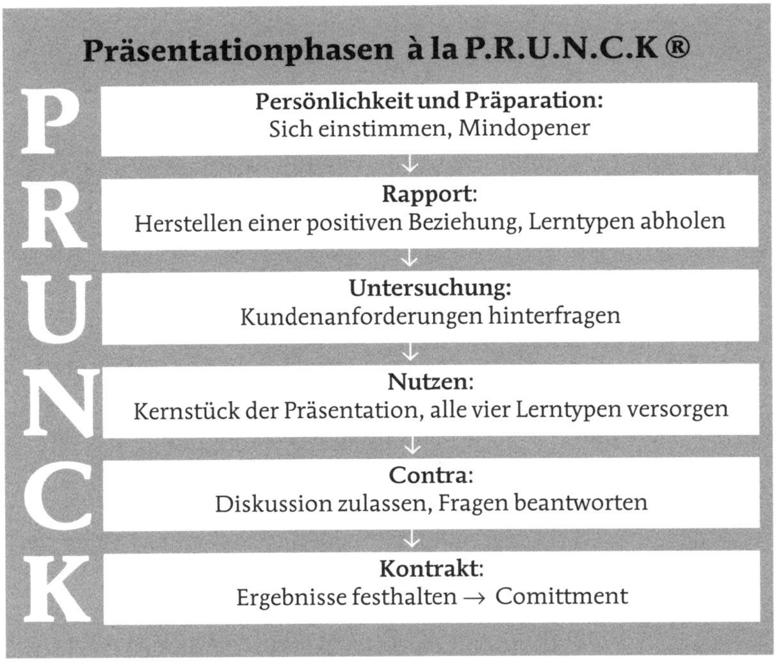

Präsentationphasen à la P.R.U.N.C.K®

P — **Persönlichkeit und Präparation:** Sich einstimmen, Mindopener

R — **Rapport:** Herstellen einer positiven Beziehung, Lerntypen abholen

U — **Untersuchung:** Kundenanforderungen hinterfragen

N — **Nutzen:** Kernstück der Präsentation, alle vier Lerntypen versorgen

C — **Contra:** Diskussion zulassen, Fragen beantworten

K — **Kontrakt:** Ergebnisse festhalten → Comittment

Abb. 4.6: Ablauf von Präsentationen

Praxistipps

1. Wenn mehrere Mitbewerber zum Präsentieren eingeladen wurden, versuchen Sie der Letzte zu sein. Denn vielen Kunden wird erst, wenn sie mehrere Präsentationen gesehen haben, klar, was ihnen wirklich wichtig ist. Folglich hat nur der letzte Präsentator als Einziger die Chance, auf diese wirklich wichtigen Punkte einzugehen.

2. Aktivieren Sie Ihre Zuhörer, denn wir behalten:
- 10% von dem, was wir lesen
- 20% von dem, was wir hören
- 30% von dem, was wir sehen (Bilder)
- 50% von dem, was wir hören und sehen
- 70% von dem, was wir selber sagen
- 90% von dem, was wir selber tun

Wenn Sie also möchten, dass Ihre Zuhörer sich an Sie erinnern, wenn sie zusammensitzen und eine Entscheidung treffen, dann sorgen Sie dafür, dass sie möglichst viele eigene Erfahrungen und positive aktive Referenzen mit Ihrem Produkt, Ihrer Lösung, Ihrer Firma und Ihnen persönlich haben.

3. Regeln zur Visualisierung – dazu fünf kurze Regeln zur Gestaltung von PowerPoint-Folien:
- Bringen Sie die Dinge auf den Punkt!
  Notieren Sie nur Stichworte, die die Kernaussage treffen. Überfrachten Sie Ihr Visualisierungsmedium nicht.
- Benutzen Sie, wenn möglich, Symbole und grafische Darstellungen. Gerade zur Darstellung von Zahlen und Prozessen eignen sich Kurven, Diagramme, Torten und sonstige Schaubilder.
- Visualisieren Sie so, dass es wirklich alle erkennen können. Benutzen Sie entsprechende Schrifttypen und Schriftgrößen, achten Sie darauf, dass die Schrift auch im hintersten Winkel des Zimmers gut lesbar ist (Kontrast).
- Nutzen Sie Farben, um Dinge hervorzuheben und zu unterscheiden. Aber weniger ist manchmal mehr. Nicht mehr als drei Farben pro Folie. Rot und Orange nur zum Hervorheben und Markieren.
- Maximal 7 ± 2 Punkte pro Folie.

  Sieben ist die magische Zahl. Sieben Informationseinheiten kann unser Gehirn auf einen Blick erfassen. Spätestens alles, was mehr als neun Informationseinheiten umfasst, muss Ihr Teilnehmer Wort für Wort lesen. Deshalb kürzen Sie auf rund sieben Punkte pro Folie oder geben Sie Ihren Zuhörern genügend Zeit zum Lesen, wenn Sie sich wirklich einmal nicht auf neun Punkte beschränken können oder wollen (Vortragspause).

Die nachfolgende Checkliste können Sie als Grundlage für ein kollegiales Feedback nach einer Präsentation beim Kunden oder aber auch nach einem dry-run (Trockenlauf) benutzen.

Checkliste: Persönliche Wirkung in einer Präsentation

Schriftliche Vorbereitung
- Sachebene, Inhalt etc.
- Motive des Gesprächspartners
- Manuskript, Konzept

Körpersprache
- Optik, Auftritt
- Haltung, Gestik
- Mimik, Lächeln, Augenkontakt
- Freude, Begeisterung

Sprache
- Bildhaft
- Fachwortschatz
- Konkrete Beispiele
- Killerphrasen
- Abschwächungen

Stimme
- Modulation
- Lautstärke
- Artikulation

Fragestil
- Fragen oder Aussagen?
- Offene, öffnende Fragen

Motiv
- Erkannt
- Penetriert

Redeanteil
- Eigener
- Des Gesprächspartners/ des Zuhörers

Perspektive
- Ansprache mit Namen des Gesprächspartners (Sie...)
- Zu viel eigene? (ich...)

Aktiv hinhören
- Hinhören, ausreden lassen
- Aktiv zuhören
- Verständnisquittung geben

Konkreter Abschluss
- Wer?
- Macht was?
- Bis wann?

Nutzen präsentiert
- Merkmal/Erklärung/ Vorteil/Nutzen
- Interesse/Motiv für Zuhörer persönlich

KISS
- Kurz fassen

Visualisierung
- Die Dinge auf den Punkt bringen
- Symbole und/oder grafische Darstellungen
- Entsprechende Schriftgröße und -typen, Kontraste
- Farben einsetzen
- 7 ± 2 pro Folie

Verkaufsgespräche organisieren

4.2.7 Argumente

Reflektieren Sie genau: Warum macht es für Ihren Kunden Sinn, gerade mit Ihnen zusammenzuarbeiten?
Weil Sie Qualität liefern?
Weil Sie Ihren Preis wert sind?
Weil Sie schnell und zuverlässig sind?
Weil Sie es Ihrem Kunden so einfach wie möglich machen?
Weil Sie kompetente Mitarbeiter haben?
Falls Sie jetzt mehrfach mit „ja" geantwortet haben, müssen wir Sie jetzt enttäuschen. Wir haben Sie bewusst in eine Falle gelockt. Die obigen Fragen zielen nicht auf den Nutzen, sie zielen nicht auf die Kaufmotive des Kunden ab, sondern sie beschreiben Merkmale, sie zeigen aus einer Innensicht, aus Ihrer Sicht, eine **Leistungsbeschreibung**.

Argumente und Merkmale

Was den Kunden aber wirklich veranlasst zu kaufen, sind – wie wir bereits zwei Abschnitte zuvor bei den Kaufmotive dargelegt haben – die **emotionalen Treiber** aus Sicht des Kunden, diese sind entscheidend. Welche Treiber hat er? Welche Motive hat er?

GUTE ARGUMENTE VERBINDEN DIE INNENSICHT, IHRE LEISTUNGSBESCHREIBUNG, MIT DER KUNDENSICHT, DER NUTZENDARSTELLUNG.

Verkäufer, vor allem fachlich kompetente Verkäufer, tappen an dieser Stelle immer wieder in diese Falle. Denn sie versuchen den Kunden von ihrem Produkt, ihrer Dienstleistung oder ihrer Problemlösung zu überzeugen. Deshalb bringen sie in dieser Phase ihre ganze Fachkompetenz zum Einsatz – leider. Denn Fachkompetenz behindert an dieser Stelle den Verkaufserfolg. Wenn dann noch eine Fachsprache dazu kommt, dann hört sich das ungefähr so an: „*Mit seinen 533 MHz, auch im Front Side Bus, können Sie die 3,2 GHz des P4 538 Prozessors mit seiner Hyperthreading-Technologie voll ausnutzen. Durch die 2 SO-DIMM-Steckplätze können Sie Ihr Notebook auf 1.024 MB Speicher erweitern und so die 1.024 KB L2-Cache gut verschmerzen.*"

Nicht nur, dass der durchschnittliche Notebookkäufer hier vermutlich nur „Bahnhof" verstanden hat, nein, zusätzlich hat der sicherlich sehr fachkompetente Verkäufer hier auch keine wirklichen Argumente gebracht, dieses Notebook zu kaufen. Er hat mit Merkmalen, mit Produktmerkmalen, um sich geworfen.

Merkmale sind die Charakteristika von Produkten oder Dienstleistungen. Was den Kunden interessiert sind seine **Vorteile**. Deshalb ist erst der zweite Teil eines Arguments, die **Erklärung der Merkmale,** für den Kunden relevant. Diese Erklärung zeigt dem Kunden, wie er die Produkte, Dienstleistungen bzw. deren Merkmale benutzen kann bzw. wie sie ihm helfen können.

Die Erklärung der Merkmale zeigt dem Kunden den Nutzen des Produkts.

Jetzt muss noch der dritte Schritt eines guten Arguments kommen: der **Nutzen**. Denn erst der Nutzen zeigt dem Kunden, wie Ihr Produkt bzw.

Ihre Dienstleistung seine Motive und seine Treiber trifft, die Sie ja in der Untersuchungsphase herausgefunden haben.

Je mehr Sie sich an diesen Dreischritt – Merkmal, Erklärung, Nutzen – gewöhnt haben werden, umso mehr werden Sie feststellen, dass Merkmale und Erklärungen alleine nicht sehr hilfreich sind für die Überzeugungsarbeit. Sondern, dass alleine der Nutzen wirklich überzeugend ist.

Was ist der Unterschied zwischen Merkmal und Nutzen? Was ist der **Unterschied** zwischen **Verkaufsprospekt** und **Verkäufer**? Nur Sie als Verkäufer sind in der Lage, Merkmale in Kundennutzen zu übersetzen.

Merkmal: Was?
Erklärung: Wie kann der Kunde das benutzen?
Nutzen: Was hat der Kunde davon?

ARGUMENTIEREN SIE DESHALB NICHT AUS DER INNENSICHT MIT ICH-MERKMALEN, SONDERN AUS DER KUNDENSICHT MIT DU-NUTZEN.

Im Idealfall befriedigt das Nutzenargument nicht nur den Bedarf des Kunden, sondern trifft auch sein persönliches Treibermotiv.

> **Beispiele**
> 1. „Durch unsere umfangreiche Qualitätskontrolle sichern wir Ihnen eine störungsfreie Anwendung. Sie sparen dadurch Geld, denn Sie haben weniger Produktionsausfall."
> 2. Oder: „Durch unsere umfangreiche Qualitätskontrolle sichern wir Ihnen eine störungsfreie Anwendung. So können Sie schneller mit Ihrer Produktion starten und sich so einen Wettbewerbsvorsprung sichern."

Wie Sie sehen, haben wir in der Nutzenargumentation hier das gleiche Merkmal mit der gleichen Erklärung einmal übersetzt in den Vorteil „billiger" und den Treiber „Weg-von-Unsicherheit" und im zweiten Beispiel haben wir das gleiche Merkmal mit der gleichen Erklärung in den Vorteil „schneller" und den Treiber „Hin-zu-Wettbewerbsvorsprung" übersetzt.

Nutzenargumente setzen eine Analyse der Kundenwünsche voraus.

Vielleicht merken Sie, welche Kraft in diesen Nutzenargumenten steckt. Diese Überzeugungspower können Sie natürlich nur entfalten, wenn Sie in Ihrer Untersuchungsphase oder in vorangegangenen Gesprächen sehr genau analysiert haben, wovon Ihr Kunde getrieben wird.

Noch ein wichtiger Hinweis für Sie. Wenn Sie wissen, welche Motive Ihren Kunden treiben, dann können Sie auch den zweiten häufigen Fehler von Verkäufern vermeiden. Sie reden zu viel. Vor allem hier im Argumentationsteil glauben viele: „Masse ist Klasse". In Wirklichkeit muss es aber heißen: „Klasse statt Masse". Lieber drei echte Nutzenargumente, die passen, als 25 reine Merkmale.

Lieber drei echte Nutzenargumente als 25 reine Merkmale

Zur Erläuterung folgt hier eine kleine Geschichte, die wir in Nossrat Peseschkians ‚Der Kaufmann und der Papagei' gefunden haben.

Verkaufsgespräche organisieren 175

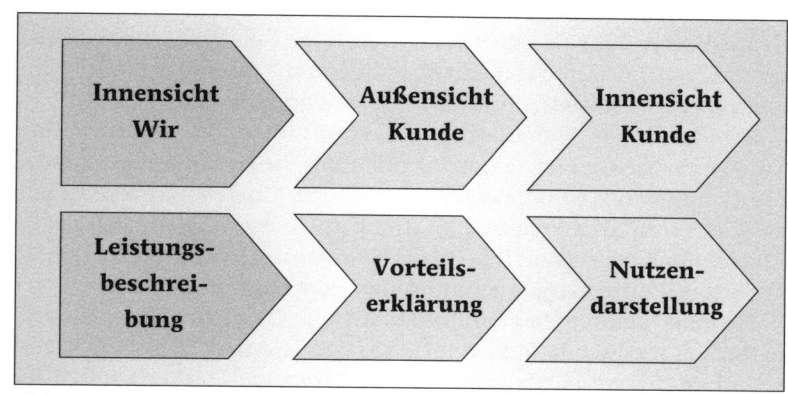

```
Innensicht Wir → Außensicht Kunde → Innensicht Kunde
Leistungsbeschreibung → Vorteilserklärung → Nutzendarstellung
```

Abb. 4.7: Nutzen statt Leistung

Merkmal	Erklärung	Nutzen
Was?	Wie kann der Kunde das benutzen?	Was hat der Kunde davon?
Wir bieten ...	Das bedeutet ...	Ihr Vorteil ...
...	...	...

Abb. 4.8: Argumente sind erst mit individuellem Kunden-Nutzen komplett

Die Geschichte: Der Mullah, ein berühmter Prediger, kam in einen Saal, um zu sprechen. Der Saal war leer, bis auf einen jungen Stallmeister, der in der ersten Reihe saß. Der Mullah überlegt sich, soll ich sprechen oder es lieber bleiben lassen? Schließlich fragte er den Stallmeister: „Es ist niemand außer dir da. Soll ich deiner Meinung nach sprechen oder nicht?" Der Stallmeister antwortete: „Herr, ich bin einfacher Mann, davon verstehe ich nichts. Aber wenn ich in einen Stall komme und sehe, dass alle Pferde weggelaufen sind und nur ein einziges da geblieben ist, so werde ich es trotzdem füttern." Der Mullah nahm sich das zu Herzen und begann seine Predigt. Er sprach über zwei Stunden lang. Danach fühlte er sich sehr erleichtert und glücklich. Und wollte durch den Zuhörer bestätigt wissen, wie gut seine Rede war. Er fragte ihn: „Wie hat dir meine Rede gefallen?". Der Stallmeister antwortete: „Ich habe bereits gesagt, dass ich ein einfacher Mann bin und von so etwas nicht viel verstehe. Aber wenn ich in einen Stall komme und sehe, dass alle Pferde außer einem weggelaufen sind, werde ich es trotzdem füttern. Ich würde ihm aber nicht das ganze Futter geben, das für alle Pferde gedacht war."

Denken Sie an diese Geschichte, wenn Sie Ihren Kunden das nächste Mal sagen hören: „Das muss ich mir erst noch einmal überlegen". Vielleicht muss er ja nur die Menge Ihres Futters erst einmal verdauen.

Zäumen wir das Pferd doch einmal von hinten auf. Wenn Sie Ihre Kunden überzeugen wollen, müssen Sie, wie Sie gerade gelesen haben, das dominierende emotionale Motivfeld Ihres Kunden ansprechen, um das Gehirn zu aktivieren und Kaufreize auszulösen. Sie müssen daher Ihre Argumente exakt auf Ihr Gegenüber zuschneiden und die Merkmal-Erklärung -Nutzen-Argumentation entsprechend formulieren.

Individuelle, auf den Kunden zugeschnittene Argumentation

Für einen dominanten Kunden (Motivfeld: Dominanz) beispielsweise wird Ihr Produkt dann besonders attraktiv, wenn es ihm einen Wettbewerbsvorteil verschafft oder seiner Karriere nutzt. Folglich können Sie in solch einem Fall argumentieren: „Mit ‚diesem Merkmal' und aufgrund ‚dieser Erklärung' verschafft Ihnen unser Produkt einen Vorsprung, der nicht einzuholen ist."

Den nächsten Kunden, dessen Ausprägung im Motivfeld Perfektion am stärksten ist, müssen Sie anders überzeugen. Er will auf Nummer sicher gehen und alles in der Hand behalten. Das richtige Verkaufsargument muss hier deshalb lauten: „‚...,unser Merkmal' mit ‚dieser Erklärung' amortisiert sich daher in kürzester Zeit und Sie behalten so weitere Entscheidungen in der Hand".

Ein auf Sicherheit und Stabilität ausgerichteter Kunde wird sich eher für Ihr Produkt entscheiden, wenn Sie betonen, wie problemlos die Handhabung Ihres Produktes ist. Beispiel: „Mit ‚diesem Merkmal' und durch ‚diese Erklärung' brauchen Sie sich um nichts mehr zu kümmern. Alles ist ganz einfach zu handeln."

Argumentationstraining

Jetzt sind also wieder Sie dran. Flexibilitätstraining, Argumentationstraining ist angesagt. Finden Sie für jedes Motivfeld ein Argument oder besser noch zwei oder drei. Deklinieren Sie doch jedes Ihrer USP-Merkmale einmal durch und finden Sie für jedes der sechs Motivfelder ein echtes ‚hin-zu'- und ein echtes ‚weg-von'-Nutzenargument.

Wir garantieren Ihnen nach diesem Training einen extrem hohen Nutzen für Sie. Nämlich eine höhere Überzeugungs- und damit Abschlussquote.

Zusatznutzen

Wenn Sie bei besonders hartnäckigen Fällen noch einen Trumpf ausspielen wollen, können Sie auch wie folgt vorgehen:
1. Vom Produktmerkmal
2. über die Erklärung und den Vorteil,
3. den Nutzen, das Motiv
4. zum Zusatznutzen.

Dieser Zusatznutzen ist vor allem für Kunden mit einem ausgeprägten Motivfeld „Stimulanz" ein geeignetes Verkaufsargument.

Hier noch einmal zur Übersicht die Argumentationstreppe:

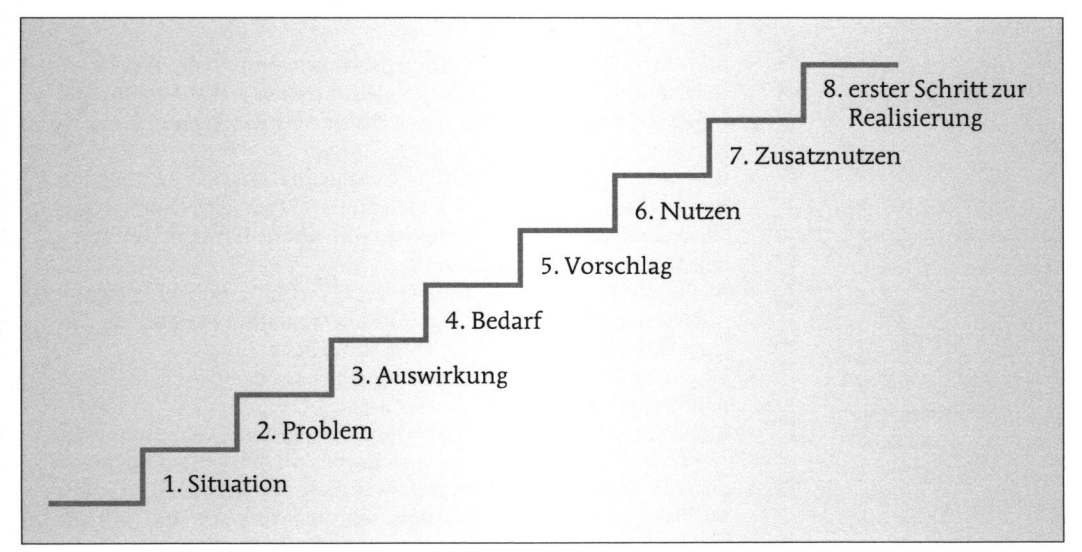

```
                                              8. erster Schritt zur
                                                 Realisierung
                                        7. Zusatznutzen
                                  6. Nutzen
                            5. Vorschlag
                      4. Bedarf
                3. Auswirkung
          2. Problem
   1. Situation
```

Abb. 4.9:   Argumentationstreppe

Argumentationstreppe im Überblick

1. Stufe: Situation – Ist-Darstellung, möglichst wertfrei.
            Wie sehen die Fakten aus?

2. Stufe: Problem – Unzufriedenheit mit Status quo, impliziter Bedarf.
            Wo ist das Problem? Was muss sich ändern?

3. Stufe: Auswirkung – befürchtete Zukunft, Nachteile der Situation.
            Was passiert, wenn nichts geschieht?

4. Stufe: Bedarf – gewünschte Vorteile, Vermeidung der Nachteile (schneller, besser, billiger, bequemer).
            Wie müsste eine Lösung aussehen? Was müsste sie besser können?

5. Stufe: Vorschlag – KISS! Merkmal und Erklärung.
            Deshalb schlage ich vor...

6. Stufe: Nutzen – für den Kunden! Customeyes-Treibermotiv.
            Was hat der Kunde davon?

7. Stufe: Add-on, Zusatznutzen. Und außerdem ... / Und zusätzlich ...

8. Stufe: Erster Schritt – Lösungsperspektive aufzeigen. Der erste Schritt zur Realisierung ist ...

Übergeordnetes Ziel: der Kundennutzen

Außendienstler als Unternehmensberater der Kunden

> **Checkliste: Argumentationsqualität**
>
> - Alle Aktivitäten aller Unternehmensbereiche sind auf das Ziel fokussiert, unserem Kunden möglichst viel Nutzen zu verkaufen, um eine möglichst wettbewerbsüberlegene Position am Markt einnehmen zu können.
> - Im Unternehmen herrscht die Überzeugung, dass die Lösung von Kundenproblemen nicht im Verkauf unserer Produkte, Systeme oder Servicemaßnahmen liegt: Jeder einzelne Kunde hat sehr eigenständige firmenspezifische Probleme.
> - Als Resultat der vorstehenden Prozesse verfügt jeder Außendienstmitarbeiter über ein Beratungs-/Serviceprogramm, welches die Lösung kundenspezifischer Probleme ermöglicht.
> - Unsere Außendienstmitarbeiter haben sich immer mehr zum Unternehmensberater ihrer Kunden entwickelt.
> - Bezogen auf den Verkauf unserer Produkte/Systeme beherrscht jeder Außendienstmitarbeiter uneingeschränkt die Nutzenargumentation. Jeder Außendienstmitarbeiter weiß, dass die Zielsetzungen seiner Kunden in vier Bedarfskategorien zusammenzufassen sind: schneller, besser, billiger, bequemer.
> - Daraus abgeleitet verfügt der Außendienstmitarbeiter über ein Argumentarium, welches diese vier Grundbedarfe bei Kauf unserer Produkte/Systeme adressiert.
> - Der Außendienstmitarbeiter kann unsere USP-Merkmale in jedes emotionale Treibermotiv übersetzen.
> - Unser Verkäufer kennen den Unterschied zwischen ‚hin-zu'- und ‚weg-von'-Treibern und argumentieren entsprechend.

4.2.8 Einwandbehandlung

Die meisten Verkäufer glauben immer noch, dass ihr Kunde Einwände hat, weil ihm das Produkt nicht passt. Das stimmt jedoch meistens nicht.

Die meisten Einwände fallen immer dann, wenn der Verkäufer Verkaufsmerkmale nennt, die nicht auf den Bedarf des Kunden passen.

EINWÄNDE SIND REAKTIONEN DES KUNDEN AUF UNPASSENDE ARGUMENTE UND VORSCHNELLE LÖSUNGSANGEBOTE.

Die meisten Einwände richten sich nicht gegen das Produkt an sich, sondern gegen Lösungen, die nicht zu den Bedürfnissen passen. Warum erzählen wir Ihnen das? Ganz einfach, es geht ums **Vermeiden**:

BESTE METHODE MIT EINWÄNDEN UMZUGEHEN IST, SIE ZU VERMEIDEN.

Untersuchungen haben gezeigt, dass die Zahl der Einwände um mehr als 50 % verringert werden kann, wenn Vertriebler trainiert werden:

Verkaufsgespräche organisieren

- Bedarfe durch Fragen zu erkennen.
- Nur Merkmale zu nennen, die für den Kundenbedarf relevant sind.

Wenn Sie das bis hier Gesagte anwenden, werden Sie immer weniger Einwände bekommen. Je treffsicherer Sie argumentieren, umso weniger Anlass wird der Kunde haben, Einwände zu bringen. Wir möchten Ihnen ein Beispiel geben, wie es nicht geht: Es stammt aus dem Bereich des Einzelhandels und passt ganz genauso gut auch auf den B2b-Vertriebssektor.

Je treffsicherer die Argumentation, desto weniger Einwände

> **Beispiel**
>
> Eine Frau wollte ein Klavier kaufen. Ihre Entscheidungskriterien waren gute Qualität, gutes Preis-Leistungs-Verhältnis, es sollte klein sein und es sollte nett aussehen. Außerdem wollte sie ein richtiges Klavier und kein elektrisches.
>
> Die Frau ging also mit ihrem Mann zum örtlichen Klavierhändler und sie erklärten ihre Kriterien dem Verkäufer. Der Verkäufer hatte eine ausgezeichnete Idee: ein digitales Modell, noch dazu gerade im Angebot. Das sozusagen alle Kriterien der Kundin erfüllte außer, o.k., es war kein richtiges Klavier. Er erklärte, dass sie schon Recht hatte, die ganzen früheren elektrischen Klaviere hatten einen schrecklichen Klang und wurden zu Recht von allen normal hörenden Menschen abgelehnt. Aber die neuen digitalen Klaviere sind Meisterstücke der Ingenieurskunst und Euro für Euro ihr Geld wert.
>
> Der Ehemann unserer Kundin begann Gefallen zu finden am digitalen Modell. Er würde Geld sparen und als zusätzlichen Bonus hätte die Frau ein Klavier, das man auch mit Kopfhörer benutzen könnte. „Tolle Idee", sagte der Mann und bezog sich dabei sowohl auf das Klavier als auch auf den Preis. „Ich denke, das ist die richtige Lösung für uns."
>
> „Es hat eine Menge Knöpfe und Schalter", sagte die Frau. Unser Verkäufer tat, was alle „guten" Verkäufer tun. Er erklärte ausführlich, wofür die ganzen Knöpfe und Schalter gut sind. „Ihr Klavier kann so klingen wie eine Harfe, oder auch wie ein ganzes Orchester, oder wie ein Synthesizer oder wie ein Trompete oder, oder, oder." Die Frau antwortete: „Deswegen finde ich elektrische Klaviere doof."
>
> So war das Angebot, das eigentlich den Kundenwünschen am besten entsprach, gestorben, weil der Verkäufer – begeistert von seinem Produkt – die ganzen Merkmale, die ganzen Features der Kundin erklärt hat. Nicht nur, dass sie sie nicht gebraucht hätte, nein, sie hat sie sogar abgelehnt.
>
> Am übernächsten Tag rief unser Verkäufer die Dame zu Hause an und riet ihr schnell zu handeln. „Wir werden die Klaviere nicht lange zu diesem Preis haben." Sie gab ihm die klassische Absage: „Es ist zu teuer."
> In Wahrheit war dieses Klavier nicht zu teuer. Im Gegenteil. Aber der Preis ist nun mal eine gute Entschuldigung, die Kunden gerne benutzen, um ein Verkaufsgespräch zu beenden.

Das Geschäft in obigem Beispiel wurde vom Verkäufer verloren, nicht vom Produkt. Und warum? Weil unser Verkäufer zu viel geredet hat. Anstatt den Einwand zu hinterfragen hat er eine lange Liste von Merkmalen und Erklärungen dazu aufgezählt und hat noch dazu den Nutzen für die Kundin vergessen. Wahrscheinlich kannte er ihn auch gar nicht.

Das bringt uns zur **goldenen Regel** im Umgang mit Einwänden.

LEGEN SIE NICHT SOFORT MIT GEGENARGUMENTEN LOS, SONDERN HINTERFRAGEN SIE DEN EINWAND ZUERST. DENN DAS HINTERFRAGEN HILFT IHNEN, DEN WAHREN GRUND FÜR DEN EINWAND ZU ERFAHREN.

Vorwände: Nicht jeder vom Kunden genannte Einwand entspricht der Wahrheit.

Wie heißt es so schön unter Topverkäufern: „Es gibt für den Kunden immer zwei Gründe etwas nicht zu tun, einen, der gut ausschaut, und einen wahren Grund." Wir nennen diese gut aussehenden Gründe „**Vorwände**".

Ein Grund, warum Kunden Vorwände benutzen, ist, dass sie den wahren Grund nicht nennen möchten. Manchmal wollen sie aber auch nur einfach höflich sein und den Verkäufer nicht vor den Kopf stoßen. Die Profis unter Ihren Kunden benutzen Vorwände natürlich auch aus taktischen Gründen.

Es gibt noch einen Aspekt, den Sie beachten sollten: Ängste, Risiken oder Nachteile, von denen Ihr Kunde denkt, dass sie eintreten könnten, wenn er sich für Sie und Ihr Produkt / Ihre Dienstleistung entscheidet. Weil es für den Kunden unangenehm ist, mit dem Verkäufer darüber zu sprechen, kommen diese Einwände oft nicht zum Vorschein, sondern werden konsequent von Vorwänden abgedeckt.

Ein klassisches Beispiel ist, wenn der Entscheider oder der Chef des Entscheiders enge persönliche Verbindungen zu einem Ihrer Wettbewerber hat. Auch wenn der Kunde eigentlich Ihr Angebot bevorzugen würde, so ist er sich doch nicht ganz sicher, ob das eine gute Idee wäre. Aber anstatt damit gerade heraus zu Ihnen zu kommen und zu sagen: „Der Schwager unseres Geschäftsführers ist Verkäufer bei Ihrem Wettbewerber und das ist der Grund, warum wir üblicherweise dort kaufen", wird Ihr Kunde lieber einen Grund nennen, der sehr viel besser ausschaut, den zu hohen Preis z. B.

Einwände analysieren

Nun wissen Sie also, dass Sie Einwände oder Vorwände, die so ausschauen wie Einwände, zuerst **analysieren** und **hinterfragen** sollten.

Eine gute weitere Strategie, um durch genaues Hinhören Einwände von Vorwänden unterscheiden zu können, ist die so genannte **Weiter-Frage-Strategie**. Oft genügt ein einfaches „O. k. und ist sonst noch was?" um Ihren Kunden weiter zum Reden zu bringen. Und oft gibt er Ihnen dann eine Möglichkeit, einen Blick hinter seinen Vorwand zu werfen und den wirklichen Einwand zu erkennen.

Von manchen Vorwänden wissen Sie auch, manchmal vor Ihrem Kunden, ganz genau, dass sie gleich kommen werden. In solch einem Fall bietet es sich an, mit der **Offensiv-Strategie** zu arbeiten. Das bedeutet, Sie behandeln den Einwand schon, bevor er kommt. Oft nehmen Sie Ihrem Kunden dadurch den Wind aus den Segeln und bringen ihn so dazu, seinen wahren Einwand zu offenbaren.

Den Einwand behandeln, bevor er kommt

Auch mit der **Szenario-Strategie** können Sie unter Umständen Vorwände und Einwände analysieren. Wenn Ihr Kunde z. B. sagt: „Sie sind zu teuer", antworten Sie mit: „Angenommen, wir können uns im Preis einigen, kaufen Sie dann bei uns?" Wenn Ihr Kunde jetzt „ja" sagt, wissen Sie, der Preis war ein echter Einwand. Oft wird Ihr Kunde allerdings jetzt weitere Einwände nennen. Dann können Sie davon ausgehen, dass die nun genannten Einwände in der Regel wichtiger sind als der zuerst genannte. Denken Sie immer daran: Es gibt immer einen, der gut ausschaut, und danach dann noch den wahren Grund.

Auch das **Verbalisieren emotionaler Botschaften** (VEB) ist eine Erfolg versprechende Strategie zur Einleitung einer Vorwand-Einwand-Analyse. Verbalisieren Sie die emotionalen Botschaften, die Ihnen Ihr Kunde zwischen den Zeilen sendet. Zeigen Sie Verständnis dafür und lassen Sie ihn weiter sprechen. Sie werden sehr häufig feststellen, dass der Kunde, aufgetaut durch Ihr Verständnis, Ihnen die Möglichkeit gibt, einen Blick hinter seinen Vorwand zu werfen.

Implizite Botschaften des Kunden verbalisieren

Eine mächtige Strategie ist auch die **3S-Strategie**. Wobei 3 S hier für ‚drei Sekunden' Schweigen steht. Wenn Ihr Kunde mit einem Vorwand oder Einwand kommt, sagen Sie doch einfach einmal nichts. Dieses Schweigen ist sozusagen die offenste aller Fragen und bringt Ihren Kunden regelmäßig dazu, wieder das Wort zu ergreifen und weiterzusprechen. Wenn Sie jetzt genau hinhören, können Sie sehr häufig den wahren Grund seines Einwands erkennen.

Sie merken schon, wenn es um Einwandbehandlung geht, müssen Sie zäh sein. Das ist die neunte Strategie, die **Zähigkeits-Strategie**. Denn letzten Endes geht es auch darum, ob Ihr Kunde das Gefühl hat, dass Sie ihn ernst nehmen mit seinen Einwänden.

Die Einwandbehandlung erfordert Ausdauer.

Und erst, wenn Sie sicher sind einen wahren Einwand vor sich zu haben, dann greifen Sie in Ihre Argumentationskiste und setzen zielsicher ein **Nutzenargument**, das bei Ihrem Kunden ins Herz trifft, das genau seinen emotionalen Motivbereich anspricht.

Konzentrieren Sie sich bei der Einwandbehandlung auf die entscheidenden Punkte. Sie müssen nicht jeden Vorwand entkräften, ganz im Gegenteil. Konzentrieren Sie sich darauf, die **wirklichen Einwände argumentativ zu entkräften** und Ihren Kunden an den Stellen, an den es für ihn wichtig ist, zu überzeugen. Bei den Vorwänden können Sie ihm gerne einmal Recht geben. Wenn Sie jetzt wie viele unserer Teilnehmer in den Vertriebstrainings sagen: „Das kann ich aber nicht, wenn der Kunde nicht Recht hat", dann geben wir Ihnen jetzt die Antwort, die wir auch unseren Teilnehmern immer geben: „Wollen Sie Recht haben, oder Umsatz machen?"

Auf den Umsatz kommt es an und nicht so sehr aufs Rechthaben.

Zehn Strategien zur Einwandbehandlung

Machen Sie die Big Points, machen Sie Umsatz mit den 10 Strategien zur Einwandbehandlung, die in Abb. 4.9 noch einmal zusammengefasst sind. Damit bekommen Sie die „Kurve".

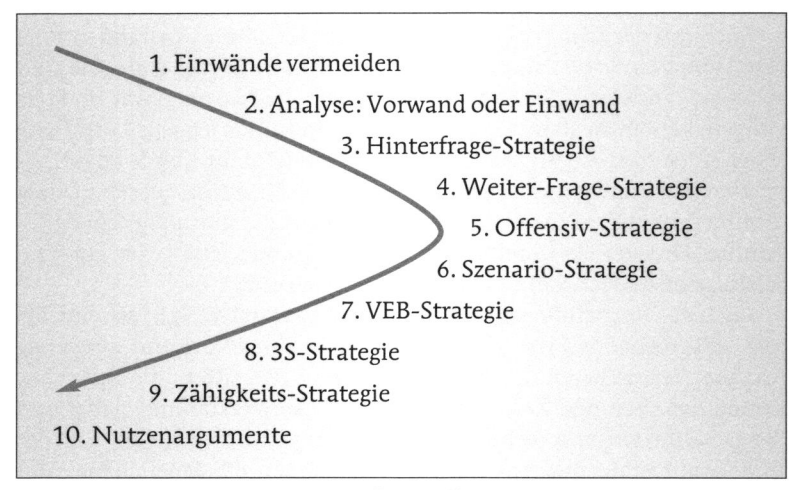

1. Einwände vermeiden
2. Analyse: Vorwand oder Einwand
3. Hinterfrage-Strategie
4. Weiter-Frage-Strategie
5. Offensiv-Strategie
6. Szenario-Strategie
7. VEB-Strategie
8. 3S-Strategie
9. Zähigkeits-Strategie
10. Nutzenargumente

Abb. 4.10: Strategien zur Einwandbehandlung

4.2.9 Angebote

Nun sind Sie also im Vertriebsprozess in Stufe fünf angekommen, mit Ihrem potenziellen Kunden. Ihr Kunde will ein Angebot. Und Sie wollen ein Angebot abgeben und die dafür nötigen Ressourcen investieren (siehe Abschnitt 3.3.6).

Ihre Chance, Ihr Angebot zum Auftrag zu machen, ist dann besonders groß, wenn Sie die wichtigste Erfolgsregel beachten.

SCHREIBEN SIE IN DAS ANGEBOT HINEIN, WAS DER KUNDE AUS DEM ANGEBOT HERAUSLESEN WILL.

Den Kunden interessiert, welchen Nutzen er für sein Geld bekommt.

Den Kunden interessiert, welchen Nutzen er exakt für sein Geld erhält. Deshalb reicht es bei weitem nicht aus, wenn in Ihrem Angebot lediglich steht, Artikel X kostet Y Euro und ist in soundsoviel Wochen lieferbar. Dagegen steigern Sie die Abschlusswahrscheinlichkeit erheblich, wenn Sie Ihr Angebot zu einer **Dokumentation des Kundennutzens** entwickeln. Dies bedeutet, dass Ihr Kunde schwarz auf weiß lesen kann, welchen Nutzen ihm das Produkt im Einzelnen bietet. Ein Angebot ist erst dann komplett, wenn es all die Fakten zusammenführt, die den Kunden zur positiven Entscheidung veranlassen.

Für jeden Entscheider die Nutzenargumente, die seiner Kompetenz entsprechen, separat aufteilen

Sind beim Kunden mehrere Personen an der Kaufentscheidung beteiligt, sollten Sie das Angebot sogar aufteilen und für jeden Entscheider die Nutzenargumente separat aufführen, die seiner Kompetenz entsprechen. Das sind:

- Die technischen Nutzenkriterien für den Fachentscheider.
- Die Fakten, die sich auf den praktischen Einsatz beziehen, für den Entscheider aus dem operativen Bereich und
- die Kosten-Nutzen-Berechnung für den Finanzentscheider.

Wichtig ist, dass jeder Beteiligte in Ihrem Angebot seine Kaufargumente findet, die für seine Entscheidung die größte Rolle spielen. Wenn Sie also in einer Branche tätig sind, in der Entscheidungen manchmal Monate dauern und wo es in einem Akquisitionsprozess nötig ist, mehrere Personen auf verschiedenen Ebenen der Kundenorganisation zu beeinflussen, können gute Angebote ein hilfreiches Tool sein, um zum Abschluss zu kommen.

Gute Angebote – hilfreich, um zum Abschluss zu kommen

Checkliste: Form und Aufbau eines Angebots

1. Anschreiben
- max. zwei Seiten
- auf Firmenbriefpapier
- Anschrift des Kunden komplett; bei Firmen mit dem korrektem Firmennamen (Rechtsform), Titel, Vornamen, Nachnamen. Unser Firmenbriefkopf mit Anschrift unseres Bearbeiters incl. Telefon-Durchwahl, Fax und E-Mail, Datum
- Bezug komplett mit Angebots-Nr. und Arbeitstitel
- Ansprache mit Titel, aber ohne Positionsbezeichnung, Ausnahme: öffentlicher Auftraggeber, dort mit Amtsbezeichnung, aber ohne Name, z. B. „Sehr geehrter Herr Oberbürgermeister"
- Einleitung: freundlich, persönlich und aktivierend

Hauptteil
- wesentliche Argumente, warum es sich lohnt mit uns zusammenzuarbeiten; max. 5 (± 2) Argumente, kurz prägnant und für sich sprechend
- den Nutzen für unseren Kunden formulieren
- Verweis auf die Struktur des Angebots

Schluss
- freundliche Aufforderung zur Zusammenarbeit
- USP hervorheben
- evtl. Wiederholung des wichtigsten Nutzens für unseren Kunden
- Bindefrist
- Unterschrift lesbar oder zusätzlich in Maschinenschrift unten angefügt
- Anlagehinweis

Generell gilt: Wir schreiben in der Sprache des Kunden. Wir verwenden im Anschreiben keine Standardbausteine. Wir schreiben nutzenorientiert und kundenspezifisch. Das Anschreiben wird meist öfter gelesen als der Leistungsteil. Es sollte für sich sprechen.

2. Anlagen
- Inhaltsverzeichnis und klare Gliederung mit Seitenzahlen, Firmenlogo und Copyright
- Management Summary mit Lösungsvorschlag auf Entscheiderebene
- Liefer- und Leistungsbeschreibung
- Preise und Vertragskonditionen, Nebenabreden
- Referenzliste
- Prospekte und sonstige Dokumentation, Datenblätter

Je nach Produkt und Dienstleistung besteht ein Angebot aus zwei bis zwanzig verschiedenen Dokumenten, und zwar mindestens aus Anschreiben und Angebot, u. U. aber auch aus Anschreiben, Werksvertrag, Lizenzvertrag, Kaufvertrag, Wartungsvertrag, AGB's, Preis- und Vertragskonditionen und Datenblättern.

Ein gutes Angebot ist oft erfolgsentscheidend.

Ein gutes Angebot, gut aufgebaut und mit den entscheidenden Nutzenargumenten im Content, kann sehr wohl den Unterschied machen zwischen ‚ein Geschäft gewinnen' und ‚ein Geschäft verlieren'.

Deshalb hier ein paar Regeln, damit Sie mit Ihrem Angebot (nicht nur im B2b-Bereich, sondern ähnlich gilt das im B2c) auch gewinnen:

- Schreiben Sie Angebote, um die Personen beim Kunden zu beeinflussen, die Sie noch nicht persönlich kennen. Nicht nur die, die Sie bereits kennen.
- Konstruieren Sie einen starken Business-Case, der die Kosten rechtfertigt und sehr genau die Vorteile für das Business Ihres Kunden erläutert.

Auf das Wesentliche konzentrieren

- Machen Sie es so einfach wie möglich für den Kunden, Ihr Angebot auch zu lesen. Es gibt eine Regel für Romanschreiber, die auch hier gilt: Lassen Sie alles draußen, das sowieso jeder überblättert.
- Konzentrieren Sie sich in Ihrem Anschreiben auf den Kunden und seine Bedürfnisse. Zeigen Sie, wie Ihre Lösung seinen Bedarf trifft und welche Kundenmotive erfüllt werden. Bitte kippen Sie nicht alle technischen Merkmale in den Hauptteil des Angebots.
- Zeigen Sie auch die Risiken auf, die für Ihren Kunden in der Entscheidung liegen. Zeigen Sie, wie Ihre Lösung, Ihr Produkt diese Risiken minimiert.
- Checken Sie Ihren Angebotsentwurf mit Ihrem Sponsor, bevor Sie die endgültige Version Ihrem Kunden übergeben.
- Überlegen Sie, wie Sie sicherstellen können, dass die wirklichen Entscheider Ihr Angebot auch lesen.

Denken Sie daran: Wenn Sie bis hierher gekommen sind und entschieden haben, dass es Sinn macht, Ressourcen in ein Angebot zu investieren, dann macht es auch Sinn, die Ressourcen zu investieren, um Ihr Angebot richtig gut zu machen.

Das Angebot muss überzeugen, wenn man selbst nicht vor Ort ist.

Bedenken Sie, Ihr Angebot muss Sie beim Kunden verkaufen, während Sie nicht persönlich vor Ort sind. Deswegen sollte Ihre Professionalität auch im Angebot wiederzuerkennen sein.

Praxistipp: Wann nennen Sie den Preis?

Im Regelfall nennen Sie Ihrem Kunden erst im Angebot zum ersten Mal Ihren konkreten Preis für seine Problemlösung, denn jetzt kennt er seinen konkreten Nutzen und kann ihn dem Preis gegenüberstellen. Idealerweise steigen Sie in die Preisverhandlung erst ein, wenn sich Ihr Kunde bereits für Sie entschieden hat.

4.2.10 Entscheidung

Wir haben in den vorangegangenen Abschnitten Motive, Einwandbehandlung, Argumente und Angebote immer wieder schon über die entscheidenden Punkte für die Kundenentscheidung gesprochen.

Hier also nur noch einmal kurz zusammengefasst die ausschlaggebenden Kriterien für die Entscheidung.

Die ausschlaggebenden Kriterien für die Entscheidung

Wir möchten auch diesen Abschnitt wieder mit einer Geschichte beginnen, die wir bei Karl-Werner Schmitz im Buch ‚Haptisches Verkaufen' gefunden haben:

Die Geschichte von den zwei blinden Bettlern

Ein blinder Bettler hat seinen Stammplatz in Paris, direkt schräg gegenüber von Notre Dame. Dort sitzt er und wartet darauf, dass die Menschen ihm Geld in seinen Hut werfen. Es ist der erste richtige Frühlingstag in Paris. Viele Menschen gehen an der Seine spazieren und der blinde Bettler freut sich, weil für ihn klar ist: Wenn viele Menschen spazieren gehen, an so einem wunderschönen Tag, dann bekommt er auch ganz viel in seinen Hut. Er setzt sich an seinen Stammplatz, um zu betteln. Und am Ende des Tages zählt er zusammen und stellt enttäuscht fest, dass er nur ein paar Cent zusammen bekommen hat, die gerade reichen für die Herberge der Clochards. Er geht zu dieser Herberge und besorgt sich dort ein Quartier.

Als er die Türe öffnet sind, „die Puppen am Tanzen". Da ist etwas los und er hört die anderen, wie sie etwas rufen: „Komm rein, der Jacques hat einen ausgegeben! Baguette, Wein, Käse. Komm, iss mit, trink mit, feiere mit." Er geht hinein, isst ein bisschen und trinkt ein wenig, aber ihm brennt eine Frage unter den Nägeln, weil er weiß, auch Jacques ist ein blinder Bettler.

Er sucht den Weg zu Jacques, findet ihn und fragt ihn dann: „Sag mal, wo hast du denn das ganze Geld her, hier alle Leute frei zu halten? Hast du eine Erbschaft gemacht oder im Lotto gewonnen oder was ist los?" „Nein", sagt Jacques: „Heute war ein super Tag. Ich habe so viel Geld verdient wie niemals zuvor." Er sagt: „Hm, bei mir ist es ganz schlecht gelaufen und ich hab nur ganz wenig bekommen." Da fragt Jacques ihn: „Was hast du denn gemacht?" „Ich habe an der Seine gesessen, schräg gegenüber von Notre Dame, wo ich immer sitze." „Nun", sagt Jacques „Ich habe auch an der Seine gesessen. Ein ganzes Stück weiter, das kann kein Unterschied sein." „Was hast du denn noch gemacht?" Er: „Ich sitze so im Schneidersitz auf der Erde und hab den Hut mit der Öffnung nach oben vor mir, damit die Leute da was reinschmeißen können." Daraufhin Jacques: „Das habe ich ganz genauso gemacht, das kann kein Unterschied sein." „Was hast du denn noch gemacht?" „Ich habe ein Schild um den Hals." „Ein Schild um den Hals? Das habe ich auch. Was hast du denn draufstehen?", fragt Jaques. „Auf meinem Schild steht: Ich bin blind!"

Daraufhin sagt Jacques: „Jetzt ist mir klar, wo der Unterschied liegt. Auf meinem Schild steht: Es ist ein wunderschöner Frühlingstag in Paris, nur leider kann ich ihn nicht sehen!"

Emotionales Verkaufen

Das ist emotionales Verkaufen, nicht wahr? Und in den letzten Jahren wurde sehr viel darüber geschrieben, dass Kunden emotional entscheiden, sozusagen nach Sympathie. Zugespitzt sagte einmal ein Verkaufsleiter zu uns: *„Training brauche ich nicht. Meine Kunden kaufen bei mir, weil sie mich mögen."*

Ist Verkaufen also wirklich nicht mehr als ein Sympathiewettbewerb?

Diese Meinung wird von vielen Leuten außerhalb und innerhalb der Vertriebswelt geteilt. Ein Vertriebsgeschäftsführer hat einmal zu uns gesagt, dass er grundsätzlich nichts kauft bei jemandem, den er nicht mag. O.k., beide Zitate mögen die Wahrheit sein. Aber es ist eben nicht die ganze Wahrheit.

Denn bei **größeren Vertriebsprojekten**, die den Kunden viel Geld kosten, und bei Entscheidungen, die innerhalb der Firma des Entscheiders auch von anderen wahrgenommen werden, dort ist die persönliche Beziehung zum Verkäufer sicher nicht das wichtigste Entscheidungskriterium. Beziehungen, Sympathie und Vertrauen zählen erst dann wieder besonders viel, wenn die Wettbewerbslösungen alle innerhalb eines engen Rahmens liegen. Das bedeutet, wenn der Entscheider glaubt, dass der Unterschied zwischen zwei Angeboten nur sehr klein ist, dann wird er das Geschäft mit dem Verkäufer machen, den er mag, bzw. er wird das Geschäft gerade nicht mit dem Verkäufer machen, den er nicht mag. D. h., auch wenn uns allen die **enorme Bedeutung** von **Vertrauen** und **Sympathie** bekannt ist, so **reicht sie in der Regel doch nicht aus**, um sich deswegen für ein deutlich schlechteres Angebot zu entscheiden. Mathematiker würden es wohl so ausdrücken: Sympathie ist eine notwendige, aber keine hinreichende Bedingung für ein Geschäft.

Sympathie – ein entscheidender Faktor

Natürlich ist es immer eine gute Idee, stabile Beziehungen zu den beteiligten Personen auf Kundenseite aufzubauen. Aber verlassen Sie sich, wenn es um die Entscheidung geht, nicht allein auf diese Beziehung. Denn wenn es um Entscheidungen geht, zählen neben dem Bauch auch die Fakten.

Für die Fakten haben Sie ja schon unser BLUBZEWE-Radar kennen gelernt. Wie sieht Ihr Radar für diesen Kunden aus? Ist es ein voller Kreis? Wenn Sie in allen acht Sektoren den Maximalwert vier erreicht haben, bekommen Sie eine positive Entscheidung Ihres Kunden.

Ein einzigartiges Argument platzieren

Besonders wichtig in dieser entscheidenden Phase ist der Sektor drei: **Uniques/Alleinstellungsmerkmal**. Ihr Ziel muss es sein, in einem für Ihren Kunden kaufentscheidenden Kriterium ein einzigartiges Argument platzieren zu können. Einen Nutzen, den Ihr Wettbewerb nicht genauso gut erfüllen kann wie Sie.

Deshalb ist übrigens der niedrigste Preis kein geeigneter USP, weil Ihr Wettbewerber schnell nachziehen kann. Ein besonders innovatives technisches Feature mit dem entsprechenden Nutzen für Ihren Kunden, das nur Sie anbieten, ist da schon viel besser geeignet.

Auch Sektor acht: **„Entscheidungskriterien"** verdient noch einmal Ihre besondere Aufmerksamkeit. Und hier im Besonderen das Kriterium „Vertrauen". Wenn es letztendlich um die Entscheidung geht und Ihr Kunde nicht sicher ist, für wen er sich entscheiden soll, dann spielen sehr häufig auch die Risiken, die in diesem Geschäft liegen, eine mitentscheidende Rolle.

Und wir wissen aus der Spieltheorie, dass sich die Menschen in einer Dilemmasituation für die Variante mit dem geringsten Risiko entscheiden. Deshalb: Sorgen Sie dafür, dass Ihr Kunde bei Ihnen das geringste Risiko sieht. Kann er Ihnen vertrauen? Kann er Ihren Produkten vertrauen? Vertraut er Ihnen? Vertraut er Ihren Produkten?

Sorgen Sie dafür, dass der Kunde bei Ihnen das geringste Risiko sieht.

Wie Sie an dieser doppelt zweigeteilten Frage bereits gut erkennen können, kann Vertrauen sehr unterschiedliche Bedeutungen haben, je nach Verkaufs- und Entscheidungssituation.

VERTRAUEN IN EINFACHEN VERKAUFSSITUATIONEN BEDEUTET FAST AUSSCHLIESSLICH VERTRAUEN IN DAS PRODUKT UND IN SEINE FÄHIGKEITEN DAS ZU TUN, WOFÜR DER KUNDE ES KAUFT.

Vertrauen in den Verkäufer ist hier nicht so entscheidend, wenn der Kunde Vertrauen in das Produkt hat.

Im beratenden Verkauf wechselt die Bedeutung von Vertrauen vom Produkt zu den Menschen, die verkaufen und liefern werden.

IN KOMPLEXEN VERTRIEBSSITUATIONEN TRENNEN DIE KUNDEN IN DER REGEL NICHT ZWISCHEN VERTRAUEN IN DAS PRODUKT UND VERTRAUEN IN DIE PERSON, DIE ES IHNEN VERKAUFT.

Misstrauen in den Verkäufer wird so auch transferiert in Misstrauen in das ganze Angebot. Im komplexen Vertrieb, wenn Kunde und Verkäufer sehr eng zusammenarbeiten und der Verkäufer mehr als Partner denn als Lieferant betrachtet wird, geht es also um **Vertrauen in die gesamte Organisation des Verkäufers**. Dies ist ein sehr viel breiteres Verständnis von Vertrauen als einfaches Vertrauen in den Verkäufer. Auf diesem Niveau muss der Kunde Vertrauen haben in die gesamte Verkäuferorganisation, ihre Menschen und ihre Kompetenzen.

Egal auf welchem Niveau Sie verkaufen und welche Bedeutung Vertrauen für Ihre Kunden hat, beachten Sie das Zauberwort: Vertrauen. Es kann Ihnen Türen öffnen, die Sie mit Verkaufstechnik allein niemals öffnen könnten. Es kann Ihnen Geschäfte ermöglichen, die Sie mit Kompetenz allein nie bekommen hätten. Deshalb prüfen Sie die drei Dinge, die als Grundlage gelten für Vertrauen:

Zauberwort „Vertrauen"

- Aufrichtigkeit,
- Zuverlässigkeit und
- Kompetenz.

4.2.11 After Sales

Ihr Kunde vertraut Ihnen und hat sich deshalb für Sie entschieden und bei Ihnen gekauft. Wie geht es weiter?

Alles daransetzen, das Vertrauen zu rechtfertigen

Nun sollten Sie alles daransetzen, dieses Vertrauen auch zu rechtfertigen, denn Sie leben (machen Gewinn) ja vermutlich nicht von Einmalkunden, sondern von zufriedenen Kunden, die immer wieder bei Ihnen kaufen, die sie aktiv weiterempfehlen und mit Ihnen partnerschaftlich zusammenarbeiten wollen.

Den ersten Kontakt nach dem Vertragsabschluss hat Ihr Kunde in der Regel mit dem Lieferdienst, dem Team für die Inbetriebnahme oder mit dem ausführenden Projektteam. Agieren diese After-Sales-Mitarbeiter kundenorientiert und vertrauenerweckend? Dazu unsere Checkliste.

Checkliste:
Kundenorientiert in der After-Sales-Phase agieren.

- Unser Lieferpersonal wird regelmäßig in Produktkenntnis und Kommunikation geschult.
- Unser Lieferpersonal legt großen Wert auf Körperpflege und Kleidung.
- Unser Lieferpersonal legt großen Wert auf korrektes Verhalten im Straßenverkehr.
- Unsere Firmenfahrzeuge sind einheitlich angeschrieben und werden regelmäßig gereinigt.
- Unseren Warensendungen liegen, falls nötig, gut verständliche Gebrauchsanleitungen bei.
- Unseren Warensendungen liegen Angebote für weitere Produkte bei (Zusatzverkäufe).
- Unser Lieferpersonal hält Augen und Ohren offen und meldet jeden Bedarf an den Vertriebsmitarbeiter.
- Unseren Warensendungen liegen praktische Tipps und Tricks im Umgang mit dem jeweiligen Produkt bei.
- Unseren Warensendungen liegen Pflegetipps für das entsprechende Produkt bei.
- Unseren Warensendungen liegen Instruktionen zur Fehlerbehebung sowie Informationen über den Reparaturdienst bei.
- Nach einer größeren Lieferung rufen wir den Kunden an und fragen ihn, ob er zufrieden war.
- Nach der Lieferung rufen wir den Kunden an und fragen ihn, ob er sonst noch jemanden kennt, dem dieses Produkt nützlich sein könnte.

Und, konnten Sie immer mit „Ja" antworten? Wenn nein, hilft Ihnen diese Checkliste vielleicht, Ihren Lieferdienst und Ihren Installationsprozess besser zu organisieren. Ein weiteres After-Sales-Kundenbindungsinstrument haben wir ja bereits in Kapitel 3.5. kennen gelernt.

Wir möchten Ihnen hier eine Checkliste zum **Abschluss einer Jahresvereinbarung mit Zielkunden** vorstellen. Auch wenn Sie dieses Instrument nicht direkt einsetzen möchten, lohnt sich ein Blick in diese Liste, denn sie enthält viele Anregungen für die Organisation der Kundenpflege, auch nach dem Kaufabschluss.

Checkliste:
Abschluss einer Jahresvereinbarung mit Zielkunden

1. Schritt: Analyse der Stärken und der Verbesserungsmöglichkeiten in der Zusammenarbeit

- Produktbezogen/Artikelbezogen
  (u. a. Umsatzanalysen etc.)
- Ausschöpfung Neuheitenpotenzial
- Warenplatzierung
- Disposition, Kapitalbindung
  (Umschlag bezogen auf unser Sortiment, aber auch auf das Gesamtsortiment des Zielkunden)
- Preispolitik des Kunden
  (u. a. Aktionsplanung etc.)
- Verkaufsförderungsaktionen
  (Themen, Unterstützung etc.)
- Mitarbeiterqualifizierung, Mitarbeitermotivation, Mitarbeiterprämien, Incentives

**2. Schritt:
Detaillierte Teilziele**

Aus unserer Sicht:
- Wir möchten den Kunden von der Leistungsfähigkeit einzelner Produkte überzeugen.
- Wir möchten beim Kunden einzelne Produkte substituieren.
- Wir möchten den Kunden für Sortimentserweiterungen gewinnen.
- Wir möchten den Abverkauf beim Kunden steigern.
- Wir möchten den Kunden von der Leistungsfähigkeit/Kompetenz unseres Unternehmens überzeugen.
- Wir möchten den Kunden zu mehr Servicenutzung veranlassen.
- Wir möchten einen bestimmten Wettbewerber abwehren/verdrängen.
- Wir möchten mehr Vertrauen in der Kundenbeziehung erreichen.
- Wir möchten die Kundenbindung emotional verstärken.
- Wir möchten den Kunden als Referenz gewinnen.
- Wir möchten die Kooperationsbereitschaft des Kunden erhöhen.
- Wir möchten Kaufbarrieren bei Entscheidern des Kunden abbauen.
- Wir möchten mehr Zugang zu den echten Zielsetzungen des Kunden gewinnen.
- Wir möchten einen Kontakt zwischen unseren eigenen Führungskräften und den Führungskräften des Kunden herstellen.

Qualitative Teilziele aus Sicht des Kunden:
- Der Kunde möchte in Teilprozessen seines Unternehmens mehr Produktivität erreichen.
- Der Kunde möchte in seinen Wachstumszielen durch uns unterstützt werden.
- Der Kunde möchte seine eigene Vertriebsorganisation optimieren.
- Der Kunde möchte seinen Kundendienst profitabler gestalten.
- Der Kunde möchte die Kosten für die Auftragsabwicklung senken.
- Der Kunde möchte seinen Werbe- und Verkaufsförderungsauftritt verbessern.
- Der Kunde möchte seine guten Verkaufsmitarbeiter durch attraktivere Prämiensysteme verstärkt an sich binden.
- Der Kunde möchte Tipps und Hinweise von uns für eine effizientere Neukundengewinnung.
- Der Kunde ist dabei, ein internes Controllingsystem zu optimieren, und sucht Unterstützung.

**3. Schritt:
Konkrete Maßnahmen vereinbaren**

Maßnahmen generell
- Telefonservice
- Ersatzteileilservice
- Sondernachlässe für Eigenbedarf

- Teilnahme an zeitlich begrenzten Aktionen
- Sonderzusagen
- ständige Erreichbarkeit oder fixe Zuordnung von Ansprechpartnern im Innendienst
- aktive Betreuung durch den Verkäufer im Innendienst
- an der Produktentwicklung mitarbeiten lassen
- Bonuspunktesystem/Prämiensystem
- Entwicklung von Systemkompetenz beim Kundenmitarbeiter
- Objektgeschäft o. Ä. gemeinsam forcieren
- Einsatz von Leihgeräten
- Autorisierung des Kunden zur Übernahme der Garantieleistung

Marketing/Verkaufsmaßnahmen
- gemeinsame Werbung in Fachzeitschriften
- Gesamtprospekte für die Wiederverkäufer/Produktgruppenprospekte
- Briefbeilagen auf Dünndruckpapier
- Außenwerbung
- KFZ-Beschriftungen/Aufkleber
- Dekorationen und Displays, mobil einsetzbar
- Messestand und Zubehör
- Streuartikel
- Sonderwerbemittel
- Produktseminare für Kunden unseres Kunden
- Hausmessen beim Zielkunden
- Unterstützung bei Planung und werblicher Gestaltung des Verkaufsraumes, des Verkaufsprozesses
- Endgebraucherwerbung zur Entwicklung des Breitengeschäftes
- Mitgestaltung eines Jubiläums
- Vermarktungskonzept für Serviceleistungen
- Direktmails für Kunden
- Provisionskonzepte für Mitarbeiter und sonstiges Umfeld beim Kunden

Technische Beratung und Trainings
- technische Beratung,
- Planungs- und Produktinformationen
- technische Trends und Vorschriften vermitteln
- Software- Notebookprogramm
- Kundendienstpartnerschaft im Garantiefall
- Ersatzteilbestückung von Kundendienstfahrzeugen
- kostenloses Servicetelefon
- Servicetelefon 7 Tage x 24 Stunden

Schulung/Qualifizierungsmaßnahmen
- Unternehmerseminare
- Betriebswirtschaft
- Mitarbeiter erfolgreich führen
- noch erfolgreicher verkaufen
- Fachreferenten zu Umfeldthemen in angrenzenden, z. B. technischen Gebieten
- Bildung von Kompetenz-Zirkeln
- Themenworkshop: bedarfsorientierte Auswahl

Maßnahmen des Beziehungsmanagements
- Werksbesuche
- Stammtisch
- Meistergespräche
- Erfahrungsaustauschkreise gründen
- Sonderveranstaltungen wie Kart-Rennen, Tennis, Fußball, Segelturn etc.
- Kundenclub gründen
- gemeinsame Incentives

Es gibt letztlich unendlich viele Maßnahmen. Diese Aufzählung von möglichen Praxisbeispielen ist für die „Munitionskiste" Ihres Außendienstes gedacht. Dennoch kommen Sie nicht umhin, Ihr **eigenes firmenspezifisches Maßnahmenprogramm** zusammenzustellen. Vielleicht in einem **Workshop** gemeinsam mit Ihren Außendienstmitarbeitern und vielleicht sogar mit verschiedenen Repräsentanten Ihrer Kunden.

Verkaufsgespräche organisieren

4.2.12 Verkaufsgespräche am Telefon

Hier geht es **nicht** darum, wie Sie am Telefon Ihr Produkt verkaufen! Nein, es geht darum, wie Sie Verkaufsgespräche am Telefon so führen, dass Sie Ihren Kunden **auf die nächste Stufe der Vertriebstreppe** bringen; dass Sie **gemeinsam** eine Stufe höher gehen.

Dies kann natürlich der Erstkontakt am Telefon sein, der auf die nächste Stufe ‚Ersttermin' führen soll. Es kann aber auch genauso gut ein Telefongespräch sein, um vom Kunden zu erfahren, wie ihm Ihr Grobkonzept gefallen hat, um den nächsten Termin zu verkaufen, an dem Sie mit ihm gemeinsam an einer weiteren Verfeinerung des Konzeptes arbeiten wollen. Oder, und wir finden, das sind die spannendsten Anrufe, Ihr Angebot liegt vor und Sie möchten gern noch einmal einen Besprechungstermin vereinbaren, um die letzten fehlenden Details zur Auftragsvergabe zu klären.

Einen Besprechungstermin vereinbaren, um Details zu klären

Auch oder vielleicht sogar gerade hier am Telefon gelten die oben gesagten Punke über Vorbereitung, Beziehungsaufbau, Fragetechnik, Kaufmotive, Nutzenargumente und Einwandbehandlung natürlich ganz genauso. Im Schema unten sind die Phasen für ein Verkaufsgespräch am Telefon kurz zusammengefasst.

Viele telefonische Versuche einer Terminvereinbarung scheitern an der unüberlegten Wahl der Worte des Verkäufers. Hierbei wird immer noch viel zu viel improvisiert und der Spontaneität zu viel Raum gelassen; wir erinnern an Abschnitt 3.3 zum Umgang mit Telefonskripts und fassen zusammen:

Wichtig: eine gute Vorbereitung des Telefonats

AUCH EINE TELEFONISCHE TERMINVEREINBARUNG SOLLTE GUT VORBEREITET SEIN, WENN MAN DABEI EFFEKTIV SEIN WILL.

Phasen für ein Verkaufsgespräch am Telefon

4. Problemuntersuchung: Helfen Sie Ihrem Kunden, dass er sein Problem klar erkennt.

5. Argumente: Merkmal, Erklärung, Nutzen, zeigen Sie ihm, wie Sie sein Problem lösen können.

6. Vorschlag: Dies kann der Vorschlag für einen Termin, oder was auch immer Sie erreichen wollen, sein.

7. Einigung, Bestätigung

8. Verabschiedung: Dabei wiederholen Sie noch einmal das Vereinbarte.

3. Kurzer Beziehungsaufbau, der endet mit: „Darf ich Ihnen ein paar Fragen stellen?"

2. Die Frage: ob der Angerufene gerade zwei Minuten Zeit hat? Und die Antwort auf die Gegenfrage „wofür". Unsere Hilfe zur Antwortfindung: Angenommen, der Anrufbeantworter wäre dran. Was würden Sie darauf sprechen, damit der Kunde zurückruft?

1. Begrüßung

4.3 Kundenorientiertes Verhalten/Kundenservice

Viele Produkte und Dienstleistungen werden heute routinemäßig in Anspruch genommen, ohne dass die Kunden ihre Entscheidung bewusst bewerten oder mit besonderen positiven Emotionen verbinden. Dementsprechend entwickeln viele Kunden oft überhaupt keine starke emotionale Bindung zu Produkt oder Anbieter und wechseln, sobald ihnen dafür auch nur marginale, z. B. preisliche Vorteile angeboten werden.

Emotionale Bindungen reduzieren die Wechselbereitschaft des Kunden.

Serviceleistungen und kundenorientiertes Verhalten dagegen, die auf individuelle Bedürfnisse der Kunden ausgerichtet sind und ihnen einen schwer imitierbaren Vorteil bieten, können emotionale Bindungen erzeugen und die Wechselbereitschaft des Kunden deutlich reduzieren.

Es gibt branchenübergreifende Studien, die zeigen, welches kundenorientierte Verhalten zur Kundenzufriedenheit führt. Dies sind:
- Verlässlichkeit der Leistungserstellung,
- schnelle Reaktion auf Kundenanliegen,
- Kompetenz,
- gute Erreichbarkeit,
- Höflichkeit,
- Einfühlungsvermögen,
- Kommunikationsfähigkeit,
- Glaubwürdigkeit,
- Gewährleistung von Sicherheit.

Die richtige Reaktion im richtigen Moment

Wie Sie an dieser Aufzählung leicht erkennen können, erfordert Kundenorientierung weder ein breites Angebot von Serviceleistungen noch unbedingt eine hohe Anzahl von systemgesteuerten Kundenkontakten aus dem CRM-System. Wichtig ist vor allem die richtige Reaktion im richtigen Moment. Viele Kunden wollen gar keine enge Beziehung zu jedem Ihrer Produktanbieter, aber sie wollen dann einen Ansprechpartner finden, wenn sie eine Frage haben. Und wenn ein Problem auftritt, wollen sie wissen, an wen sie sich wenden können. Sie wollen darüber hinaus sicher sein, dass ihnen geholfen wird. Nachfolgend ein paar kurze Beispiele, wie Sie organisatorisch darauf einwirken können, dass sich alle Ihre **Mitarbeiter kundenorientiert verhalten**.

4.3.1 Face-to-Face

Die besten Verkaufsstrategien, -prozesse und Überzeugungstechniken nützen auf Dauer nichts, wenn sie nicht durch **operative Exzellenz in Kundenorientierung** und **Customeyes-Verhalten** dauerhaft umgesetzt und untermauert werden. Eine Studie der Hamburger Marktforscher dpm-Team, in der im Juli 2004 1.000 Personen im Alter von 18 bis 49 Jahren zum Thema Kundenservice befragt wurden, ergab Folgendes: Die meisten Befragten berichten von einem bemerkenswert guten Kundenservice, wenn die Mitarbeiter eines Unternehmens einfach nur freundlich oder sehr nett sind (33,8%). Neben dem Wunsch nach Freundlichkeit ist die Schnelligkeit für insgesamt 28,6 % der Befragten ein wichtiger Faktor für erlebte Kundenorientierung. Aber auch die Beratung nimmt mit 24,6 % einen hohen Stellenwert ein, besonders dann wenn sie kompetent gewesen ist. Also: Freundlichkeit, Schnelligkeit und kompetente Beratung werden im direkten Kundenkontakt besonders geschätzt. Betrachten wir diese drei Punkte doch einmal mit den Augen der Kunden.

Freundlichkeit wird schon als Kundenservice wahrgenommen.

Freundlichkeit fängt bei einfachen Dingen an – Blickkontakt und ehrliches Lächeln –, geht jedoch noch viel weiter. Freundlichkeit ist vor allem auch Ausdruck einer **professionellen Haltung**. „Smile you're on stage". Mit diesem Schild an jeder Schleuse zwischen Personal- und Publikumsbereich bringen die Profis von Disney ihre Einstellung auf den Punkt. Freundlichkeit bedeutet auch offen für seine Kunden zu sein, sie aufmerksam wahrzunehmen, sich in sie einzufühlen.

OHNE EINE FREUNDLICHE EINSTELLUNG BLEIBT FREUNDLICHKEIT NUR AUFGESETZTE MASKE.

Schnelligkeit ist wiederum nur möglich, wenn Vertrieb und Vertriebsmitarbeiter perfekt organisiert sind und eingespielte und definierte Prozesse bestehen. Sie können sich so mit Ihren Leistungen auf das Wesentliche konzentrieren, nämlich auf die Wünsche und Anforderungen Ihrer Kunden und auf Ihre betriebswirtschaftlichen Ziele. Schnelligkeit braucht Organisation und Fokussierung.

Schnelligkeit erfordert Organisation und Fokussierung.

Kompetenz bedeutet, sein Produkt bzw. seine Dienstleistung sicher zu beherrschen und bei einer ausnahmsweise doch einmal vorhandenen Wissenslücke dies auch selbstbewusst zugeben zu können. Zusätzlich sollten Sie die Produkte und Dienstleistungen Ihres Wettbewerbs in- und auswendig kennen, alle Merkmale, Funktionen und Nutzenaspekte.

Wir sind uns sicher, dass Sie mit dem bisher vorgestellten Customeyes-Konzept Ihre Vertriebsorganisation so weit optimieren werden, dass Ihre Kunden Sie in Sachen Freundlichkeit, Schnelligkeit und Kompetenz immer besser einschätzen werden. Denn es ist noch viel zu tun. 17,9 % aller Befragten der o. g. Studie konnten sich an keinen besonderen Kundenservice erinnern. Das können nicht Ihre Kunden gewesen sein, oder?

4.3.2 Telefon

Das Telefon ist in vielen Firmen zur Visitenkarte Nr. 1 geworden. Wirkliches Customeyes-Verhalten wird deshalb auch am Telefon immer wichtiger. Das ist jedoch nicht so einfach, denn nach unserer Erfahrung werden Call-Center- und Service-Abteilungen von zwei Seiten in die Zange genommen. Zum einen werden immer mehr Serviceleistungen und immer mehr Kontakte mit dem Kunden in ein telefonisches Service-Center abgegeben, der kundenwertorientierten Betreuung sei Dank. Zum anderen regiert der Kostenspardruck auch in Call-Centern.

Das Telefon – oft die Visitenkarte Nr. 1

Immer mehr Firmen bieten deshalb automatisierte Telefonservices an. Wirklich Customeyes ist das in der Regel nicht. Überlegen Sie doch einmal selbst. Wie hätten Sie es denn gerne?

Stellen Sie sich vor, Sie rufen als Kunde bei einer Firma an. Vielleicht, weil Sie ein Problem mit einem Produkt dieser Firma haben oder weil Sie ein paar Informationen über ein dort angebotenes Produkt haben möchten. Welches Verhalten würde bei Ihnen den Eindruck der Sympathie und Kompetenz auslösen? Wie sollte sich Ihr Gesprächspartner verhalten, damit Sie gerne wieder dort anrufen? Wenn Sie nach dem fünfstufigen Computer-Stimmen-Menü und den zehn Minuten in der kostenpflichtigen Warteschleife endlich mit einer menschlichen Stimme Kontakt haben?

> **Praxistipp: Achten Sie auf Nicht-Customeyes-Fallen**
> - Ihr Produkt hat einen Fehler bzw. es ist ein Problem aufgetreten, aber Ihr Kunde muss für einen Anruf bei Ihrer Service-Hotline Gebühren zahlen.
> - Ihr Kunde möchte Ihr Produkt nutzen und hat dazu Fragen. Der Informationsanruf ist kostenpflichtig (z. B. Fahrplanauskunft).
> - Der Kunde kauft direkt beim Anbieter ein (z. B. Ticket bei Fluggesellschaft) und muss dafür eine Gebühr zahlen. Würden Sie bei ALDI eine Kassengebühr zahlen?

Bereits entscheidend: das Melden am Telefon

Legen Sie Ihr Augenmerk schon auf das Melden. Die häufigsten Fehler, die immer wieder anzutreffen sind: zu schnell, zu undeutlich, fehlende Begrüßung, unvollständige Meldung der Firma oder Abteilung. Aber Sie wollen doch wissen, mit wem Sie es zu tun haben. Sie wollen doch auch wissen, wie die Person heißt, mit der Sie gerade sprechen. Auf der anderen Seite kennen wir alle die heruntergebeteten Sprüche in den „professionellen" Call-Centern: „*Einen wunderschönen guten Tag, hier ist die Dr. Johannes Heidenmiller GmbH München, mein Name ist Petra Müller-Meyerhansl aus der Abteilung Kundenservice, was kann ich für Sie tun?*" Das ist wohl schon ein wenig zu viel des Guten. Unser Tipp:

BEGRÜSSUNG, FIRMA, NAME UND DAS KURZ, ABER VERSTÄNDLICH.

Den Namen des Anrufers notieren

Genauso wichtig wie Ihr Name für den Anrufenden ist, ist natürlich auch sein Name für Sie und Ihre Organisation. Deshalb achten Sie, nachdem Sie sich sorgfältig gemeldet haben, auf den genauen Namen des Anrufers. Lassen Sie ihn sich evtl. buchstabieren. Bitte niemals: „*Wie war Ihr Name noch?*" (Vergangenheit!) Sondern besser: „*Wie ist Ihr Name? Können Sie ihn bitte buchstabieren.*"

Wir bei uns in unserer Beratungsfirma haben uns angewöhnt, am Telefon immer nach einer Rückrufnummer zu fragen. Oft ist sie ein eindeutigeres Identifikationsmerkmal als der Name „Meyer" z. B.

Dann fragen Sie höflich nach dem Grund des Anrufs und klären Sie die Zuständigkeit. Auch hier bitte daran denken, den Anrufer interessiert nicht, dass Sie nicht zuständig sind. Den Anrufer interessiert allein, wer zuständig ist.

Noch etwas empfinden wir als ausgesprochen unhöflich: Während der Gesprächspartner mit uns telefoniert, klingelt es auf einer anderen Leitung und wir werden in der Warteschleife geparkt. Deshalb: Lassen Sie Ihren Kunden nicht warten. Wenn es sein muss, rufen Sie lieber zurück.

Den Anrufer nicht warten lassen

Ein Wort zum Schluss: Am Ende des Telefonats wiederholen Sie noch einmal kurz die Vereinbarungen, bedanken Sie sich für den Anruf des Kunden und wünschen Sie noch einen schönen Tag, Abend, Wochenende etc. Gerade schwierige Telefonate sind unbedingt positiv und freundlich zu beenden.

Beendigung eines Telefonats

Die auf der folgenden Seite abgedruckte Checkliste enthält einen Punkt „Anliegen mitschreiben". Dafür bewähren sich standardisierte Telefonnotizformulare (am besten branchen- oder sogar firmenspezifisch entwickeln).

TELEFONNOTIZ	
Name des Anrufers	
Name der Firma	Ort
evtl. Adresse	
Branche	Telefon
Hauptanliegen	
Termin für Rückruf (Tag/Uhrzeit)	
Wer soll rückrufen? Ansprechpartner	
Für den Rückruf sollte bereitliegen	
Will erneut anrufen (Tag/Uhrzeit)	
zu erledigen	
Sonstiges	
Datum	Kürzel

Abb. 4.11: Muster eine Telefonnotiz (das hier gewählte Querformat ist natürlich nicht zwingend, andere können zweckmäßiger sein)

4.3.3 E-Mails

Mittlerweile ist der E-Mail-Schriftverkehr zur hauptsächlichen Kommunikationsform im Geschäftsalltag aufgestiegen. Die Gefahr ist groß, hier zu lässig zu formulieren. Deshalb von uns eine kleine Hilfestellung, ebenfalls in Form einer Checkliste, die sich umstehend anschließt.

Checkliste: Telefonate annehmen

Telefon klingelt (zwei- bis viermal klingeln)

Vorbereitung:
- Papier und Stift bereitliegen haben
- auf Telefonat einstellen, offen sein
- Lächeln

Gespräch annehmen:
- Melden (Firma) Salegro AG
- (Name) Heiko van Eckert
- (Begrüßung) Guten Tag/Grüß Gott/... (und/oder Einladung) wie darf ich Ihnen helfen?

Kunde antwortet:
Name, Anliegen mitschreiben (Telefonnotiz) ausreden lassen

Antworten:
- lösungsorientiert fragen
- ausreden lassen
- hinhören
- ...

Konkreter Verbleib:
Wer?
Macht was?
Bis wann?

Verabschiedung
- (Bedanken) Vielen Dank für Ihren Anruf Frau / Herr ...
- Grußformel: Ich wünsche Ihnen noch einen schönen Tag, auf Wiederhören

Checkliste: Kundenorientierte E-Mails

1. Response: Über E-Mail Kunden binden

Alle Mitarbeiter repräsentieren unser Unternehmen auch über die elektronische Kommunikation.

Höflichkeit und Vollständigkeit sowie Schnelligkeit und Genauigkeit sind Aushängeschilder, auf denen beim Kunden grundsätzlich der Name unserer Firma steht.

Werden E-Mails zu spät, unvollständig, gar nicht oder unhöflich beantwortet, wirft das ein schlechtes Licht auf unsere Firma.

Auch der elektronische Kontakt ist eine wichtige Verknüpfung zum Kunden. Es lohnt sich, hier Zeit zu investieren.

2. Antwortzeit

Die eintreffenden Mails werden innerhalb von ideal 2 Stunden und maximal 24 Stunden beantwortet. Je schneller, desto besser.

3. Anrede

Wir als Sender sprechen den Empfänger zu Beginn der Mail höflich an. Wenn der Absender eine Anrede benutzt hat, kann diese auch für unsere für die Antwort verwendet werden:

Sehr geehrter Herr/Frau,
Lieber Herr/Frau,
Hallo Herr/Frau,
Prinzipiell gilt bei Mails (fast) nichts anderes als im übrigen Schriftverkehr, außer dass bei sehr gutem Kontakt die etwas salopperen Grußformeln verwendet werden („Hallo", ggf. die Tageszeit etc.).

4. Betreff

Die Betreffzeile ist ausschlaggebend dafür, ob die E-Mail gelesen wird. Der Betreff sollte kurz und themenbezogen eindeutig sein.

"Guten Morgen" oder "Frage" sind nicht sinnvoll.

5. Inhalt
Auf die Ausgangsfrage wird Bezug genommen, wichtige Teile der Frage eventuell wiederholt. Spätestens im zweiten Satz sollte die Antwort / das Thema beginnen.

Details
- Werden vom Absender zwei oder mehr Themen gleichzeitig angesprochen, sollte jedes Thema in einer extra E-Mail beantwortet werden.
Die Betreffzeile sollte auf den entsprechenden Teil der Anfrage Bezug nehmen.
- Auf eine längere Anfrage folgt eine eher ausführliche Antwort, kurz, aber nicht knapp, um dem Fragenden nicht das Gefühl von Unwichtigkeit seiner Frage zu vermitteln.
- Der Ansprechpartner bei uns in der Firma benutzt höfliche, freundliche Formulierungen und schreibt ganze, verständliche Sätze. Der Ton der Antwort ist **immer** positiv und zuvorkommend.
- Wie im Schriftverkehr wird auch bei E-Mails Groß- und Kleinschreibung verwendet.
Achtung: Reine GROSSBUCHSTABEN werden als Schreien interpretiert.
- Kurze Absätze und kurze Sätze sorgen für Übersichtlichkeit. Die Zeilen sollten zwischen 65 und 75 Zeichen lang sein. Mit Return wird eine neue Zeile angefangen. Die Lesebreite wird allerdings oft vom System bestimmt bzw. ist verstellbar. Absatzbildungen mit Return greifen aber immer.
Auf Sonderzeichen und Formatierung sollte verzichtet werden, da manche E-Mail-Clients E-Mails nur als reinen Text ohne spezielle Attribute erhalten.
- Falls die Beantwortung der Frage mehr Zeit benötigt, wird der Absender darüber informiert.

6. Höfliche Verabschiedung
Die Schlussformel sollte sich an der Anrede orientieren.

- Informell (Beispiel):
Viele Grüße
Vorname, Nachname

- Formell (Beispiel)
Falls Sie noch Fragen haben, stehe ich/stehen wir jederzeit gerne zur Verfügung.
Mit freundlichen Grüßen
Vorname Nachname

Anschließend für eventuelle Rückfragen die Signatur (kann man fest einspeichern):
Vorname Nachname
Kontaktdaten

7. Adresse
Empfänger sollten genau ausgewählt sein. Bestimmte Fragen müssen nicht gleich an den obersten Boss gestellt werden.
Cc zu verschicken ist nur dann sinnvoll, wenn die Informationen für diese Personen auch wirklich sinnvoll und wertvoll sind.

E-Mails an ganze Verteiler sollten mit Vorsicht genossen werden, vor allem, wenn sie Werbung, Meinungsmache oder große Attachements beinhalten.

Kettenbriefe und Massensendungen sind nicht gerne gesehen.

8. Anhänge
Zusatzinformationen als Attachement sollten im normalen Geschäftsverkehr vermieden bzw. sehr gezielt genutzt und nicht zu groß sein (Richtgröße z. B. nicht über 1 MB).

9. Sicherheit
E-Mail-Adressen sollten genau geprüft werden, ebenso die Attachments, über die sich häufig Viren verteilen.

4.3.4 Messen

Der Erfolg auf Messen lässt bei vielen Ausstellern in jüngster Vergangenheit zu wünschen übrig. Schuld ist häufig nicht die lahmende Konjunktur, oft liegt es am falschen Kommunikationskonzept. Nur wer die richtige Mischung findet aus Selektion der qualifiziert Interessierten auf der einen Seite und freundlichem kompetentem Verhalten auf der anderen Seite, kann heute auf Messen Erfolg haben.

Die richtige Mischung aus Selektion der qualifiziert Interessierten und freundlichem Verhalten

70 % aller unbekannten Besucher werden vom Standpersonal nicht angesprochen, obwohl genügend Mitarbeiter und Zeit zur Verfügung stehen würden. Ein erschreckendes Ergebnis, zu dem verschiedene Untersuchungen über das Verkäuferverhalten auf Messen kommen.

Ebenso erschreckend: Kundenindividuelles, sprich: unterschiedliches Kommunikationsverhalten für Techniker, Kaufleute und Vorstände wird nur auf weniger als 10 % der Messestände erfolgreich praktiziert.

Damit Ihr Besucher nicht nach wenigen Minuten die Lust verliert, muss Ihr Vertriebsmitarbeiter seinen Gesprächspartner nach seinen Interessen selektieren, um ihn dann zielgenau kurz, knapp und seriös informieren und begeistern zu können. Ein paar vorbereitete Fragen, sehr gutes Hinhören, schnelle Entscheidung und Klassifizierung des Gesprächspartners können hierbei Wunder wirken. Jetzt können Sie entscheiden, ob Sie nett und freundlich „nein" sagen, z. B. indem Sie den schaulustigen Besucher Prospektmaterial in die Hand drücken und sich einem neuen Gesprächspartner zuwenden, oder ob Sie mit einem echten Entscheider ein kurzes P.R.U.N.C.K.®-Stück durchführen.

Noch etwas gehört zu Customeyes-Verhalten auf der Messe: Viele professionelle Einkäufer berichten davon, dass sich nur rund 10 % der Firmen, bei denen sie eine Visitenkarte hinterlassen haben, nach der Messe bei ihnen melden. Auch die zuverlässige Nachbearbeitung gehört zu einem echten Customeyes-Image.

4.3.5 Reklamationen

Gerade wenn Kunden ihr Geld ausgegeben haben und nun merken, dass das Produkt / die Dienstleistung nicht funktioniert oder der versprochene Nutzen ausbleibt, können Sie sie mit wirklich kundenorientiertem Verhalten wieder zurückgewinnen und die Vertrauensbasis stärken. (Siehe Abschnitt 3.5.2: Wie verhält man sich nun kundenorientiert?)

Beschwerden – kostenlose Informationen über den Stand der Kundenzufriedenheit

Wie hat einmal ein Kunde zu uns gesagt: Wir verstehen Beschwerden als kostenlose Information über den Stand der Kundenzufriedenheit. Denn sie zeigen Optimierungspotenzial für Prozesse und Qualitätsstandards auf. Und wie oben beschrieben, können wir nicht nur intern aus Reklamationen kräftig lernen. Sondern wir haben mit gut gemanagten Reklamationen und Beschwerden auch ein optimales Kundenbindungs-, Loyalitäts- und Kundenbegeisterungsinstrument an der Hand.

Wie man Reklamationsbriefe mit Customeyes schreiben kann, möchten wir Ihnen erläutern. Denn viel hängt davon ab, wie man Antwortschreiben auf Reklamationen oder gar Kundenbeschwerden verfasst. Wer sich angegriffen fühlt, neigt dazu, eher defensiv zu reagieren. Was sich oft in passiven Formulierungen niederschlägt. „Ihre Beschwerde wurde von uns geprüft", „Es ist bedauerlich, dass ...", „Sie werden benachrichtigt", „Es wird veranlasst, dass...".

Solche Formulierungen hinterlassen beim Leser den Eindruck, dass er abgefertigt, nicht ernst genommen wird. Ganz anders dagegen, wenn Sie die aktive Form wählen: „ich habe geprüft", „wir bitten um Entschuldigung", „ich werde Sie benachrichtigen", „ich habe für Sie veranlasst". Mit „ich" übernehmen Sie persönlich Verantwortung. Der Kunde empfindet dies als Wertschätzung. Er hat es mit einer realen Person zu tun.

Aktive Formulierungen wählen

Aber natürlich geht es **nicht nur um Formulierungen**. Es geht, wie so oft schon in diesem Buch beschrieben, wieder einmal um die **Einstellung** und um die **systematische Organisation** der Reklamationsbearbeitung. Auch hier empfiehlt sich eine so genannte **customer journey**. Prüfen Sie Ihre Reklamationsbearbeitungsprozesse einmal aus Kundensicht. Denken Sie daran: Was den Kunden primär interessiert, ist nicht, wer Schuld hat, sondern ist eine Lösung.

Deshalb: Organisieren Sie Ihre Prozesse so, dass dem Kunden schnell und vor allem zuverlässig geholfen wird. Ja, so einfach ist es. Denn damit heben Sie sich dramatisch vom Markt ab.

4.3.6 10 Regeln für kundenorientiertes Verhalten im direkten Kundenkontakt

1. Mit kleinen Gesten können Sie große Wirkung erzielen – und umgekehrt!
2. Begrüßen Sie Ihren Kunden freundlich und mit einem echten Lächeln. Interessieren Sie sich für den Menschen, der Ihnen gegenübersteht, und führen Sie so ein wenig Small Talk.
3. Sprechen Sie Ihren Kunden mit seinem Namen an. Bei der Begrüßung, während des Gesprächs und wenn Sie sich von ihm verabschieden.
4. Sorgen Sie dafür, dass sich Ihre Kunden bei Ihnen wohl fühlen. Achten Sie auf ein attraktives Ambiente. Dieses Ambiente passt zu Ihrem Angebot und zu Ihren Markenwerten.
5. Nehmen Sie sich Zeit für jeden Kunden. Gehen Sie verantwortungsvoll mit der Zeit Ihres Kunden um. Deshalb seien Sie zu vereinbarten Terminen absolut pünktlich.
6. Sorgen Sie dafür, dass Sie und Ihr Kunde während des Gesprächs nicht gestört werden. Schalten Sie Ihr Handy aus und leiten Sie Ihr Telefon um.
7. Umsorgen Sie Ihre Kunden. Bieten Sie ihnen Kaffee, Tee oder Wasser an. Stellen Sie für sie frisches Obst oder Gebäck bereit. Sie wissen, worauf Ihre Stammkunden besonderen Wert legen. Überraschen Sie sie mit kleinen Aufmerksamkeiten.
8. Zeigen Sie durch aktives Hinhören, dass Sie die Meinung und die Wünsche Ihrer Kunden interessieren. Sie zeigen dies, indem Sie Fragen stellen und aktiv hinhören. Wesentliche Informationen notieren Sie.
9. Halten Sie sich an alle Vereinbarungen, die Sie mit Ihren Kunden treffen. Auch wenn es um scheinbar kleine Versprechen geht.
10. Kommunizieren Sie auch am Telefon und per E-Mail mit großer Wertschätzung. Versetzen Sie sich regelmäßig in die Situation Ihres Kunden und verhalten Sie sich so, wie Sie selbst behandelt werden möchten.

4.4 Zusammenarbeit mit Partnern

Ein entscheidendes Erfolgskriterium für die Zukunft

Kunden sind Partner, und Partner sind Kunden.

Die Zusammenarbeit mit unseren Partnern ist sicher eines der entscheidenden Erfolgskriterien für die Zukunft. Egal ob Sie mit Ihren Lieferanten eine engere Partnerschaft eingehen oder mit Ihren Vertriebs- und Handelspartnern in den verschiedenen Sales Channels. Ob Sie Netzwerke bilden mit anderen Personen oder Firmengruppen, die Kontakt zu Ihren Kunden haben, oder ob Sie Partnerschaften mit Ihren Kunden eingehen. Egal, eine vertrauensvolle Zusammenarbeit ist auch hier besonders nötig. Im Prinzip gilt das oben Gesagte für die Kommunikation mit Kunden natürlich genauso wie für die Kommunikation mit Ihren Partnern. Denn Ihre Kunden sind Partner und Ihre Partner sind Kunden. Letztendlich geht es darum, wie beide Seiten gute Geschäfte machen können. Und gute Geschäfte sind nur dann gute Geschäfte, wenn sie für beide Seiten ein gutes Geschäft sind.

4.5 Gesamtcheckliste: Organisation des direkten Kundenkontakts

1. Account-Strategie
- Wie steuern wir die Effizienz unseres Vertriebsprozesses?
- Anhand welcher Typologien klassifizieren wir unsere Kunden im Unternehmen?

2. Verkaufsgespräche organisieren
- Wie und in welcher Reihenfolge gehen unsere Mitarbeiter im Verkaufsgespräch vor?
- Haben wir unsere Merkmal-Vorteil-Nutzen-Argumentation auf die sechs Motivfelder unserer Kunden abgestimmt?
- Beherrschen alle am Verkaufsprozess beteiligten Mitarbeiter die nötigen Strategien im Umgang mit Kunden-Einwänden?

3. Kundenorientiertes Verhalten / Kundenservice
- Leben wir als Team eine außerordentliche Kundenorientierung über alle Schnittstellen (Telefon, Post, Mail, persönlich) zu unseren Kunden?
- Haben wir ein einheitliches Wording, mit dem wir unsere Kunden immer wieder angenehm überraschen?

4. Zusammenarbeit mit Partnern
- Gibt es einen Partner-Verantwortlichen in unserem Unternehmen?

5 Verhandlungen durchführen

Verhandlungen sind heute in vielen Bereichen des Wirtschaftslebens fest verankert. Was auch im B2c-Markt inzwischen in weiten Bereichen Einzug gehalten hat, das Feilschen um den Preis, ist im B2b-Markt schon lange völlig normal. Die Preisverhandlung, genau so wie die Vertrags- und Abschlussverhandlung an sich, ist im Wirtschaftsleben seit vielen Jahren normaler und fester Bestandteil jeder Geschäftsbeziehung. Sie ist in vielen Fällen festes Ritual. Teilweise sogar institutionalisiert durch professionelle Einkäufer auf Kundenseite.

Die Preisverhandlung – ein fester Bestandteil jeder Geschäftsbeziehung

Wann sprechen wir von Verhandeln? Wir sprechen von Verhandeln, wenn zwei oder mehr Personen/Parteien miteinander kommunizieren, um zu einer Problemlösung/einer Einigung zu kommen.

Dabei müssen drei Rahmenbedingungen gegeben sein:

Bedingungen für sinnvolle Verhandlungen

1. Beide Seiten sind in ihren Konditionen beweglich.
   Wenn sie ihre Konditionen nicht anpassen können, sind sie sehr limitiert im Verkaufsgespräch bzw. in der Verhandlung. Wenn sie nicht autorisiert sind Konzessionen anzubieten, können sie nicht verhandeln – und umgekehrt.

   Beweglichkeit auf beiden Seiten

2. Die Ressourcen sind knapp bemessen.
   Wenn es genügend gibt, von allem, gibt es keinen Grund zu verhandeln. Wenn ein Produkt oder eine Dienstleistung von einem Dutzend Anbietern verfügbar ist, zu vernünftigen Preisen, dann kann der Einkäufer einfach entscheiden und muss nicht die Ressourcen investieren und sich an den Verhandlungstisch setzen. Gleiches gilt, wenn es genügend Kunden gibt.

   Knapp bemessene Ressourcen

3. Einvernehmen und Widerspruch existieren gleichzeitig.
   Jede Verhandlung kann man als zwei sich überlappende Kreise betrachten. In dem einen Kreis sind die Dinge, die Sie wollen, und im anderen Kreis sind die Dinge, die Ihr Verhandlungspartner gerne möchte. Der überlappende Teil ist die gemeinsame Basis. Wenn es keine gemeinsame Basis gibt, keinen überlappenden Teil in diesen beiden Kreisen, dann gibt es auch keine Basis für eine Verhandlung.
   Auf der anderen Seite, wenn es keinen Widerspruch gibt, dann gibt es keinen Grund für eine Verhandlung. Wenn beide Seiten sich einig sind, ist es Zeit, den Vertrag zu unterschreiben.

   Gleichzeitigkeit von Widerspruch und Einvernehmen

An dieser Definition sehen Sie schon, es gibt nicht nur Verhandlungen mit dem Kunden/mit der Einkaufsabteilung Ihres Kunden, sondern es gibt auch Verhandlungen im eigenen Unternehmen.

Viele Vertriebsverantwortliche erzählen uns, dass die schwierigsten Verhandlungen oft nicht die mit den Kunden, sondern die Verhandlungen mit anderen Funktionseinheiten im eigenen Haus sind. Oft muss ein Verkäufer Lieferzeiten, technischen Service, Produktspezifikationen oder Zahlungskonditionen auch intern hart verhandeln.

Verhandlungsklima: in jeder Verhandlung muss auch die Beziehung zum Kunden berücksichtigt werden.

Was heißt „gut" verhandeln in diesem Zusammenhang? Die Qualität einer Verhandlung bemessen wir nach ihrer Effektivität (Qualität des Resultats), ihrer Effizienz (Zeit, Ökonomie) und dem Verhandlungsklima (Qualität der Beziehung). Der letzte Punkt ist der, der es Ihnen als Verkäufer oft so schwer macht. Weil neben Preis- und Lieferkonditionen auch immer Ihre gute Beziehung zum Kunden auf dem Verhandlungstisch liegt. Und Sie können es sich nun mal oft nicht leisten, Ihre gute Beziehung zum Kunden oder auch zu Ihrem Servicetechniker wegen einer einzigen harten Verhandlung aufs Spiel zu setzen.

Verhandeln Sie hart in der Sache und weich mit den Personen.

Das Dumme daran ist nur, dass gewiefte Verhandlungspartner dies genau wissen und ausnutzen könnten. Deshalb heißt gut verhandeln auch immer, offen, vertrauensvoll und sachgerecht zu verhandeln. Sie sollen eben nicht hart oder weich verhandeln, sondern hart und weich. Und zwar hart in der Sache und weich mit den Personen.

In Dr. Macioszeks Buch „Chruschtschows dritter Schuh" haben wir folgende Definition von Verhandeln gefunden, die die Sache auf den Punkt bringt, wie wir meinen: *„Verhandeln ist eine Mischung aus Schach, Boxen und Pokern. Wie beim Schach gibt es den zermürbenden Stellungskrieg und die große Attacke, die geniale Idee und den winzigen Vorteil und die ständig neu zu beantwortende Frage, ob der letzte Zug des Gegners Einfalt oder Gerissenheit verrät. Wie beim Boxen gibt es Tiefschläge, die zum Erfolg, aber auch zur Disqualifikation führen können. Und wie beim Pokern sind gute Nerven und das richtige Selbstvertrauen nicht von Schaden".*

Ohne gute Vorbereitung keine Chance auf Erfolg

Einen Punkt möchten wir noch ergänzen: „Wie beim Boxen gilt: Ohne gute Vorbereitung haben Sie keine Chance auf Erfolg."

5.1 Prinzipien

Bevor wir über Vorbereitung, Ablauf und Durchführung einer professionellen Verhandlung sprechen, wollen wir uns erst einmal ein paar Gedanken über prinzipielle Wirkungsweisen, über grundsätzliche Prinzipien von erfolgreichen Verhandlungen machen. Im „Harvard Negotiation Project" der Harvard Universität, untersuchten Anfang der 80er-Jahre die amerikanischen Wissenschaftler Fisher, Ury und Patton das Verhandeln im Großen und im Kleinen. Ihre Untersuchungsergebnisse haben sie in ihrem Buch „Das Harvard-Konzept" veröffentlicht. Dieses Konzept gilt seit mehr als 20 Jahren als das Standardwerk zum sachgerechten Verhandeln. In diesem Konzept werden Grundprinzipien genannt, die in jeder professionellen Verhandlung eingehalten werden sollten:

„Das Harvard-Konzept"

Verhandlungsprinzipien
(1 bis 5 in Anlehnung an das Havard-Konzept, 6–8 erweitert)

1. **Prinzip: Unterscheiden Sie zwischen Gegenstand der Verhandlung und Beziehung der Verhandlungspartner.**

   Sach- und Beziehungsprobleme zu vermischen schadet der Beziehung und behindert die Sachdiskussion. Deshalb verhandeln Sie hart und pflegen Sie trotzdem die Beziehung zu Ihrem Verhandlungspartner.

2. **Prinzip: Konzentrieren Sie sich nicht auf Positionen, sondern auf die dahinterliegenden Interessen.**

   Eine Position ist die Erklärung eines Verhandlungspartners, was dieser unter welchen Bedingungen tun oder unterlassen wird. D. h., seine Entscheidung ist bereits getroffen. Bei gegensätzlichen Positionen ist also eine gemeinsame Lösung nicht erreichbar. Dann ist es sinnvoll, eine Ebene höher zu gehen. Denn jeder Verhandlungspartner vertritt mit seiner Position ein bestimmtes dahinterliegendes Interesse. Ein Interesse ist das, was für den Verhandlungspartner wichtig ist. Was er erreichen oder vermeiden will. Sie kennen diese Interessen und Motive ja bereits aus Abschnitt 4.2.5.

   Auf der Ebene der Interessen kann man leichter miteinander sprechen und es ist in der Regel einfacher, zu Verhandlungsergebnissen zu kommen, die beide Seiten tragen können.

3. **Prinzip: Entwickeln Sie zuerst möglichst viele Optionen, bewerten und entscheiden Sie später.**

   Die Suche nach Vorstellungen und Lösungen, die für alle an der Verhandlung Beteiligten akzeptabel sind, ist in erster Linie ein kreativer Prozess. Das Finden einer guten Lösung wird meist durch eine zu schnelle Bewertung verhindert. Auch die Suche nach der einzigen richtigen Lösung ist oft hinderlich. Denn es gibt meist eine Vielzahl möglicher Lösungen. Und es ist nur eine Frage der Kreativität, sie zu finden. Deshalb geben Sie sich nicht mit der ersten besten Lösung zufrieden, sondern suchen Sie nach weiteren Möglichkeiten und Alternativen.

4. **Prinzip: Lösen Sie Interessenskonflikte, indem Sie objektive Kriterien hinzuziehen.**

   Konflikte entstehen häufig aus einander widersprechenden Interessen der Verhandlungspartner. Wird solch ein Interessenkonflikt nach dem Gesetz des Stärkeren beigelegt, gibt es Sieger und Verlierer. Eine solche Situation wirkt sich auch negativ auf die Beziehung aus. Funktionieren Sie jeden Konflikt deshalb zur gemeinsamen Suche nach objektiven Kriterien um. Weil objektive Kriterien von subjektiven Interessen von jeder Seite unabhängig sind und somit von beiden Seiten als fair empfunden werden können. Für die meisten Fälle sind verschiedene objektive Kriterien auffindbar, z. B. Marktwert, Kosten, Branchen-Benchmarks oder Gutachterergebnisse.

5. Prinzip: Entscheiden Sie sich für oder gegen eine Verhandlungsübereinkunft durch deren Vergleich mit Ihrer besten Alternative.	Eine Verhandlungsübereinkunft ist nur dann für Sie ein Erfolg, wenn [sie] besser ist als die beste Alternative. Die beste Alternative macht auß[erdem] dem unabhängiger gegenüber möglichen Druckmitteln mächtiger V[er]handlungspartner. Deshalb ist es enorm wichtig, vor einer Verhandlu[ng] nach Alternativen zur bestmöglichen Verhandlungsübereinkunft zu s[u]chen, auch BATNA (best alternative to a negotiated agreement) g[e]nannt. Gerade für Sie als Verkäufer ist es wichtig zu wissen, wann Sie e[in] Geschäft besser einmal platzen lassen. In unserer Praxis hat sich gezeigt, dass das Harvard-Prinzip des Verha[n]delns immer dann sehr gut funktioniert, wenn beide Seiten sich dar[an] halten und beide Seiten an einer guten Beziehung und einem guten V[er]handlungsergebnis interessiert sind. Da dies aber nicht immer der Fall ist, haben wir die fünf Harvard-Pr[in]zipien noch um drei weitere Prinzipien ergänzt:
6. Prinzip: Ihre persönliche Einstellung hat großen Einfluss auf das Ergebnis.	Wir halten es für entscheidend, dass Sie das erste Harvard-Prinzip ni[cht] nur auf Ihr Gegenüber, sondern explizit auch auf sich selbst anwend[en]. Nehmen Sie eine harte oder sogar unfaire Verhandlungsstrategie Ih[res] Gegenübers niemals persönlich, sondern betrachten Sie die Verhan[d]lung als Ritual, als Teil des Spiels. Bleiben Sie sachlich und ruhig, a[ber] verbindlich und hart in der Sache. Noch ein Praxistipp zur persönlichen Einstellung: Machen Sie sich kl[ar,] es gibt in der Regel mehrere entscheidende Punkte, nicht nur den Pre[is]. Aber dazu später mehr.
7. Prinzip: Beziehen Sie frühzeitig Positionen. Dies ist nur auf den ersten Blick ein Widerspruch zum zweiten Harvard-Prinzip.	Auch wir sind der Meinung, dass Sie sich nicht auf Positionen, sonde[rn] auf Interessen und Motive konzentrieren sollten. Die Praxis zeigt doch: Früher oder später werden in jeder Verhandlung doch Position[en] bezogen und die Konfrontation, das Feilschen beginnt. Wir empfehl[en] daher, frühzeitig Positionen zu beziehen, um genügend Zeit zu habe[n] anschließend möglichst viele Lösungsoptionen entwickeln zu könne[n].
8. Prinzip: Nicht isolieren lassen. Achten Sie darauf, dass kein einzelnes Verhandlungsziel am Ende der Verhandlung isoliert stehen bleibt.	Schon gar nicht der Preis! Vermeiden Sie wenn irgend möglich eine e[in]dimensionale Verhandlung. Vermeiden Sie unter allen Umständen ei[ne] reine Preisdiskussion. Denn wenn es nur noch um eine Position geht, [ist] eine Win-win-Lösung kaum mehr möglich. Jeder Schritt, den Sie a[uf] den Kunden zugehen, bedeutet, Sie verlieren und er gewinnt. Jed[er] Schritt, den der Kunde auf Sie zugehen muss, bedeutet, der Kunde v[er]liert und Sie gewinnen. Und das „schöne" Einigen in der Mitte aus Kindertagen ist in der hart[en] Businesswelt leider allzu oft eine Illusion. Deshalb: Vergrößern Sie den Kuchen. Achten Sie darauf, immer meh[re]re Punkte gleichzeitig zu verhandeln und dann zu einem Ergebnis [zu] kommen, das für beide Seiten einen Gewinn darstellt.

5.2 Die fünf Phasen der Verhandlung

Aus diesen acht Prinzipien der Verhandlungstechnik haben wir auch für die Verhandlung ein Fünf-Phasen-Modell entwickelt, das wir Ihnen hier kurz vorstellen möchten.

Jede einzelne Phase werden wir anschließend in einem eigenen Abschnitt vertiefen:

Fünf Phasen des Verhandlungsmodells im Überblick

1. Phase: Vorbereitung

Die Praxis zeigt immer wieder: Wenn Sie gut vorbereitet in eine Verhandlung gehen, kommen Sie in der Regel mit einem guten Verhandlungsergebnis heraus. Wenn im Vertrieb im Allgemeinen gilt, eine gute Vorbereitung sind 50 % des Erfolgs, neigen wir dazu zu sagen: „Eine gute Verhandlungssvorbereitung sind 60 % des Erfolgs." Deshalb: Nehmen Sie sich Zeit für eine ausführliche Vorbereitung. Es lohnt sich und verspricht einen hohen „return on invest".

2. Phase: Beziehung aufbauen

Falls nicht längst aus den vorangegangenen Gesprächen eine gute Beziehung zu Ihrem Verhandlungspartner besteht, z.B. weil Sie heute mit einem Konzerneinkäufer verhandeln müssen, den Sie vorher noch nie gesehen haben, dann starten Sie auch hier mit dem Beziehungsaufbau.

Auf einer stabilen Beziehungsbrücke lässt sich sehr viel besser und sehr viel härter verhandeln, als wenn Sie bei jedem „Nein" befürchten müssen, dass die Beziehung zerstört wird und Sie damit Ihr Geschäft komplett verlieren.

3. Phase: Positionen beziehen

Jawohl, wir plädieren dafür, nach dem gelungenen Beziehungsaufbau sofort mit der Konfrontation zu beginnen.

Beziehen Sie also Ihre Positionen und sorgen Sie dafür, dass auch Ihr Verhandlungspartner möglichst alle seine Verhandlungspositionen auf den Verhandlungstisch legt.

4. Phase: Wettbewerb der Ideen

In dieser Phase beginnt das Feilschen und dabei das Entwickeln möglichst vieler Optionen. Versuchen Sie gemeinsam so viele Lösungsmöglichkeiten wie möglich zu finden und damit den Verhandlungskuchen zu vergrößern und dadurch sich Schritt für Schritt einer gemeinsamen Lösung anzunähern.

5. Phase: Kooperation

Jetzt gilt es, die gefundenen Ergebnisse festzuzurren.

Im besten Fall haben Sie so am Ende der Verhandlung ein Verhandlungsergebnis, das von beiden Seiten akzeptiert und schriftlich fixiert ist.

Allgemein gilt:

UM EIN MÖGLICHST GUTES VERHANDLUNGSERGEBNIS ZU ERREICHEN IST ES WICHTIG, DASS BEIDE SEITEN IMMER IN DER GLEICHEN PHASE VERHANDELN.

Nicht, dass Ihr Gegenüber bereits Position bezieht, während Sie noch eine Beziehung aufbauen wollen, oder Sie schon Optionen entwickeln, bevor Ihr Gegenüber seine Positionen dargelegt hat.

DESHALB SIND DIE ÜBERGÄNGE ZWISCHEN DEN PHASEN DIE ENTSCHEIDENDEN MOMENTE EINER VERHANDLUNG, DENN SIE SOLLTEN GEMEINSAM DIE PHASEN WECHSELN.

5.3 Erste Phase: Vorbereitung

Zuerst also zum wichtigsten Teil einer Verhandlung, der Vorbereitung. Noch einmal: Nehmen Sie sich ausreichend Zeit, um sich gründlich vorzubereiten. Wenn irgend möglich, ziehen Sie Kollegen und Partner hinzu, die den Verhandlungspartner kennen oder einschätzen können. Weitere wichtige Informationen kann Ihnen auch Ihr Sponsor geben. Sie haben doch einen, oder?

Sechs verschiedene Punkte gilt es vorzubereiten, dazu folgen sechs Unterabschnitte.

5.3.1 Ziele der Verhandlung

Welche Verpflichtungen wollen Sie mit dieser Verhandlung anstreben bzw. eingehen?

Überlegungen über ein umsetzbares Abkommen

Legen Sie genau die einzelnen Punkte des geplanten Abkommens fest. Welches Inhaltsverzeichnis hätte ein umsetzbares und dauerhaftes Abkommen? Wer muss das Abkommen unterzeichnen? Ist diese Person bei der Verhandlung auch anwesend? Überlegen Sie sich auch für jeden Punkt der Verhandlung separat Ihre Verhandlungsziele: Was wollen Sie erreichen?

5.3.2 Positionen und Interessen

Klären Sie für sich, für jedes der festgelegten **Verhandlungsziele** Ihre **dahinter liegenden Interessen** und Motive.

Zur Erläuterung: Positionen sind als formulierte Standpunkte oder Argumente der äußerlich wahrnehmbare Teil Ihrer Verhandlung. Positionen entstehen jedoch aus der offenen oder verdeckten Verfolgung von Interessen. Ihre Interessen sind das, was Sie in Bezug auf ein bestimmtes Verhandlungsziel wirklich zu erreichen beabsichtigen. Ihre Interessen sind das, was zählt; diese zu erreichen, darauf kommt es an. Deshalb verschaffen Sie sich zuerst Klarheit über Ihre Interessen.

Nun, wenn Sie wissen, was Sie im Einzelnen wirklich wollen, überlegen Sie sich für jeden dieser Punkte: Was wäre das **Optimum**, das Sie in dieser anstehenden Verhandlung erreichen könnten?

Die eigene Position definieren: was wäre das Optimum, was der worst case?

Anschließend definieren Sie den **Nullpunkt**. Was wäre der worst case?

Dann, und jetzt kommt ein sehr wichtiger Aspekt, legen Sie Ihren **Minimalpunkt** fest, Ihr Exitkriterium. Ähnlich dem Exitkriterium im Vertriebsprozess (vgl. Kapitel 3) ist es auch für jede Verhandlung eminent wichtig, dieses Exitkriterium sehr genau zu kennen. In der Regel gibt es unterhalb dieses Punktes eine bessere Alternative (BATNA). Was ist das Mindeste, auf das Sie sich einlassen können?

Achtung: Dieser Minimalpunkt, den Sie vor der Verhandlung für sich festgelegt haben, muss auf jeden Fall eingehalten werden.

Erste Phase: Vorbereitung

Ohne Setzung einer Untergrenze fehlt die wichtigste Basis für eine Verhandlung. Der Erfolg Ihrer Verhandlung hängt entscheidend von Ihrer Bereitschaft ab, die Verhandlung auch abzubrechen.

Deshalb: Überlegen Sie sich sehr genau, ab welchem Punkt es besser ist, „Nein" zu diesem Geschäft zu sagen. Und machen Sie sich klar, dieser Minimalpunkt muss in der Verhandlung unbedingt eingehalten werden. Deshalb achten Sie darauf, dass Sie ihn realistisch wählen. Der Minimalpunkt kann auch der Nullpunkt sein. Wenn das für alle Verhandlungsziele gilt, machen Sie sich klar, was das bedeutet. Manche Verhandlungen kann man nicht gewinnen, aber dann holen Sie das Beste heraus.

Jetzt gibt es auf der Skala noch zwei weitere Punkte zu definieren. Was ist die **zuerst gezeigte Position** (ZGP)? Welche Positionen wollen Sie Ihrem Verhandlungsgegenüber zuerst anzeigen? Das kann das Äußerste sein, das Sie verlangen können, ohne dass Sie sich lächerlich machen.

Wenn Sie diesen Punkt festgelegt haben, können Sie gleich noch überlegen: Welches könnte Ihr **erster Schritt** sein? Was ist das Mindeste, das Sie anbieten müssen, ohne dass Sie ausgelacht werden?

Wenn Sie für jedes Verhandlungsziel diese sechs Fragen geklärt haben (dahinterliegendes Interesse, Optimum, Nullpunkt, Minimalpunkt, zuerst gezeigte Position, erster Schritt), gilt es, die Prioritäten zu verteilen. Welches ist das wichtigste Ziel von den zu verhandelnden Zielen? Welches das zweitwichtigste für Sie? Welches das unwichtigste?

Ein wichtiger Erfolgsfaktor: die Bereitschaft, eine Verhandlung ggf. auch abzubrechen

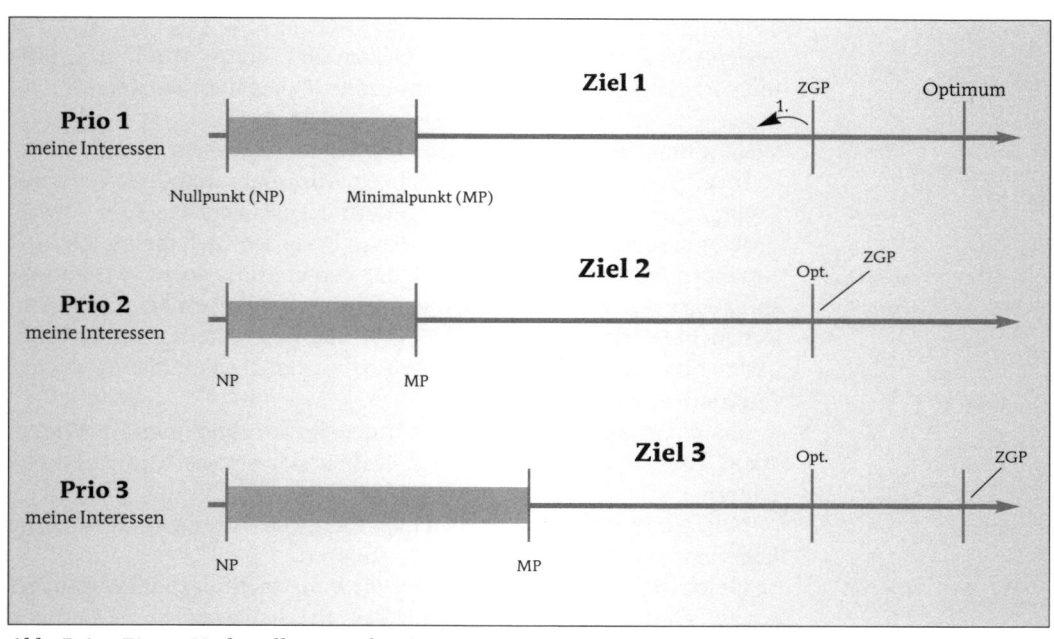

Abb. 5.1: Eigene Verhandlungsvorbereitung

5.3.3 Ziele, Positionen und Interessen des Gegenübers

Nun, nachdem Sie Ihre eigenen Verhandlungsziele spezifiziert und geklärt haben, gilt es, das Gleiche für die Verhandlungsziele des Gegenübers zu tun.

Das **Optimum** ist in der Regel leicht zu klären, denn es entspricht meistens Ihrem Nullpunkt. Gleiches gilt für den **Nullpunkt** des Gegenübers. Er entspricht in der Regel Ihrem Optimum.

Nun wird es schon schwieriger, aber besonders wichtig. Was sind wohl seine **dahinter liegenden Interessen** und Motive?

An der Position Preis lässt sich das sehr anschaulich machen. Will Ihr Gegenüber den Preis verhandeln, weil Ihr Angebot außerhalb seines Budgets liegt oder weil er wirklich ein günstigeres Wettbewerbsangebot vorliegen hat? Weil es seine Aufgabe als Einkäufer ist, noch etwas am Preis zu drücken, oder weil er das Geschäft zwar mit Ihnen machen möchte, es aber hausinterne Richtlinien gibt, die eine Obergrenze festlegen, zu der Ihr Produkt, Ihre Dienstleistung eingekauft werden kann?

Hier wird klar, je nach dahinterliegendem Interesse wird Ihr Gegenüber andere Lösungen akzeptieren können. Deshalb ist es eminent wichtig, die Interessen und Motive des Verhandlungspartners möglichst präzise einschätzen zu können.

> FRAGEN SIE SICH: WAS WÜRDE SIE INTERESSIEREN ODER WAS WÜRDE IHNEN SORGEN MACHEN (PERSÖNLICH/GESCHÄFTLICH), WENN SIE AUF DER GEGENSEITE WÄREN?

Welche Personen gibt es auf der „Gegenseite", die an dem Ergebnis interessiert sein könnten? Welche Interessen haben diese Personen?

Welche tiefer liegenden Interessen könnte die Gegenseite haben?

Im vierten Schritt müssen Sie sich den **Minimalpunkt** Ihres Verhandlungspartners überlegen. Das herauszufinden ist in der Regel das schwierigste und somit erstes Ziel jeder Verhandlung. Um sich diesem Ziel anzunähern, fragen Sie sich während der Vorbereitung doch: Was könnte Ihre Gegenseite alternativ tun, um ihre Interessen zu befriedigen, falls sie sich nicht mit Ihnen einigen würde? Welche dieser Alternativen sieht am besten für sie aus? Was könnten Sie tun, um die Attraktivität ihrer besten Alternativen zu verringern?

Welche Alternativen hat die Gegenseite zu Ihnen?

Später am Verhandlungstisch können Sie am zunehmenden Widerstand Ihres Gegenübers erkennen, dass Sie sich seinem Minimalpunkt nähern.

Nun gilt es noch, für die einzelnen Ziele und Positionen des Gegenübers eine Prioritätenreihenfolge festzulegen.

Geschafft! Wenn Sie das Ganze, wie in in nachfolgender Abbildung gezeigt, grafisch vorbereiten, haben Sie nun einen ganz guten Überblick über die Verhandlungssituation.

Erste Phase: Vorbereitung 209

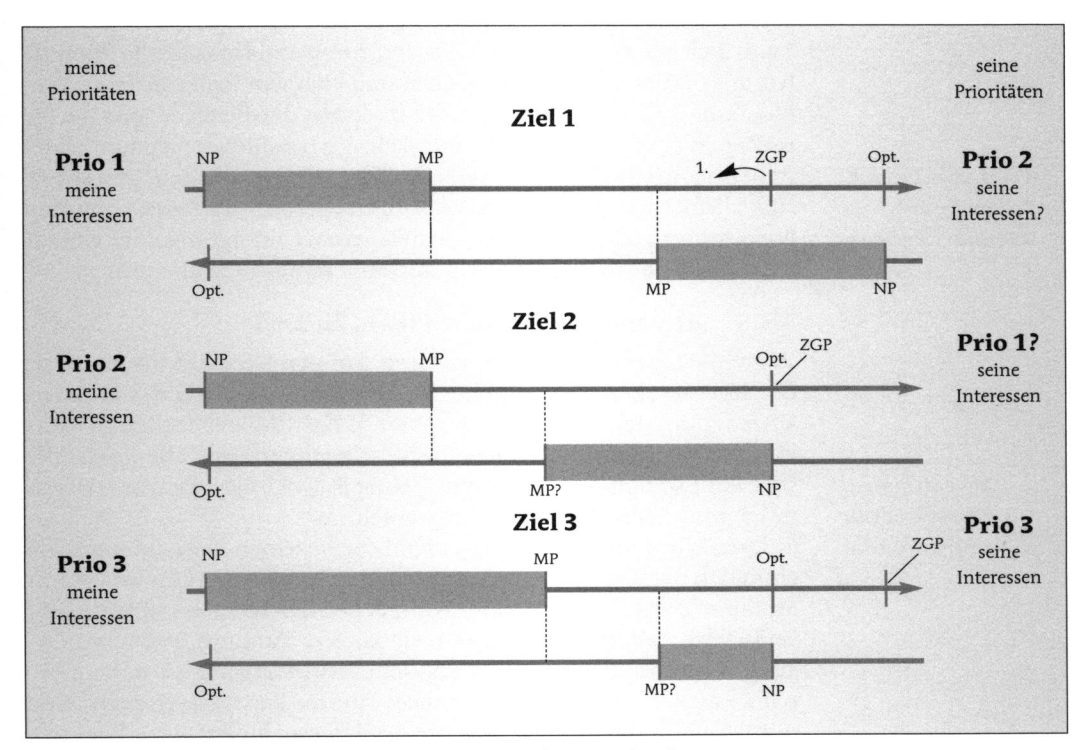

Abb. 5.2: Verhandlungsvorbereitung: „Eigene und Gegenüber".

5.3.4 Verhandlungsspielraum

In der folgenden Grafik können Sie sehr gut erkennen, wo eine Einigung möglich ist. Das ist dort, wo sich die Verhandlungsspielräume überlappen.

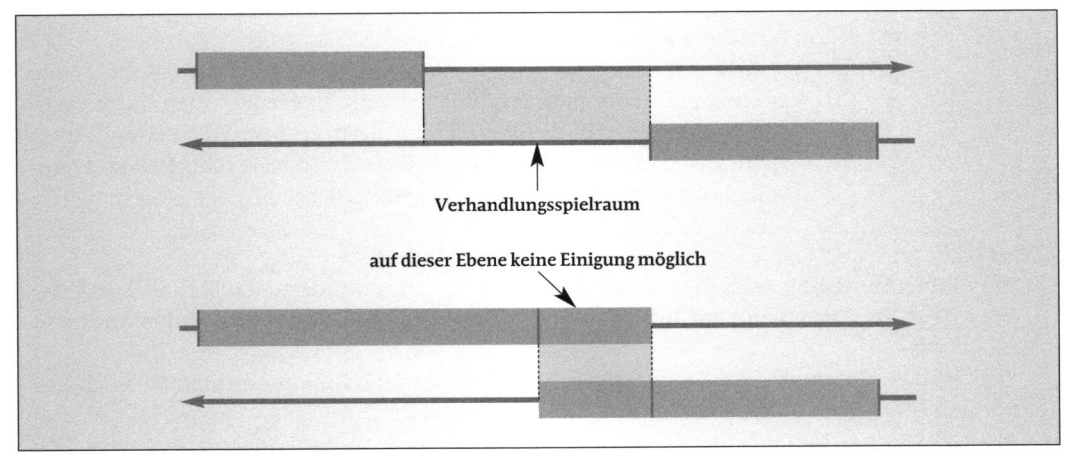

Abb. 5.3: Verhandlungsspielraum

Zusätzlich gibt es vielleicht die Chance, durch unterschiedliche Prioritäten in den Zielen ein leichtes Geben und Nehmen in der späteren Verhandlung anzustreben. Sollten Sie in einem der Bereiche oder gar in mehreren eine Nichtüberlappung (kein Verhandlungsspielraum) feststellen, dann ist auf dieser Basis keine Übereinkunft möglich. Jetzt gilt es, zusätzliche Parameter ins Spiel zu bringen oder sich auf das gemeinsame übergeordnete Ziel zu berufen und mit diesem Hintergrund noch einmal die eigenen und die Minimalpunkte des Gegenübers zu überprüfen.

Gibt es keinen Verhandlungsspielraum, so ist keine Übereinkunft möglich.

5.3.5 Kreative Ideen, bittere Pillen, Zuckerl

Wenn Sie bis hierher gekommen sind, können Sie vorab noch einmal überlegen, welche Lösungen aus jetziger Sicht außerhalb des üblichen Verhandlungsrahmens möglich wären. Welche Möglichkeiten zur Maximierung des gemeinsamen Nutzens fallen Ihnen ein? Falls die Gegenseite das Ergebnis der Verhandlung einer ihr wichtigen Person erklären muss, wie könnte diese überzeugt werden?

Möglichkeiten zur Maximierung des gemeinsamen Nutzens

Ebenso macht es Sinn, sich anhand der einzelnen Verhandlungsziele einmal zu überlegen, welche **bitteren Pillen** Sie verteilen könnten, wenn Sie Ihrer Gegenseite Zugeständnisse machen müssen. Dies könnten z. B. veränderte Zahlungsmodalitäten wie kürzere Zahlungsfristen, verringerte Skontobedingungen oder Ähnliches sein. Genauso wie höhere Abnahmemengen, höhere Lieferanteile, längere Vertragslaufzeiten, eine Aufnahme in die Festbestandsliste des Unternehmens, eine konkrete Weiterempfehlung oder das zur Verfügung stehen als Referenz etc. etc.

Genauso viel Sinn macht es, eine Liste mit „**Zuckerl**", wie wir es im Bayerischen nennen, zu schreiben, die Sie verteilen können, um die Gegenseite zu Zugeständnissen zu bewegen. Dies könnte auch hier die Änderung der Zahlungsmodalitäten zugunsten des Kunden sein oder ein wie auch immer gearteter Naturalrabatt, eine Lieferung frei Haus, freies Werbematerial, ein Werbekostenzuschuss, Incentives für die Vertriebsmitarbeiter des Kunden etc. etc.

Je länger diese beiden Listen sind, umso einfacher wird es später sein, zu einem gemeinsamen Ergebnis zu kommen. Denn je mehr Elemente in eine Verhandlung eingeführt werden, desto größer ist die Verhandlungsspanne für beide Seiten. Um die beiden Listen zu verlängern ist es sinnvoll, dass Sie sich die folgenden Fragen stellen:

„Zuckerl":	Bittere Pillen:
• Was haben Sie, das Sie weggeben können?	• Was ist das Mindeste, das Sie haben wollen, wenn Sie der Gegenseite Zugeständnisse machen?
• Was freut Ihr Gegenüber, tut Ihnen aber nicht weh?	• Was darüber hinaus könnten Sie noch haben wollen?
• Was ist das Maximum, das Sie weggeben können (oder wollen) im Austausch gegen das, was Sie erreichen möchten?	• Was freut Sie besonders, fällt Ihrem Gegenüber aber leicht?

5.3.6 Setting

Nun sind Sie schon sehr, sehr gut vorbereitet. Jetzt gilt es nur noch, sich vor der Verhandlung Gedanken über das Setting zu machen.

- An welchem **Ort** soll die Verhandlung stattfinden? Auf neutralem Boden oder beim Kunden?
  Der Heimvorteil gilt meist auch bei Verhandlungen. Deshalb ist es oft günstiger, sich auf einen neutralen Ort zu einigen. Auch die Sitzordnung (siehe unten) kann einen nicht zu unterschätzenden Einfluss auf das Ergebnis haben.

  Heimvorteil – auch bei Verhandlungen

- **Wer** soll an der Verhandlung teilnehmen?
  Wer von Ihnen teilnimmt, ist natürlich auch immer davon abhängig, wer von Kundenseite an der Verhandlung teilnimmt. Bedenken Sie dabei Folgendes: Ein guter Anwalt vertritt sich vor Gericht nie selbst. Deshalb kann es manchmal angeraten sein, einen Unterhändler zu schicken. Je nachdem, ob auch die Gegenseite Ihren Unterschreiber, Ihren Entscheider oder einen Unterhändler schickt.

  Manchmal sinnvoll: ein Unterhändler

- **Wann** wollen Sie die Verhandlung ansetzen? Gleich morgens? Kurz vor der Mittagspause? Oder kurz vor Feierabend?
  Verhandlungen sind selten früher beendet als zum vorgegebenen Zeitlimit, denn jede Partei hält sich mit Konzessionen gern zurück. Hat eine Partei einen stärkeren Zeitdruck als die andere, so schwächt das ihre Verhandlungsmacht. In diesem Fall kann es helfen, der Gegenpartei auch einen Termin zu setzen – z. B. ein verlockendes, aber zeitlich befristetes Angebot.

  Die vorgesehene Zeit wird meist ausgeschöpft.

- Wie sieht die ideale **Sitzordnung** aus? Zwei Fronten gegenüber oder an einem runden Tisch? Wie vermeiden Sie, dass Sie Ihr Gegenüber in die Zange nimmt?

- Wie soll die **Tagesordnung** aussehen? Wollen Sie alle Verhandlungsziele nennen und wenn ja, in welcher Reihenfolge wollen Sie sie verhandeln?
  Wer die Tagesordnung und damit die Themen und ihre Reihenfolge (und Dauer) bestimmt, besitzt Verhandlungsmacht.

  Wer die Tagesordnung bestimmt, besitzt Verhandlungsmacht.

- Wie stellen Sie sicher, dass Sie und Ihr Verhandlungspartner während der Verhandlung **nicht gestört** werden oder eben gerade doch?

- Korrekte Informationen und eine hohe Fachkompetenz erhöhen Ihre Verhandlungsmacht.

- Aber auch ein Informationsmonopol verleiht Macht. Ähnlich ist es mit der schriftlichen Dokumentation: Wer dafür verantwortlich ist, kann sich u. U. Vorteile verschaffen.

Das Image kann oft wichtiger sein als die Realität.

Beachten Sie: Bei allen diesen Punkten funktioniert auch die **Psychologie**, d. h., Ihr Image in den oben genannten Punkten kann wichtiger sein als die Realität.

Uns ist durchaus bewusst, dass dies eine lange Liste zur Vorbereitung ist. Auf der anderen Seite, machen Sie sich doch einmal klar:

Wie viele Ressourcen, wie viel Zeit haben Sie in diesen Kunden, in dieses mögliche Geschäft bis hierher schon investiert? Wie viel Geld, wie viel Manpower? Dann macht es doch auch Sinn, jetzt, wo es um die Entscheidung geht, auch dafür zu sorgen, dass Sie für beide Seiten das Maximale erreichen und Sie durch einen vernünftigen Gewinn, eine gute Marge Ihr Akquisitionsinvestment zurückbekommen.

Gute Vorbereitung lohnt sich, um für beide Seiten das Maximale zu erreichen.

Checkliste: Verhandlungsvorbereitung:

1. Verhandlungsziele

2. Für jedes Verhandlungsziel:
   - Dahinterliegende Interessen
   - Prioritäten
   - Optimum
   - Nullpunkt
   - Minimalpunkt
   - Zuerst gezeigte Position
   - Erster Schritt

3. Für jedes Verhandlungsziel des Gegenübers
   - Optimum
   - Nullpunkt
   - Dahinterliegende Interessen
   - Prioritäten
   - Sein Minimalpunkt (Schätzung)

4. Verhandlungsspielraum

5. Kreative Ideen
   - Optionen
   - Bittere Pillen
   - „Zuckerl"

6. Setting
   - Ort
   - Teilnehmer
   - Zeit
   - Tagesordnung
   - Sitzordnung
   - Informationen
   - Dokumentation

5.4 Zweite Phase: Beziehung aufbauen

Wie in jeder Kommunikation ist eine gute Beziehung die beste Voraussetzung für ein gelungenes Verhandlungsergebnis. Deshalb planen Sie nicht einfach 10% der Zeit für Small Talk ein, sondern bauen Sie so lange eine Beziehung auf, bis die Beziehung stimmt und Sie mit dem Feilschen beginnen können.

Machen Sie so lange Small Talk, bis die Beziehung stimmt!

Wenn es eine besonders wichtige Verhandlung ist, können Sie sogar überlegen, inwieweit ein Rahmenprogramm Sinn macht.

Diese Phase ist auch besonders gut geeignet, um Ihren Verhandlungspartner besser kennen zu lernen. Ist er ein Profi oder ein Amateur? Welcher Farbtyp (Insights, siehe Abschnitt 4.1.3) ist er? Wie wird er wohl verhandeln? Welches Graves-Level hat seine Firma? Auch das hat natürlich Einfluss auf seinen Verhandlungsstil. Welche Interessen und welche emotionalen Motivfelder sind seine Treiber? Das alles sind Fragen, die Sie sich selbst viel leichter beantworten können, wenn Sie eine gute Beziehung zu Ihrem Gegenüber aufgebaut haben.

Und noch einmal: Seien Sie bereit, die Sach- von den Beziehungsfragen zu trennen. Seien Sie nett zu dem Menschen, dann können Sie auch hart in der Sache sein. Ohne dass Sie gleich die gesamte Beziehung aufs Spiel setzen.

Sachfragen von Beziehungsfragen trennen

5.5 Dritte Phase: Positionen beziehen

Wie oben bereits erwähnt, sind wir große Verfechter der relativ frühen Konfrontation. Die Erfahrung zeigt, dass es früher oder später sowieso dazu kommt. Deshalb beziehen Sie frühzeitig Ihre Positionen und machen Sie Ihrem Verhandlungspartner damit klar, worum es Ihnen geht. Dr. Alexander Mühlen, ein im Nahen Osten, Asien und Afrika gestählter deutscher Botschafter, hat einmal gesagt: *„Jede erfolgreiche Verhandlung beginnt mit einer Ohrfeige."* Und wir versichern Ihnen, wenn Sie zuvor eine gute Beziehung aufgebaut haben, dann verträgt Ihre Verhandlung auch dieses frühe Positionen-Beziehen. Nachdem es früher oder später sowieso dazu kommt und gegen Ende der Verhandlung der Druck eher zunimmt, können Sie so früher mit dem Feilschen beginnen, um Zeit für die kreative Lösungsfindung zu gewinnen.

> BESTEHEN SIE IN DIESER PHASE DARAUF, DASS IHR VERHANDLUNGSPARTNER EBENSO SEINE POSITIONEN BEZIEHT.

Während dieser Phase ist es oft auch möglich, die dahinterliegenden Interessen mit auf den Tisch zu legen. Nicht immer ist das die richtige Taktik, aber wenn Sie – wie Ihr Gegenüber – eine Win-win-Lösung anstreben, ist der kooperative Stil in der Regel die gewinnbringendste Strategie.

5.6 Vierte Phase: Feilschen

Nun geht es also los. Jetzt befinden Sie sich im Kernstück der Verhandlung. Nun gilt es also, mit unterschiedlichen Strategien, Techniken und Taktiken zu agieren, um die angestrebten Verhandlungsziele zu erreichen.

5.6.1 Strategien

Betrachten wir uns zuerst einmal die fünf verschiedenen denkbaren Grundstrategien:

1. Strategie: Konkurrenz (win-loose)

Diese kompetitive Verhandlungsstrategie ist die bekannteste, aber deshalb noch lange nicht immer die beste Strategie.

Das Ergebnis ist wichtiger als die Beziehung.

DIESE STRATEGIE IST IMMER DANN ANGEBRACHT, WENN DAS INTERESSE AM ERGEBNIS HOCH UND AN DER BEZIEHUNG GERING IST.

Gewinnen um jeden Preis, das ist diese Strategie, sie kennt jeder und sie wird leider viel zu oft umgesetzt, da die anderen Strategien nicht genügend bekannt sind.

Der Fokus in dieser Situation liegt im Verhandlungsspielraum, den Sie in der Vorbereitungsphase mit Ihren drei Punkten Optimum, Nullpunkt und Minimalpunkt definiert haben. Bei dieser Verhandlungsstrategie ist es besonders wichtig, an Ihren Abbruchpunkten festzuhalten. Ihren Zielpunkt möglichst spät und Ihren Abbruchpunkt niemals preiszugeben. Ringen Sie der anderen Partei Zugeständnisse ab, halten Sie sich selbst jedoch mit Konzessionen zurück.

GEHEN SIE NICHT AUF KONFRONTATIONSKURS, AUSSER SIE SIND AUCH DARAUF VORBEREITET ZU VERLIEREN.

2. Strategie: Kooperation (win-win)

Die kooperative Verhandlungsstrategie ist im Vertriebsbereich besonders wichtig und wird in Zukunft sicher noch an Bedeutung zulegen. Denn wie oben bereits beschrieben, werden Partnerschaften und Networking-Verhältnisse mit unseren Kunden einen immer breiteren Raum einnehmen. In all diesen Situationen hat sowohl das Ergebnis als auch die Beziehung eine hohe Priorität.

Ergebnis und Beziehung haben eine gleichermaßen hohe Priorität.

Aber Achtung, diese Verhandlungsstrategie kann nur dann zum Erfolg führen, wenn sie von beiden Seiten angewandt wird.

3. Strategie: Anpassung (loose-to-win)

Ist die Beziehung sehr wichtig, z. B. weil Sie mit einem strategisch wichtigen Kunden verhandeln, kann es sein, dass Sie beim Ergebnis bewusst

Verzichte eingehen. Meist ist dies allerdings nur eine kurzfristige Strategie. Durch den einmaligen Verlust verspricht man sich langfristig Vorteile auch im Ergebnisbereich. Vielleicht können Sie auch schon absehen, dass bei einer künftigen Verhandlung mehr für Sie auf dem Spiel steht, und dann werden Sie dieses Mal eher bereit sein, Abstriche zu machen und den anderen gewinnen lassen.

Die Beziehung ist wichtiger als das Ergebnis.

4. Strategie: Vermeidung (loose-loose)

Diese Strategie ist dann angebracht, wenn sowohl die Beziehung als auch das Ergebnis von geringem Interesse sind. Diese Vermeidungsstrategie kann dann sinnvoll sein, wenn man eine Verhandlung für Zeitverschwendung hält oder eine gute Alternative besitzt. Auch wenn Sie zum jetzigen Zeitpunkt nicht über die Verhandlungsmacht verfügen, um ein befriedigendes Ergebnis zu erzielen, ist diese Strategie anzuraten.

Beziehung und Ergebnis sind von geringem Interesse.

5. Strategie: Kompromiss (halb-win, halb-loose)

Manchmal können Sie mit Ihrem Gegenüber nicht gut kooperieren. Sie müssen aber die Konfrontation vermeiden, weil Sie noch länger miteinander zu tun haben werden. Eine Situation, die Ihnen im Vertrieb immer wieder begegnen wird. Auch unter Zeitdruck kann die Kompromiss-Strategie sinnvoll sein.

Vermeidung einer Konfrontation

Beide Parteien müssen bei dieser Verhandlungsstrategie Abstriche bei den Ergebnissen machen. So, dass Sie sich etwa auf halber Strecke treffen. Die Beziehung zwischen den Verhandlungspartnern wird als fair erlebt, wenn auch nicht als so wichtig, um sich auf die Kooperations-Strategie wirklich einzulassen und die dafür nötigen Ressourcen zu investieren.

Wichtig bei der Wahl der Strategie ist es also, zuvor zu klären, wie wichtig Ihnen das Verhandlungsergebnis ist und wie wichtig die Beziehung zur anderen Partei. Außerdem sollten Sie überlegen, welche Strategie die andere Partei vermutlich wählen wird. Entscheiden Sie sich selbst für die Kooperationsstrategie, die Gegenseite aber für die Konkurrenzstrategie, dann haben Sie schlechte Karten, wenn Sie es erst (zu) spät merken, aber nicht flexibel genug reagieren (können). Auch macht es sicher für Sie einen Unterschied, ob Sie mit dem Projektentscheider auf Kundenseite verhandeln, mit dem Sie später natürlich noch weitere Geschäfte machen wollen, oder ob Sie es mit einem Einkäufer zu tun haben und Sie die Beziehung deshalb für nicht so wichtig erachten.

Entscheidend bei der Strategieauswahl: wie wichtig ist das Ergebis, wie wichtig die Beziehung?

5.6.2 Techniken

Jetzt, nachdem wir die grundsätzlich möglichen fünf Strategien kennen, können wir uns dem nächsten Schritt, den Verhandlungstechniken, zuwenden. Hier gibt es im Prinzip vier wesentliche Vorgehensweisen, nämlich die „This-for-that-Technik", „alles auf einmal", sequenzielles Vorgehen und natürlich Mischformen.

Im Einzelnen: Wenn Sie sich Ihr Vorbereitungschart genau ansehen, werden Sie evtl. feststellen, dass Sie und Ihr Verhandlungspartner unterschiedliche Prioritäten haben. Dann ist Verhandeln „ganz einfach". Sie können dort, wo Ihr Verhandlungspartner eine höhere Priorität hat als Sie, leicht Zugeständnisse machen. Und im Gegenzug dazu dort Zugeständnisse einfordern, wo Ihre Priorität höher ist als die Ihres Gegenübers. Diese „**This-for-that-Technik**" kann man nicht immer einsetzen, wenn Ihre Prioritäten und die Ihrer Verhandlungspartner die gleiche Reihenfolge haben, haben Sie im Prinzip wieder zwei Möglichkeiten.

„This-for-that-Technik": hilfreich, wenn die Verhandlungspartner unterschiedliche Prioritäten haben

Entweder Sie verhandeln **alles auf einmal** oder aber Sie verhandeln **sequenziell** Ziel für Ziel. In solch einem Fall empfehlen wir übrigens zuerst mit Priorität eins zu beginnen. Denn haben Sie sich erst einmal hier geeinigt, ist eine Einigung in den weniger wichtigen Punkten wesentlich einfacher. Wir sprechen hier ja nicht von politischen Verhandlungen, wo manchmal ein schnelles Verhandlungsergebnis wichtiger ist als ein gutes Ergebnis am Ende, oder?

Beim sequenziellen Verhandeln mit Priorität eins beginnen

Bleibt noch eine vierte grundsätzliche Verhandlungstechnik: die **Mischform**. Sie verhandeln über alle Ziele gleichzeitig, praktizieren aber ein Geben und Nehmen bei unterschiedlichen Prioritäten und versuchen eine kooperative Win-win-Lösung bei gleichen Prioritäten zu finden. Diese etwas komplexere Verhandlungstechnik erfordert etwas mehr Disziplin von Ihnen, um den Überblick zu behalten. Sie verspricht häufig jedoch gute, weil kreative Lösungen.

5.6.3 Taktiken

Nun also zu den Taktiken. Verhandlungstaktiken gibt es nach unserer Sammlung mehr als 200 verschiedene. Wir möchten Ihnen hier in diesem Kapitel fünf grundsätzliche Taktikregeln vorstellen. Weiter unten im Kapitel Tricks werden wir noch einmal zehn verschiedene spezielle Verhandlungstaktiken vorstellen.

Hier jetzt also die fünf übergeordneten Taktikregeln:

Taktikregel 1: Setzen Sie Positionen, verhandeln Sie Interessen!

Bei dieser Verhandlungstaktik können Sie nach dem Positionen-Beziehen sofort dazu übergehen, die gemeinsamen Bedürfnisse und Interessen beider Seiten zu ermitteln und zu definieren. Beachten Sie dabei jedoch, dass einmal formulierte Positionen oft kaum einander angenähert werden können, allein schon deswegen, weil sie eben formuliert wurden und nur unter Gesichtsverlust wieder aufgegeben werden könnten. Deshalb ist es für ein gutes Verhandlungsergebnis wichtig, den **Dialog** möglichst schnell auf die **Ebene der Interessen** zu heben.

Wichtig für ein gutes Verhandlungsergebnis: den Dialog zügig auf die Ebene der Interessen heben

Bleibt der Dialog auf der Ebene der Positionen, finden häufig Grabenkämpfe statt, mit wenig Aussicht auf Einigung. Interessen sind meist umfassender als Positionen und in der Regel auch wichtiger für den Verhandlungspartner (und für Sie selbst). Je eher Sie mit Ihrem Verhandlungspartner von den Positionen zu den dahinterliegenden Interessen kommen, desto größer sind die Chancen auf eine echte Win-win-Lösung. Wenn Sie sich auch auf dieser Ebene schwer tun mit einer Einigung, versuchen Sie es noch eine Ebene höher. Finden Sie gemeinsame Ziele, Absichten, gemeinsame Interessen. Wenn Sie sich hier geeinigt haben, können Sie wieder konkreter werden und alternative Lösungen finden, die Sie dann mit ganz konkreten Bedingungen und Positionen festzurren können.

Gemeinsame Ziele, Absichten und Interessen finden

Taktikregel 2: Vergrößern Sie den Kuchen!

Vermeiden Sie wo immer möglich eindimensionale Verhandlungen. Denn wie oben bereits gezeigt, ist dabei kaum eine echte Zwei-Gewinner-Lösung möglich. Je mehr Lösungen, je mehr Positionen, je mehr Ziele auf dem Verhandlungstisch liegen, je mehr „Zuckerl" und „Pillen" Sie dazu legen, umso einfacher wird es für jeden Verhandlungspartner, sich das herauszupicken, was er gerne haben möchte und was seinen Interessen dient. Wenn Sie z. B. über den Preis verhandeln, bringen Sie deshalb zusätzlich Liefermenge, Zahlungskondition, Lieferfristen, Naturalrabatte, Nebenkosten, Serviceleistungen etc. etc. ins Spiel.

Eindimensionale Verhandlungen vermeiden

Beispiel für zwei Ideen, um den Kuchen kreativ zu vergrößern

1. Nehmen Sie zusätzliche Personen oder Parteien mit an den Verhandlungstisch. Fragen Sie sich z. B.: Für wen außerhalb der aktuellen Verhandlungsrunde könnte ein gutes Ergebnis besonders viel wert sein? Oder: Wer könnte ein fehlendes Puzzlestück liefern, um zu einer guten Lösung zu kommen?
2. Diskutieren Sie nicht von Ihrem momentanen Standpunkt aus, sondern vom Ergebnis her rückwärts. Starten Sie mit der Frage: Wie könnte ein ideales Verhandlungsergebnis für beide Parteien aussehen? Oft liefert die Antwort auf diese Frage neue Zutaten für den Verhandlungskuchen.

Taktikregel 3: Konditionieren Sie jedes Angebot!

Machen Sie kein Angebot, machen Sie kein Zugeständnis, ohne es mit einer Bedingung zu verknüpfen. Hoffen Sie in einer Verhandlung nicht auf Dankbarkeit, sondern knüpfen Sie Ihr Angebot an Bedingungen und achten Sie darauf, dass das Entgegenkommen der anderen Partei in einem vernünftigen Verhältnis zu Ihrem Angebot steht. Sonst ziehen Sie trotz Konditionierung auf Dauer den Kürzeren.

Kein Angebot oder Zugeständnis ohne Bedingung

Das Mindeste, das Sie für ein letztes Entgegenkommen als Gegenleistung fordern können, ist eine sofortige Zusage des Gegenübers ohne weitere Verhandlungen.

Taktikregel 4: Seien Sie zäh und hartnäckig!

Wir erläutern dies an einem Beispiel.

> **Beispiel**
>
> Stellen Sie sich vor, Sie hätten auf dem Flohmarkt einen alten Sessel entdeckt. Er würde recht gut in Ihr Arbeitszimmer passen. Aber ob er viel wert ist, können Sie nicht genau sagen. Der Verkäufer besteht darauf, dass Sie das erste Angebot abgeben. Zögernd bieten Sie 200 Euro und der Verkäufer schlägt sofort ein.
> Was ist der unweigerliche Effekt solch einer sofortigen Akzeptanz durch den Verkäufer? Die meisten von Ihnen denken vermutlich: „Das hätte ich auch billiger haben können." Schließlich war dem Verkäufer Ihr Angebot sofort genehm. Vielleicht haben Sie sogar mehr geboten, als er sich in seinen kühnsten Träumen für den Sessel erwartet hatte. Für Ihre Zufriedenheit mit dem Verhandlungsergebnis sind diese Überlegungen natürlich Gift.
> Untersuchungen zeigen immer wieder, dass die Parteien mit einem Verhandlungsergebnis weniger zufrieden sind, wenn ihr erstes Angebot sofort akzeptiert wird, als wenn ihm harte Verhandlungen vorausgegangen wären. Das gilt sogar dann, wenn das Ergebnis nach einer Verhandlung schlechter ist als die Akzeptanz des ersten Angebots gewesen wäre. Hätte Ihr Flohmarktverkäufer also seinerseits 300 Euro verlangt und sich dann auf, sagen wir, 240 Euro herunterhandeln lassen, hätte Ihnen das vermutlich noch besser gefallen als die 200 Euro, die Sie bei der ersten Lösung bezahlt hatten.

Je länger und härter die Verhandlung, umso zufriedenstellender das Ergebnis

Dieses kleine Beispiel zeigt Ihnen, dass es von hoher Wichtigkeit für die Zufriedenheit Ihrer Kunden mit dem Verhandlungsergebnis ist, wie zäh Sie verhandelt haben. Je länger und je härter Sie verhandeln, desto zufriedener werden beide Parteien hinterher mit dem Ergebnis sein. Deshalb: Verhandeln Sie zäh.

Taktikregel 5: Zur Not gib ein letztes „Zuckerl"!

Wir haben in vielen Situationen, in denen wir bei Kunden Verhandlungen als Coach begleitet haben, immer wieder festgestellt, dass Verhandlungen am Ende oft nur noch an Kleinigkeiten scheitern. Ein Kunde, Immobilienmakler, berichtete einmal frustriert, dass der Verkauf eines Hauses an den „falschen" Türgriffen (Marke) gescheitert sei.

Seien Sie derjenige, der die Verhandlung positiv beendet!

Für viele Verhandlungspartner scheint es wichtig zu sein, neben dem guten Gefühl einer zähen Verhandlung auch das gute Gefühl des Gewinnens mitnehmen zu können. Deswegen empfehlen wir, wenn Sie auf eine gute dauerhafte Beziehung zu Ihrem Verhandlungspartner großen Wert legen, dass Sie es sind, der die Verhandlung positiv beendet. Bieten Sie Ihrem Gegenüber ein letztes „Zuckerl" an.

Ein Autoverkäufer hat einmal am Ende einer langen und zähen Verhandlung gesagt: „*Wenn Sie das Auto jetzt so kaufen, wie wir gerade besprochen haben, dann tanke ich es auf meine Kosten noch voll, aber jetzt unterschreiben Sie bitte hier.*" Das Angebot war konditioniert (jetzt!), der Kunde hatte das Gefühl, das Letzte herausgeholt zu haben, und er hat den Verhandlungstisch trotzdem als Gewinner verlassen. Was will er mehr. Übrigens, der verhandelte Preis war auch für den Verkäufer noch immer attraktiv.

So viel also zu den Strategien, Techniken und Taktiken während der vierten und entscheidenden Phase einer Verhandlung.

5.7 Fünfte Phase: Kooperation, Ergebnisse festzurren

Diese fünfte Phase ist noch einmal eine wichtige Phase. Nachdem wir bei Verhandlungen immer wieder feststellen, dass Zugeständnisse und gute Lösungen erst gegen Ende der gesetzten Frist erreicht werden, ist es umso wichtiger, für diese fünfte Phase noch genügend Zeit einzuplanen. Denn Ihr Verhandlungsergebnis sollte noch am Ende der Verhandlung schriftlich fixiert werden.

Genügend Zeit für die fünfte Phase einplanen

Falls erforderlich, müssen Sie sich jetzt auch noch auf die Kriterien einigen, die objektiv genug sind, um beiden Seiten später das Gefühl zu geben, dass Sie nicht hereingelegt wurden.

Dies können objektiv messbare Kriterien sein, externe Standards, die man heranziehen kann als Entscheidungsgrundlage, oder auch neutrale Entscheidungsmethoden. Wenn Sie einer Lösung nicht zustimmen können, können Sie vielleicht der Methode zustimmen, eine akzeptable Lösung zu finden. Falls Ihnen eines der folgenden Verfahren interessant erscheint, wie könnte man es auf Ihre Situation anwenden?

Neutrale Entscheidungsmethoden

- Ich teile, du wählst.
- Münze werfen.
- Die Meinung eines Experten einholen.
- Einen Schlichter entscheiden lassen.

So oder so sollten Sie die folgenden drei Grundregeln für die Kooperationsphase beachten:

> **Grundregeln für die Kooperationsphase**
>
> Regel 1: Alles wird schriftlich vereinbart, idealerweise sofort.
> Regel 2: Nichts gilt als fest vereinbart, solange nicht alles vereinbart ist.
> Regel 3: Achtung! Schweigen gilt als Zustimmung.

So, nun sind Sie am Ende der Verhandlung angekommen und haben hoffentlich ein für Sie akzeptables Ergebnis erreicht.

5.8 Tricks, die man kennen sollte

Wie oben bereits erwähnt: Von den mehr als 200 bekannten Tricks und Taktiken möchten wir Ihnen hier neben den fünf Taktikregeln zehn Gruppen von Tricks vorstellen, die Sie kennen sollten. Nicht, dass Sie diese Tricks, teilweise sind es ja auch „schmutzige" Tricks, anwenden sollen. Nein, Sie sollten vorbereitet sein, denn Ihre Kenntnis ist vor allem deshalb wichtig, um nicht auf diese Tricks hereinzufallen.

5.8.1 Alternativangebot

So verhandeln, als hätte man eine Alternative

Echte Alternativen sind nun einmal der einzig echte Machtfaktor in Verhandlungen. Ein erfahrener Verhandlungsführer wird deshalb immer so verhandeln, als ob er eine Alternative hätte. Auch wenn die Entscheidung für Ihr Produkt bereits längst gefallen ist, winkt man oft noch mit fiktiven Vergleichsangeboten.

Eine besondere Spielart ist hier das Vorspielen der Lieferantenunabhängigkeit, nach dem Motto: „Wenn Sie es nicht tun, macht es ein anderer." Bleiben Sie ruhig, denn auch Sie haben eine Alternative. Sie können immer aus einer Verhandlung aussteigen, wenn Sie unterhalb Ihres Minimalpunkts gehen müssten (das bedeutet: aussteigen ist besser als dabeibleiben) oder Ihr Verhandlungspartner unfaire Forderungen stellt.

5.8.2 Good guy – bad guy

Dieses aus jedem zweiten Krimi altbekannte Spiel ermöglicht Ihrem Verhandlungspartner Ihre Grenzen auszutesten und ruhig auch einmal darüber hinauszugehen. Der bad guy stellt unverschämte Forderungen. Während der good guy sich vermeintlich auf Ihre Seite stellt und quasi als Ihr Komplize agiert, wenn die Stimmung umzuschlagen droht. Dieses altbekannte Spiel funktioniert sehr gut, weil es stark emotional wirkt. Die Beziehung zum good guy wird künstlich verstärkt, um so noch mehr Zugeständnisse herauszuholen.

Emotionale Wirkung

Auch wenn Ihr Gegenüber allein ist, kann er diesen Trick anwenden, indem er Sie durch ein Wechselbad der Gefühle schickt. Zuerst verhandelt er hart und schon fast uninteressiert, und wenn Sie schon fast glauben, dass er das Interesse an dem Geschäft verloren hätte, und Sie zu besonderen Konzessionen bereit sind, agiert er wieder besonders freundlich. Wenn Sie dann wieder beruhigt sind, zieht er die Zügel wieder härter an usw. Tappen Sie nicht in diese Falle und machen Sie keine Zugeständnisse, um Ihr Gegenüber wieder aufzumuntern.

5.8.3 Ebenen wechseln

Verwirrung stiften

Auch das ist ein altbekannter Trick. Erst einmal Verwirrung stiften, indem der Verhandlungspartner wild wechselt zwischen den einzelnen Verhandlungszielen, den Positionen und den Interessen. Sich dann wieder auf das übergeordnete Ziel konzentriert, um im nächsten Augenblick für ein bestimmtes Detail ein Zugeständnis zu fordern.

Blocken Sie solch ein Vorgehen, wenn Sie es erkennen, und bestehen Sie darauf, die Verhandlungsziele systematisch und strukturiert abzuarbeiten.

5.8.4 Ja oder Nein?

„Entweder Sie gehen auf meinen Preis ein, oder wir kommen nicht ins Geschäft." Mit diesem Satz versucht Ihr Verhandlungspartner Ihnen das Gefühl zu geben, als gäbe es keine Alternative zu seiner Forderung. Lassen Sie sich als geschickter Verhandlungspartner davon nicht abschrecken, sondern suchen Sie trotzdem nach weiteren Lösungsmöglichkeiten.

Auch die abgemilderte Form „wir können zusammenarbeiten, aber Sie müssen noch ..." schlägt prinzipiell in die gleiche Kerbe.

Noch eine andere Variante dieses Ja-oder-Nein-Tricks hat einer unserer (Beratungs-)Kunden erlebt: Die erste Verhandlungsrunde für ein großes, mehrere Millionen starkes Projekt eröffnete der Einkäufer eines großen Automobilkonzerns mit folgenden Worten: *„Wir würden gerne mit Ihnen ins Geschäft kommen. Wenn Sie sich also positionieren wollen, sollten Sie wissen: Wir haben uns hier im Konzern angewöhnt, nur einmal zu verhandeln. Deswegen machen Sie uns jetzt gleich Ihr bestes Angebot."* Jetzt gilt es, tief durchzuatmen und sich nicht irritieren zu lassen. Dies ist ein Verhandlungstrick, er gehört zum Feilschen, lassen Sie sich, wie unser Kunde, davon nicht beeindrucken und irre machen.

5.8.5 Drohung

Wenn Ihr Verhandlungspartner diese Taktik einsetzt, spielt er mit Ihren Ängsten. In der Regel werden allerdings unpräzise Drohungen ausgesprochen, wie: „Wenn Sie darauf nicht eingehen, müssen wir uns etwas überlegen" oder „... das hat Konsequenzen". Welche Konsequenzen genau damit verbunden sind, wird jedoch meistens nicht geäußert. Deshalb: Stellen Sie sich die Frage, ob die Drohung glaubwürdig ist. Kann Ihr Gegenüber die Drohung wahr machen? Hat er eine bessere Alternative?

Eine Drohung ist oft ein Zeichen für Schwäche, sonst kämen Taten, nicht Worte. Wenn er allerdings funktioniert, ist er ein idealer Trick, denn er verspricht einen Nutzen ohne eigenen Aufwand.

Oft ein idealer Trick: Nutzen ohne eigenen Aufwand

5.8.6 Salamitaktik

Auch von dieser Taktik gibt es mehrere Varianten. In der ersten Variante verhandelt Ihr Gegenüber jedes Detail getrennt und versucht dabei so viel wie möglich herauszuschlagen. Nach jedem Ihrer Zugeständnisse sichert er das Ergebnis ab und geht zum nächsten Punkt über. Dieser wird wieder genau so verhandelt, als hätten Sie noch kein Zugeständnis gemacht. Dieses Spiel geht so lange, bis Sie die Notbremse ziehen.

Es gibt noch eine andere Variante. Man verlangt noch ein letztes Zugeständnis von Ihnen, um das Geschäft perfekt zu machen. Und wenn Sie zustimmen, wird noch ein allerletztes Zugeständnis verlangt und danach noch eines und dann nur noch eine Kleinigkeit zum Schluss usw. Auch diese Taktik funktioniert nur so lange, bis Sie „Stopp" sagen.

Auch dazu gibt es noch einmal eine Verschärfungsvariante. Nachdem Sie sich auf ein Verhandlungsergebnis geeinigt haben, werden pro forma z. B. noch einmal die Mengen erhöht: „Wenn wir 20.000 Stück abnehmen, welchen Mengenrabatt bekommen wir dann noch?" Und wenn Sie den Mengenrabatt gewährt haben, dann werden noch die Zahlungsziele verhandelt: „Und wenn wir jetzt binnen 30 Tage bezahlen, bekommen wir noch 3 % Skonto, richtig?" Erfahrungsgemäß werden so bessere Ergebnisse erzielt, als wenn die Karten gleich auf dem Tisch gelegt werden. Achtung: Ganz gewiefte Verhandlungspartner verändern am Schluss noch einmal Mengen und Zahlungsziele zu ihren eigenen Gunsten, bei gleichen Preisen natürlich!

5.8.7 Druck ausüben

Systematisch ausgeübter Druck, um das Gegenüber in eine psychologisch schlechte Position zu bringen

Naturgemäß gibt es eine ganze Menge Möglichkeiten für Ihren Verhandlungspartner, Druck auf Sie auszuüben. Die Taktik besteht darin, dies systematisch zu tun, um Sie so in eine psychologisch schlechte Position zu bringen.

Erst müssen Sie warten, dann müssen Sie während der gesamten Verhandlung direkt in die Sonne schauen, wenn Sie Ihr Gegenüber ansehen wollen, und außerdem bekommen Sie nichts zu trinken. Alles deutet darauf hin, dass Ihr Gegenüber in der stärkeren Position ist. Die Gefahr für Sie besteht darin, dass Sie ein Gefühl von Machtlosigkeit entwickeln.

Dies funktioniert nur, wenn das Gegenüber sich darauf einlässt.

Aber keine Bange, es ist nur ein **Spiel**. Wenn Sie sich nicht darauf einlassen, funktioniert es nicht. Meist reicht es schon, es zu erkennen und sich demonstrativ nicht darauf einzulassen und z. B. einfach nach etwas zu trinken zu fragen oder einen anderen Sitzplatz als den vorgegebenen zu wählen. Ihr Gegenüber will nur testen, ob Sie freiwillig das Opfer spielen.

Natürlich kann er Sie auch **verbal** unter Druck setzen, um Stress auf Sie auszuüben. Durch Bemerkungen über Ihre Kleidung, indem er Sie inkompetent behandelt oder indem er Ihnen nicht zuhört und Sie mehrfach um Wiederholung bittet. Oder auch, indem er Verhandlungen unterbricht und sich mit anderen Leuten befasst oder indem man plötzlich einen neuen zusätzlichen Verhandlungspartner mit ins Spiel bringt, dem Sie alles noch mal von vorne erklären müssen. Auch hier ist die oberste Devise: „Cool bleiben."

Vorsicht ist geboten, wenn Deadlines auf den Tag der Verhandlung gelegt werden.

Die dritte Variante Druck auszuüben ist über die **Zeit**. Hiervon gibt es zwei Spielarten: Deadlines und Verzögerungen. Seien Sie vorsichtig, wenn Deadlines auf den Tag der Verhandlung gelegt werden, z. B. durch: „Wir haben die Anordnung von unserem Vorstand, dass, wenn wir heute nicht zu einer Vereinbarung kommen, das Geschäft platzt." Wenn Sie so etwas hören, sollten Sie skeptisch sein. Bedenken Sie, der Grund, warum diese Verhandlung angesetzt wurde, ist, weil beide Seiten etwas voneinander wollen. Das Problem und die Bedarfe Ihrer Gegenüber werden nicht gelöst, wenn das Geschäft heute nicht zustande kommt.

Das Gleiche funktioniert natürlich auch in die andere Richtung. Verzögerungstaktiken werden oft angewandt, wenn die andere Seite weiß, dass Sie heute das Geschäft finalisieren möchten, z. B. weil für heute Abend Ihr Rückflug gebucht ist oder Ihr Geschäftsjahr endet, oder.... Durch die angekündigte Verzögerung wird Druck auf Sie ausgeübt, in der Hoffnung, dass Sie Zugeständnisse anbieten, nur um heute noch zum Abschluss zu kommen. In solchen Situationen ist es am besten, wenn Sie Ihren Rückflug verschieben bzw. Sie Ihrem Vorgesetzten erklären, dass es besser ist, später, aber zu vernünftigen Konditionen abzuschließen.

Verzögerungstaktiken

5.8.8 Finte

Bei dieser Taktik macht Ihr Verhandlungspartner ein Verhandlungsziel extrem wichtig. Er wählt dafür ein Ziel aus, von dem er genau weiß, dass Sie dort kaum Zugeständnisse machen können. Dann drückt er Ihnen gegenüber in aller Deutlichkeit seine Enttäuschung aus, damit Sie sich schuldig fühlen. Jetzt besteht für Sie die Gefahr, dass Sie seinen Forderungen nachkommen und zur Kompensation mehr Zugeständnisse als nötig machen, auf Gebieten, in denen Sie mehr Flexibilität haben.

Die Gegentaktik hier ist, dass Sie darauf bestehen, einen Punkt nach dem anderen zu verhandeln und Entscheidungen auf der Grundlage der Fakten und nicht auf der Grundlage der Emotionen zu treffen.

5.8.9 Andere entscheiden

Natürlich ist es eine alte Regel, dass ein guter Anwalt sich vor Gericht nie selbst vertritt, und das aus gutem Grund. Trotzdem fragen Sie sich hier natürlich: „Wer entscheidet wirklich? Ist dies ein Vorwand, um Zeit zu gewinnen, oder ist es ein echter Einwand?" Ist es ein echter Einwand, helfen Sie Ihrem Gegenüber intern gut argumentieren zu können. Ist es nur ein Vorwand, finden Sie die wahren Einwände heraus und versuchen Sie sofort zu einem Ergebnis zu kommen. Auch wenn Sie es offiziell nur als pro forma gelten lassen, damit Ihr Verhandlungspartner sein Gesicht wahren kann.

5.8.10 „Schmutzige" Tricks

Es gibt zwei Varianten von Tricks, die wir in unserer Verhandlungspraxis nicht akzeptieren. Und wir empfehlen Ihnen genau das Gleiche zu tun.

Zwei Varianten von Tricks, die man nicht akzeptieren sollte

Variante 1: Absichtlicher Betrug

Um gefälschten Fakten entgegenzuwirken, machen Sie den Verhandlungsprozess unabhängig von der Frage des Vertrauens und überprüfen Sie die Angaben der Gegenseite.

Gleiches gilt, wenn Sie Ihr Gegenüber über seine wahren Vollmachten täuscht. In solch einem Fall sollten Sie sicherheitshalber annehmen, dass er nicht unbedingt Entscheidungsbefugnis hat. Sind Sie im Zweifel, ob die Gegenseite sich wirklich an das Abkommen halten will oder wird, können Sie entsprechende Klauseln in die Übereinkunft einbauen.

Sie sollten sich allerdings darüber im Klaren sein, dass absichtlicher Betrug über Fakten oder Absichten etwas anderes ist, als eigene Gedanken zu verschweigen. Glaubwürdiges Verhandeln erfordert keineswegs ständige vollständige Enthüllungen. Sie sollten immer ganz die Wahrheit sagen, aber nicht unbedingt immer die ganze Wahrheit!

Ganz die Wahrheit sagen, aber nicht unbedingt die ganze Wahrheit

Variante 2: Rücksichtslose Nachforderung

Die zweite Variante der nicht zu akzeptierenden Taktiken, zumindest in unserem Kulturkreis, sind rücksichtslose Nachforderungen nach Abschluss der Verhandlung, und zwar dann, wenn Sie eigentlich keine oder wirklich keine andere Wahl mehr haben.

> **Beispiel**
>
> Ein Verkäufer aus der Immobilienbranche berichtete uns einmal, dass ein Kunde beim Notar nach Verlesen des 23seitigen Kaufvertrages, sozusagen bereits mit dem Stift in der Hand, noch einmal angefangen hat, über die Maklercourtage zu verhandeln. Unser Verkäufer hat das einzig Richtige getan. Er ist aufgestanden mit den Worten: *„Wenn Sie auf diese Art Geschäfte machen, will ich keine Geschäfte mit Ihnen machen."* Und mal ganz ehrlich, wollen Sie solche Kunden haben? Übrigens: Der Kunde hat sich entschuldigt, unterschrieben und gekauft.

Anmerkung: Uns ist durchaus bewusst, dass in anderen als dem europäischen Kulturkreis solche Verhandlungsmethoden durchaus üblich sind. Andere Länder, andere Sitten. In solch einem Fall wäre die Reaktion unseres Immobilienverkäufers natürlich fehl am Platze.

5.9 Verhandeln mit Einkäufern

Neben den o. g. Tricks und Taktiken, die natürlich auch Einkäufer benutzen, gibt es **drei weitere Denkfehler**, die sich hartnäckig halten im Umgang mit Einkäufern. Deshalb möchten wir in diesem Kapitel darauf separat eingehen.

Landläufig herrscht die Meinung, Einkäufer feilschen um jeden Cent, üben Druck aus und sitzen in Verhandlungen grundsätzlich am längeren Hebel. Doch viele Vertriebsmitarbeiter wissen einfach zu wenig über ihre Ansprechpartner im Einkauf und deren Ziele und Motive und bringen sich dadurch selbst in eine schlechte Verhandlungsposition.

Viele Vertriebsmitarbeiter wissen zu wenig über ihre Ansprechpartner.

Denkfehler Nr. 1: Einkäufer erhalten einen Bonus für Einsparungen.

Dies ist ein klassisches Vor- und Fehlurteil. Denn geschätzte 80% der Einkäufer bekommen ein Festgehalt. Bei den restlichen werden aus unserer Erfahrung die flexiblen Gehaltsanteile meist nicht nach den Einsparungen bewertet, da diese sehr schwer messbar sind. Viel öfter haben Kriterien wie interne Kundenorientierung, Einführung besserer Zahlungskonditionen, Reduzierung der Lieferantenzahl oder die Anzahl der Rechnungsreklamationen Einfluss auf die flexiblen Gehaltsanteile der Einkäufer. Trotzdem feilschen Einkäufer, was das Zeug hält. Zum einen ist das ihre Aufgabe, zum anderen holen sie sich so Anerkennung vom Chef und von der Fachabteilung.

Ein klassisches Vor- und Fehlurteil

Die erfolgreichsten Kunden-Lieferanten-Beziehungen basieren aber nach wie vor auf dem Prinzip „Leben und leben lassen". Langfristige Partnerschaften sind auch für das Kundenunternehmen auf Dauer am profitabelsten und das wissen auch die Einkäufer. Verhandeln Sie deshalb mit den Einkäufern auf Augenhöhe. Verhandeln Sie als Partner, nicht als Opfer.

Als Partner verhandeln – nicht als Opfer

Denkfehler Nr. 2: Der Preis entscheidet.

Wenn der Einkäufer in die Preisverhandlung mit Ihnen einsteigt, ist die Entscheidung für das Produkt oft schon gefallen. Im Mindesten haben die beteiligten Abteilungen bereits eine enge Vorauswahl getroffen. Deshalb klären Sie zuerst, wo Sie stehen. Gibt es noch weitere Angebote? Wer sind die Wettbewerber und worin unterscheiden sich diese Angebote von Ihrem eigenen? Doch nicht immer gibt es weitere Angebote. Oft ist das Produkt praktisch „gekauft". Die Aufgabe des Einkäufers ist es jetzt nur noch den besten Preis auszuhandeln. Da dies seine ureigenste Aufgabe im Unternehmen ist, wird er natürlich mit verschiedensten Methoden versuchen, einen Preisnachlass bei Ihnen zu erwirken. Viele Verkäufer bieten jedoch schon auf die einfachste aller Fragen: „Können Sie mit dem Preis noch etwas machen?", Rabatte an. Dies ist natürlich ein gefundenes Fressen für die Einkäufer, jetzt erst recht in eine harte Preisverhandlung einzusteigen.

Aufgabe des Einkäufers ist es, den besten Preis auszuhandeln.

Denkfehler Nr. 3: Der Einkäufer entscheidet.

Auch wenn Einkäufer nach außen hin formal als Entscheider bezeichnet werden können, da sie die Verträge mit Ihnen als Lieferant aushandeln und oft auch unterzeichnen – machen Sie sich klar: auch Einkäufer sind in ihrem Unternehmen in ein enges von außen nicht einfach zu erkennendes Abhängigkeitsnetz eingebunden. Sie sind Teil des weiter oben beschriebenen Buying-Centers. Deshalb machen Sie sich bei jedem Einkäufer doch einmal klar: Ist er ein Entscheider oder ist er nur ein Unterschreiber?

Einkäufer sind Teil des Buying-Center.

Es macht daher Sinn, sich in jedem Einzelfall genau Gedanken zu machen, wem gegenüber der Einkäufer Rechenschaft schuldig ist und wem gegenüber er für seine Entscheidung geradestehen muss. Kann er es sich erlauben, das Geschäft mit Ihnen platzen zu lassen? Und auf der anderen Seite, kann er es sich erlauben, ohne einen zusätzlichen Benefit zu erreichen, das Geschäft mit Ihnen abzuschließen? Wie Sie sehen, haben auch Einkäufer natürlich Interessen, die hinter den gezeigten Verhandlungspositionen liegen. Natürlich treffen die Einkäufer Entscheidungen. Die wichtigste Frage für Sie im Umgang mit Einkäufern ist also: **Welche** Entscheidung kann der Einkäufer **wirklich** treffen?

5.10 Spezialthema: Preisverhandlungen

Ich weiß nicht, wie es Ihnen geht, aber wir hören in letzter Zeit immer nur noch: Preis, Preis, Preis. Überall wird der Preis gedrückt, es wird nur noch nach dem Preis entschieden usw. usw. Preis hier, Preis da, Preis dort. Deshalb haben wir uns entschlossen, dem Thema Preisverhandlungen ein eigenes Kapitel zu widmen.

Rein prinzipiell gilt natürlich alles, was wir in diesem Abschnitt bisher über Verhandeln geschrieben haben, auch für Preisverhandlungen. In diesem Kapitel hier wollen wir ein paar zusätzliche Aspekte beleuchten, indem wir z. B. drei Mythen zum Thema Preis entmystifizieren, uns kurz mit Ihrer Einstellung zu Ihrem eigenen Preis beschäftigen und dann noch auf die spezielle Preispsychologie bzw. die Preisargumentationstaktiken eingehen. Nachdem Sie im Kapitel 1 schon bereits Grundsätzliches über eine Preisstrategie gelesen haben und Sie in Ihrer Vertriebsorganisation eine klare Preisdifferenzierung gegenüber Ihren Wettbewerbern haben, möchten wir uns hier zuerst einmal kurz mit den betriebswirtschaftlichen Auswirkungen von Rabatten beschäftigen.

Die betriebswirtschaftlichen Auswirkungen von Rabatten

Die Milchmädchenrechnung oder „Kleinvieh macht auch Mist"

3 % mehr oder weniger Rabatt, was macht das schon? Betrachten wir doch gemeinsam einmal folgende Beispiele:

> **Beispiel**
>
> 1. Nehmen wir an, Sie sind in der Dienstleistungsbranche tätig und erzielen eine Umsatzrendite von 15 %. Aufgrund des harten Wettbewerbsdrucks in letzter Zeit mussten Sie auf Ihre Services durchschnittlich 3 % Rabatt gewähren. Jetzt die Frage: Wie viel mehr Umsatz müssen Sie machen, um den gleichen Gewinn zu erzielen, wie vorher? Was schätzen Sie? 3 %? 5 % oder gar 10 %?
>
> Hier die Auflösung:
> Mal angenommen, Ihr Umsatz im vergangenen Jahr war 1 Mio Euro. Bei 15 % Umsatzrendite bedeutete das 150 T Euro Gewinn. Nun ge-

wären Sie 3 % Rabatt. Wir unterstellen dabei, dass alle anderen Kosten vollkommen gleich geblieben sind. (Wir wissen auch, dass das natürlich nicht ganz exakt ist, aber deshalb heißt es ja auch Milchmädchenrechnung.)

Also, bei 3 % Rabatt (= 30 T Euro), die ja in Ihrer Gewinn- und Verlustrechnung direkt auf das Ergebnis durchschlagen, bedeutet das, Sie machen bei gleichem Umsatz in diesem Jahr nur noch 120 T Euro Gewinn. Um mit Rabatten wieder auf 150 T Euro Gewinn zu kommen müssen Sie sage und schreibe 1,25 Mio Euro Umsatz machen. D. h.: 250.000 Euro oder 25 % mehr Umsatz für den gleichen Gewinn, nur wegen des 3 %igen Rabatts!

2. Kehren wir die Frage um: Wie viel mehr Gewinn machen Sie bei 2 % weniger Rabatt? Mal angenommen, Sie sind als Zulieferer für die Industrie tätig und kommen im vergangenen Jahr auf eine Umsatzrendite von 5 %. D. h., bei 1 Mio Umsatz sind dies 50 T Euro Gewinn. Nun gelingt es Ihnen, nachdem Sie dieses Buch gelesen haben, Ihren durchschnittlichen Rabatt von bisher 5 % auf 3 % zu drücken. Wie viel mehr Gewinn haben Sie dann?

Nachdem diese 2 % weniger Rabatt, sprich 20 T Euro mehr Erlös p. a., auch in dieser Gewinn- und Verlustrechnung bis zur Bottomline 1:1 durchgereicht werden, sind das: statt 50 T Euro jetzt 70 T Euro Gewinn. Das bedeutet eine Steigerung des Gewinns um 40 %! Wann haben Sie das letzte Mal eine Gewinnsteigerung von 40 % erreicht?

O. k., wir geben zu, diese Rechnungen sind betriebswirtschaftlich nicht hundertprozentig so darstellbar. Aber vielleicht konnten sie Ihnen trotzdem vor Augen führen, welchen Hebel Sie in der Hand haben, wenn es um das Thema Rabatte geht.

5.10.1 Drei Mythen zum Thema Preis

Nachdem Sie gesehen haben, wie es sich auch unter betriebswirtschaftlichen Gesichtspunkten lohnen kann, über das Thema Preisgestaltung nachzudenken, lassen Sie uns doch gleich einmal mit drei weit verbreiteten Mythen zum Thema Preis aufräumen.

1. Mythos: Wer den besseren Preis hat, gewinnt.

Wie Sie wissen, werden Entscheidungen aufgrund von Fakten und von Emotionen getroffen, und der Preis ist nun einmal nur einer von mehreren Fakten, die in die Entscheidung mit einfließen, also nur ein Teil der Hälfte. Mal Hand aufs Herz: Haben Sie schon einmal etwas gekauft, obwohl es nicht das billigste Angebot war? Haben Sie schon einmal einen Auftrag bekommen, obwohl Sie nicht der preiswerteste Anbieter waren? Und: Haben Sie nicht sogar schon Aufträge gewonnen, obwohl Sie der teuerste der Anbieter waren? Warum wohl?

Der Preis ist nur einer von mehreren Faktoren, die zu einer Entscheidung führen.

Noch einmal: Sie müssen einen guten Preis machen, um eine Chance zu haben den Auftrag zu bekommen, das ist richtig. Aber nur deshalb, weil Sie den besten Preis machen, werden Sie den Auftrag noch lange nicht bekommen.

2. Mythos: „Geiz ist geil"

Spätestens seit der Werbekampagne des Elektrohändlers, aus der wir diesen Satz kennen, ist das Thema „billig" in aller Munde. Aber auch hier geht es nur vordergründig um den besten Preis. In Wirklichkeit geht es um das Gefühl des Konsumenten. In einem Interview mit der Wirtschaftswoche hat Bent Rosinski, der Geschäftsführer der Werbeagentur, die für den Slogan „Geiz ist geil" verantwortlich zeichnet, auf die Frage: „Wie finden Sie ‚Geiz'?" geantwortet: „Geil natürlich, ich bin doch nicht blöd." Zwei Sätze später offenbart er dann, worauf es ihm wirklich ankommt, wenn er selbst etwas einkauft: „Wenn ich finde, dass ich ein gutes Geschäft gemacht habe. Dieses Empfinden reicht mir. Da bin ich wie viele andere Verbraucher auch."

Der Kunde muss das Gefühl haben, einen guten Preis bekommen zu haben.

Das ist es, worauf es ankommt. Das ist der psychologische Hintergrund der o. g. Kampagne und das ist der psychologische Hintergrund für jede Preisverhandlung: Es geht darum, dass Ihr Kunde das Gefühl hat, einen guten Preis bekommen zu haben. Das gute Gefühl ist das, was sehr viel mehr zählt als der Preis an sich.

3. Mythos: Wir machen faire Preise.

Alles, was zwischen Ihrem Minimalpunkt und dem des Kunden liegt, ist ein faires Ergebnis.

Machen Sie sich klar, den fairen Preis gibt es nicht. Wenn Sie sich noch einmal unsere Abb. 5.3 zur Verhandlungsvorbereitung ansehen, dann ist jedes Ergebnis, das zwischen Ihrem Minimalpunkt und dem Minimalpunkt Ihres Kunden liegt, ein faires Ergebnis. Vielleicht haben Sie den Kinofilm „Pretty Woman" gesehen. Dort gibt es ziemlich am Anfang des Films die folgende Szene: Julia Roberts steigt, nach der ersten Nacht mit Richard Gere, aus der Badewanne und begleitet ihn zur Türe. Dabei unterhalten sie sich noch einmal über den ausgehandelten Betrag von 3.000 Dollar für sechs Tage und Nächte. Sie zu ihm: „Ich wäre auch für 2.000 Dollar geblieben." Er zu ihr: „Ich hätte auch 4.000 Dollar bezahlt." Man mag über das Beispiel streiten. Aber es zeigt: Hier ist alles zwischen 2.000 und 4.000 Dollar ein fairer Preis.

5.10.2 Ihre Einstellung entscheidet

Vertriebsmitarbeiter sind zugleich Kundenberater und Unternehmensvertreter.

Als guter Vertriebsmitarbeiter sind Sie immer Diener mindestens zweier Herren. Als Kundenberater sollen Sie die Interessen Ihrer Kunden vertreten und sie bei der Suche nach der optimalen Lösung unterstützen. Doch spätestens beim Thema Preis müssen Sie in die Rolle des Unternehmensvertreters schlüpfen. Kein Wunder, dass Sie sich manchmal vorkommen, als säßen Sie zwischen zwei Stühlen. In der Preisverhandlung droht eine Konfrontation, ja manchmal sogar ein Konflikt, der die so mühsam erarbeitete Vertrauensbasis und damit den langfristigen Zugang zu Ihrem Kunden gefährden könnte. Viele Verkäufer geben deshalb bei Preisverhandlungen viel zu schnell nach, um ihre Kundenbeziehung nicht zu gefährden.

Bei Preisverhandlungen nicht zu schnell nachgeben

Sie haben regelrecht Angst vor Sätzen wie: „Wissen Sie, wir müssen noch ein weiteres Angebot einholen." „Im Preis müssen Sie aber noch etwas machen." „So weit sind wir uns ja einig, jetzt müssen wir uns nur noch über den Preis einig werden." Und wenn wir dann auch in den Medien und von den Kollegen immerzu nur die schaurigsten Preisdrückergeschichten hören, ist es ja auch kein Wunder, dass wir manchmal fast schon so agieren wie der Tee-Verkäufer auf Sri Lanka. Auf einem Parkplatz kam er auf uns zu und hielt uns seinen Tee unter die Nase, dabei nannte er den Preis: „Five Rupies". Wir schüttelten den Kopf und gingen weiter. „Four Rupies", rief uns der Verkäufer nach. Wir erklärten ihm, dass wir keinen Tee kaufen wollten. Daraufhin änderte er seinen Preis auf drei Rupies: „Aber wir wollen nicht!", protestierten wir langsam leicht genervt. „Two Rupies." „Wir wollen es nicht, zu keinem Preis. Wir würden es noch nicht einmal geschenkt annehmen." „All right than, one Rupie."

Manche Aufträge sind nicht zu gewinnen, egal zu welchem Preis. Viele Aufträge jedoch sind zu gewinnen. Der Preis ist dabei für den Kunden fast egal.

Viel wichtiger ist in diesem Zusammenhang vor allem, dass Sie selbst von Ihrem Preis überzeugt sind. Wir haben einmal eine Studie durchgeführt, für einen Hersteller von Gebäudetechnik. Dieser Hersteller klagte über exorbitant gestiegene Rabattforderungen seiner Kunden, durch den Eintritt eines neuen Wettbewerbers in den Markt. Wir begleiteten daraufhin mehrere Vertriebsmitarbeiter mehrere Tage, um das Geschäft gründlich zu analysieren. Dabei stellten wir fest, dass die Verkäufer unseres Kunden, bevor sie das erste Mal ihren Kunden den Preis nannten, in der Regel zwischen drei und fünf Mal deutliche Signale gesendet hatten, dass sie durchaus bereit seien, über den Preis mit sich reden zu lassen. Das äußerte sich in Sätzen wie „Ich gebe Ihnen hier einmal die Listenpreise" oder „Wissen Sie, am Preis wird es nicht scheitern" etc.

Es ist wichtig, selbst von dem Preis überzeugt zu sein.

Was war passiert? Die Vertriebsmitarbeiter waren nicht auf die Situation mit dem neuen Wettbewerber vorbereitet. Und da sie in letzter Zeit sehr viel häufiger mit hohen Rabattforderungen ihrer Kunden konfrontiert wurden, waren sie davon ausgegangen, dass der eigene Preis plötzlich wirklich viel zu hoch ist. Sie selbst hatten so durch ihre eigene Einstellung und ihre eigene Reaktion auf die veränderte Situation eine Rabattspirale in Gang gebracht. Klar, denn wenn der Verkäufer so deutlich mit dem Rabatt-Zaunpfahl winkt, fordert selbst der unbedarfteste Käufer einen Nachlass. So sahen sich die Verkäufer auch noch in ihrer eigenen Einstellung bestätigt und das Übel nahm seinen Lauf und verstärkte sich selbst. Deshalb:

BEREITEN SIE SICH AUF DIE PREISVERHANDLUNG VOR. PRÜFEN SIE IHRE EIGENE EINSTELLUNG, VERKAUFEN SIE SICH ZUERST SELBST IHREN PREIS UND DANN TRAINIEREN SIE DIE PREISGESPRÄCHE.

> **Beispiel**
>
> Wir haben einmal mit einer Gruppe professioneller Berater zusammengesessen und gemeinsam über dreißig verschiedene Antworten gefunden auf den Einwand: „Ihr Tagessatz ist mir zu teuer." Hier eine kleine Auswahl:
> - Was ist mein Tagessatz schon im Vergleich zu den Gesamtkosten?
> - Ein schlechtes Projektergebnis kommt Sie noch viel teurer.
> - Ist es nicht wichtiger, ein gutes Projektergebnis zu bekommen?
> - Woher wissen Sie, dass Sie gute Leistung auch für weniger Geld bekommen können?
> - Heißt das, wir steigen jetzt in die Phase „Preisverhandlung" ein?
>
> Oder, falls Sie z. B. mit BMW verhandeln:
> - Am Anfang dachte ich auch, BMW wäre teuer.

Schlagfertig auf Rabattforderungen antworten und dem Kunden zeigen, dass man hinter dem Preis steht

Uns geht es gar nicht darum, ob diese Antworten in obigen Beispiel richtig oder falsch, gut oder schlecht sind. Uns geht es darum, dass Sie gut vorbereitet in eine Preisverhandlung gehen. Und das bedeutet auch, dass Sie schlagfertig auf die Rabattforderung antworten können und dem Kunden somit zeigen, dass Sie hinter Ihrem Preis stehen anstatt nervös zu werden.

5.10.3 Kleine Rabattpsychologie

Wir hatten in Kapitel vier über die vier grundsätzlichen Persönlichkeitstypen nach dem Insights-System geschrieben. Lassen Sie uns diese Kunden-Typen hier noch einmal kurz aufgreifen und lassen Sie uns für jeden Typen betrachten, warum er Sie im Preis drücken will. Denn Sie wissen ja: Kennen Sie seine Interessen und Motive, ist es einfacher, Ihren Kunden zufrieden zu stellen und dabei trotzdem ein für Sie akzeptables Ergebnis zu erreichen.

Gute Tipps dazu finden Sie bei Erich-Norbert Detroy und Frank M. Scheelen in „Jeder Kunde hat seinen Preis". Hier die wichtigsten Fakten.

Zur Erinnerung noch einmal die vier Typen des Minimalmodells im Überblick (das Modell existiert auch in ausführlicheren Formen mit mehr Kundentypen):
- Rote Kunden: die Dominanten
- Gelbe Kunden: die Initiativen
- Grüne Kunden: die Stetigen
- Blaue Kunden: die Gewissenhaften

Und so schlägt sich dies in Preisverhandlungen nieder:

Spezialthema: Preisverhandlungen

Kundentypen nach Insights in Preisverhandlungen

Blaue Kunden

Der blaue Kunde ist der zäheste Preisverhandler von allen. Er hat nicht nur die Geduld, jedes Detail in Frage zu stellen, sondern ist auch genauestens über die Preise auf dem Markt informiert. Da er kein Gefühlsmensch ist, lässt er sich nicht zum Kauf hinreißen. Er will so viel wie möglich erhalten und so wenig möglich dafür bezahlen. Typisch für das Preisgespräch mit einem blauen Kunden ist:

- Das Gespräch ist ein zähes Ringen, bei dem Sie nur in kleinen Schritten vorankommen.
- Er will über jeden kleinen Posten Auskunft erhalten.
- Er wird die Qualität in Frage stellen, um den Preis zu mindern.
- Er will die Wahl zwischen verschiedenen Alternativen haben und einen individuellen Preis aushandeln.
- Es ist ihm mehr daran gelegen, dass Sie den Preis senken, als dass er Mehrwert behält.
- Sie müssen ihm immer wieder klar machen, dass ein Preisnachlass keine einseitige Sache ist, sondern auch von ihm Zugeständnisse erfordert.

Grüne Kunden

Er befürchtet stets, dass ihm hinterher andere vorwerfen, er habe einen viel zu hohen Preis bezahlt. Deshalb ist es so wichtig, dass er bereits im Vorfeld des Preisgesprächs Vertrauen zu Ihnen entwickelt. Er muss die Überzeugung gewinnen, dass Sie es ehrlich mit ihm meinen und er nicht Gefahr läuft ein unvorteilhaftes Geschäft zu machen. Dann wird es leichter für Sie sein, mit ihm zu einem Abschluss zu kommen. Er ist kein Preisdrücker, der nur auf den eigenen Vorteil bedacht ist. Typisch im Preisgespräch ist, dass

- er Schwierigkeiten hat, eine Entscheidung zu fällen, und dabei viel Unterstützung braucht,
- er versuchen wird andere in die Entscheidung einzubinden und die Verantwortung zu teilen;,
- er mehr daran interessiert ist, zusätzliche Leistungen und Service für den gleichen Preis zu erhalten als einen Nachlass zu bekommen.

Rote Kunden

Dem roten Einkäufer geht es um das Gewinnen. Deshalb akzeptiert er niemals den ersten Preis, den Sie ihm nennen. Selbst wenn er innerlich längst beschlossen hat zu kaufen, wird er nach außen hin so tun, als hinge seine Entscheidung vollkommen vom Preis ab. Ein roter Kunde drückt den Preis, weil

- es zu seinem Selbstbild gehört, anderen seine Bedingungen zu diktieren und nichts unwidersprochen hinzunehmen;
- es für ihn ein erhebendes Gefühl ist, es dem Verkäufer „gezeigt" zu haben;
- er prinzipiell versucht, mit so wenig Einsatz wie möglich so viel wie möglich herauszuholen;
- es seinem Geltungsbedürfnis entspricht, hinterher anderen in der Firma erzählen zu können, wie er den Verkäufer heruntergehandelt hat; wahrscheinlich erhofft er sich auch Vorteile für seine Karriere, wenn er viele gute Abschlüsse macht.

Gelbe Kunden

Sie sind Feilscher, aber keine Preisdrücker. Der Unterschied: Ihnen macht das Spielerische daran Spaß. Aber hart zu verhandeln, das ist nicht ihre Sache, denn das würde die gute Stimmung und das gegenseitige Einvernehmen zerstören. Wenn ein gelber Kunde merkt, dass Sie nicht bereit sind, ihm entgegenzukommen, verliert er die Lust daran und lässt das Geschäft lieber ganz. Im Grunde ist er ein angenehmer Partner im Preisgespräch:

- Er ist offen, zugänglich und sieht ein, dass beide Seiten auf ihre Kosten kommen wollen.
- Wenn er von einem Produkt so richtig begeistert ist, dann schaut er nicht so genau auf den Preis.
- Er leistet seinen Beitrag dazu, dass auch das Preisgespräch in einer angenehmen Atmosphäre stattfinden kann.

Blauer Kunde
Zähester Preisverhandler, bestens informiert, will möglichst viel für wenig Geld.

Roter Kunde
Will gewinnen, drückt den Preis, akzeptiert niemals das erste Angebot, handelt oft auch aus Geltungsbedürfnis.

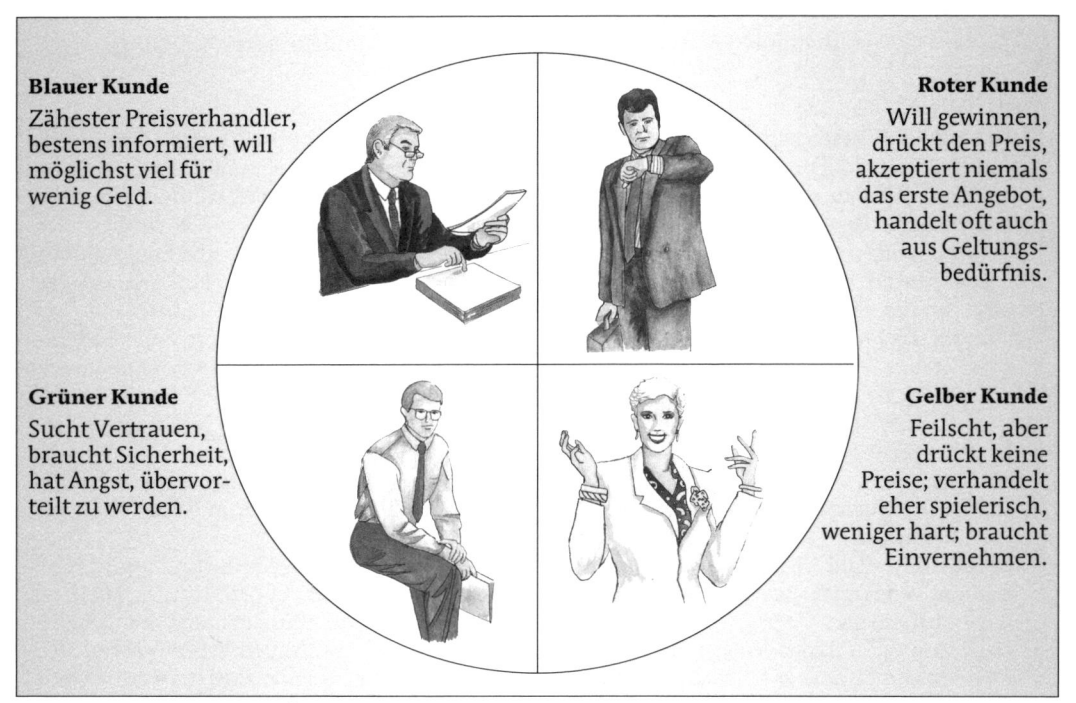

Grüner Kunde
Sucht Vertrauen, braucht Sicherheit, hat Angst, übervorteilt zu werden.

Gelber Kunde
Feilscht, aber drückt keine Preise; verhandelt eher spielerisch, weniger hart; braucht Einvernehmen.

Abb. 5.4: Rabatttypen im Überblick

5.10.4 Preisargumentation

Wenn ein Verkäufer einen Auftrag verliert, hören wir immer wieder die gleiche Entschuldigung: „Wir sind einfach zu teuer!" Doch gehen wir der Sache auf den Grund, dann zeigt sich sehr häufig der wirkliche Fehler. Verkäufer lassen sich auf Preisgespräche ein, obwohl Kunden nach ganz anderen Kriterien entscheiden. In erster Linie kommt es Ihren Kunden darauf an, welchen Nutzen ihnen ein Produkt bringt, erst in zweiter Linie, was es kostet. Ihr Kunde will durch den Kauf Probleme lösen, die Arbeit erleichtern, sein Ansehen mehren und – bei Geschäftskunden – vor allem seine Gewinne steigern. Sie erinnern sich: schneller, besser, billiger, bequemer. Zuerst vergleichen Ihre Kunden die Angebote in Hinblick darauf, inwieweit diese Bedürfnisse erfüllt werden, und erst in zweiter Linie vergleichen sie die Produkte nach dem Preis. Vereinfacht ausgedrückt wird die erste Frage: „Wird überhaupt ein Auftrag erteilt?" dadurch positiv beantwortet, dass schneller, besser, billiger und bequemer in Euro ausgedrückt mehr wert ist als das, was Ihr Produkt / Ihre Dienstleistung kostet.

Und die zweite Frage: „Bekommen Sie den Auftrag?" wird dann positiv für Sie beantwortet, wenn das Verhältnis von schneller, besser, billiger, bequemer in Euro zum Kaufpreis bei Ihrem Angebot besser ist als bei dem Angebot Ihrer Wettbewerber.

Kunden interessiert in erster Linie der Nutzen und erst in zweiter Linie der Preis.

Einen Preis verkauft man also dann am besten, wenn die Vorteile für den Kunden größer sind als der Preis. Oder wenn die auf Zeit gesehene Investition einen selbst tragenden Charakter hat, etwa durch eingesparte Energie oder Wartungskosten. Deshalb gilt:

IHR PREIS LÄSST SICH IMMER DANN SEHR GUT VERKAUFEN, WENN SIE SYSTEMATISCH JEDEN VORTEIL IN ZAHLEN AUSDRÜCKEN UND DIES DEM KUNDEN VORRECHNEN.

In vielen Fällen sagt man nur: „Sie sparen Zeit oder Personal." Das reicht heute jedoch nicht mehr. Sie sollten jeden **geldwerten Vorteil in Zahlen ausgerechnet** dem Kunden auf den Tisch legen. Vielleicht führen Sie Schulungen kostenlos durch oder es erfolgt eine Einweisung an den Maschinen, die Ihrem Kunden nicht weiterbelastet wird. Jede Kostenersparnis für Personal, Strom, Arbeitsstunden, Wartung und Materialverschleiß sollten Sie Ihrem Kunden in Zahlen präsentieren. Selbst wenn dies nur auf Annahmewerten basiert, der Kunde wird Ihnen seine konkreten Zahlen anschließend geben, die Sie für Ihre kundenindividuelle Berechnung benötigen. Erfassen Sie alle Ersparnismöglichkeiten beim Kunden systematisch und setzen Sie sie in der Preisverhandlung ein.

Ersparnismöglichkeiten beim Kunden systematisch erfassen und in der Preisverhandlung einsetzen

Auch **Qualitätsverbesserungen**, die der Kunde mit Ihren Produkten erreicht, sollten Sie **in Zahlen konkret ausdrücken**. Ebenso höhere Preise, die die Kunden Ihres Kunden für spürbare Verbesserung zu zahlen bereit sind. Diese sollten Sie quantifizieren und in Ihr Preisgespräch mit einbeziehen.

Zusammengefasst gibt es zwei bewährte Möglichkeiten, Ihren Preis zu argumentieren:

Zwei bewährte Möglichkeiten, den Preis zu argumentieren

- Zum einen vermeiden Sie die Preisdiskussion, indem Sie über den individuellen Kundennutzen argumentieren (vgl. Kapitel 4 Motive und Argumente).
- Zum anderen: Wenn Sie Ihren Preis als Zahl verkaufen müssen, dann besteht die beste Möglichkeit darin, Zahlen entgegenzusetzen.

5.10.5 Preistaktiken

Wir stellen immer wieder fest, dass die Kunden heutzutage versuchen, immer früher schon in die Preisverhandlung einzusteigen. Teilweise erleben wir erste Ansätze für eine Preisverhandlung bereits in der Vertriebsprozess-Stufe der qualifizierten Interessenten.

VERSUCHEN SIE DIE ANGEBOTSERSTELLUNG UND DAMIT NATÜRLICH AUCH DIE PREISVERHANDLUNG MÖGLICHST WEIT NACH HINTEN ZU SCHIEBEN.

Idealerweise hat sich Ihr Kunde bereits für Sie entschieden, wenn Sie mit ihm in die Preisverhandlung einsteigen. Wenn es dann so weit ist, funktionieren in der Preisverhandlung natürlich die gleichen Strategien, Techniken und Taktiken, wie sie oben allgemein für Verhandlungen beschrieben wurden. Wir möchten Ihnen hier ergänzend fünf weitere spezielle Preistaktiken vorstellen.

1. Taktik: *Hinterfrage jede Rabattforderung.*

Wie Sie spätestens seit Abschnitt 5.10.3 zum Thema „kleine Rabattpsychologie" wissen, gibt es zig Gründe Rabatt zu fordern. Und es macht für Ihre Verhandlungsstrategie schließlich einen großen Unterschied, ob Ihr Kunde Rabatt fordert, weil er gewinnen will, oder ob er Rabatt fordert, weil er wirklich ein besseres Vergleichsangebot vorliegen hat. Deshalb ist es auch und gerade in der Preisverhandlung essenziell, die hinter der Rabattforderung liegenden Interessen des Kunden zu ermitteln. Das gelingt Ihnen am besten, indem Sie jede Rabattforderung hinterfragen.

Wichtig: die hinter der Rabattforderung liegenden Interessen des Kunden ermitteln

2. Taktik: *Ist es ein Amateur? Bluffe!*

Im Geschäftsleben hat es sich eingebürgert, auf alle Fälle einmal ein Preiszugeständnis zu verlangen.

Wir erleben es immer wieder und sind selbst immer wieder verblüfft: Je nach Branche geben sich 30 bis 60 % der Kunden mit einem einfachen „Nein" zufrieden. Man hat es schließlich nur mal versucht.

Noch ein Tipp: Haben Sie es mit einem Profi zu tun und Sie wollen bei diesem Profi bluffen, dann bluffen Sie bitte richtig. Machen Sie sich klar, Taten sind wirksamer als Drohungen. Signalisieren Sie vor allem auch körpersprachlich Ihren Bluff. Stehen Sie z. B. bei einem „Nein" auf, packen Sie Ihre Unterlagen zusammen, dann werden Sie sehen, wer die besseren Nerven hat.

30 bis 60% der Kunden geben sich mit einem einfachen „Nein" zufrieden.

3. Taktik: *Setzen Sie den ersten Pflock.*

Die Frage nach dem Budget oder nach den Preisvorstellungen gehört in die Untersuchungsphase des Verkaufsgesprächs. Hier in der Preisverhandlung ist diese Frage ein Tabu. Ihr Kunde könnte sonst in Versuchung geraten und erst einmal nach dem Motto „immer erst einmal das Doppelte vom Äußersten fordern" eine Position in den Raum stellen – eine Ohrfeige verteilen, die Ihnen noch lange weh tut.

Deshalb versuchen Sie unter allen Umständen den ersten Pflock zu setzen.

Steuern Sie ein großes Ziel an, um ein kleines zu erreichen. Geben Sie ein kleines Ziel vor, um ein großes zu vermeiden. Bedenken Sie: Wer zuerst markiert, setzt die Maßstäbe. Nachdem Sie sich in Ihrer Vorbereitung ja abhängig von Ihrer Strategie überlegt haben, welches Ihre zuerst gezeigte Position sein soll, wissen Sie ja jetzt in der realen Verhandlungssituation sehr genau, was zu tun ist. Und Sie haben die Eventualitäten und psychologischen Faktoren beachtet – in der Vorbereitungsphase übrigens mit sehr viel kühlerem und klarerem Kopf als jetzt.

4. Taktik: Geben Sie keine Prozente.

In Preisverhandlungen hat sich eingebürgert, immer wieder über Prozente zu sprechen. Aber, einmal 5 %, immer 5 %. Deshalb unser Tipp:

VERMEIDEN SIE PROZENTZAHLEN WO IMMER MÖGLICH UND GEBEN SIE NACHLASS IN ABSOLUTEN BETRÄGEN ODER ALS NATURALRABATT.

Bevor Sie Ihre Prozente nennen, nennen Sie lieber den neuen Preis.

5. Taktik: Bleiben Sie hart als Chef!

Auch das wissen Einkaufsprofis: Die meisten Rabatte geben immer die Chefs. Bei genauem Hinsehen ist das auch verständlich. Der Vorgesetzte hatte in der Regel keine Zeit eine Beziehung zum Kunden aufzubauen und er weiß, dass sein Mitarbeiter viel Zeit und Energie investiert hat, um den Kunden so weit zu bringen. Und jetzt soll das alles daran scheitern, dass er Härte zeigt und einen kleinen Rabatt verweigert? Dieses Risiko möchte der Vorgesetzte verständlicherweise nicht eingehen. Deswegen gibt er lieber etwas zu viel Rabatt als zu wenig.

Deshalb unser Tipp an Sie als Vorgesetzter: Bleiben Sie hart und halten Sie sich raus aus der Preisverhandlung. *Tipp für Vorgesetzte*
Falls Sie eingebunden werden müssen, geben Sie Rabatte nur nach Absprache mit dem zuständigen Vertriebsmitarbeiter.

Geben Sie auf keinen Fall zusätzlichen Rabatt, sondern ermächtigen Sie im Zweifelsfall Ihren Vertriebsmitarbeiter den Sonderrabatt ausnahmsweise selbst zu gewähren. Sie steigern damit nebenbei auch noch die Autorität des Vetriebsmitarbeiters beim Kunden und der Kunde wird auch in Zukunft die Preisgespräche mit Ihrem Mitarbeiter führen und nicht jedes Mal wieder bei Ihnen auf der Matte stehen.

> **Beispiel**
>
> Ein Kunde von uns, Juwelier, hat dieses System wie folgt umgesetzt: Wenn bei ihm ein Kunde nach dem Chef fragt um den Preis zu verhandeln, kommt dieser nach vorne, schaut sich den Preis an, dann sagt er zum Kunden: „Ich empfehle Ihnen, dieses Produkt zu diesem Preis zu kaufen, bevor ich es mir anders überlege." Und dann, zur Verkäuferin gewandt: „Und Sie kommen anschließend bitte einmal zu mir ins Büro." Die Mitarbeiterinnen waren am Anfang sehr skeptisch, inzwischen sind sie begeistert. Da die Kundenbindung deutlich gesteigert wird und die Kunden das Gefühl haben, wirklich das Maximale und sogar ein wenig mehr herausgeholt zu haben.

Wir sind uns bewusst, das ist ein Beispiel aus dem Einzelhandel. Die Situation im B2b ist oft komplexer, aber das Prinzip funktioniert auch hier analog. Probieren Sie es aus.

5.10.6 Höhere Preise durchsetzen

Bisher haben wir in diesem Kapitel fast ausschließlich über das Vermeiden von Preiszugeständnissen gesprochen. Aber auch den gegenteiligen Fall, nämlich das Durchsetzen höherer Preise, wollen wir hier zum Abschluss noch kurz beleuchten.

Wenn Ihr Unternehmen die Preise erhöhen will, steht Ihre Vertriebsorganisation vor der Herausforderung, den Preisanstieg gegenüber dem Kunden zu begründen und durchzusetzen.

Auch kleinste Preiserhöhungen können für das Unternehmen Geld wert sein.

---

10 Tipps für die Durchsetzung höherer Preise

1. *Haben Sie Ihr Ziel klar vor Augen.*

   Bedenken Sie stets, dass auch schon kleinste Preiserhöhungen Ihre Rendite überproportional steigern können. Sie erinnern sich doch noch an unsere Milchmädchenrechnung in Abschnitt 5.10? Auch kleinste Preiserhöhungen durchzusetzen kann für Ihr Unternehmen Geld wert sein.

2. *Betrachten Sie die Preiserhöhung als Verhandlung.*

   Eine Preiserhöhung ist letzen Endes nichts anderes als eine Vertragsverhandlung zwischen Ihrem Kunden und Ihnen. Deshalb teilen Sie eine Preiserhöhung Ihrem Kunden nicht einfach per Standardschreiben mit, sondern erläutern Sie ihm die Gründe individuell und bereiten Sie sich auf diese Verhandlung sorgfältig vor.

3. *Arbeiten Sie mit scharf kalkulierten Preisen.*

   Präsentieren Sie Ihre Preiserhöhungen immer als ein Ergebnis real gestiegener (Herstellungs-)Kosten, die Sie Ihrem Kunden auch konkret präsentieren können. Deshalb ist es meist auch leichter zu vertreten, die Preise beispielsweise um 4,69 % statt um runde 5 % zu erhöhen. Damit signalisieren Sie Ihrem Gegenüber, dass die Erhöhung tatsächlich scharf kalkuliert ist.

4. *Analysieren Sie vorab die Kundenbeziehung.*

   Machen Sie sich vor den Preisverhandlungen ein Bild, wie die bisherige Zusammenarbeit mit dem Kunden gelaufen ist. Erbringt Ihr Unternehmen zusätzliche Leistungen? Gab es zwischendurch Zugeständnisse? Gab es Schwierigkeiten in der Zusammenarbeit? Wie wurden diese gelöst?

   Klären Sie auch die wirtschaftliche Bedeutung des Kunden. Welche Deckungsbeiträge wurden mit ihm bisher bei welchen Umsätzen erzielt?

5. **Finden Sie den richtigen Zeitpunkt.**
   In direktem Kundenkontakt loten Sie zunächst die Stimmung aus. Wenn Ihr Kunde gerade verärgert ist, weil etwas in der Zusammenarbeit nicht rund läuft, sollten Sie das Thema der Preiserhöhung vertagen.

6. **Liefern Sie keine Gegenargumente.**
   Vermeiden Sie unbedingt, eine Preiserhöhung mit Allgemeinplätzen wie verbessertem Service oder Ähnlichem zu begründen. Damit liefern Sie Ihrem Kunden nur das Gegenargument, dass er selbst diesen Service nicht bestellt hat und dementsprechend auch keinen Grund hat, dafür mehr zu bezahlen.

   Preiserhöhungen keinesfalls mit Allgemeinplätzen begründen

7. **Klagen sind ein Ritual.**
   Lassen Sie sich nicht von den Kundenklagen über die schlechten wirtschaftlichen Zeiten verunsichern. Gewiefte Einkäufer nutzen diese Argumentation, um ihre eigene Verhandlungsposition zu verbessern. Unabhängig davon, ob es ihren Unternehmen schlecht geht oder nicht. Klappern gehört zum Handwerk.

8. **Klären Sie Ihren Verhandlungsspielraum.**
   Suchen Sie nach Alternativen, mit denen Sie die höheren Preise auch anders durchsetzen könnten. Denkbar wäre z. B., dass Ihr Kunde den Transport künftig selbst übernimmt, dass Sie Ihren Lieferanteil erhöhen können, dass das Zahlungsziel geändert wird oder, oder, oder.

   Nach Alternativen für höhere Preise suchen

9. **Relativieren Sie die Preiserhöhung.**
   Relativieren Sie die tatsächliche Bedeutung der Preiserhöhung für die Kostenstruktur Ihres Kunden.
   Ein Beispiel: Wenn das von Ihnen gelieferte Bauteil nur drei Prozent der Stückkosten bei Ihrem Kunden ausmacht, steigen bei einer Preiserhöhung von 3,69 Prozent für Ihr Bauteil die gesamten Stückkosten Ihres Kunden nur um 0,11 Prozent.

10. **Kämpfen Sie hart.**
    Diese letzte ist die wichtigste Regel. Sobald Sie das Thema höhere Preise einmal angeschnitten haben, dürfen Sie sich unter keinen Umständen mehr mit den alten oder gar niedrigeren Preisen zufrieden geben. Außerdem sollten Sie um jeden Euro hartnäckig kämpfen. Andernfalls ist Ihre Glaubwürdigkeit dahin und Ihr Verhandlungsspielraum gegenüber diesem Kunden dauerhaft geschädigt.

5.11 Gesamtcheckliste: Verhandlungen durchführen

1. Prinzipien
   - Prüfen wir vor jeder anstehenden Verhandlung, ob die Rahmenbedingungen eine für beide Seiten gewinnbringende Verhandlung überhaupt zulassen?
   - Sind allen Vertriebsmitarbeitern die Grundprinzipien einer erfolgreichen Verhandlung bekannt?
2. Die fünf Phasen der Verhandlung
   - Wissen unsere Mitarbeiter um den typischen Ablauf einer Verhandlung?
3. Erste Phase: Vorbereitung
   - Weiß jeder unserer Vertriebsmitarbeiter, dass eine erfolgreiche Verhandlung bereits mit der Vorbereitung beginnt?
   - Nutzen wir eine Checkliste zur Verhandlungsvorbereitung?
4. Zweite Phase: Beziehung aufbauen
   - Sind wir stets um eine gute Beziehung zu unserem Verhandlungspartner bemüht?
   - Trennen wir aber auch die Sach- von der Beziehungsebene?
5. Dritte Phase: Positionen beziehen
   - Nutzen wir die Möglichkeit, möglichst früh Position zu beziehen, um so mehr Zeit für das Feilschen zu haben?
6. Vierte Phase: Feilschen
   - Haben wir die passenden Techniken und Taktiken auf unser Unternehmen projiziert?
   - Sind unsere Mitarbeiter in der Lage, die fünf Grundstrategien zu erkennen und bewusst anzuwenden?
7. Fünfte Phase: Kooperation, Ergebnisse festzurren
   - Achten unsere Mitarbeiter stets auf eine verbindliche Dokumentation des Verhandlungsergebnisses?
8. Tricks, die man kennen sollte
   - Wissen unsere Mitarbeiter um die Trickkisten ihrer Kunden?
   - Wann können, dürfen und müssen unsere Mitarbeiter auch mal „Nein" sagen?
9. Verhandeln mit Einkäufern
   - Ist jedem Vertriebsmitarbeiter bewusst, dass der Verhandlungstermin mit dem Einkäufer des Kunden ein Schritt auf die nächst höhere Stufe im Verkaufsprozess ist?
   - Wie bereiten wir uns auf diese Verhandlungen vor?
10. Spezialthema: „Preisverhandlungen"
    - Wissen unsere Mitarbeiter um die betriebswirtschaftliche Bedeutung einer Rabattierung?
    - Gibt es einheitliche Strategien und Taktiken, mit denen wir arbeiten?

Teil C

Management des Vertriebs

**Aufgaben der Vertriebsleitung
Kundenorientierte Vertriebsmitarbeiter
Integrierte CRM-Systeme**

6 Aufgaben der Vertriebsleitung

Reden wir doch noch einmal Klartext, liebe Leserin, lieber Leser. Eine verantwortliche Position im Verkauf bekommt man nicht, weil man von vornherein alles weiß und jede Entscheidung treffen kann. Vielmehr gilt: Als Verantwortlicher, insbesondere als Verkaufsleiter/in, als Vertriebsleiter/in, wird man ernannt, um die verfügbaren Vertriebsinformationen zusammenzustellen und die Voraussetzungen für eine erfolgreiche Kunden- und Interessentenbearbeitung zu schaffen.

Systeme sollen gewährleisten, dass Verantwortung an die Mitarbeiter delegiert wird.

Als Führungskraft **entwickelt** man **Systeme**, die gewährleisten, dass die Umsatz- und Profitverantwortung an die Vertriebsmitarbeiter im Team delegiert werden kann.

Dabei sind die Verantwortlichen in der Regel gewissen strategischen Zielen verpflichtet:
- rentable Ausschöpfung der unterschiedlichen Kundenpotenziale,
- Erschließung zusätzlicher Kundenpotenziale,
- Erschließung neuer Zielgruppen,
- Kundenbindung durch ein Höchstmaß an Kundenzufriedenheit.

Insgesamt also nachhaltiges rentables Wachstum.

Bisher haben wir uns in diesem Buch darum gekümmert, wie Sie eine kundenorientierte Vertriebsstrategie entwickeln, wie Sie Ihre Vertriebsorganisation aufbauen, wie Sie den Vertriebsprozess gestalten und wie die optimale Organisation eines Kundenkontaktes ausschaut.

Ziele und Rahmenbedingungen

Nun wollen wir uns um das **operative Handeln des Vertriebsleiters** kümmern. Welche Ziele setzt er/sie, setzen Sie als Vertriebsleiter Ihrer Vertriebsmannschaft? Welche Rahmenbedingungen geben Sie vor, damit Ihre Vertriebsmannschaft diese Ziele auch erreichen kann? Und wie controllen, oder noch besser steuern Sie dann, während Ihre Mitarbeiter unterwegs sind, auf dem Weg zum Ziel?

Die richtigen Mitarbeiter auswählen und individuell unterstützen

Noch eine weitere – ganz andere – Komponente wird von Ihnen als Vertriebsleiter gefordert. Denn als ziel- und strategieverpflichtete/r Vertriebsleiter/in sind Sie natürlich auf qualifizierte und engagierte Mitarbeiter/innen angewiesen. Sie müssen also die richtigen Mitarbeiter auswählen und jeden einzelnen so unterstützen, dass dieser Ihre Strategie umsetzen und Ihre Ziele erreichen kann. Damit ist der Komplex der **Mitarbeiterführung** angesprochen, mit Qualifizierung und Coaching.

Und als ob das alles nicht schon genug wäre, sollten Sie sich ab und an auch noch Zeit gönnen, um mit etwas Abstand Ihre Vertriebsstrategie und Ihre Vertriebsorganisation zu überprüfen, um sie dann fit zu machen für den Wettbewerb von morgen. **Veränderungsmanagement** macht auch und gerade vor dem Vertrieb nicht halt.

Auch wenn wir damit den Blickwinkel in diesem Kapitel etwas vom Kunden weg und auf uns selbst richten, so ist dies nur vorübergehend. Wir greifen den Kundenaspekt im dann folgenden Kapitel 7 über „Kundenorientierte Vertriebsmitarbeiter" sofort wieder auf.

6.1 Ziele setzen

Wir wissen nicht, wie es Ihnen geht, aber wir beobachten in letzter Zeit eine „bedrohliche" Entwicklung. Die Verkaufsleitung gerät immer intensiver in die Situation des „Erfüllungsgehilfen": Die Geschäftsführung verkündet eine filigrane Struktur von Gesamt- und Teilzielen bezüglich Produkt und regional differenzierter Umsätze, der zu erzielenden Deckungsbeiträge, der Kosten usw.

Die Verkaufsleitung in der Situation des „Erfüllungsgehilfen"

Bei diesen Zieldurchreichungen wird häufig leider keine Rücksicht auf Chancen und Risiken vertriebsseitiger Art genommen. Das wiederum hat oft zur Folge, dass die Verkaufsleitung ihrem Außendienst diese Ziele ebenfalls nur verkünden kann. Die Folge: Die Vertriebsmannschaft ist verunsichert. Wie kann ihr Verkaufsleiter nur solche Unmöglichkeiten als Zielsetzungen weiterreichen, obwohl er doch wissen müsste, dass der Kunde immer noch eine eigenständige Meinung hat, und dass der Wettbewerb nun mal nicht weniger, sondern härter geworden ist?

Fazit: Als Verkaufsleiter werden Sie quasi gezwungen, mit Ihrer Glaubwürdigkeit gegenüber Ihrer Vertriebsmannschaft zu spielen.

Welche Auswege gibt es?

Ergreifen Sie die Initiative und vereinbaren Sie mit Ihrer Geschäftsleitung, künftig gemeinsam eine mittelfristige Vertriebsplanung zu erarbeiten, die seitens der Geschäftsführung in der Unternehmensplanung dann auch berücksichtigt wird. Sie können damit gegenüber Ihrer Geschäftsführung das Grundprinzip jeglicher Unternehmensplanung durchsetzen: vom Markt her für den Markt planen.

Gemeinsame Vertriebsplanung von Verkaufs- und Geschäftsleitung

Vom Markt her für den Markt planen

Um für diese Vertriebsplanung gewappnet zu sein, lassen Sie uns überlegen, welche Ziele Sie Ihrer Vertriebsorganisation stecken könnten.

Wir unterscheiden zum einen die **quantitativen Ziele** wie Umsatz, Marktanteil, Lieferanteil bei den einzelnen Kunden, Kundenzahl, neu gewonnene Kundenzahl, durchschnittlicher Umsatz pro Vertriebsmitarbeiter, Anzahl der Besuche etc.

Und zum anderen **qualitative Ziele** wie gesteigerte Kundenzufriedenheit, Qualifikation der Vertriebsmitarbeiter, Image des Unternehmens im Markt, Image der Vertriebsorganisation beim Kunden etc.

Idealerweise wird solch ein Prozess der **strategischen Zielfindung** eingeleitet durch eine Analyse der Chancen und Risiken sowie der Stärken und Schwächen der Vertriebsorganisation. In der sog. **SWOT-Analyse** (Strengths, Weaknesses, Opportunities, Threats = Stärken, Schwächen, Chancen, Risiken) erfolgt eine Verbindung der unternehmensexternen Chancen und Risiken mit den unternehmensinternen Stärken und Schwächen.

Durch eine SWOT-Analyse wird es möglich, die wesentlichen Zielbereiche und Entwicklungsprojekte zu identifizieren, die in der Zukunft durch den Vertrieb bearbeitet werden sollten.

Ziele: gute Zusammenarbeit mit Kunden, erfolgreiche Vertriebsarbeit, ökonomische Ergebnisse

Zweck ist, die Zusammenarbeit mit dem Kunden voranzubringen, die Vertriebsarbeit erfolgreich zu gestalten und die notwendigen ökonomischen Ergebnisse zu erzielen.

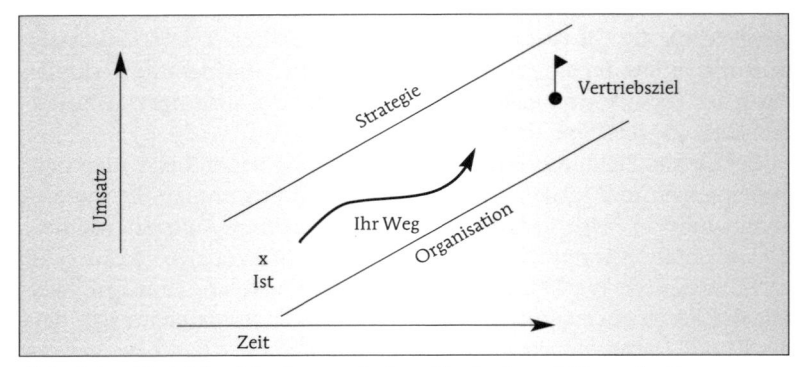

Abb. 6.1: Vertriebsziel setzen zwischen Strategie und Organisation

SWOT-Analyse		unternehmensexterne	
		Chancen	Risiken
unternehmensinterne	Stärken	Unsere Abschlussstärke ist ein Erfolgsfaktor für unsere Vertriebsergebnisse. Über 60% aller Angebote gewinnen wir.	Wenn wir diese Abschlussquote nicht halten können, müssen wir deutlich mehr Aufwand in die Chancenerkennung investieren,
	Schwächen	Wir erhalten vermehrt Anfragen aus Osteuropa. Allerdings können nur wenige unserer Mitarbeiter ein Projekt in englischer Sprache in gewohnter Qualität durchführen.	Immer mehr unserer Kunden agieren international. Wenn wir sie nicht auch im Ausland begleiten können, könnten wir auch Aufträge in Deutschland verlieren.

Abb. 6.2.: Prinzip der SWOT-Analyse

Differenzierung der Vertriebsziele

Nach der Identifikation der einzelnen Entwicklungsbereiche müssen daraus konkrete Ziele entwickelt werden. Wir unterscheiden zwischen
- ergebnisbezogenen Vertriebszielen,
- kundenbezogenen Zielen und
- mitarbeiterbezogenen Zielen.

6.1.1 Ergebnisbezogene Ziele

Zu den ergebnisbezogenen Vertriebszielen gehören z. B. Umsatzziele, Rabattgröße, Quote der Retourenposten, Kosten der werblichen Unterstützung, Kosten der Vertriebsorganisation, verschiedene Deckungsbeiträge unterteilt z. B. nach Kunden, Kundengruppen, Außendienstbezirken usw. Mit den Ergebnissen Ihrer SWOT-Analyse als Basis können Sie aus den o. g. Zielen die für Ihre Vertriebsorganisation relevanten Ziele definieren.

Relevante Ziele definieren

Nachdem diese ergebnisbezogenen Vertriebsziele festgelegt sind, müssen allerdings noch verschiedene weitere Schritte durchgeführt werden, damit daraus ein „richtiges" (operatives) Vertriebsziel wird.

Deshalb wird in der Regel zuerst das übergreifende Ziel auf einzelne Produkte und dann auf Marktsegmente oder Kundengruppen heruntergebrochen. Doch auch das reicht für eine effektive Vertriebsarbeit noch nicht aus, denn der Vertrieb kann daraus noch immer nicht konkret genug ableiten, was er im Einzelnen tun soll. Die Zeiten, in denen Vertriebsmitarbeiter „einfach verkaufen gehen konnten", sind unwiederbringlich vorbei.

Zum Beispiel müssen erst die auf einzelne Marktsegmente heruntergebrochenen Ziele noch auf die verschiedenen Verkaufsprozesse verteilt werden:

Die auf Marktsegmente heruntergebrochenen Ziele müssen auf die Verkaufsprozesse verteilt werden.

- Welcher Anteil soll durch Kundenbindung bei bestehenden Kunden realisiert werden?
- Welche neuen Umsätze können durch eine intensivere Vertriebsarbeit bei bestehenden Kunden gewonnen werden?
- Welche zusätzlichen Umsätze lassen sich durch zusätzliche Produkte (Cross Selling) bei bestehenden Kunden realisieren?
- Und die letzte Möglichkeit: Welcher Umsatzanteil muss über neue Kunden gewonnen werden?

Gibt es dazu keine exakten Vorgaben, so wird der Vertriebsmitarbeiter selbst über seinen Weg zum Ziel entscheiden.

Wenn Sie ausschließlich „Unternehmer im Gebiet" beschäftigen, dann können Sie sich diesen letzten Schritt natürlich sparen. Bis das so weit ist, zeigt die Erfahrung allerdings, dass die meisten Verkaufsmannschaften ohne konkrete Verkaufsprozessziele eher reagieren als agieren. Häufig arbeiten sie so, wie sie es in der Vergangenheit getan haben, egal ob das vor veränderten Marktbedingungen sinnvoll ist oder nicht.

Und Ihrem Unternehmen kann es unter strategischen und längerfristigen Gesichtspunkten schließlich nicht gleichgültig sein, zu welchem Anteil Umsätze mit neuen oder mit bestehenden Kunden realisiert werden.

ERST WENN DIE ERGEBNISBEZOGENEN VERTRIEBSZIELE AUF DIE EINZELNEN VERKAUFSPROZESSE HERUNTERGEBROCHEN SIND, SIND DIE VERTRIEBSZIELE VOLLSTÄNDIG.

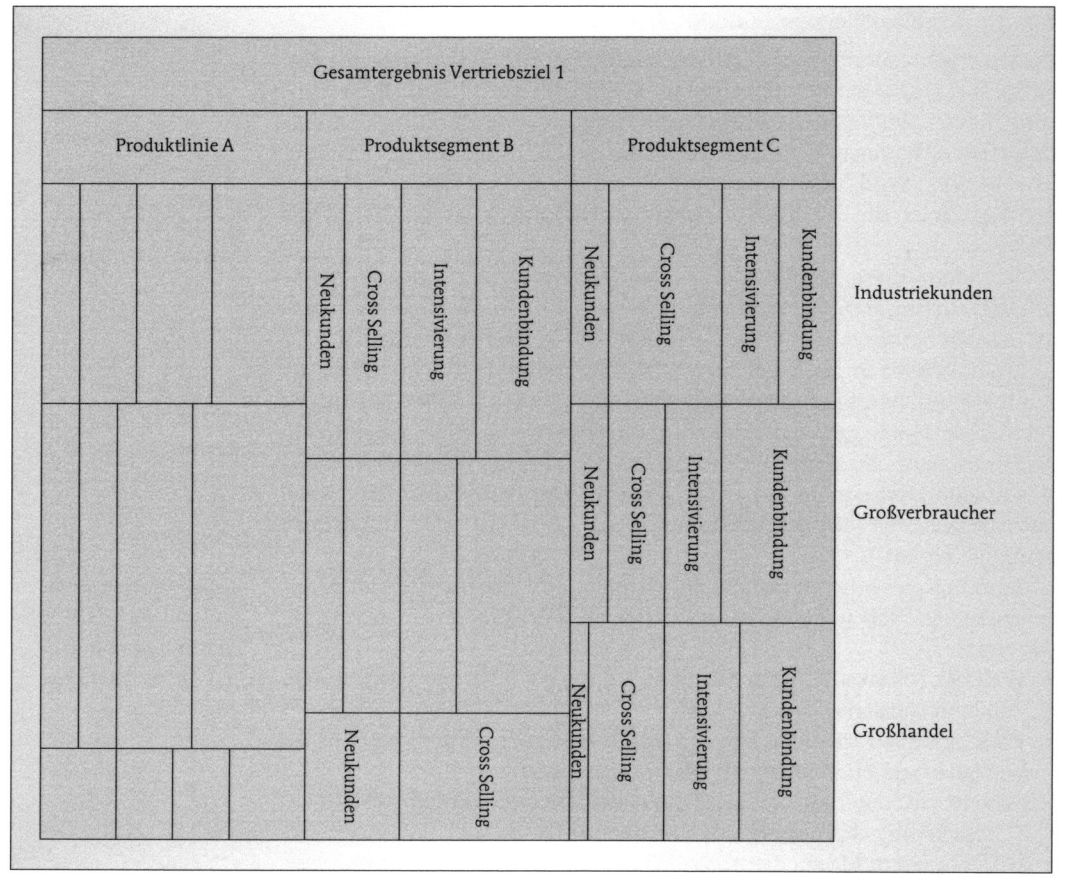

Abb. 6.3: Ergebnisbezogene Ziele differenzieren (beispielhaft)

Vorgehensweise: Vertriebsziele differenzieren

Welche Schritte müssen also erfolgen, um differenzierte Vertriebsziele zu definieren? Manchmal ergeben sie sich zwangsläufig für bestimmte Produktgruppen oder direkt aus der Angabe der Marktsegmentziele.

Vertriebsziele in neuen und in ...

In neuen Marktsegmenten müssen Sie in der Regel 100 % auf den Verkaufsprozess Neukundengewinnung buchen. Bei neuen Produkten hingegen können Sie die Vertriebsziele schon auf die Verkaufsprozesse Cross Selling und Neukundengewinnung verteilen. Bei bestehenden Marktsegmenten stellt sich zuerst die Frage: Wie wird sich der Umsatz bei unseren bestehenden Kunden entwickeln? Wo müssen wir mit zurückgehenden Ergebnissen rechnen? Wie viel Ergebnis können wir halten (Kundenbindung)? Wo können wir ausbauen (Intensivierung)? Wo können wir zusätzlich verkaufen (Cross Selling) und wie groß ist jetzt noch die Lücke zum Gesamtziel, die wir durch Neukundengewinnung schließen müssen?

... bestehenden Marktsegmenten

Ziele setzen

6.1.2 Kundenbezogene Ziele

Zu den kundenbezogenen Vertriebszielen gehören z. B. Kundenzufriedenheit, Kundenbindung, Kooperationsbereitschaft der Kunden, Anteil der Telling Customer, Lieferanteile bei Ihren Kunden, sprich: Ihre Bedeutung als sein Lieferant. Natürlich gehören auch betriebswirtschaftliche Größen wie Umsatz je Kunde, Deckungsbeitrag je Kunde etc. dazu.

Handelt es sich bei Ihren Kunden um Handelsorganisationen, so kommen weitere Zielbereiche hinzu: Regalplätze, Lagerbestände, Sicherstellung des Verkaufspreisniveaus, Flächenproduktivität etc.

Für die kundenbezogenen Vertriebsziele sollten Sie zuerst einmal eine Ist-Analyse durchführen, um zu erkennen, wo sie aktuell stehen (siehe auch Kapitel 1 über Vertriebsstrategie). Dann können Sie über Benchmark-Kunden zu einer Zielgröße kommen, um anschließend in der nächsten Vertriebsperiode alle Anstrengungen darauf zu lenken, bei Ihrem Kunden diese Vertriebsziele auch zu erreichen.

Über Benchmark-Kunden eine Zielgröße definieren

Welche dieser kundenbezogenen Vertriebsziele aktuell für Ihre Organisation die höchste Priorität haben, können Sie ebenfalls aus der oben erwähnten SWOT-Analyse herausarbeiten.

6.1.3 Mitarbeiterbezogene Ziele

Zu den mitarbeiterbezogenen Vertriebszielen gehören z. B. die Qualifikation der Vertriebsmitarbeiter, das Image der Vertriebsmitarbeiter bei den Kunden, die Leistungsbereitschaft und die Motivation der Vertriebsmitarbeiter sowie natürlich die auf die einzelnen Mitarbeiter heruntergebrochenen ergebnisbezogenen bzw. kundenbezogenen Vertriebsziele.

Qualifikation, Image und Motivation der Mitarbeiter

Vorgehensweise: Zielvereinbarungen mit den Mitarbeitern

Idealerweise sind Zielvereinbarungen ein Prozess, in dem Sie gemeinsam mit Ihren Mitarbeitern anzustrebende Ergebnisse für einen bestimmten Zeitraum in knapper, meistens schriftlicher Form vereinbaren, sagt zumindest das Führungshandbuch. Wie sieht jetzt aber die Praxis aus?

Natürlich praktizieren Sie als Vertriebsleiter Ihre Zielplanung gemeinsam mit Ihren Mitarbeitern. Dabei berücksichtigen Sie idealerweise zwei Planungsprinzipien.

Zwei Planungsprinzipien

Zum einen die Planung von unten nach oben und zum anderen die Planung von oben nach unten. Ungünstig ist nur, dass zwischen den beiden Ergebnissen häufig eine Lücke bleibt. In dieser Situation sagen Sie dem jeweils zuständigen Gebietsverkaufsleiter dann noch so etwas wie: „Tut mir Leid, du musst noch 250 T Euro Zielumsatz zusätzlich übernehmen, aber wie ich dich kenne, wirst du das schon richtig auf deine Leute verteilen können."

Dadurch entstehen schlussendlich zwar „Zielvereinbarungen" – aber genau genommen könnte man wie früher auch „Sollzahlen" dazu sagen. Und das aber ist nicht unbedingt ein Maximum an Motivation für Ihre Mitarbeiter, oder? Um das zu vermeiden, gehen Sie richtig wie folgt vor:

> **Fünf Stufen eines Zielvereinbarungsgesprächs**
>
> 1. Stufe: Zielvorschläge des Mitarbeiters erfragen.
> 2. Stufe: Eigene (bzw. die unternehmensseitigen) Zielvorschläge verdeutlichen.
> 3. Stufe: Zielkongruenz herstellen. Dies ist oft die schwierigste Stufe und erfordert oft mehrere Schleifen mit den zuständigen Vertriebsmitarbeitern/Vertriebsgruppenleitern.
>
> Erst dann kommt die
> 4. Stufe: Zielkonkretisierung durchführen.
> 5. Stufe: Zielumsetzung besprechen. Denn die Ergebnisziele sollten noch in Prozessziele und Verhaltensziele umgesetzt werden.

Diese Ziele werden auch Auswirkungen auf den Geldbeutel Ihrer Vertriebsmitarbeiter haben. Dazu aber später mehr.

6.1.4 Prioritäten

Gestatten Sie uns noch ein Wort zu der Anzahl der Ziele. Bei mehreren Produktgruppen, verschiedenen Dienstleistungspaketen, unterschiedlichen Kundensegmenten und vier verschiedenen Verkaufsprozessen können sich die differenzierten Vertriebsziele aufsummieren. Wir haben vor kurzer Zeit bei einem Vertriebsleiter an der Wand ein Flipchart gesehen, auf dem waren die 28 Vertriebsziele für das Jahr 2005 aufgelistet. Fast kein Mensch, auch kein Vertriebsmitarbeiter oder Vertriebsleiter, kann sich auf 28 Vertriebsziele konzentrieren. Deshalb haben wir Ihnen oben die SWOT- Analyse bereits vorgestellt:

Niemand kann sich auf 28 Vertriebsziele gleichzeitig konzentrieren.

KONZENTRIEREN SIE SICH AUF IHREN ENGPASS, DEN SIE MITHILFE DER SWOT-ANALYSE ERMITTELN.

> **Beispiel aus der Natur: Das Liebig'sche Wachstumsgesetz.**
>
> Der Biologe und Chemiker Justus Freiherr von Liebig hat Anfang des 19. Jahrhunderts herausgefunden, dass sich das Wachstum einer Pflanze nach dem Nährstoff richtet, von dem sie am wenigsten besitzt. Ein Gärtner braucht deshalb nur das zu düngen, was wirklich fehlt. Es ist das Grundprinzip des Wachstumsengpasses, das Sie auch auf die Wirtschaft im Allgemeinen und natürlich auch auf Ihre Vertriebsorganisation anwenden können. Der Engpass in Ihrer Vertriebsorganisation ist nämlich der Faktor, der zum Erreichen Ihrer übergeordneten Ziele am stärksten fehlt. Natürlich haben die meisten Vertriebsorganisationen von allem zu wenig. Aber die Knappheit der Ressourcen gehört ja bekanntlich zu jeder wirtschaftlichen Planung.

Entscheidend ist es für Sie daher festzustellen, wo der Engpass bzw. wo der Mangel am größten ist, der Ihre weitere Entwicklung blockiert. Daraus lässt sich eine Strategie ableiten, die Hemmnisse löst und Stärken ausbaut. Das würde, um ein Beispiel zu bilden, etwa bedeuten, dass Sie sich auf das Ziel „Mitarbeiter haben projekttaugliche Englisch-Kenntnisse" konzentrieren sollten, bevor Sie damit beginnen, internationale Projekte zu akquirieren.

Aus Engpässen Strategien ableiten, die Hemmnisse lösen und Stärken aufbauen

Konzentrieren Sie sich also auf die wichtigsten Baustellen, wenn Sie das nächste Mal mit Ihren Mitarbeitern die Vertriebsziele vereinbaren. Um hier den maximalen Erfolg zu erreichen, sollten Sie die Ziele von Außendienst, Innendienst und Gebietsverkaufsleitung untereinander vernetzen.

Sie wissen ja: Die richtigen Dinge tun, anstatt nur die Dinge richtig zu tun. Konzentrieren Sie sich also auf die höchsten Prioritäten und schaffen Sie so mit den begrenzten Ressourcen den maximal möglichen Erfolg.

Durch Prioritätensetzung trotz begrenzter Ressourcen den maximalen Erfolg erzielen

6.2 Rahmenbedingungen schaffen

So, Ihre Vertriebsmitarbeiter bzw. Ihre Vertriebsgruppenleiter wissen ihre Ziele und haben diese dann hoffentlich auf ihre Vertriebsmitarbeiter heruntergebrochen. Ihre nächste Aufgabe als Vertriebsleiter ist es nun, sich bequem in den Sessel zu setzen, die Füße hochzulegen und mit den entsprechenden Methoden des Vertriebscontrollings die Vertriebsergebnisse Ihrer Mannschaft zu kontrollieren und, falls irgendwo eine Ampel auf Gelb schaltet, nachzusteuern, richtig? Halt, genau, da fehlt noch etwas. Eine Ihrer Aufgaben als Vertriebsleiter ist es auch, die geeigneten Rahmenbedingungen zu schaffen, damit Ihre Vertriebsmannschaft die gesetzten Ziele wirklich erreichen kann. Damit Ihre Vertriebsmitarbeiter quasi die Leitplanken haben, innerhalb derer sie die Wege beschreiten können, die zum Ziel führen (siehe dazu auch nochmals Abb. 6.1).

Vieles davon haben wir in diesem Buch bisher schon beschrieben. Eine professionelle Organisation aufbauen, in der die Entscheidungsbefugnisse klar verteilt sind und die auch bei den Mitarbeitern die nötige Motivation freisetzt. Vertriebsprozesse definieren, Kundenbewertungsmethoden definieren etc. Nun geht es noch um die passenden Vergütungssysteme, eine übergeordnete Aktivitätenplanung und die Organisation von übergeordneten Meetings.

6.2.1 Vergütung

Über Sinn und Unsinn von Vergütungssystemen mit variablen Anteilen ist schon eine ganze Menge geschrieben worden. Wir möchten diesen Regalmetern an Literatur nicht noch weitere hinzufügen, sondern Ihnen, getreu dem Motto dieses Buches, eine Übersicht über die in der Praxis bewährten Vergütungssysteme geben. Damit Sie dann das für Sie passende

Übersicht über die in der Praxis bewährten Vergütungssysteme

herausuchen und aus den verschiedenen Systemen maßgeschneidert konzipieren können.

Danach geben wir Ihnen noch eine Übersicht über die verschiedenen Komponenten, die den variablen Anteil bestimmen können.

Und zum Schluss folgt ein Wort über die im Vertrieb sehr beliebten Incentives.

6.2.1.1 Vergütungssysteme

Ein eigenes Idealsystem entwickeln

Das ideale Vergütungssystem gibt es nicht. Deshalb müssen Sie entsprechend Ihren individuellen Anforderungen Ihr eigenes Idealsystem entwickeln. Damit Ihnen das gelingt, haben wir anschließend die Vor- und Nachteile der verschiedenen Entlohnungsinstrumente zusammengetragen.

Der Klassiker: Festgehalt

Das Festgehalt wird in der Regel in 12,0 bis 13,5 Monatsraten gezahlt. Für die Bereitstellung seiner Arbeitsleistung bekommt der Mitarbeiter eine feste Gegenleistung.

Vorteile:
- Das Fixum stellt für den Vertriebsmitarbeiter eine gewisse Sicherheit dar, um frei von Existenzsorgen verkaufen zu können.
- Ein Festgehalt kann auch zur Abdeckung von nicht unmittelbar verkaufsrelevanten Tätigkeiten wie z. B. Garantiefallabwicklung, Reklamationsbearbeitung oder Regalpflege eingesetzt werden.

Nachteile:
- Eine Steuerung der Vertriebsmitarbeiter ist kaum möglich. Vereinbarte Ziele, egal welcher Art, verlieren bei ausschließlicher Festvergütung deutlich an Verbindlichkeit. Im schlimmsten Fall realisiert der Mitarbeiter nur Umsätze, die sozusagen nicht zu vermeiden gewesen waren.

Festgehalt: Das gesamte Absatzrisiko liegt beim Unternehmen.
- Das gesamte Absatzrisiko liegt beim Unternehmen, denn es können keine variablen Kosten als variable Gehaltsbestandteile an den Außendienst weitergegeben werden.

Der Antreiber: Provisionen

Eine Provision ist ein Leistungsentgelt, das grundsätzlich in Relation zur jeweiligen Bezugsgröße definiert ist. In der Regel als Prozentwert beispielsweise von Umsatz oder Deckungsbeitrag.

PROVISIONEN KÖNNEN ALSO NUR DANN EINGESETZT WERDEN, WENN DIE BEZUGSGRÖSSE EINEN ABSOLUTEN GELDBETRAG ANGIBT.

Das Produkt aus Zielerreichung und dem gewählten Provisionssatz legt somit die Höhe des variablen Gehaltsanteils fest.

Um eine effiziente Steuerung Ihres Außendienstes zu erreichen, können Sie den Provisionssatz z. B. nach unterschiedlichen Produkten oder Produktgruppen differenzieren. Dazu gibt es verschiedene **Gestaltungsformen**:

- **Linear**, d. h. ein konstanter Provisionssatz auf den Betrag der Bemessungsgröße. *Konstanter Provisionssatz*
  Jedes Mehr an akquiriertem Umsatz führt hier zu einer im Verhältnis gleichen Einkommenssteigerung beim Verkäufer. Die lineare Gestaltungsform ist besonders geeignet für den normalen Geschäftsverlauf.
- **Progressiv**, d. h., der Provisionssatz erhöht sich mit steigenden Beträgen der Bemessungsgröße. *Steigender Provisionssatz*
  Bei dieser Gestaltungsform wird eine zusätzliche Vertriebsleistung für den Vertriebsmitarbeiter spürbar besser entlohnt. Der Mitarbeiter hat also einen besonders hohen Leistungsanreiz. Progressive Provisionsumsätze sind vor allem dann geeignet, wenn Sie einem bestimmten Bereich oder einem bestimmten Produkt kurzfristig einen Anschub geben möchten.
- **Degressiv**, d. h., der Provisionssatz sinkt mit steigender Höhe der Bemessungsgröße. *Sinkender Provisionssatz*
  Auf den ersten Blick erscheint diese Gestaltungsform unsinnig, da zusätzliche Ergebnisse geringer belohnt werden. Bei guter Kapazitätsauslastung kann dies dennoch sinnvoll sein, um ab einem bestimmten Punkt ein stabiles Umsatzniveau zu erreichen. Sie wollen schließlich nicht mehr verkaufen, als Sie produzieren können, oder?
- **Gedeckelt**, d. h., es gibt eine maximale Höhe der ausbezahlten Provision je Berechnungsperiode. Auch diese Gestaltungsform erscheint auf den ersten Blick unzweckmäßig, da zusätzliche Leistung hier überhaupt nicht mehr belohnt wird. *Festgelegter maximaler Provisionssatz*
  Zwei Gründe gibt es jedoch in der Praxis, die dafür sprechen, einen Deckel einzuführen. Zum einen werden so Einmaleffekte bzw. Sondereffekte, die einem Mitarbeiter „zufällig" in den Schoß fallen, gedeckelt und zum anderen fördert es unter Umständen die realistische Zielplanung, wenn Provisionen z. B. ab 140 % Zielerreichung gedeckelt sind.

Vorteile:
- Wird der Vertriebsmitarbeiter variabel vergütet, trägt er einen Teil des Absatzrisikos mit. Beim Provisionsmodell ist er an jedem Euro mehr Umsatz bzw. mehr Deckungsbeitrag unmittelbar einkommensmäßig beteiligt. *Der Vertriebsmitarbeiter ist an jedem Euro Umsatz beteiligt.*
- Da eine Provision in der Praxis entweder monatlich oder wenigstens vierteljährlich ausgezahlt wird, hat sie im Gegensatz zu den anderen variablen Vergütungssystemen, die in der Regel nur einmal im Jahr zur Auszahlung kommen, einen direkten und unmittelbaren Bezug zur erbrachten Leistung. *Es besteht ein unmittelbarer Bezug zur erbrachten Leistung.*

Nachteile:
- Als Steuerungssystem ist ein Provisionsmodell nur eingeschränkt geeignet, da die Wirkung der vorgestellten Gestaltungsformen auf den einzelnen Mitarbeiter nur schwer zu prognostizieren ist.
- Da in der Regel bereits ab dem ersten Euro Umsatz Provision bezahlt wird, ist der Anreiz zur Neukundenakquisition gering. Ein großer Teil der voraussichtlichen Vergütung fällt so nämlich auf „nicht verhinderbare Umsätze".
- Bei unterschiedlichen Provisionssätzen für unterschiedliche Produkte oder Produktgruppen besteht die Gefahr, dass die Vertriebsmitarbeiter sich an ihrem kurzfristigen Erfolg orientieren und versuchen, hoch provisionierte Produkte zu verkaufen anstatt sich am wirklichen Bedarf der Kunden zu orientieren.

Provisionsmodell: geringer Anreiz zur Neukundenakquisition

Die Belohnung: Prämien

Zur gezielten Honorierung spezifischer Ziele

Neben der Provision, die als Anreiz und Motivationsinstrument überwiegend eine Breitenwirkung hat, gibt es in der Praxis in vielen Vertriebsvergütungssystemen auch Prämien zur gezielten Honorierung spezifischer Ziele wie beispielsweise den Abbau der durchschnittlichen Rabatte. Eine Prämie wird in der Regel als absoluter Eurobetrag oder Sachprämie festgelegt, die bei fest vorgegebenen Zielerreichungsstufen abgestuft fällig wird. Die Prämien können relativ kurzfristig an veränderte Unternehmensvertriebsziele angepasst werden.

Vorteile:
- Der Einsatzbereich ist weiter gefasst als z. B. bei Provisionen, da auch das Erreichen qualitativer Zielen mit Prämien belohnt werden kann. In der Praxis sind allerdings Umsatzzuwächse, die erfolgreiche Einführung neuer Produkte oder Umsätze in vorher festgelegten Schwerpunktgebieten neben dem Gesamtumsatz und Ertragsgrößen (wie Deckungsbeiträge) die wichtigsten Bemessungsgrundlagen.
- Die Prämienzahlung kann durch einen äußerst progressiven Kurvenverlauf auf die Leistungsspitze konzentriert werden.

Auch das Erreichen qualitativer Ziele wird mit Prämien belohnt.

Konzentration auf die Leistungsspitze

Nachteil:
- Da Prämien meist nur einmal im Jahr ausgeschüttet werden, spürt der Verkäufer den Anreiz einer Prämie weniger unmittelbar als bei Provisionen. Das verringert unter Umständen seinen Leistungsanreiz.

Die Kurzfristspritze: Incentives und Wettbewerbe

Verkaufswettbewerbe

Verkaufswettbewerbe sind hoch beliebt als Motivationsinstrument und Vergütungsbestandteil, auch wenn sie in jüngster Zeit ein wenig in Verruf geraten sind. Sie dienen meist der Feinsteuerung (wechselnde Schwerpunktziele). Aktionsziele können z. B. bei der Einführung neuer Produkte / der Erschließung neuer Kundengruppen festgelegt werden.

Bei der Ausgestaltung besteht eine große Vielfalt. Umso wichtiger für den Erfolg ist deshalb das sorgfältige Konzeptionieren.

Noch eine Erfahrung haben wir in der Praxis gemacht: Die ersten drei Plätze von Wettbewerb zu Wettbewerb werden immer wieder von den gleichen Vertriebsmitarbeitern belegt. Die meisten der anderen Mitarbeiter strengen sich gar nicht erst an, weil sie keine Chance auf einen der Gewinnerplätze für sich selbst sehen.

> **Praxistipp: Incentives**
>
> - Ca. 60% aller Mitarbeiter sollten in sich abgestufte Gewinne erreichen können. Sie wollen doch nicht immer nur die gleichen Spitzenkräfte motivieren.
> - Lassen Sie jeden Ihrer Mitarbeiter zu Beginn eines solchen Wettbewerbs den von ihm gewünschten Sachpreis selbst wählen. Nicht jeder Mitarbeiter fliegt gerne in die Karibik. Es gibt auch Familienväter/-mütter, die das Elsass bevorzugen.
> - Vergeben Sie nicht nur Preise an diejenigen, die in der Wettbewerbsrangliste ganz oben stehen, sondern auch an diejenigen, die die höchsten Rangfolge-Verbesserungen erarbeitet haben. Dadurch erreichen Sie vor allem auch diejenigen Mitarbeiter, die Sie in ihren Erfolgen verbessern wollen.

Vorteile:
- Schnelle Reaktionsmöglichkeit. Ein Verkaufswettbewerb ist innerhalb weniger Tage aus der Taufe gehoben und an die Mitarbeiter kommuniziert.
- Richtig aufgesetzt (siehe Praxistipp), erreichen Sie nicht nur die Top-Performer, sondern Sie können auch viele andere Mitarbeiter zusätzlich motivieren.

Schnelle Reaktionsmöglichkeit

Mitarbeitermotivation

Nachteile:
- Incentivepreise nutzen sich ab. Die Gefahr ist deshalb groß, dass Sie jedes Jahr noch schneller, noch höher, noch weiter hinaus müssen, um für die nötige Motivation zu sorgen.
- Schlecht aufgesetzt, gewinnen immer die gleichen Mitarbeiter.
- Ein weiterer unerwünschter Nebeneffekt in einer ausgeprägten Incentivekultur ist das Horten von Aufträgen. Mitarbeiter wissen aus Erfahrung, wann ein Verkaufswettbewerb initiiert wird. Clevere Verkäufer horten kurz vorher die Aufträge für Produkt X, damit die später abgeschlossenen Umsätze in die Wettbewerbsmasse mit einfließen.
- Auch hier besteht natürlich wie bei allen Prämien und Provisionssystemen die Gefahr, dass die Vertriebsmitarbeiter sich mehr von der Prämie oder dem Wettbewerb leiten lassen als vom wirklichen Kundenbedarf.

Das ideale Vergütungssystem für Ihr Unternehmen

Fast alle Unternehmen, die wir kennen, arbeiten heute mit einer Kombination verschiedener Vergütungsinstrumente. Die nachfolgende Entscheidungsmatrix kann Ihnen bei der Auswahl der in Ihrer Organisation zu kombinierenden Systeme helfen. Denn Ihr Vergütungssystem soll Ihre Mitarbeiter motivieren und steuern.

Anforderungen Ihrer Situation	Festgehalt	Provision	Prämie	Incentives
Verkaufsabschlüsse sind dem jeweiligen Verkäufer nicht eindeutig zuzuordnen (z. B. durch überregionale Accounts)	besonders geeignet	nicht geeignet (außer Teamvergütung)	nicht geeignet (außer Teamvergütung)	nicht geeignet (außer Teamvergütung)
Hoher Anteil an nicht abschlussrelevanten Tätigkeiten beim Verkäufer (z. B. Regalpflege)	besonders geeignet	weniger geeignet	weniger geeignet	nicht geeignet
Langer Akquisitionszyklus (z. B. im Projektgeschäft)	besonders geeignet	weniger geeignet	geeignet	weniger geeignet
Stark schwankendes Saisongeschäft	besonders geeignet	weniger geeignet	geeignet	weniger geeignet
Vertriebsfokus auf Kundenbeziehung und -bindung soll verstärkt werden	gut geeignet	weniger geeignet	gut geeignet	weniger geeignet
Zielerreichung der Bezugsgrößen nur in langen Intervallen (z. b. ein Mal p. a.) feststellbar	geeignet	weniger geeignet	besonders geeignet	bedingt geeignet
Hoher Anteil an qualitativen Zielen (z. B. Kundenzufriedenheit)	geeignet	nicht geeignet	besonders geeignet	geeignet
Innendienst und Außendienst betreiben Teamselling	geeignet	weniger geeignet	besonders geeignet (Teamprämie)	gut geeignet (Gruppenwettbewerb)
Viele Neuprodukteinführungen	weniger geeignet	bedingt geeignet	besonders geeignet	besonders geeignet
Motivation der Mitarbeiter soll besonders gefördert werden	weniger geeignet	besonders geeignet	geeignet	besonders geeignet
Führen über Zielvereinbarung stark ausgeprägt	weniger geeignet	bedingt geeignet (bei Zielvorgaben)	besonders geeignet	gut geeignet

6.2.1.2 Bemessungsgrößen

Da Sie mit den oben vorgestellten Provisions- und Prämienmodellen ja nicht nur den Mitarbeitern die Möglichkeit geben wollen, ihr Einkommen durch ihre eigene Leistung selbst zu beeinflussen, sondern Sie diese variablen Vergütungsmodelle auch zur Steuerung Ihres Vertriebs verwenden wollen, basiert der variable Anteil typischerweise auf den nachfolgend beschriebenen Bemessungsgrößen. Die Kombination und Gewichtung der unterschiedlichen Komponenten ergibt quasi unendlich viele Möglichkeiten für Ihre Vertriebsorganisation, Ihre Vertriebsziele, die Sie nach Ihrer SWOT-Analyse als zielführend ausgewählt haben, zu beeinflussen.

Provisions- und Prämienmodelle zur Steuerung des Vertriebs

Anteil bestimmter Produkte

Diese Bemessungsgröße bietet sich als temporäres Instrument an, zur Einführung neuer Produkte oder auch für spezielle Promotionkampagnen.

Aber auch wenn Sie wissen, dass der Kauf bestimmter Produkte den Kauf anderer Produkte oder Dienstleistungen nach sich zieht, können Sie Ihrem Vertrieb den Verkauf solcher Produkte höher provisionieren und die Provision auf die Nachfolgeprodukte entsprechend senken. Im Handel z. B., wo man Warenkörbe analysiert hat und per Datamining Assoziationsregeln ableiten kann, ist dies häufig der Fall.

Vertriebskanäle

Führen Sie beispielsweise einen neuen Vertriebskanal ein, so können Sie die Kanaleinführung analog der Einführung neuer Produkte temporär durch eine spezielle Provisions- oder Prämienregelung unterstützen, indem Sie z. B. Umsätze über diesen Kanal stärker gewichten.

Kundenneugewinnung

Sie können Ihren Außendienst für Neukundengewinnung deutlich höher provisionieren als für Folgegeschäfte mit existierenden Kunden, um so das Neukundengeschäft anzutreiben. Sie sollten Ihren Außendienstmitarbeiter aber nicht komplett vom Folgegeschäft abkoppeln.

Sie können noch einen Schritt weiter gehen und Ihr Provisionsmodell auf die Neukunden konzentrieren, die zu Ihrer Kernzielgruppe gehören und von denen Sie einen zukünftig hohen Kundenwert erwarten.

Auch für die Rückgewinnung von Kunden könnten Sie spezielle Prämien bezahlen.

Kundenklassen

Basierend auf Ihrer Kundenwertanalyse lässt sich auch ein Provisionsmodell einführen, das auf einer entsprechenden Kundenklassifizierung beruht. Entweder indem Sie für den Vertrieb mittels Provision Anreize schaffen, Kunden aus einer bestimmten Klasse in eine höherwertige

Kundenklassifizierung auf Basis der Kundenwertanalyse

Klasse anzuheben. Oder auch in Kombination mit der Neukundengewinnung bestimmte Kundenwerte besonders mit Prämien oder Provisionen zu versehen.

Kundenbestandssicherung

Kundenbestandssicherung kann dann als Bemessungsgröße funktionieren, wenn Sie dieses eigentlich taktische Jahresziel in einzeln zu ergreifende Maßnahmen aufsplitten. Oder aber Sie gewähren für die Erreichung der Kundenbestandsziele einen Jahresbonus.

Kundenzufriedenheit

Sie ist als Bemessungsgröße für Provisionsmodelle durchaus kritisch zu sehen, und zwar weil der Vertriebsmitarbeiter nicht allein Einfluss auf diese Größe hat.

Besser ist es, wenn Sie klare Maßnahmen vereinbaren, mit denen die Kundenzufriedenheit gesteigert werden soll, und Sie diese Maßnahmen als Grundlage für Ihr Vergütungsmodell wählen. Eine andere Variante ist die Steigerung der Kundenzufriedenheit als taktisches Jahresziel mit einem Jahresendbonus zu koppeln.

Maßnahmen zur Steigerung der Kundenzufriedenheit vereinbaren und diese als Basis für das Vergütungsmodell nutzen

Persönliche Zielvereinbarungen

Hier haben Sie natürlich eine breite Auswahl an Möglichkeiten, Ihre Unternehmensvertriebsziele operativ und taktisch umzusetzen. Wichtig ist nur, dass die Ziele objektiv messbar sind und dass Ihr Vertriebsmitarbeiter die Zielerreichung selbst beeinflussen kann.

Als Metriken kommen infrage z. B. die Dauer des Vertriebszyklus, der Ressourcenverbrauch zum Erreichen jeder der festgelegten Stufen im Vertriebsprozess, die Übergangsrate von Stufe zu Stufe, aber natürlich auch der Kundendeckungsbeitrag, die Gesamtprozesskosten etc. Solche Metriken sind durchaus typisch für ein Vertriebsmanagement, das Vertriebskosten und Effizienz zum Ziel hat. In der Praxis stoßen Sie hier mitunter schnell an die Grenzen der Umsetzbarkeit, da Ihr Controlling die nötigen Zahlen dafür bereitstellen muss.

Teamergebnisse

Hier gilt prinzipiell das Gleiche wie bei persönlichen Zielvereinbarungen. Wobei aber noch unbedingt zu beachten ist, dass der einzelne Mitarbeiter die Teamergebnisse durch eigene Maßnahmen auch tatsächlich beeinflussen kann. Es hat sich bewährt, den Manager des Teams bei der Gewichtung des Teamergebnisses mit dem doppelten oder noch höheren Gewicht einzubeziehen. In der Praxis hat sich außerdem gezeigt, dass die Provisionierung über eine Teamkomponente in guten Zeiten gut funktioniert. Wenn die Ziele aufgrund von externen Bedingungen allerdings nicht mehr erfüllbar sind, kann dies schnell zu Frustration und Teamzerfall führen.

Betriebsergebnisse

Natürlich trägt jeder Vertriebsmitarbeiter zum Betriebsergebnis bei. Ein Mitarbeiter aber, der alle ihm vorgegebenen persönlichen Ziele erreicht hat, wird in der Praxis nur schwer verstehen, dass ein nicht ausreichendes Betriebsergebnis bei ihm zu einer Gehaltskürzung führt. Deshalb sollten Unternehmenskomponenten nicht Bestandteil des Gehalts, sondern eher eine optionale Zusatzkomponente sein, die als ein Bonus zu verstehen ist, aber eben nicht zu einer Gehaltskürzung führen kann.

Schlussvotum zur Vergütung

Zum Schluss noch eine wichtige allgemeine Bemerkung zur Vergütung. Die Vergütung Ihrer Vertriebsmitarbeiter ist eine Komponente mit zentraler Bedeutung, und sie ist Vertrauenssache. Erfolg und Leistung müssen für alle Mitarbeiter im Unternehmen nachvollziehbar und steuerbar sein. Der einzelne Mitarbeiter, gerade im Vertrieb, sollte die Möglichkeit haben, sein Einkommen variabel teilweise selbst beeinflussen zu können. Zur Höhe lässt sich sagen:

Mitarbeitervergütung ist Vertrauenssache.

> NACH UNSERER MEINUNG SOLLTE DER VARIABLE ANTEIL BEI MINDESTENS 30 BIS 40 % ODER MEHR LIEGEN - JE NACH AUFGABENSTELLUNG ODER BRANCHE.

Es gibt keine Musterlösungen, sondern nur eine individuelle Lösung für Ihr individuelles Unternehmen. Diese Lösung muss vor allem auch zu Ihrer Unternehmenskultur passen. Deshalb verstehen Sie unsere Modelle, Systeme und Bemessungsgrößen lediglich als Anregung und entwickeln und testen Sie Ihr eigenes Vergütungsmodell.

6.2.2 Aktionsplanung

In den meisten Branchen gestaltet sich der Vertrieb im Verlauf eines Jahres sehr unterschiedlich. Teils gibt es flaue Sommer und heiße Jahresendgeschäfte, teils werden die höchsten Umsätze zum Jahresbeginn gemacht.

> EINE AUFGABE FÜR SIE ALS VERTRIEBSLEITER KANN ES DAHER SEIN, DURCH GEZIELTE AKTIONEN DIESE SCHWANKUNGEN AUSZUGLEICHEN BZW. ABZUMILDERN.

Insbesondere im Einzelhandel können Aktionen aber auch dazu dienen, der Saison folgend besondere Umsätze zu tätigen.

Der Saison folgend besondere Umsätze tätigen

In der Regel müssen Sie dazu in jedem Fall in enger Abstimmung mit dem Marketing einen Aktionsplan oder ein Jahresaktionsprogramm planen und durchführen. Im Wesentlichen gibt es dazu fünf verschiedene Aktionstypen, die wir auf der folgenden Seite übersichtlich zusammenstellen und kurz beschreiben.

Die fünf wesentlichen Aktionstypen

Sonderaktionen

Ist Ihr Angebot schon so gut, dass es nicht noch weiter verbessert werden könnte? Welche Chancen bestehen also zur **Verkaufsförderung**?

Interessanten Anschauungsunterricht gibt in diesem Zusammenhang die Automobilindustrie, die ständig Special-Edition-Fahrzeuge mit Komplettausstattung oder Sonderzubehör anbietet, um zusätzliche Kaufanreize zu schaffen. Selbst wenn Sie Investitionsgüter verkaufen, sollten Sie dieses Thema nicht sofort ad acta legen. Auch in Ihrem Bereich gibt es Mittel und Wege, um das „Alles-aus-einer-Hand"-Denken beim Kunden zu verbessern. Zusätzlich bietet sich Ihnen die Gelegenheit, durch Verbesserung Ihrer eigenen Gesamtleistung, z. B. in Form einer vom Kunden nicht zu bezahlenden Zusatzleistung, die Attraktivität Ihres Angebots zu erhöhen und sich darüber hinaus auch noch als Lösungsanbieter zu positionieren.

Eine weitere Alternative sind **zeitbezogene Angebote**, z. B. ein Angebot des Monats. Sie können Ihrem Kunden gegenüber argumentieren, dass Sie eine größere Stückmenge produziert oder eingekauft haben und Sie diese Kosteneinsparungen jetzt durch geldwerte Vorteile an Ihren Kunden weitergeben wollen. Das ist quasi das Modell „Tchibo".

Neukundengewinnung

Eine sehr interessante Möglichkeit für ein Aktionsprogramm bietet auch die Neukundengewinnung. Da die wenigsten Vertriebsmitarbeiter in der Praxis gern Klinken putzen, sondern viel lieber mit ihren bekannten Kunden sprechen, ist eine gezielte Aktion ab und an sinnvoll. Sie können diese Aktion z. B. auch sehr gut mit einer Extraprämie oder einem Incentive-Wettbewerb (siehe vorhergehendes Kapitel) verknüpfen.

Neuprodukteinführungen

Da Produktlebenszyklen immer kürzer werden und auch Dienstleistungsanbieter mit immer neuen Innovationen immer schneller auf den Markt kommen müssen, bietet sich hier ein interessanter Ansatzpunkt für eine gezielte Aktion an.

Denn häufig endet die professionelle Aufbereitung für den Vertrieb mit einer guten Produktpräsentation und dann heißt es: „Verkauft mal schön." In der Praxis fangen die Schwierigkeiten einer professionellen Vermarktung hier aber erst an. Ohne Unterstützung besteht die Gefahr, dass sich Ihre Vertriebsmitarbeiter sehr schnell wieder auf ihre alten und bewährten Produkte und Kunden konzentrieren. Um dem entgegenzuwirken, können Sie eine gezielte Aktion starten und mit integrierten Maßnahmen aus Vertriebssteuerung, Vergütung, Marketing, Incentives etc. die Produktneueinführung begleiten.

Kundenrückgewinnung

Ebenso erstrebenswert ist es natürlich, verlorene Kunden zurückzugewinnen und dazu eine konzertierte Aktion zu starten.

Kunden von uns haben z. B. sehr gute Erfahrungen mit einer Interviewaktion bei verlorenen Kunden gemacht. Dabei wurden verschiedene Fragen vorbereitet, die nicht auf den direkten Verkauf abzielten, sondern die Ansichten des verlorenen Kunden in den Vordergrund stellten. Daraus konnte sich dann wieder eine neue Beziehung entwickeln (siehe dazu auch das Thema Kundenrückgewinnung in Kapitel 3).

Kundenerfolgssteigerungsprogramme

Wenn wir die Aktionen unserer Kunden analysieren, finden wir immer wieder Folgendes als wesentliche Basisidee diverser Aktionen:

> Aktionen sollen verkaufen - am besten direkt, messbar und profitabel. Die meisten Aktionen sind Verkaufssteigerungsprogramme.
> Was halten Sie davon, wenn Sie im Rahmen Ihres Customeyes-Konzepts einen Schritt weiter gehen? Planen Sie doch einmal eine Aktion, um den Erfolg Ihrer Kunden zu steigern. Planen Sie doch einmal eine Aktion, in der Sie Ihren Kunden helfen, deren Verkauf zu steigern.
> Wie wäre es z. B. mit einer Kundenveranstaltung zur Kundenerfolgssteigerung, begleitet durch eine Informationsoffensive, in der Sie Ihre Kunden über neueste Entwicklungen informieren, die diese sofort am Markt umsetzen können. Natürlich mit Ihrer Hilfe.
> O.k., Sie können dann natürlich nicht am gleichen Tag per Kassensturz den Erfolg dieser Aktion messen, denn der Erfolg dieser Aktion findet in der Regel erst später statt. Dann allerdings umso kräftiger und nachhaltiger, durch den indirekten Weg über mehr Absatz Ihrer Kunden, durch Empfehlungen und Spätkäufe.

6.2.3 Vertriebsmeetings

Wozu brauchen Sie eigentlich noch Vertriebsmeetings? Gerade der Vertrieb funktioniert doch nach dem Prinzip der Arbeitsteilung. Außerdem gibt es Telefon, Fax, E-Mail, Internet und Intranet. Reicht das nicht an Kommunikation? Wie sagt Radio Eriwan: „Im Prinzip ja, aber ..."

Die heutige Arbeitsteilung im Vertrieb ist grundlegend anders als früher. Viele Vertriebsprojekte sind so komplex, dass sie nicht mehr von einer Person – und sei diese ein noch so genialer Key-Accounter – durchschaut und gehandhabt werden können. Erfolge können hier oft nur noch durch das Zusammenwirken von Personen unterschiedlicher Stärken und Schwerpunkte entstehen. Darin liegt übrigens die eigentliche Veränderung der Arbeitsteilung im Vertrieb. Die einzelnen Vertriebsbeiträge addieren sich nicht mehr zu einem Ganzen. In Zukunft werden sie sich viel mehr multiplizieren zu einem komplexen Vertriebsprojekt. Dafür brauchen wir die vielfach beschriebene Netzwerkorganisation, und damit diese funktioniert, brauchen wir Kommunikation.

Komplexe Vertriebsprojekte erfordern Netzwerkorganisation.

„Aber gibt es denn dafür nicht Telefon, Fax, E-Mail, Intranet usw.?"
„Im Prinzip ja, aber ..."

IT heißt ja nicht ohne Grund „Informationstechnologie". Dort wird Information ausgetauscht, nicht Wissen! Und Information ist allenfalls das Material, aus dem Wissen entstehen kann. Die moderne Technologie hat die Kommunikation immer mehr auf den Informationsaustausch reduziert. Über das Telefon lassen sich hervorragend Informationen abgleichen, über E-Mails Sachverhalte bestätigen. Aber:

INNOVATIVE GEDANKEN ENTSTEHEN ZUM ÜBERWIEGENDEN TEIL IN PERSÖNLICHEN GESPRÄCHEN.

Studien der US-amerikanischen Management-Schmiede MIT bestätigen das (80 % aller innovativen Gedanken entstehen in persönlichen Gesprächen). Deshalb brauchen wir heute und vor allem auch morgen im Vertrieb **Rahmenbedingungen**, die diese **Kommunikation fördern**. Damit die Mitarbeiter nicht nur die vertriebsrelevanten Informationen austauschen, sondern damit sie auch ihr Vertriebswissen weitergeben und vor allem innovative Vertriebsideen und Strategien entwickeln können.

Kommunikation fördern, damit innovative Ideen und Strategien entwickelt werden können

Um Ihren Vertriebsmeetings den richtigen Rahmen zu geben, beschreiben wir nachfolgend vier Erfahrungen aus der Praxis für effektive und effiziente Vertriebsmeetings. Wir wollen hier bewusst nicht auf die formalen Anforderungen eingehen, die für jedes beliebige Meeting gelten: Pünktlichkeit, Agenda etc., sondern wir wollen uns hier auf die Punkte beschränken, die vertriebstypisch sind.

Erster Erfahrungsbereich: Positivbeispiele kommunizieren

Worüber wird in den meisten Vertriebsmeetings diskutiert? Wird über die 98 % der Verkaufsgespräche diskutiert, in denen alles funktioniert, der Kunde kauft, zufrieden ist und Sie weiterempfiehlt? Oder wird viel mehr über die 1 bis 2 % Ausnahmesituationen gesprochen, in denen es um Negativbeispiele geht? Ist es nicht sogar so, dass viele Ihrer Vertriebsmitarbeiter es sogar als Sport betrachten, ihre Kollegen mit immer noch dramatischeren Negativbeispielen auszustechen?

Wir stellen immer wieder verwundert fest, dass gerade auch Vertriebsmitarbeiter in den Pausengesprächen zu Aussagen neigen wie: „Unser Produkt ist doch einfach unverkäuflich…", „Zu diesem Preis bekommen wir das nie in den Markt", „Wenn das so weitergeht, dann sind wir in zwei Jahren pleite…" Um dem entgegenzuwirken:

Wir möchten Ihnen empfehlen, jedes Vertriebsmeeting mit positiven Erlebnissen und Erfolgsmeldungen zu beginnen.

Und erzählen Sie uns nicht, dass Ihre Vertriebsmitarbeiter zwischen zwei Meetings keine Erfolgserlebnisse gehabt haben.

Sowohl bei Positiv- als auch bei Negativbeispielen: Konzentration auf die „lessons learned"

Eine andere Variante um vom negativen zum positiven Meeting zu gelangen ist, sich sowohl bei den Positiv- als auch bei den Negativbeispielen (wenn schon unbedingt darüber gesprochen werden muss) auf die so genannten „lessons learned" zu konzentrieren. Was hat der Mitarbeiter, der das Beispiel berichtet, daraus gelernt? Und was können Sie und Ihre Kollegen daraus für die Zukunft lernen?

Einer unserer Kunden hat seine Vertriebsmitarbeiter verpflichtet, **Erfolgstagebücher** im Vertrieb zu schreiben. Aus diesen Einträgen im Tagebuch kann dann jeder Mitarbeiter in den 14tägigen Meetings einen Eintrag auswählen und zum Besten geben. Dort sind neben dem Datum, dem Namen des Kunden und dem verkauften Produkt auch die Schritte zum Abschlusserfolg und die „Neins" des Kunden, die das Abschluss-„Ja" vorbereitet haben, aufgeführt. Eine interessante Idee, finden Sie nicht auch?

Zweiter Erfahrungsbereich: Innendienst mit einbeziehen

Beziehen Sie Ihre Mitarbeiter im Innendienst in Besprechungen des Außendienstes mit ein. Sehr häufig ist es doch so, dass Besprechungen des Verkaufsleiters mit dem Außendienst inhaltlich zwar vom Innendienst vorbereitet werden, der Innendienst selbst jedoch nicht daran teilnimmt. Wir meinen, damit vergeben Sie eine wichtige Chance, den „Verkäufer im Innendienst" verstärkt in die Denk- und Vorgehensweise des Außendienstes zu integrieren. Durch die Teilnahme an Außendienst-Besprechungen wird es Ihrem Innendienst möglich, Anforderungen anderer Fachabteilungen mit einzubringen und selbst am Entscheidungsprozess teilzunehmen. Wichtige Tipps aus der Innendienstperspektive im Hinblick auf die Realisierung kundenspezifisch anzuwendender Maßnahmen können so frühzeitig berücksichtigt werden.

Den „Verkäufer im Innendienst" in die Prozesse des Außendienstes integrieren

Damit die Mitarbeiter des Innendienstes als „vollwertige Teilnehmer" in solchen Besprechungen fungieren können, sollten sie unbedingt auch eigene Beiträge einbringen können oder müssen. Bedenken Sie: Außendienstbesprechungen bilden eine hervorragende Kommunikationsmöglichkeit zwischen Ihren Mitarbeitern im Außen- und Innendienst. Sie könnten die Meetings ja auch gleich **Vertriebsbesprechungen** nennen statt Außendienst-Meeting.

Vertriebsbesprechung statt Außendienst-Meeting

Dritter Erfahrungsbereich: Regionalmeetings

Vermutlich arbeiten auch Sie mit periodisch wiederkehrenden Regionalmeetings. Wir haben in unserer Praxis schon alles gesehen: zweimal im Jahr, einmal im Monat, jede Woche. Was wir allerdings auch immer wieder gesehen haben, ist, dass auf solchen Regionalmeetings viel Zeit mit Controlling verschwendet wird. Da werden die Umsatzentwicklungen von Produkten und Kunden im Einzelnen sehr detailliert durchgearbeitet. Wir meinen, das kann Ihr Außen- und Innendienstmitarbeiter in der Eigenanalyse viel besser. Streichen Sie doch einfach den Punkt Controlling von der Tagesordnung. Und funktionieren Sie Ihre Regionalmeetings zu **Workshops** um, in denen es nicht mehr so sehr um das „Was" geht, sondern vor allem auch das „Wie" bearbeitet wird.

Beispiel aus der Praxis für eine Tagesordnung

Top 1: Wie verkaufen wir das neue Produkt P generell und bezogen auf einzelne bestimmte Kunden? (Kundenspezifische Maßnahmen!)

Top 2: Durch welche konkreten Maßnahmen können wir das Servicepaket SP forcieren?

Top 3: Wie verschaffen wir uns für die Bearbeitung von 1A-Kunden mehr Zeit; welche Maßnahmen wollen wir in dieser gewonnenen Zeit umsetzen?

Top 4: Wie können wir konkret das Empfehlungsgeschäft forcieren, um die Neukundenquote langfristig und vor allem dauerhaft zu erhöhen? (Theorie, Einstellung und Training)

Sie werden feststellen, dass Regionalworkshops dieser Art in der Regel sehr viel effizienter sind, mehr Spaß bringen und Ihre Mitarbeiter hochgradig motivieren. Und das konnte man von den meisten Regionalmeetings bisher leider nicht behaupten, oder?

Wichtig scheint uns übrigens auch noch die **Regelmäßigkeit**. Wir konnten dies bei einem unserer Kunden beobachten. In seinem Fall war es ein wöchentliches Meeting, das eingeführt wurde. Dies schlug sich in einer kräftigen Belebung der Motivation mit besserem Erfolg nieder: Jede Woche ein halber Tag Neuigkeiten und Informationen, Verkaufstraining und Fachschulung – das hat in diesem Fall fast Wunder gewirkt.

Vierter Erfahrungsbereich: Jahrestagung

Karikatur einer typischen Jahrestagung

Zum Ende bzw. zu Beginn eines Geschäftsjahres finden in der Regel überall Vertriebsjahrestagungen statt. Diese Jahrestagungen laufen meist nach dem gleichen Schema ab. Da man aus Fehlern bekanntlich lernen kann, zeichnen wir zunächst die Karikatur einer solchen typischen Jahrestagung.

Läuft es bei Ihnen auch so ab?

1. *Vorabendanreise in ein relativ „weit ab vom Schuss" liegendes Hotel.*
2. *Am nächsten Morgen spricht als Erster der Geschäftsführer. Er verweist auf das schwierige abgelaufene Jahr, lobt den Vertrieb für die Anstrengungen und gibt einen Hinweis auf das wieder zu erwartende schwierig werdende Folgejahr. Aber auch dieses Jahr kann er sich auf seinen Vertrieb verlassen!*
3. *Dann spricht der nationale Vertriebschef. Seine PowerPoint-Präsentation ist detailliert vorbereitet. Er präsentiert alles über den mitgebrachten Beamer. Das beliebte Instrument, um den anwesenden Außen- und Innendienst mit Zahlen zu erschlagen und – zu ermüden.*
4. *Beim festlichen Mittagessen gibt es zumindest bei einer Dezember-Tagung entweder Gans oder Wildschweinbraten, auf jeden Fall aber Rotkohl, Knödel und zur Feier des Tages sogar Wein. Das schwere Essen macht müde, aber dahinter stehen dramaturgische Gründe.*
5. *Denn nun steht auf dem Programm „unsere Strategie im neuen Jahr". Der Vertriebschef stellt die rhetorische Frage: „Jetzt sind Sie sicherlich alle sehr gespannt, welche Ziele wir uns für das neue Jahr gesteckt haben?" Bleibt die Frage zu klären, wer war eigentlich „wir"?*
6. *Anschließend präsentieren die verschiedenen Produktmanager, die wenigstens einmal im Jahr Vertriebsnähe beweisen wollen. In der Regel kommen auch hier wieder die PowerPoint-Beamer-Präsentationen zum Einsatz.*
7. *Zum Ende der Tagung fasst der Vertriebsleiter noch einmal alles Gesagte zusammen. Es wird das für das kommende Jahr Gewollte noch einmal in den Mittelpunkt gerückt. Alle nicken es ab und sind froh, dass die Tagung vorüber ist.*

Nein, bei Ihnen geht so sicher nicht zu, sondern wahrscheinlich läuft es in Ihrem Unternehmen anders ab? Oder im Grunde doch nicht? Wenn Sie den sachlichen Kern hinter dieser – zugegeben sehr plakativen – Darstellung betrachten, kommt vermutlich fast jeder von Ihnen zu dem Ergebnis, dass da schon einige Nägel auf den Kopf getroffen werden. Damit Sie das Kind aber nicht mit dem Bade ausschütten, wenn Sie es zukünftig anders und besser machen wollen, lassen Sie uns hier einmal die beiden unserer Meinung nach **Hauptziele von Jahrestagungen** ins Gedächtnis rufen. Diese dürfen nicht verloren gehen, nur das „Ambiente" sollte fantasievoller gestaltet werden.

Die beiden Hauptziele von Jahrestagungen

1. Das Wir-Gefühl stärken

Wenn Sie einmal im Jahr Ihren gesamten Vertrieb zusammen haben, möchten Sie sicher die Gelegenheit nutzen, das Wir-Gefühl des Vertriebs, aber auch die Verbundenheit mit der Geschäftsleitung und den Produktmanagern und nicht zuletzt auch mit Ihnen als Vertriebsleitung zu verbessern.

Verbundenheit mit der Geschäftsführung, den Produktmanagern und der Vertriebsleitung

Wir meinen, dass es dazu sehr viel bessere Möglichkeiten als Power-Point-Beamer-Präsentationen gibt. Wir sind uns sicher, Sie selbst haben dafür auch attraktive Ideen.

Ein Wir-Gefühl schaffen Sie durch **gemeinsames Erleben und gemeinsames Arbeiten**, z. B. in kleinen Teambuilding-Einheiten oder beim gemeinsamen Erarbeiten von konkreten Verbesserungsvorschlägen für Engpässe im Vertrieb. Die Trainingsszene bietet mit ihren Methoden viele weitere gute Anregungen. Gehen Sie auf die Suche!

2. Auf die neuen Jahresziele verpflichten

Sie wollen Ihre Vertriebsmitarbeiter in dieser Tagung auch auf die Zielsetzungen des kommenden Jahres verpflichten. Das macht natürlich Sinn, denn schließlich haben alle an diesen Zielen mitgearbeitet. Dies gelingt aber in der Regel in **Kleingruppen-Workshops** sehr viel besser, und zwar in solchen, in denen nicht mehr so sehr über das längst bekannte „Was", sondern vielmehr über das „Wie" diskutiert wird.

Die dort erarbeiteten Ergebnisse können **später im Plenum** präsentiert werden. Das ist praxisverbunden und bietet Ihren Mitarbeitern direkt sofort umsetzbaren Nutzwert.

Fazit: Konzentrieren Sie sich bei Ihren Jahrestagungen auf die Ziele, die Sie erreichen wollen, und setzen Sie die geeigneten Rahmenbedingungen, um diese Ziele auch erreichen zu können.

Fazit: Konzentration auf die zu erreichenden Ziele

6.3 Vertriebssteuerung

Immer wieder wird behauptet, dass viele Vertriebsorganisationen dem härteren Verdrängungswettbewerb und den Herausforderungen durch die Globalisierung auch am Heimatmarkt nicht gewachsen sind. Wir werden häufig gefragt, wo unserer Meinung nach diejenigen Hauptprobleme liegen, denen man mit besserer Steuerung des Vertriebs begegnen könne. Schauen wir uns diese Felder mit Handlungsbedarf zunächst an, bevor wir uns darum kümmern, wie sich Vertrieb steuern lässt. Aus unserer Praxiserfahrung heraus haben wir drei Tatbestände identifiziert, bei denen sich Nachsteuerung lohnt bzw. Erfolg versprechend ist:

Drei Tatbestände, bei denen sich Nachsteuerung lohnt

Besuchsfrequenz

1. Die meisten Vertriebsorganisationen steuern ihre Besuchsfrequenz noch immer nach der klassischen ABC-Umsatz-Klassifikation.
   Je nach Branche werden so pro Reisetag zwischen vier und zehn (!) Besuche durchgeführt. Die Gesprächszeit liegt dann naturgemäß nur zwischen 20 und 40 Minuten je Kunde. Wie soll hier eigentlich eine Beziehung aufgebaut, ein Problem ermittelt und eine kundenspezifische Lösung erarbeitet werden?

Verkaufsaktive Zeit

2. Nur knapp 25 % der Arbeitszeit eines durchschnittlichen Außendienstmitarbeiters sind verkaufsaktive Zeit.
   Eine Stunde verkaufsaktive Gesprächszeit kostet also je nach Branche zwischen 250 und 600 Euro. Firmenspezifische Analysen ergeben immer wieder, dass 40 bis teilweise sogar 60 % aller Besuche in Kunden investiert werden, die nur mit 10 % zum Gesamtergebnis beitragen. Aus unserer Sicht ist das eine betriebswirtschaftliche Katastrophe.

3. Verkaufsmitarbeiter sind nach wie vor stark gesteuert und kontrolliert.

Anweisungsvertrieb

In Deutschland lieben wir den sog. zentralistischen Anweisungsvertrieb. Die Controller haben inzwischen auch im Vertrieb ein breites Betätigungsfeld erobert.

Sogar Verkaufsleiter sind Opfer dieses perfekten Controllings geworden. Permanent bekommen sie zu hören, was sie besser machen sollen. Aber kaum einer kann sagen, wie man es besser machen soll. Wenn es Ihnen auch so geht, halten Sie sich deshalb immer vor Augen, dass Sie Ihr Geld ausschließlich vom Kunden bekommen!

Die Ergebnisverantwortlichkeit an den Außendienstmitarbeiter delegieren

Beachten Sie, dass es der Außendienstmitarbeiter ist, der jeden einzelnen Kunden im Sinne von Grenzen, Möglichkeiten, Chancen und Risiken am allerbesten kennt. Das heißt, Sie sollten eigentlich nicht nur die Umsatz-, sondern auch die Ergebnisverantwortlichkeit so weit wie nur irgend möglich an diesen Kundenkenner Nummer eins – Ihren Außendienstmitarbeiter – delegieren. Wenn Sie Verkaufs- oder Vertriebsleiter sind, erkennen Sie bitte an, dass heute Ihr Außendienstmitarbeiter mit durchschnittlich ca. 80 bis 120 T Euro Gesamtkosten pro Jahr, und nicht nur deswegen, eine gestandene Persönlichkeit ist, der man diese Ergebnisverantwortlichkeit und -kompetenz auch anvertrauen kann.

Mal ehrlich, wenn einer Ihrer Außendienstmitarbeiter auf Sie zukommt und sagt: „Pro Woche besuche ich statt der vorgegebenen 16 nur noch vier Kunden, denn ich brauche diese Zeit, um tief in die Kundenstrukturen, in die kundenseitigen Gegebenheiten und in die Entscheiderstrukturen und Entscheidungsprozesse eintauchen zu können. Ich brauche diese Zeit, um mit dem Kunden zusammen Maßnahmen zu erarbeiten, die unserem Motto folgen: Ich will meinen Kunden zum Erfolg verhelfen, damit ich meinerseits Erfolg habe." Mal ehrlich, wie reagieren Sie auf solch einen Mitarbeitervorschlag?

Genau da wollen wir doch eigentlich hin! Vom Bestsellerautor Tom Peters stammt die inzwischen schon fast klassische Einschätzung, die meisten Organisationen seien „overmanaged" und „underleaded". Sprich: Es wird zu viel verwaltet und zu wenig begeisternd geführt.

Die meisten Organisationen sind „overmanaged" und „underleaded".

Deshalb möchten wir an dieser Stelle den Appell loswerden: **Steuern Sie nicht so sehr das „Was"**, steuern Sie nicht so sehr die Ergebnisse, sondern setzen Sie klare Ziele, geben Sie die Rahmenbedingungen vor und helfen Sie Ihren Mitarbeitern mit der Vertriebssteuerung, diese Ziele auch zu erreichen. **Controllen Sie das „Wie"**. Und zwar nicht im deutschen Wortsinn von kontrollieren, sondern in der eigentlichen Übersetzung von **Steuern** und **Anleiten**.

Um Ihnen das zu verdeutlichen, möchten wir Ihnen noch ein Bild geben.

Blicken Sie aufs Spielfeld

Sie als Verkaufsleiter müssen sich mit den Prozessen befassen, die zu den Ergebnissen führen. Ähnlich wie ein Fußballtrainer. Er steuert den Erfolg seiner Mannschaft nicht, indem er Ihnen vor Beginn der Saison mitteilt: „Jungs, im Verlauf der Saison müsst ihr mindestens 80 Punkte erzielen und bei jedem Spiel mindestens drei Tore schießen."

Nein, er sitzt vielmehr bei jedem Spiel auf der Trainerbank und von dort schaut er nicht auf die Anzeigetafel, sondern er blickt aufs Spielfeld, um zu erkennen, ob seine Spieler genügend Einsatz zeigen, ein gutes Stellungsspiel praktizieren und ausreichend über die Flügel spielen. Nur dann kann er ihnen Tipps geben, wie sie das Spiel gewinnen können, und so den kurzfristigen und vor allem auch den langfristigen Erfolg beeinflussen.

6.3.1 Kriterien der Vertriebssteuerung

Das nach wie vor in der Praxis am häufigsten verwendete Kriterium zur Vertriebssteuerung ist der Umsatz. Erst danach folgen mit einigem Abstand Gewinn, also Deckungsbeiträge, Qualität und Kundenwert. Mit weiterem Abstand folgen dann erst Aufgaben und Projekte.

Das am häufigsten verwendete Kriterium zur Vertriebssteuerung ist der Umsatz.

Der **erste Schritt** in einer erfolgreichen Vertriebssteuerung für Sie muss also heißen: Nach welchen **Kriterien** wollen Sie Ihren Vertrieb steuern? Diese Kriterien können Sie ableiten aus der Vertriebsstrategie auf der einen Seite und der oben beschriebenen SWOT-Analyse auf der anderen Seite.

Im **nächsten Schritt** gilt es dann, für diese Kriterien aussagekräftige **Messgrößen** und **Kennzahlen** zu bestimmen. Hier taucht in der Praxis häufig das Problem auf, dass das Controlling nicht die nötigen Kennzahlen liefern kann, um daraus Detailmaßnahmen zur Verbesserung der Gewinnsituation ableiten zu können. Viele uns bekannte Vertriebsleiter wären schon froh, wenn sie aus ihrem Controlling eine vertriebsspezifische Deckungsbeitragsanalyse bekommen könnten. Hier sind Sie als Verkäufer nach innen gefragt.

Häufig sinnvoll: Steuerung des Vertriebs nach Deckungsbeiträgen

Apropos Deckungsbeiträge: Häufig macht es Sinn, den Vertrieb nach Deckungsbeiträgen zu steuern. Denn letztendlich ist es das, worauf es ankommt: Wie viel Gewinn erzielen Sie bei diesem Geschäft? Auch wir wissen, dass man dann ganz sauber eine Prozesskostenanalyse betreiben müsste.

Aber gehen wir doch lieber Schritt für Schritt. Deshalb zurück zur Deckungsbeitragsanalyse. Mit einer **deckungsbeitragsgesteuerten Vertriebsorganisation** wechseln Sie **von der reinen Umsatzorientierung zur Rentabilitätsorientierung**. Allerdings gibt es auch einige Nachteile. Wenn Sie Ihre Vertriebsorganisation mit Originaldeckungsbeiträgen steuern wollen, müssen Sie diese Deckungsbeiträge, also Ihre Kalkulation, auch intern veröffentlichen. Es ist dann früher oder später unvermeidbar, dass dieses Material dann bei Ihren Kunden und Mitbewerbern landet.

Darüber hinaus behält bei einer hohen Zahl von Produkten (sagen wir einmal, 500 Produkte mit 500 verschiedenen Deckungsbeiträgen) kaum ein Vertriebsarbeiter mehr den Überblick. Und damit geht der Steuerungseffekt natürlich verloren. Noch dazu, da sich die Originaldeckungsbeiträge praktisch ständig verändern, aufgrund von Materialpreisschwankungen, Währungsveränderungen etc.

Außerdem kann es vertriebspolitisch manchmal sinnvoll sein, auch Produkte oder Dienstleistungen mit niedrigeren Deckungsbeiträgen zu forcieren. Denn Sie können doch unmöglich Ihre Vertriebsprioritäten nur bestimmt sein lassen durch das mathematische Verhältnis der Deckungsbeiträge zueinander.

Wie sollte Ihr Vertrieb dann rentabilitätsorientiert gesteuert werden? Dazu unser **Praxistipp**:

> Arbeiten Sie nicht mit den Originaldeckungsbeiträgen, sondern mit einem Vertriebsdeckungsbeitrag.

Das Vorgehen könnte wie in dem folgenden Vorschlag aussehen:

> **Vorgehensweise beim Arbeiten mit Vertriebsdeckungsbeiträgen**
>
> - Sie bilden aus Ihrem Gesamtsortiment zunächst drei Produktprioritätsgruppen.
> - Jede dieser drei Produktgruppen bekommt als Kalkulationsgrundlage einen so genannten Vertriebsdeckungsbeitrag.
> - Dieser Vertriebdeckungsbeitrag ist ein Prozentsatz des Listenpreises. Er kann dann als Grundlage für die Erfolgskalkulation der einzelnen Produkte, Geschäfte und auch Kunden herangezogen werden.
>
> Sie haben aber durch die Bestimmung dieses Prozentsatzes eine gewisse vertriebspolitische Entscheidungsfreiheit darüber, welches Produkt Sie welcher Prioritätengruppe zugeordnet haben wollen.

6.3.2 Richtig steuern

Einmal angenommen, Sie steuern Ihren Vertrieb immer noch nach dem Umsatz und Sie erkennen im Laufe eines Jahres, dass die Umsätze Ihrer Vertriebsorganisation hinter den Zielzahlen hinterherhinken. Dann reicht es nicht, das Motto an die Vertriebsmannschaft herauszugeben: „Mehr verkaufen!" Das ist jedem sowieso klar. Sie sollten also wieder einmal eine Analyse wagen.

> Denn grundsätzlich gilt:
> - Es liegt entweder an der Kundenanzahl (zu wenig Kunden) oder
> - am Kaufvolumen (die Kaufmenge pro Kunde ist zu gering) oder
> - an der Kauffrequenz (die Kunden kaufen zu selten) oder
> - am Kaufpreis (Kaufwert pro Kunde zu gering).

Wenn Ihr Vertriebscontrolling diese Zahlen liefert, dann haben Sie eine Chance, den Hebel an der richtigen Stelle anzusetzen. Sie können jetzt entweder die Kundenanzahl erhöhen durch Neukundengewinnung oder die Kauffrequenz erhöhen durch Stammkundenaktivierung oder das Kaufvolumen erhöhen, z. B. durch den Verkauf von mehr Zubehör oder mehr Komplettlösungen. Oder Sie können das Kaufpreisniveau erhöhen, z. B. durch den Verkauf höherwertiger Produkte.

Mittels bekannter Messzahlen den Hebel an der richtigen Stelle ansetzen

Wenn Sie hierauf die richtige Antwort für Ihre Vertriebsorganisation – vielleicht auch für die einzelnen Vertriebseinheiten/Vertriebskanäle differenziert – finden, dann müssen Sie mit Ihren Mitarbeitern zusammen die Maßnahmen überlegen, mit denen sich die festgestellten Defizite am besten beheben lassen.

Maßnahmen entwickeln, mit denen festgestellte Defizite behoben werden können

Diese Antwort ist alles andere als leicht, denn hinter der Ursache „Umsatzschwäche aufgrund zu geringer Neukundenanzahl" können sich viele weitere eigentliche Ursachen verbergen. Und hier gilt es gegenzusteuern. Hier sind Sie als Trainer und Coach gefordert. Denn Sie müssen sich mit Ihren Mitarbeitern auch um das „Wie" kümmern.

Richtig steuern heißt vor allem auch die richtigen Maßnahmen für die richtigen Produkte bei den richtigen Kunden auszuwählen. Richtig heißt also auch immer richtiges **Prioritätenmanagement**.

6.3.3 Instrumente der Vertriebssteuerung

Unsere Prämissen für die richtige Auswahl der Instrumente zur Vertriebssteuerung haben wir Ihnen gerade eben schon beschrieben. Deswegen möchten wir Ihnen hier nur ganz kurz zwei weit verbreitete Instrumente vorstellen. Auf das Thema CRM-Software werden wir in einem eigenen Kapitel am Ende des Buches noch ausführlich eingehen.

6.3.3.1 Balanced Scorecard (BSC)

Die Balanced Scorecard hat inzwischen in vielen Firmen Einzug gehalten. Aus unserer Sicht ist sie ein durchaus geeignetes Instrument zur Vertriebssteuerung, wenn sie auch vertriebsspezifische Teile integriert. Eine typische Balanced Scorecard enthält die von uns oben beschriebenen strategischen Ziele, Messgrößen, Zielwerte und Aktionsprogramme. Als Vertriebsleiter ist es wichtig, in der Balanced Scorecard in einem eigenen Bereich repräsentiert zu sein und dort auch die **übergeordnete Vertriebsstrategie** wiederzufinden. Dies könnte z. B. heißen: „Was müssen wir für unsere Kunden leisten, um messbar zu deren Erfolg beizutragen?" Die daraus abzuleitenden strategischen Ziele könnten z. B. in einem Maschinenbauunternehmen dann wie folgt lauten:

- Präsenz auf den relevanten Weltmärkten,
- wettbewerbsfähige Preise,
- Anerkennung als Anbieter hochwertiger Produkte und
- Kundenzufriedenheit.

Vorgehen beim Einsatz einer BSC

Messen der Zielerreichung

Aus den strategischen Zielen müssen Sie als Nächstes die entsprechenden **Messgrößen ermitteln**. Die Leitfrage dabei lautet: „Wie können wir die Zielerreichung messen?"
Beispiele: Für die Präsenz auf den Weltmärkten könnte das z. B. der prozentuale Marktanteil im jeweiligen Marktsegment sein oder auch die Anzahl der Niederlassungen weltweit. Für die wettbewerbsfähigen Preise könnte eine Messgröße der Preisindex sein, der vom Branchenverband ermittelt wird. Auch für die Anerkennung könnte man einen Branchenreport heranziehen. Der Grad Kundenzufriedenheit dagegen könnte durch eine Kundenumfrage geklärt werden. So ermitteln Sie für jedes Ziel mindestens eine Messgröße.

Im nächsten Schritt sind in der Regel diese Messgrößen noch einmal zu verfeinern, also z. B: Was fragen wir in der Kundenumfrage ab?
Wenn Sie die Messgrößen und die entsprechenden Kennzahlen ausgewählt haben, dann geht es um die **operativen Ziele** für das Folgejahr.

Die Leitfrage hierbei kann lauten: „Wie soll die konkrete Ausprägung sein?"

Beispiele: Wie hoch soll Ihr Marktanteil sein, in den verschiedenen Segmenten? Also z. B. > 35 % in Deutschland, > 20 % in Europa, 120 Niederlassungen weltweit. Im Branchenreport ist Ihr Ziel klar: Nr. 1 im Ranking in Ihrem Segment. Bei der Kundenumfrage können Sie, falls Ihre Daten das hergeben, z. B. einen Scoring-Wert vereinbaren. Scoring-Wert > 80 z. B. oder Kundenzufriedenheit 95.

Ausprägung für das Folgejahr definieren

Im dann nächsten und letzten Schritt beginnt die wichtigste Arbeit der Vertriebsleitung. Es geht um die **Maßnahmen**. Sprich: Was müssen Sie tun? Diese Maßnahmen müssen Sie jetzt für Ihre einzelnen Einheiten, für Ihre einzelnen Organisationen, Vertriebskanäle, Vertriebsgebiete und vielleicht sogar Vertriebsmitarbeiter einzeln vereinbaren.

So viel zur Balanced Scorecard aus Vertriebssicht.

6.3.3.2 Customer Managed Scorecard

So wie es bei einer Balanced Scorecard für das Unternehmen darum geht, den Kennzahlen für Finanzen und Ergebnisbeitrag Kennzahlen für Leistungen und Prozesse, für Mitarbeiter, Potenziale, Personalentwicklung und für Marketing und Vertrieb gegenüberzustellen, geht es in der Customer Managed Scorecard darum, in einem integrativen Konzept die Kundenperspektive der Instrumenten- und der Prozessperspektive gegenüberzustellen.

Die Kundenperspektive der Instrumenten- und Prozessperspektive gegenüberstellen

Mit Hilfe der Customer Managed Scorecard soll die Analyseplanung, die Umsetzung und die Kontrolle von Massnahmen auf strategischer, taktischer und operativer Ebene des Kundenmanagements unterstützt werden.

In der **instrumentenbezogenen Perspektive** stehen vor allem die Betrachtung und Entwicklung von Kennzahlen über Ihre Produkte, Preis-, Kommunikations- und Distributionspolitik im Fokus. In der **kundenbezogenen Perspektive** betrachten Sie die Entwicklung von Kennzahlen über durchschnittliche Wertpotenziale, Kontakte, Käuferstruktur, Umsatzentwicklung, Vertriebspotenziale und Kundenbefragungsdaten.

Neben der kundenbezogenen und Instrumentenperspektive spielt auch die Ausprägung unternehmensinterner Leistungsprozesse im Kundenmanagement eine zentrale Rolle. Deshalb wird den beiden vorgenannten Kennzahlenfeldern noch die **prozessbezogene Perspektive** hinzugefügt. Hier könnte der Fokus auf Prozessqualität, Prozesseffizienz, Mitarbeiterperformance und Mitarbeitermotivation liegen. Aber auch mitarbeiterbezogene Kundenorientierung oder Mitarbeiterkompetenz könnten gemessen werden. Idealerweise betrachten Sie diese Prozesse natürlich wieder customeyes, also aus Kundensicht.

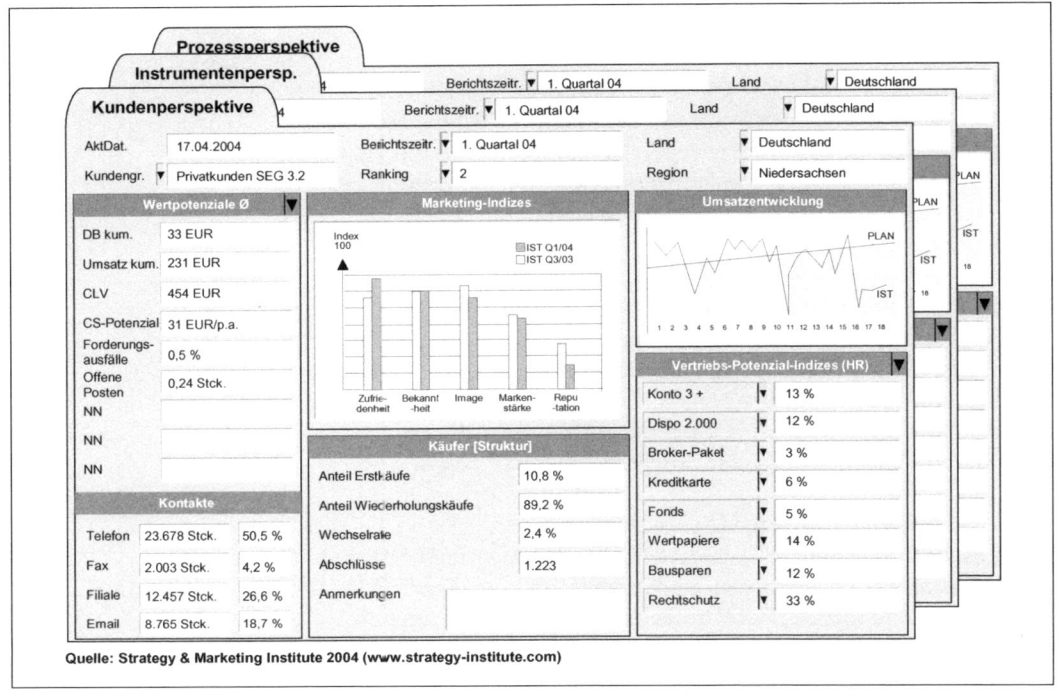

Abb. 6.4: Beispiel einer Customer Management Scorecard

6.3.4 Forecast-Planung

Ein wichtiges Aufgabenfeld der Vertriebssteuerung ist in vielen Branchen auch die Forecast-Planung. Wenn Sie in einer Branche tätig sind, in der die verkauften Produkte mehr oder weniger in beliebiger Menge zur Verfügung stehen (z. B. Versicherungen), dann hat dieses Thema mehr eine strategische Bedeutung.

Strategische Bedeutung

Wenn Sie jedoch Produkte verkaufen, die Sie dann noch produzieren oder einkaufen müssen, oder wenn Sie Dienstleistungen verkaufen, für die Sie Mitarbeiter vorhalten müssen, die diese Dienstleistungen ausführen, dann bekommt die Forecast-Planung zusätzlich noch eine ganz essentielle Bedeutung für die Steuerung Ihrer Einsätze, Ihrer Auslastung und die Planung Ihrer Investitionen.

Steuerung der Einsätze, Auslastung und Investitionsplanung

Wie sieht die Forecast-Planung in der Praxis aus?

Ein Verkaufsleiter hat zu uns einmal über die Forecast-Planung in seinem Unternehmen gesagt: „Der einzige Weg vernünftige Forecast-Zahlen zu bekommen ist es, mit meinem Bauchgefühl bei den Zahlen Anpassungen vorzunehmen, die mir meine Vertriebsmitarbeiter aus dem Bauch heraus nennen."

Das ist auf den Punkt gebracht. Denn wir schätzen, dass in 80 % der Fälle Vertriebe zentrale Forecast-Zahlen ermitteln, indem sie die über den Daumen gepeilten Zahlen der Mitarbeiter addieren und mit dem Bauch korrigieren.

So muss es bei Ihnen im Unternehmen aber nicht sein, denn gute und systematische Forecast-Planung muss nicht unbedingt kompliziert oder extrem analytisch sein. Vielmehr ist gute Forecast-Planung ein natürliches Produkt von guten strategischen Vertriebsprozessen, etwas Analytik und Erfahrung.

Voraussetzungen und Vorgehen bei systematischer Forecast-Plaung

Gute Forecast-Planung braucht ein **Set von Indikatoren**, die Vertriebsmitarbeitern und Vertriebsleitung ein einfaches Tool an die Hand geben, mit dem sie die Wahrscheinlichkeit von Umsätzen für jede Vertriebschance und jeden bestehenden Kunden in den verschiedenen Vertriebsprozessen vorhersagen können.

Vorhersage der Wahrscheinlichkeit von Umsätzen

Aber die Ermittlung diese Art von Kennzahlen ist leider nur schwach entwickelt und in der Praxis noch seltener gebraucht. Viel häufiger werden in der Praxis immer noch Mittelwerte gebildet aus den viel zu optimistischen und den viel zu konservativen Annahmen.

Wenn Sie Ihre Vertriebsprozesse wie in Kapitel 3 dieses Buches sauber definiert haben, und wenn Sie die einzelnen Stufen Ihres Vertriebsprozesses nicht an Aktivitäten, sondern, wie von uns empfohlen, an Meilensteinen orientiert haben, dann ist eine zuverlässige Forecast-Planung kein Hexenwerk mehr. Denn mit ein wenig Statistik über einen längeren Zeitraum lassen sich sehr präzise durchschnittliche Wahrscheinlichkeiten ermitteln:

Ermittlung präziser Wahrscheinlichkeiten durch aussagekräftige Statistik

Wie viel Prozent aller in den Vertriebstrichter eingekippten Kontakte werden zu Neukunden? Wie viel Prozent aller qualifizierten Bedarfe bei Bestandskunden werden am Ende auch abgeschlossen? Auch das Verhältnis zwischen abgegebenen Angeboten und gewonnenen Aufträgen lässt sich sehr einfach ermitteln.

Wir haben in der Praxis festgestellt, dass diese **Wahrscheinlichkeiten in ein und demselben Vertriebsprozess über eine gesamte Firma und einen längeren Zeitraum hinaus relativ stabil** sind und sich daher hervorragend zur Forecast-Planung verwenden lassen. Sie müssen einfach nur die potenziellen Umsätze in jeder Stufe mit den für Ihre Firma und den spezifischen Vertriebsprozess ermittelten Abschlusswahrscheinlichkeiten multiplizieren und diese Werte Stufe für Stufe addieren.

Eine ergänzende, verfeinernde Möglichkeit bietet unser Chancen-Radar BLUBZEWE. Auch mit den darin vorhandenen Zahlen, acht Segmente mit jeweils Werten von null bis vier, kann eine sehr verlässliche Forecast-Planung gemacht werden. Sie müssen dazu nur die für Ihr Produkt/Branche passenden Gewichtungen der einzelnen acht Felder vornehmen und ein wenig Analyse zur individuellen Verfeinerung investieren. Zur Erläuterung finden Sie auf der folgenden Seite ein Beispiel.

BLUBZEWE: auch mit vorhandenen Zahlen kann verlässlich geplant werden.

> **Beispiel**
>
> Angenommen, Ihr BLUBZEWE-Radar hat für eine speziellee Vertriebschance den Wert 4/2/0/2/2/1/2/1. Wenn Sie jedes Segment für sich allein betrachten, können Sie den Punktewert mit 25 % multiplizieren, dann bekommen Sie den Faktor für dieses Segment.
> 0 x 25 % = 0; 2 x 25 % = 50 %; 4 x 25 % = 100 %
> Jetzt müssen Sie den Mittelwert aus den acht Segmenten bilden. Also:
>
> $$\frac{100 + 50 + 0 + 50 + 50 + 25 + 50 + 25}{8} \% = 43{,}75\,\%.$$
>
> Als Formel:
>
> $$\frac{(B + L + U + B + Z + E + W + E) \times 25}{8} \% = \text{Abschlusswahrscheinlichkeit}$$
>
> oder
>
> (Summe BLUBZEWE) x 0,03125 = Abschlusswahrscheinlichkeit
>
> Zur Vereinfachung haben wir hier alle acht Segmente gleich gewichtet. Denkbar wäre es natürlich auch, einzelne Segmente stärker zu gewichten, dann ändert sich die Formel entsprechend. Zum Beispiel:
>
> $$\frac{(B + L + 2U + B + Z + 2E + W + E) \times 0{,}25}{10} = \text{Abschlusswahrscheinlichkeit}$$
>
> Was für unser Beispiel eine Abschlusswahrscheinlichkeit von 37,5 % bedeuten würde.

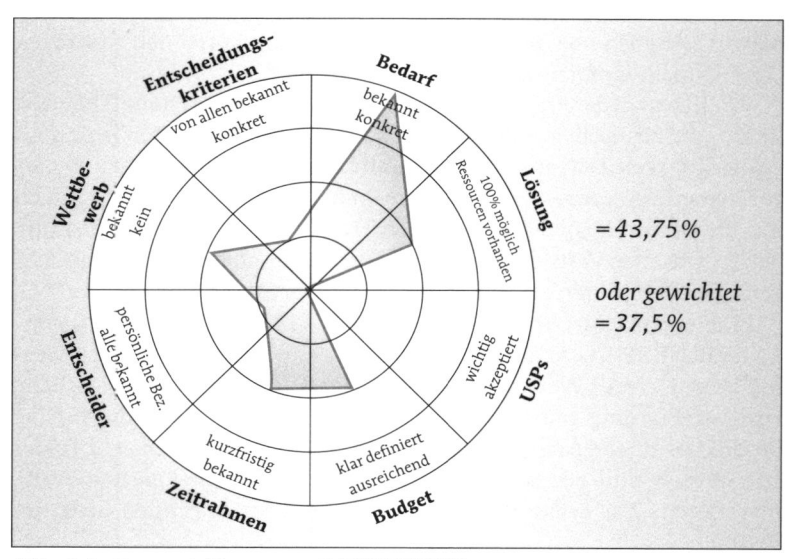

Abb. 6.5: Forecast-Planung mit BLUBZEWE

Noch etwas Wichtiges zum Schluss, zwischen den Zeilen konnten Sie es bereits herauslesen. Um eine Forecast-Planung für Ihr Unternehmen mit passenden Wahrscheinlichkeiten auszustatten führt kein Weg daran vorbei, die Research-Arbeit im eigenen Unternehmen vorzunehmen. Wir halten aus unseren Praxiserfahrungen heraus wenig davon, in CRM-Systemen vorgegebene pauschale Prozentzahlen zu übernehmen. Beginnen Sie deshalb am besten mit einer vermuteten Gewichtung der Faktoren und verfeinern Sie diese mit Ihren Praxiserfahrungen immer weiter.

Research-Arbeit im eigenen Unternehmen

Es gibt noch einen weiteren Erfolgsfaktor: Sie brauchen unterschiedliche Wahrscheinlichkeitsfaktoren für Ihre unterschiedlichen Vertriebsprozesse. Es ist schließlich einleuchtend, dass die Abschlusswahrscheinlichkeit bei einem bestehenden Kunden, der einen neuen Bedarf anmeldet, wesentlich höher ist, als wenn Sie bei einem Neukunden einen qualifizierten Bedarf ermittelt haben. Wie gesagt, einleuchtend, aber leider nicht immer selbstverständlich auch umgesetzt.

Übrigens: Im BLUBZEWE-Radar ist dieser Einfluss über das Segment Entscheider berücksichtigt.

Bericht aus der Praxis: BLUBZEWE-Radar

Als Anbieter hochtechnischer und -preisiger IT-Lösungen liegen unsere Budgetsummen je Projekt oberhalb von 200 T Euro. Zur Ermittlung eines permanenten Forecasts haben unsere Vertriebsmitarbeiter in der Vergangenheit wöchentlich eine Excel-Tabelle mit den Chancen und Möglichkeiten je Kundenprojekt ausgefüllt. Die voraussichtliche Projektsumme wurde mit der Wahrscheinlichkeit für den einzelnen Auftrag gewichtet:

10 % Telefonischer Direktkontakt zum Ansprechpartner hergestellt
20 % Präsentationstermin vereinbart
30 % Präsentation durchgeführt und konkretes Interesse festgestellt
40 % Budget thematisiert (meint: keine konkreten Summen besprochen, aber Budget grundsätzlich vorhanden)
50 % Kunde will ein Angebot haben. Budgethöhe geklärt
60 % Angebot abgegeben
70 % Angebotsklärung abgeschlossen
80 % Wir sind in der Endrunde
90 % Einkaufsverhandlungen
100 % Bestellung/Vertrag im Haus

Die so berechneten Teilsummen wurden dann je Team zusammengefasst und in einer Gesamtsumme der Geschäftsführung präsentiert. Über einem Zeitraum von fast 1,5 Jahren hat sich allerdings gezeigt, dass die Zahlen mit den tatsächlichen Ergebnissen so gut wie nie übereinstimmten. Außerdem haben wir uns immer wieder gewundert, warum wir relativ schnell die 70%-Hürde genommen, aber trotzdem keinen Auftrag erhalten haben. So wurde auf Dauer der wöchentliche

> Bericht von den Mitarbeitern nur noch als notwendiges Übel ertragen und hatte seine Funktion als Steuerungsinstrument schon seit mehreren Monaten verloren. Einzig das zentrale Konzern-Controlling war zufrieden, weil es monatlich (irgendwelche) Zahlen erhalten hat.
>
> So haben wir uns mit der konkreten Zielsetzung, eine präzise Forecast-Planung gepaart mit einer realen Abbildung unserer Chancen im Markt zu erhalten, an einen Berater gewandt.
>
> Das BLUBZEWE-Radar mit seinen acht Segmenten erschien uns schon sehr früh als eine geeignete Lösung unserer Probleme. Insbesondere die Möglichkeit, die zwei für uns als kritisch eingestuften Kategorien (Budget und Entscheider) gesondert zu bewerten, hat uns vollends überzeugt.
>
> Diese Vertriebsexperten haben aber mehr getan, als nur das Instrument zu präsentieren. Sie haben zunächst mit uns gemeinsam unsere Vertriebsprozesse analysiert, wichtige Impulse zur Ausgestaltung der verschiedenen Dimensionen im Radar gesetzt und diese dann von uns in Form von „Hausaufgaben" erarbeiten lassen.
>
> Nach zwei Wochen haben wir die Ergebnisse zusammengetragen und in unser Radar eingebaut.
>
> Bereits nach sechs Monaten hat sich abgezeichnet, dass unsere Zielsetzung vollständig erfüllt worden war: Die Planungen stimmen nun mit den tatsächlichen Umsätzen annähernd überein. Noch viel entscheidender ist aber der tägliche individuelle Nutzen für jeden Vertriebsmitarbeiter. Die eigentliche Forecast-Planung ist nur noch ein Nebenprodukt. Die Mitarbeiter verwenden das Radar nun aus einer hohen intrinsischen Motivation heraus und haben Ihre Kunden offensichtlich „viel besser im Griff".
>
> [André Stötzel, Bergkamen]

6.3.5 Steuerung in harten Zeiten

Verstärkung der Vertriebsanstrengungen und parallele Kostenreduzierung

Fast alle Unternehmen, deren Umsätze in der jüngeren Vergangenheit zurückgegangen sind, verstärkten nach allgemeinen Beobachtungen ihre Vertriebsanstrengungen und reduzierten parallel ihre Kosten. Preissenkungen und Stellenkürzungen, als die eher zu erwartenden typischen Maßnahmen, werden in der Praxis nur von einem Drittel der befragten Unternehmen vorgenommen.

Im Rahmen der Mercuri Vertriebs-Studie aus dem Oktober 2002 wurden Unternehmen in diesem Zusammenhang gefragt, auf welche Maßnahmen sie nun setzen wollen, um ihre Vertriebsanstrengungen zu verstärken.

Hier die Top vier:
1. Mehr Neukunden,
2. Forcierung bestimmter Kundengruppen,
3. Forcierung bestimmter Produkte und
4. kundenindividuelle Preisanpassungen.

Andere umfangreiche Studien, z. B. von Huthwaite, haben allerdings ergeben, dass die üblichen Strategien, die auf Preissenkungen, mehr Werbung oder gesteigerten Vertriebsaktivitäten basieren, teilweise zwar versteckte, aber deutliche Nachteile haben und in der Regel auch kaum nachweisbaren Erfolg hervorbrachten.

Nichts tun ist aber natürlich genauso fatal. Also, was sind nun die Strategien, um Ihre Vertriebsproduktivität in harten Zeiten zu steigern? Wir glauben, dass es dafür drei fundamentale Regeln gibt, die Sie unbedingt beachten sollten.

Strategien, um die Vertriebsproduktivität in harten Zeiten zu steigern

---

Erfolgswirksame Regeln für mehr Vertriebsproduktivität

1. Regel: Verkauft wird am P.O.S. (point of sale).

Die Japaner haben auf dem Gebiet der Produktion hervorragend vorgemacht, dass Produktivität nicht per Firmenpolitik oder Verordnung von oben erreicht wird. Produktivität steigert man, indem man das Verhalten der Personen verändert, die den Job machen. Das gilt auch für den Vertrieb. Bevor also die Veränderungen in Richtung Kundenorientierung bzw. in Richtung Customeyes-Kultur sich nicht auf das Verhalten Ihrer Vertriebsmitarbeiter auswirken, werden diese Veränderungen keine positiven Auswirkungen auf die Produktivität im Vertrieb haben.

Steigerung der Produktivität durch Verhaltensänderung der Vertriebsmitarbeiter

2. Regel: Schlagkraft ist wichtiger als Schlagzahl.

Wenn Vertriebsmitarbeiter in harten Zeiten nicht erfolgreich sind, dann liegt das häufig daran, dass sie die falschen Dinge tun. Jetzt einfach nur die Aktivitäten zu steigern, sodass sie zukünftig eventuell noch mehr vom Falschen tun, wird Ihnen deshalb nicht helfen. Es macht daher sehr viel mehr Sinn, die Vertriebsfähigkeiten der Mitarbeiter zu verändern und sie fit zu machen für einen härteren Wettbewerb.

Die Vertriebsmitarbeiter fit machen für einen härteren Wettberwerb

3. Regel: Schlechte Zeiten erfordern neue Fähigkeiten.

Was in guten Zeiten funktioniert, muss nicht unbedingt auch in schlechten Zeiten funktionieren. Deshalb ist es von eminent wichtiger Bedeutung, dass Sie das Anforderungsprofil für Ihre Vertriebsmitarbeiter dem veränderten Marktumfeld anpassen. Unglücklicherweise trainieren die meisten Vertriebsorganisationen immer noch nach einem veralteten und heute nicht mehr zeitgemäßen Fähigkeitenmodell. Fazit: Auch oder gerade in harten Zeiten geht es um Effektivität, nicht nur um Effizienz. Es geht um an die Zeiten angepasste Strategien und zeitgemäßes Verhalten.

Das Anforderungsprofil dem veränderten Marktumfeld anpassen

In harten Zeiten sind Effektivität UND Effizienz gefragt.

Wie Sie sehen, lieber Vertriebsleiter, werden auch von Ihnen heute, und mehr noch morgen, andere Fähigkeiten zur Vertriebssteuerung, sprich: zur Vertriebsmitarbeitersteuerung, erwartet. Vom Manager zum Leader, vom Antreiber zum Coach. Aber dazu mehr im nächsten Kapitel.

6.3.6 Checkliste Vertriebscontrolling

- Haben wir einen Vertriebscontroller, der über eigene Verkaufspraxis verfügt?
- Ist unser Controllingsystem so aufgebaut, dass nicht nur Erfolgsgrößen kritisch beleuchtet, sondern auch konkrete Maßnahmen daraus abgeleitet werden können?
- Empfinden unsere Verkaufsmitarbeiter das Controllingsystem als hilfreich?
- Vermag unser Controlling insbesondere die Kundendeckungsbeiträge transparent zu machen?
- Bietet unser Controlling uns kundenspezifische Kennzahlen an, um einen breiteren Verhandlungsspielraum für Kundenverhandlungen zu ermöglichen?
- Begreift unser Controller seine Aufgabe als eine Serviceaufgabe für die dezentral ergebnisverantwortlichen Profitcenterleiter = Außendienstmitarbeiter?
- Vermeiden wir, dass uns sog. Vertriebsinformationssysteme seitens des Controllings aufoktroyiert werden? Umgekehrt, erstellt unser Verkaufsleiter seinerseits die entsprechenden Briefings?
- Ist gewährleistet, dass unser Controller u. A. dadurch praxisverhaftet arbeitet, dass er gemeinsame Kundenbesuche mit dem Außendienstmitarbeiter durchführt?
- Ist unser Controller teilvariabel entlohnt, z. B. dadurch, dass auch und gerade er an den Außendiensterfolgen beteiligt ist?
- Ist gewährleistet, dass unwirtschaftliche Kundenumsätze selektiert werden können?
- Kennt jeder Außendienstmitarbeiter den Umfang seines Engpassfaktors Nr. 1, der verkaufsaktiven Zeit?
- Arbeitet unser Außendienst ergebnisverantwortlich, ist er Unternehmer in seiner Region/Bereich? Ist gewährleistet, dass der kundenbezogene Außendienst und Innendienst jeweils auf dem aktuellsten Informationsstand sind?
- Verfolgt unser Vertriebscontrolling anstelle des Ziels Außen- und Innendienstmitarbeiter zu kontrollieren das Ziel, dem Außen- und Innendienst die für seinen Erfolg nötigen Kennzahlen zur Verfügung zu stellen?
- Gilt als Leitlinie für unser Controlling: „Wir haben die Aufgabe, den Mitarbeiter umfassend zu unterstützen, damit er sich selbst steuern kann"?
- Gibt unser Controlling dem Außendienst ein Instrumentarium an die Hand, um in Form von qualitativen und quantitativen Merkmalen besonders chancenträchtige Kundenentwicklungspotenziale herauszufinden?
- Werden unsere Außendienstmitarbeiter in Umsatz- und andere Planungen miteinbezogen?
- Bei Soll-Ist-Abweichungen: Erhält unser Außendienstmitarbeiter neben der zahlenmäßigen Dokumentation Empfehlungen für sein weiteres Vorgehen von der Vertriebsabteilung? Werden konkrete Maßnahmen gemeinsam erarbeitet?

6.4 Unterstützung der Vertriebsmitarbeiter

Wie im vorherigen Abschnitt bereits ausgeführt, ist die Unterstützung der Vertriebsmitarbeiter eines der wichtigsten Themen für die Vertriebsleitung. Denn Sie als ziel- und strategieverpflichteter Vertriebsleiter sind auf qualifizierte und engagierte Vertriebsmitarbeiter angewiesen. Deshalb müssen Sie mit Menschen umgehen können, damit Ihre Zielsetzungen und Strategien auch in die Praxis umgesetzt werden.

Sie als Verkaufsleiter/in wären schlecht beraten, wollten Sie alle Entscheidungen allein treffen. Vielmehr müssen Sie sich auf eine gute Kommunikation, einen kooperativen Führungsstil und, besonders wichtig, auf Ihre Vorbildwirkung stützen.

Insoweit sind Sie als Verkaufsleiter/in, wie bereits oben erwähnt, sehr gut mit einem Fußballtrainer vergleichbar. Sie sorgen dafür, dass Ihr Team gut ausgebildet und motiviert auf das Spielfeld geht – am wichtigsten jedoch sind die Spieler, von denen jeder einzelne während des Spiels sein eigener Chef ist. Oder können Sie sich vorstellen, dass ein Fußballspieler den Ball vor das gegnerische Tor führt und plötzlich zunächst zu seinem Trainer rennt und fragt, was er machen soll?

Der Verkaufsleiter sorgt für Ausbildung und Motivation der Mitarbeiter – diese arbeiten jedoch eigenverantwortlich.

Leider gehen vielen uns bekannten Unternehmen mangels Delegation der Entscheidungsfindung an die wichtigsten Spieler an der Kundenfront viele Umsätze verloren. Aber über das Thema Entscheidungsstrukturen haben wir ja bereits in Kapitel 2 dieses Buches im Rahmen der Organisationsstruktur ausführlich geschrieben. Wir möchten noch einen zusätzlichen Punkt anfügen: Ihre Vertriebsmitarbeiter sollten so gut trainiert sein, dass sie im entscheidenden Moment automatisch das Richtige tun, ohne zu fragen und ohne selbst lange nachdenken zu müssen. Wie hat Lukas Podolski (Stürmer 1. FC Köln) einmal auf die Frage „Was haben Sie sich dabei gedacht, als Sie den Ball dem Torhüter durch die Beine getunnelt haben?" so schön geantwortet: „Wenn ich dabei gedacht hätte, hätte ich ihn nicht reingemacht."

Fazit: Ein schlauer Kollege von uns hat das Thema einmal wie folgt zusammengefasst:

„Führen heißt …
Mitarbeiter erfolgreich,
Teams arbeitsfähig
und sich selbst überflüssig zu machen."

6.4.1 Qualifizierte Mitarbeiter

80 % der befragten Mitarbeiter im Vertrieb berichten, dass die Anforderungen, die an sie gerichtet werden, erheblich gewachsen sind. Ebensolche 80 % sind sich darüber im Klaren, dass sie ihre Kompetenzen erweitern müssen. 69 % sehen die Anforderungen als Anstoß, sich selbst weiterzubilden. Das sind zumindest die Ergebnisse einer Studie, die das Institut für angewandtes Wissen in Köln durchgeführt hat.

Das heißt, die Mitarbeiter haben bereits gemerkt, dass sie sich verändern müssen, dass sie sich weiterentwickeln müssen.

Der Vertriebschef muss seinen Mitarbeitern deutlich machen, was er von ihnen erwartet.

62 % der Befragten allerdings würden gerne von ihren Führungskräften erfahren, welchen neuen Anforderungen sie durch welche Qualifizierungsmaßnahmen wie begegnen sollen. Sie als Vertriebschef/in müssen Ihren Mitarbeitern also deutlich machen, was genau Sie von ihnen erwarten.

Noch ein interessantes Ergebnis dieser Studie: Über die Hälfte der befragten Vertriebsmitarbeiter wünschten sich Erfolgskontrollen für absolvierte Qualifizierungsmaßnahmen. Na, in diesem letzten Punkt sind sich ja dann zumindest wieder alle einig.

Nur, was sollen Sie trainieren und wie sollen Sie Ihre Mitarbeiter weiterqualifizieren? Wir stellen häufig fest, dass immer noch das so genannte klassische Verkaufsseminar, manchmal sogar als einzige Weiterqualifizierungsmaßnahme, firmenintern für Vertriebsmitarbeiter angeboten wird. Manche langjährigen Außendienstmitarbeiter/innen hören diese Thematik im Laufe ihrer Berufsjahre dann schon zum x-ten Mal. Immer wieder müssen sie lernen:

- Jedes Kundengespräch bedarf einer gründlichen Vorbereitung.
- Es gilt, aktiv zuzuhören.
- Der Kunde soll mit Fragen geführt werden.
- Bei Kundeneinwänden ist die Ja-aber-Methode einzusetzen, aber nicht die Formulierung „ja, aber …" zu verwenden.
- Insgesamt muss der Kunde auf der Ja-positiv-Straße gehalten werden.

Nicht, dass wir uns falsch verstehen. Jeder Verkäufer sollte am Anfang seines Berufslebens durchaus zwei- bis dreimal mit dieser Grundlagenthematik des Verkaufens konfrontiert werden, dann aber ist es genug. Denn heutzutage stehen viel wichtigere Themen auf dem Programm. In Zeiten knapper Ressourcen ist es viel wichtiger, dass die

Trainingsteilnehmer sollten das lernen, was sie wirklich brauchen.

Teilnehmer in Vertriebsschulungsbausteinen das lernen, was sie auch wirklich brauchen, um den Anforderungen, denen sie aktuell gegenüberstehen, auch gewachsen zu sein.

Dazu von uns vier Regeln aus der Praxis für die Praxis.

6.4.1.1 Vier Regeln für praxisgerechte Trainings

Regel 1: Setzen Sie auf die richtigen Seminarthemen.

Schwerpunktthemen aus heutiger Sicht könnten sein:
- Preisverhandlungen,
- betriebswirtschaftliche Argumentation,
- Renditeverantwortung des Außendienstes,
- „Wir sind Problemlöser des Kunden".

Natürlich gibt es noch weitere hoch spannende Themen, die Sie aus Ihrer eigenen Vertriebsorganisation sicher kennen und zielsicher identifizieren können.

Regel 2: Vermeiden Sie Gleichmacherei.

Immer wieder wird, speziell bei firmeninternen Seminaren, so getan, als hätten alle Außen- und Innendienstmitarbeiter die gleichen Qualifizierungslücken und damit Qualifizierungsbedarfe.

Es kommt aber ganz wesentlich darauf an, für jeden einzelnen Ihrer Außendienstmitarbeiter ein individuelles Qualifizierungsprogramm zu entwickeln oder die Vertriebstrainings methodisch so zu gestalten, dass jeder teilnehmende Mitarbeiter das lernt, was er braucht.

Individuelle Qualifizierungsprogramme

Regel 3: Weiterbildung muss in der Praxis umgesetzt werden.

Die oft „Happy-Sheets" genannten Feedbackformulare am Ende eines jeden Seminars, nach dem Motto „der Trainer war gut, die Inhalte spannend, das Essen lecker, die Kollegen nett, und deshalb sollte es unbedingt ein Folgeseminar geben", geben zwar einen ersten Eindruck wieder. Sie zeigen, ob die Basis gelegt ist, damit überhaupt Inhalte in die Praxis umgesetzt werden können. Aber erreicht haben Sie bis jetzt noch gar nichts. Die wichtigste Arbeit für Trainer und Teilnehmer beginnt erst nach dem Seminar. Nun gilt es, das Gelernte in der Praxis umzusetzen und anzuwenden. Aus diesem Grund haben sich **Intervalltrainings** mit mehreren Lernschleifen bewährt. So können Sie besser überblicken, ob die Teilnehmer die Inhalte auch wirklich in ihrem Vertriebs-Alltag umsetzen.

Die wichtigste Arbeit für Trainer und Teilnehmer beginnt nach dem Seminar.

Regel 4: Prüfen Sie eine Ressourcenbeteiligung der Mitarbeiter.

Vor allem mitarbeiterindividuelle Qualifizierungsprogramme sind Maßnahmen, die im Sinne von Angebot und Nachfrage auch den Marktwert der Mitarbeiter erhöhen. Sei es, dass er sich nun schneller in Ihrem Unternehmen weiterentwickelt oder später einmal die Firma aus Karrieregründen wechselt. Darüber hinaus erhöhen Sie auch das Comittment des Mitarbeiters. Wenn er selbst Geld oder Zeit investiert hat. Er hat dann auch ein größeres Interesse daran, hinterher die Früchte zu ernten. Und das kann Ihr Mitarbeiter im Vertrieb mit seinen variablen Gehaltsbestandteilen ja auch ganz gut.

6.4.1.2 SPOT-Methode

SPOT steht für **S**ales-**P**rozess-**o**rientiertes **T**raining. Anhand der SPOT-Methode möchten wir Ihnen kurz darlegen, wie ein modernes Lernprojekt aussehen könnte. Die Darstellung auf der folgenden Doppelseite mit den Schritten

1. Briefing und Grobziele
2. Analyse und Feinziele
3. Konzeption und Methodenauswahl
4. Durchführung iterativer Lernschleifen
5. Insitutionalisierung interner Lernschleifen
6. Evaluierung/Erfolgsmessung

kann Ihnen beim Einkauf bzw. der Realisierung von Trainings helfen.

Training nach der SPOT-Methode

Schritt 1: Briefing – Projektziele festlegen

Dies ist der erste und logische Schritt. In der Praxis wird er dennoch immer wieder zu kurz abgehandelt. Nur wenn Sie im Vorfeld die Projektziele sauber definieren und sich genau überlegen, woran Sie später erkennen wollen, dass die Trainingsmaßnahme erfolgreich war, können Sie am Ende auch den Erfolg der Maßnahme messen.

Schritt 2: Analyse – Feinziele und individuelle Lernziele festlegen

Nach der Definition der übergeordneten Projektziele sollte unbedingt eine Analyse der teilnehmerindividuellen Lernziele erfolgen. Zum einen können Sie so feststellen, ob sich Ihre Lernprojektziele mit den Anforderungen der Mitarbeiter decken, und zum anderen können Sie anschließend sehr viel präziser Inhalte und Methoden der Trainingsmaßnahme festlegen. Zur Analyse eignen sich verschiedene Methoden: computergestützte Analysen (Kompetenzanalysen, Verhaltensanalysen, Werteanalysen, Strukturanalysen), strukturierte Interviews oder Feldbegleitung der Außendienstmitarbeiter, sozusagen Analyse am lebenden Objekt. Sie können die Feinziele auch mit den Teilnehmern oder einigen von ihnen in einem Workshop erarbeiten.

Als Kompetenzanalyse könnten Sie beispielsweise den Verkaufs-Strategien-Indikator verwenden; als Verhaltens- und Werteanalyse den INSIGHTS-Leadershipcheck für Verkäufer und als Strukturanalyse die implus® Vertriebs- und Verkaufsanalyse.

Schritt 3: Konzeption, Methodenauswahl

Für den Erfolg der Maßnahme ist es aus unserer Erfahrung heraus von großer Wichtigkeit, dass erst jetzt genaue Inhalte und auch die genaue Trainingsmethode festgelegt werden. Denn erst jetzt sind die individuellen Lernziele über die gesamte Teilnehmergruppe bekannt.

Andersherum wäre es ungefähr so, als würden Sie als Handwerker zuerst das Werkzeug wählen (z. B. Hammer) und erst dann analysieren, welches Problem Sie lösen sollen (z. B. Loch bohren).

Schritt 4: Durchführung iterativer Lernschleifen

Nun kommen wir zum Kernstück eines modernen Trainingskonzeptes. Getreu dem Motto: „Das beste Training findet in der Praxis statt" kommen die Teilnehmer verteilt über mehrere Wochen oder Monate immer wieder jeweils nur für einen halben oder maximal einen Tag im Seminarraum zusammen. Das Prinzip dieser Impulstrainings ist immer das gleiche. Zu einem vorgegebenen Oberthema (einem der übergeordneten Lernprojektziele) benennen die Teilnehmer ihre dazu aktuell größten Herausforderungen. Der Trainer gibt verschiedene Lernimpulse. Dann finden die Teilnehmer sich zu Lernprojekten für die Praxisphase zusammen. Unter Umständen wird bereits an diesem Tag eine erste Lernprojekt-Sitzung unter Supervision des Trainers durchgeführt. Mit konkreten Aufgaben und Zielen gehen die Teilnehmer dann in die Umsetzungsphase. Dort werden die individuellen Entwicklungsziele in die Praxis transferiert und es findet bereits ein gegenseitiges Voneinander- und Miteinander-Lernen statt.

Je nach Thema kommen die Teilnehmer nach drei bis sechs Wochen wieder zusammen. Dieser Tag teilt sich in zwei Hälften, in den Bilanzteil und das Impulstraining. Im ersten Teil wird Bilanz gezogen. Die Teilnehmer berichten aus der Praxis und teilen mit den anderen Teilnehmern ihre Lernerfahrungen. Dann werden die Themen verfeinert, die Anforderungen erhöht und neue Herausforderungen zusammengetragen. Zu diesen Themen findet dann wieder ein Impulstraining statt. Der Trainer gibt Impulse, die Teilnehmer finden sich in Lernprojekten zusammen, unternehmen einen ersten Projektschritt unter Supervision des Trainers und gehen mit konkreten Umsetzungszielen in die Praxisphase.

Dieses Vorgehen wiederholt sich so lange, bis sämtliche Projektziele abgearbeitet sind.

Diese Projekt-, Lern- und Praxisphasen können vom Trainer noch durch Telefoncoaching, E-Learning über das Internet oder auch M-Learning-Einheiten über das Handy angereichert werden.

Bei dieser Vorgehensweise zeigen sich verschiedene Vorteile.

- Die Teilnehmer lernen nur, was sie wirklich brauchen.
- Es besteht eine hohe Wahrscheinlichkeit, dass wirklich praxisrelevante Inhalte im Training bearbeitet werden.
- Durch die konsequente Orientierung am Sales-Prozess werden die Themen integriert bearbeitet statt isoliert. Z. B. wird in einer Präsentationseinheit neben Rhetorik und Körpersprache auch der richtige Umgang mit PowerPoint vermittelt.
- Zusätzlich lernen Ihre Mitarbeiter durch die Lernprojekte auch noch das Lernen.
- Aus Information und Wissen wird so Kompetenz.

Ein Haken besteht: Sie brauchen keine Vertriebstrainer, die nur ein Standardtraining aus der Schublade ziehen können, sondern praxiserfahrene Vertriebsprofis, die situativ auf „alle" Fragen der Teilnehmer auch kompetente Impulse geben können.

Schritt 5: Institutionalisierung von internen Lernschleifen

Das ist der Turbo der SPOT-Methode. Durch die Institutionalisierung von Lernschleifen auch über das Training hinaus erziehen Sie Ihre Mitarbeiter zum Selbstlernen. Sie bekommen so eine lernende Organisation. Im Idealfall finden sich die Teilnehmer auch nach der konkreten Trainingsmaßnahme bei Bedarf in verschiedenen Lernprojekten zusammen, um ihre brennendsten Probleme selbst zu lösen. Was wollen Sie als Vertriebsleiter mehr?

Schritt 6: Evaluierung, Erfolgsmessung

Wie oben bereits erwähnt: Ein Fragebogen, auf dem die Teilnehmer ihre Einschätzung über das Training loswerden können, reicht heute für ein vernünftiges Trainingscontrolling nicht mehr aus. Vor allem die Transfererfolge müssen dokumentiert werden. Wir unterscheiden deshalb fünf Evaluationsebenen.

Evaluationebenen

Ebene 1: Emotionale Reaktion
Die emotionale Reaktion der Seminarteilnehmer steht im Mittelpunkt. Wie gut ist das Training angekommen? Abgefragt durch Feedback-Formulare, Stimmungsbarometer etc.

Ebene 2: Erlernte Kompetenz
Sie wird mit Hilfe von Tests, Prüfungen und Assessments gewonnen. Beantwortet wird die Frage: „Wie gut wurde was gelernt?"

Ebene 3: Umsetzen und Anwenden
Wie gut wurde das Gelernte in der Praxis genutzt und umgesetzt? Die On-the-job-Beobachtung und damit die Überprüfung des Transfers der Lerninhalte am Arbeitsplatz liefert die Grundlage zur Beantwortung dieser Frage.

Ebene 4: Folgen im Arbeitsbereich
Inwiefern hat das Training die Erreichung der Geschäftsziele unterstützt? Gibt es messbare Auswirkungen bei den Kennzahlen im Vertriebscontrolling?

Ebene 5: Return on Investment (ROI)
Kosten und Nutzen der Weiterbildungsmaßnahmen/Lernprojekte werden in Relation gesetzt.

Die Verknüpfung eines solchen Trainings mit der Evaluation kann in der Praxis Hand in Hand gehen. Denn eine Möglichkeit zur Evaluierung der Ebenen 3 und 4 sind natürlich die Ergebnisse, die in den Bilanztagen präsentiert werden. Sie geben bereits einen ersten Eindruck davon wieder, ob die Teilnehmer konkrete Umsetzungserfolge erzielen konnten.

Die Ebenen 4 und 5 lassen sich durch konkrete Kriterien evaluieren. Vorausgesetzt, Sie haben zu Beginn Ihres Lernprojektes festgelegt, woran Sie die Erfolge erkennen wollen, dann können Sie sie jetzt auch messen.

Zu Beginn des Lernprojekts wird festgelegt, woran Erfolge zu erkennen sind.

Hier sind Sie als Vertriebsleiter in einer glücklichen Lage. Im Vertrieb gibt es eine ganze Menge Kennzahlen, an denen man eine Erfolgsmessung vornehmen kann. Prüfen Sie doch vor einer Trainings- oder Lernmaßnahme zukünftig einmal, mit welchen Kennzahlen Sie die Erfolge messen könnten. Was gibt Ihr CRM-System her?

Mögliche Kennzahlen zur Trainingserfolgsmessung

- Termintreuequoten: Das Verhältnis der telefonisch vereinbarten Termine zur Anzahl der abgesagten Termine bzw. zur Anzahl der ausgefallenen Termine.
- Neukontakte: Anzahl der Gespräche bei neuen Kunden.
- Empfehlungsquote 1: Wie viel Prozent dieser Neukontakte kamen aufgrund einer Empfehlung?
- Empfehlungsquote 2: Wie oft wurde eine konkrete Empfehlung erfragt?
- Angebotserfolgsquote: Wie viel Prozent der Angebote wurden zum Auftrag?
- Rabattquote: In wie viel Prozent aller Angebote musste noch nachverhandelt werden?
- Rabatthöhe: Wie hoch war der durchschnittlich gewährte Rabatt?
- Cross-Selling-Quote: Prozentsatz der Kunden, denen ein Produkt aus einem neuen Produktbereich verkauft werden konnte.
- Quote der Datenpflege: Anzahl der Gespräche, nach denen der Berater Informationen in eine CRM-Datenbank einpflegt.

> **Bericht aus der Praxis: „Mobile-Learning"**
>
> Wenn wir mit unseren Kunden über Maßnahmen sprechen, wie sie die Kommunikation mit ihren Mitarbeitern verbessern könnten, bekommen wir immer wieder die gleiche Ausgangslage geschildert: Mit viel Aufwand werden Informationen im Intranet bereitgestellt, CBTs und WBTs angeboten, Mitarbeiter auf Seminare und Trainings geschickt. Und trotzdem bleibt das Gefühl: All das kommt irgendwie nicht an.
> Am Beispiel der Bank eines Automobilherstellers wird das deutlich. Die Situation: Das Verkaufspersonal der Händler ist unsicher, wann und wie sie den Autokäufern mit dem Fahrzeug auch Finanzdienstleistungsprodukte anbieten sollen.

> Zwar sind alle notwendigen Informationen und Verkaufshilfen im Händler-Extranet und in diversen Flyern und Broschüren dokumentiert, aber diese werden kaum genutzt. Das Resultat: Die Verkäufer vermeiden die direkte Kundenansprache.
> Wir haben nun überlegt, wie wir die Verkäufer dazu bringen, sich mit den Produkten aufmerksam zu beschäftigen. Dazu haben wir folgende Kriterien an ein Informationsmedium formuliert:
> 1. Es soll von jedem Ort und zu jeder Zeit erreichbar sein, auch von unterwegs.
> 2. Es soll leicht im Umgang und sofort einsetzbar sein.
> 3. Es soll bereits vorhandene Technik nutzen.
> 4. Es soll Leerlaufzeiten im Tagesablauf ausnutzen.
>
> Die Lösung ist verblüffend einfach. Wir nennen sie Mobile Radio. Die Verkäufer können unter einer Service-Rufnummer telefonisch Informationen abrufen, die im Stil einer Radio-Nachrichtensendung oder eines Tutorials aufbereitet sind. Wichtig war uns dabei, dass der Verkäufer selbst entscheidet, wann er die Informationen abruft: auf dem Weg zur Arbeit, in der Pause, zwischen Kundengesprächen. Eine Navigation über Tastatur- bzw. Spracheingabe ermöglicht ihm Meldungen zu überspringen oder zu wiederholen, die Sendung anzuhalten oder andere Funktionen auszuführen. Die Inhalte erklären die Vorteile der einzelnen Produkte, geben Anleitung zur Nutzenargumentation, machen Verkaufsstrategien transparent und informieren über Sonderaktionen.
> Aus Umfragen haben wir feststellen können, dass die Einfachheit von Mobile Radio und das „gesprochene Wort" das Verkaufspersonal motiviert, sich fortlaufend zu informieren. Über 60 % der Zielgruppe nutzen diesen exklusiven Kommunikationskanal regelmäßig.
> [Joachim Jansen, München]

Eine Service-Rufnummer für Verkäufer

6.4.1.3 Coaching

Coaching ist ein weiterer wesentlicher Bestandteil erfolgreicher Qualifizierungsmaßnahmen. Denn hier besteht perfekt die Möglichkeit, auf den individuellen Entwicklungsbedarf der einzelnen Mitarbeiter einzugehen. Vor allem die Kombination aus Training und Coaching verspricht großen Erfolg. Egal ob Sie als Vertriebsleiter als Coach fungieren, ob ein Kollege aus einem anderen Bereich das Coaching übernimmt (dann besteht kein direkter Rollenkonflikt) oder ob ein Externer, z. B. der Trainer, die Rolle des Coaches übernimmt. Entscheidend für eine dauerhafte Verhaltensänderung Ihrer Mitarbeiter ist, dass sie sich über einen längeren Zeitraum immer und immer wieder mit dem Thema Lernen beschäftigen. Und dass dabei jeweils Themen bearbeitet werden, die aktuell einen Engpass darstellen.

Entscheidend für eine dauerhafte Verhaltensänderung: Lernen über einen längeren Zeitraum

6.4.2 Engagierte Mitarbeiter

Wir wissen nicht, wie viel schon über Motivation von Mitarbeitern durch Führungskräfte geschrieben wurde. Und wir wollen aus diesem Buch auch keinen Führungsleitfaden machen. Trotz alledem kommen wir natürlich nicht daran vorbei, wenn wir über die Unterstützung der Vertriebsmitarbeiter durch die Vertriebsleitung schreiben, auch über das Thema Motivation und Führung bzw. Motivation durch Führung zu sprechen. Auch hier werden wir uns auf die Spezialfälle einer Vertriebsorganisation beschränken.

Motivation durch Führung

6.4.2.1 Motivation

Das direkte Gespräch zwischen Führungskraft und Mitarbeitern ist sicher einer der wesentlichen Motivatoren. Oder wie Reinhard K. Sprenger sagen würde: *„Eines der Mittel, das richtig angewandt zumindest keine Motivation beim Mitarbeiter zerstört."*

Da die meisten Vertriebsorganisationen dezentral arbeiten, also die Mitarbeiter nicht mit der Führungskraft im gleichen Büro oder der gleichen Stadt sitzen, ist die Kommunikation zwischen Vertriebsmitarbeiter und Führungskraft oft sehr stark institutionalisiert. Deshalb gilt aus unserer Sicht:

> INFORMELLE GESPRÄCHE SIND BESONDERS WICHTIG. DAFÜR SOLLTEN SIE UNBEDINGT FREIRÄUME IN IHRER ORGANISATION SCHAFFEN.

Denken Sie daran, wenn Sie wieder einmal das nächste Vertriebsmeeting planen. Sie erinnern sich doch noch: Wissen entsteht häufig in informellen Gesprächen aus verknüpfter Information.

Darüber hinaus ist es wichtig, dass die Mitarbeiter in ihrem Tun einen Sinn erkennen, also das Übergeordnete kennen und sehen. Sinn halten wir für viel wichtiger als Motivationstraining. Denn wenn es Sinn gibt, dann ist das in der Regel Motivation genug.

Sehr wichtig ist, dass Mitarbeiter in ihrem Tun einen Sinn erkennen.

Neben informellen Sinn gebenden Gesprächen zur Motivation der Mitarbeiter ist ein gutes Vorbild wichtig.

Was zeichnet einen charismatischen visionären Vertriebsleiter aus?

Wir haben acht Verhaltensweisen dazu identifiziert:
1. Erfolge und Leistungen loben.
2. Eine Strategie formulieren, wie man den Vertrieb künftig führen will.
3. Eine Vision gemeinsam entwickeln, die für die Mitarbeiter klar und deutlich ist.
4. Wichtige Dinge in einfachen Worten ausdrücken.
5. Seinen Stolz auf die Organisation zeigen.
6. Selbstvertrauen zeigen.
7. Enthusiasmus fördern.
8. Das Bewusstsein einer gemeinsamen Mission verbreiten.

Ein schönes Beispiel für die Vorbildwirkung in der Praxis haben wir einem Artikel der Zeitschrift Capital aus dem Jahr 2004 entnommen. Dort wurden die besten Arbeitgeber Deutschlands gekürt.

Und aus den dort genannten erfolgreichen Beispielen hat uns eines ganz besonders gut gefallen. Der Vorstand von Hennes & Mauritz hat die komplette Mannschaft der erfolgreichsten Filiale zur Belohnung für ein Wochenende nach Barcelona geschickt. Solche Formen von Anerkennung mag es woanders auch geben. Das Bemerkenswerte daran aber ist: In der Abwesenheit der Filialbelegschaft übernahm der Vorstand der Deutschlandzentrale die Geschäfte. Der Vorsitzende selbst verkaufte Damenbekleidung. Nicht verwunderlich, dass das Management in der Kategorie „Glaubwürdigkeit" Bestnoten erhielt.

Nun sind wieder Sie dran. Und Sie müssen nun einmal bei sich selbst anfangen.

Bei sich selbst anfangen

Auch dazu wieder ein Zitat:

„Willst du das Land in Ordnung bringen, musst du erst die Provinzen in Ordnung bringen.
Willst du die Provinzen in Ordnung bringen, musst du erst die Städte in Ordnung bringen.
Willst du die Städte in Ordnung bringen, musst du erst die Familien in Ordnung bringen.
Willst du die Familien in Ordnung bringen, musst du erst die eigene Familie in Ordnung bringen.
Und willst du die eigene Familie in Ordnung bringen, musst du erst dich selbst in Ordnung bringen.
(Aus: Nossrat Peseschkian, „Der Kaufmann und der Papagei")

6.4.2.2   Führung
Jeder Mensch (auch Vertriebsmitarbeiter) hat drei Grundbedürfnisse, die von einer guten Führungskraft erfüllt werden sollten:
1. Sicherheit,
2. Freiraum und
3. Wertschätzung der Einzigartigkeit.

Grundanforderungen an eine gute Führungskraft

Dieses so genannte **Führungsdreieck** von Fritz Pearls bekommt im Vertrieb eine besondere Bedeutung. Denn in der Regel müssen Sie Ihre Vertriebsmitarbeiter zwangsläufig an der „langen Leine" führen, da die wenigsten Vertriebsmitarbeiter mit Ihnen am gleichen Standort arbeiten werden. Von daher ergibt sich der im Dreieck geforderte Punkt **Freiraum** von alleine.

WICHTIG IST ALLERDINGS, DASS SIE DEN FREIRAUM AUCH GEWÄHREN UND AUSGESTALTEN. STICHWORT: ENTSCHEIDUNGSBEFUGNISSE.

Oft geht der Freiraum aber zulasten des Grundbedürfnisses **Sicherheit**. Kann Ihr Mitarbeiter darauf vertrauen, dass, wenn er Sie braucht, Sie dann auch da sind? Denn darum geht es bei diesem Grundbedürfnis. Und das ist für uns die größte Herausforderung für die Vertriebsleitung. Wie schaffen Sie es, Ihren Mitarbeitern das Gefühl von Sicherheit zu geben? Verlässliche Rahmenbedingungen, wie oben schon beschrieben, tragen sicher einen Teil bei, allerdings wohl nur einen Teil.

Mitarbeitern das Gefühl von Sicherheit geben

Ein schönes Beispiel, wie es nicht funktioniert, hat man uns in einer Bank erzählt. Der Kunde zum Bankangestellten: „Geben Sie mir mein Scheckbuch, Sie Idiot." Der Angestellte ist irritiert: „Sie können doch nicht einfach ‚Idiot' zu mir sagen, mein Herr." Worauf der Mann entgegnet: „Also was ist, geben Sie mir jetzt mein Scheckbuch, Sie Idiot?" Der Angestellte geht zum Filialleiter und beschwert sich. Der Filialleiter ist empört: „Hat der überhaupt ein Konto bei uns?" „Ja." „Und wie hoch ist sein Guthaben?" „20 Millionen Euro." „Ja, dann geben Sie ihm doch das Scheckbuch, Sie Idiot."

Bleibt als dritter Bereich noch das Thema: **Wertschätzung** der Einzigartigkeit. Dieser Punkt ist natürlich nicht mit **Incentives** und **Wettbewerben** abgearbeitet. Hier geht es vielmehr darum, dass Sie jeden Mitarbeiter in seiner einzigartigen Individualität wertschätzen. Das bedeutet vor allem auch Vertriebsziele individuell zu definieren und den individuellen persönlichen Vertriebsstil jedes Mitarbeiters anzuerkennen und wertzuschätzen.

Jeden Mitarbeiter in seiner Individualität wertschätzen

Wenn Sie es schaffen, unter den erschwerten Bedingungen, mit denen Führungskräfte im Vertrieb häufig zu kämpfen haben, dieses Dreieck aus Sicherheit, Freiraum und Wertschätzung in Balance zu halten, werden Sie auch mit Ihren engagierten Mitarbeitern Erfolg haben.

6.4.3 Spezialthema: Partner und freie Mitarbeiter führen

6.4.3.1 Partner

Auf die Führung von Partnern im Vertrieb möchten wir hier an dieser Stelle nur noch kurz eingehen. Behandeln Sie Ihre Partner wie Kunden in der Vertriebsprozessstufe „Telling Customer", als Partner eben. Dabei ist es egal, ob Ihre Kunden Partner sind oder Ihre Vertriebspartner Partner sind, aber wie Kunden behandelt werden. Die Erfolgsfaktoren sind jeweils die gleichen.

6.4.3.2 Handelsvertreter und Freiberufler

Wie führt man nun freie Mitarbeiter und Handelsvertreter? Und in der Regel gibt es davon ja gerade im Vertrieb eine ganze Menge.

Welche Voraussetzungen müssen erfüllt sein, dass sie sich Ihrem Unternehmen verpflichtet fühlen? Oder wie das so schön auf Neudeutsch heißt: dass sie Comittment zeigen?

In der Praxis unterscheidet man drei Comittment-Formen:

- affektives Comittment (Emotionen wie Freude und Stolz),
- kalkulatives Comittment (berechnendes, auf Kosten- und Nutzenüberlegungen basierendes) und
- normatives Comittment (aufgrund eigener Werte und der an sie gerichteten Erwartungen).

Was bedeutet das für Sie als Führungskraft?

SIE SOLLTEN IHRE FREIBERUFLER VOR ALLEM MIT AFFEKTIVEM UND NORMATIVEN COMITTMENT AN SICH BINDEN.

Also durch emotionale Bindung und durch die klaren und zur Persönlichkeit des Mitarbeiters passenden Werte und identischen Erwartungen. Das berechnende Comittment ist dort vorherrschend, wo das Arbeitsumfeld als unangenehm empfunden wird. Und wie heißt es so schön: „Wer wegen Geld kommt, geht auch wieder wegen Geld."

Emotionale Bindung

6.5 Veränderungsmanagement

Überall bekommen Manager, auch Vertriebsleiter, heutzutage den Ratschlag, Veränderung ist gut und je mehr Veränderung, desto besser.

Zwar gibt es durchaus unterschiedliche Meinungen, wie man Veränderungen am besten bewerkstelligt, aber in einem Punkt stimmen alle Weisen überein: „Kreative Zerstörung" lautet die Devise, „verändern oder untergehen" heißt die Rechtfertigung und „ohne Schmerz keine Veränderung" die Begründung dafür, dass die angeblich wesentlich bedingte Abneigung des Menschen gegen Veränderungen überwunden werden muss.

Oberstes Ziel ist dabei die Sicherung einer glorreichen Zukunft weit vor der Konkurrenz.

Es fängt im Alltag an: Sich scheiden lassen, um wieder zu heiraten. Ein Haus entkernen, um es zu renovieren. Im Unternehmen geht es weiter: Die Belegschaft verkleinern, um neue Leute einzustellen. Die Organisation zerschlagen, um sie neu zu strukturieren. Das sind Beispiele dafür, wie heute an Veränderungen herangegangen wird. Und Veränderung tut Not – manchmal und wohl dosiert. Das Problem dabei ist, dass der hochgradig destabilisierende und schmerzliche Prozess des Change Managements viel zu häufig und zu schnell hintereinander verordnet wird. Nur damit wir uns richtig verstehen, nicht jede kreative Zerstörung ist schlecht. Nicht jeder Change-Prozess ist zu viel.

Veränderung tut Not – manchmal und wohl dosiert.

Gerade in einer Customeyes-Organisation haben Sie es zwangsläufig schon bei der Einführung des Konzeptes mit einem Change-Prozess zu tun. Ebenso vollkommen zwangsläufig werden Sie Widerstände in den Köpfen der meisten Ihrer Mitarbeiter finden. Das ist ja auch nachvollziehbar.

Bisher war es so, dass sich Ihre Mitarbeiter auf klar erkennbare und handfeste Produktvorteile und Serviceleistungen konzentrieren konnten. Man konnte auch die Wettbewerbsprodukte sehr gut miteinander vergleichen.

Mit Einführung des Customeyes-Konzeptes sieht die Welt plötzlich ganz anders aus.

Mit Einführung des Customeyes-Konzeptes sieht die Welt plötzlich ganz anders aus. Denn dieser Ansatz geht ja weit darüber hinaus, lediglich fundierte Kenntnisse des eigentlichen Kundenproblems rund um das verkaufte Produkt zu haben. Im Zweifelsfall muss Ihr Mitarbeiter das ganze Umfeld des Kunden bis hin zur Rolle eines Unternehmensberaters beherrschen. Denn er wird in einem Customeyes-Konzept zu einem Ratgeber in allen Fragen des Kunden. Und wenn er die Probleme nicht allein lösen kann, dann soll er, der gelernte Einzelkämpfer, plötzlich ein ganzes Team von Pre-Sales-Technikern, Juristen, Betriebswirten und Spezialisten moderieren und leiten. Hier steht Ihnen also der erste Change-Prozess ins Haus.

Und der zweite folgt sogleich. Denn wie wir in Kapitel 1 definiert haben, wollen Sie ja vom Produktbesitz zum Kundenbesitz gelangen und sich dauerhaft als der beste Problemlöser für Ihre Zielgruppe positionieren. Zwangsläufig werden Sie hier immer wieder Ihre Lösungen verändern und an die veränderten Kundenprobleme anpassen müssen. Auch dadurch werden Sie in Ihrer Organisation und in Ihren Prozessen immer wieder mit veränderten Bedingungen konfrontiert werden.

Lösungen müssen immer wieder an die veränderten Kundenprobleme angepasst werden.

Aus diesem Grunde macht es für Sie als Vertriebsleiter Sinn, sich mit Veränderungsmanagement zu beschäftigen.

Und es gibt noch einen dritten Grund. Ähnlich wie im Produktionsumfeld der kontinuierliche Verbesserungsprozess (KVP) inzwischen eine Selbstverständlichkeit geworden ist, sollten Sie diesen KVP auch für Ihre Vertriebsorganisation bzw. für Ihre Vertriebsprozesse institutionalisieren. Wir sprechen hier gerne auch vom **lernenden Vertrieb**. Nur so kann es Ihnen gelingen, die Effizienzreserven, die in Ihrer Organisation und Ihren Prozessen verborgen liegen, zu heben.

Den KVP für die Vertriebsorganisation institutionalisieren

Nun gibt es also schon drei Gründe für einen Change-Prozess innerhalb Ihrer Vertriebsorganisation. Aber Achtung, übertreiben Sie nicht. Schauen wir uns einmal an, wie ein Übermaß an Veränderungen einem ansonsten hervorragenden Vertriebsmitarbeiter zusetzen kann.

> **Beispiel: Übermaße an Change-Prozessen**
>
> Vor vier Jahren trat Klaus (so wollen wir ihn nennen), ein Vertriebsmanager der mittleren Führungsebene mit Erfahrungen in der IT-Branche, eine Stelle bei einer Telekommunikationstochter eines großen deutschen Industriekonzerns an. Seitdem wurde das Unternehmen erst verkauft, dann fusioniert und zuletzt noch umbenannt. Außerdem beschäftigt es schon den dritten Vertriebsbereichsleiter. Jeder von ihnen hat versucht, der Vertriebsorganisation seinen Stempel aufzudrücken:

> seine Grundsätze, seine Vision, seine Organisationsstruktur, seinen 100-Tage-Plan. Klaus' unmittelbarer Vorgesetzter hat in derselben Zeit bereits viermal gewechselt, da seine Vertriebseinheit durch die verschiedenen Umorganisationen der vergangenen Jahre mehrfach umgegliedert wurde. Und demnächst bekommt er den sechsten Chef. Er drückte es uns gegenüber einmal so aus: „Heute ist dieses Team spitze, morgen jenes. Heute schwören alle auf diese Strategie, morgen auf eine andere. Heute implementieren wir etwas, morgen werfen wir es wieder über den Haufen." Vor allem die Organisationsphilosophie schwingt wie ein Pendel zwischen dieser und jener Methode. In Klaus' Firmenwelt ändert sich alles immer wieder. Nicht nur die Führungskräfte, die Manager, die direkten Kollegen, die Strategien und Prioritäten, sondern auch die Unternehmenskultur, die Vertriebsorganisationsstruktur, die Beurteilungsverfahren und das Entlohnungssystem. Nur eines steht für Klaus fest. In den nächsten sechs Monaten wird sich alles wieder ändern.
>
> Klaus ist kein Querulant und auch kein Faulenzer. Sein Job und der Erfolg seines Unternehmens sind ihm wichtig. Er ist bereit, sich mit ganzer Kraft in die richtige Richtung zu bewegen. Das Dumme ist nur, dass diese Richtung sich ständig ändert. Mit einem Satz: Klaus ist nicht veränderungsresistent, sondern resistent durch Veränderung.

Wir nennen das: Klaus ist **„overchanged"**. Könnte das auch in Ihrer Organisation so sein? Achten Sie einmal auf folgende drei Symptome.

Das erste Symptom

Ein Übermaß an Änderungsvorhaben zeigt sich, wenn Ihr Unternehmen mehr Änderungsprojekte in Angriff nimmt, als es im günstigsten Fall bewältigen kann.

Nicht zu bewältigendes Übermaß an Änderungsvorhaben

Das zweite Symptom

Veränderungsbedingtes Chaos ist der Zustand, der sich einstellt, wenn so viele Wellen von Veränderungsprojekten durch das Unternehmen geschwappt sind, dass niemand mehr so recht weiß, welche Veränderung er jetzt gerade umsetzt, geschweige denn warum.

Veränderungsbedingtes Chaos

Das dritte Sympton

Die ist Mitarbeiter-Burnout, der sich oft als Zynismus äußert. Dieser veränderungsbedingte Zynismus, der sich unter anderem als Galgenhumor oder durch Dilbert-Cartoons an jedem Arbeitsplatz äußert, ist heute weiter verbreitet, als man denkt.

Mitarbeiter-Burnout

Sollten Sie in Ihrer Vertriebsorganisation ab und an oder gar häufiger auf die verschiedenen Symptome stoßen, könnte es sein, dass auch Ihre Mitarbeiter overchanged sind. Machen Sie sich klar: Dieser Zustand

Sind Ihre Mitarbeiter overchanged?

schmälert die Fähigkeit Ihrer Vertriebsorganisation zu weiteren Veränderungen. Außerdem beginnen Ihre Mitarbeiter Theater zu spielen. Sie tun so, als würden Sie bei den neuen Projekten mitmachen, arbeiten aber insgeheim weiter wie bisher. Eine subtile Form der Sabotage.

Dieser Zustand des overchanged schluckt auch Zeit. Zeit, die für Routinearbeiten benötigt würde. In manchen Fällen bleibt für langfristig angelegte Routinearbeiten wie z. B. Kundenbesuche, Reklamationsbearbeitung oder Neukundengewinnung einfach keine Zeit mehr. Zusätzlich bleiben viele Probleme so lange ungelöst, bis sie nicht mehr ignoriert werden können. Vertriebsorganisationen, die an diesem Syndrom leiden, konzentrieren sich zunehmend auf interne Veränderungen und immer weniger auf die Bedürfnisse ihrer Kunden.

Zustand des overchanged: Viele Probleme bleiben ungelöst, bis sie nicht mehr ignoriert werden können.

Resümieren wir: Sie sollten nicht zu viele Change-Projekte anstoßen. Aber es gilt, die voranzutreiben und umzusetzen, die sein müssen bzw. die sinnvoll sind. Wir haben dazu ein Vorgehensmodell entwickelt, das aus sieben Stufen besteht.

> **Vorgehen bei Change-Projekten**
>
> **1. Stufe: Definition**
> In der ersten Stufe geht es darum, die Ziele festzulegen und die Rahmenbedingungen zu schaffen, die für dieses Change-Projekt gelten sollen. Hier werden die Grundlagen gelegt und die Richtung vorgegeben.
>
> **2. Stufe: Führungskräfte-Workshop**
> In dieser zweiten Stufe müssen Sie zusammen mit Ihren Führungskräften die übergeordneten Ziele herunterbrechen und daraus messbare Ziele formulieren. Je kleiner und je genauer durch Kennzahlen messbar Sie die Change-Ziele fixieren, umso besser. Das zweite Ziel dieses Führungskräfte-Workshops ist es, unter den Führungskräften eine Koalition aktiver Unterstützer zu finden oder zu schaffen.
>
> **3. Stufe: Kick-off-Veranstaltung**
> Im Top-down-Vorgehen sollten Sie unbedingt kurze Zeit nach dem Führungskräfteworkshop eine Kick-Off-Veranstaltung mit allen betroffenen Mitarbeitern durchführen, worin Sie die Mitarbeiter informieren und ihnen vor allem die Notwendigkeit für dieses Change-Projekt erklären. Unter Motivationsaspekten ist Sinnhaftigkeit wichtig. Erläutern Sie, was passiert, wenn sie diesen Change nicht durchführen. Idealerweise binden Sie hier Ihre Mitarbeiter bereits aktiv ein.
>
> **4. Stufe: Mitarbeiter-Workshops**
> Bereichsübergreifende Teams kommen in dieser Stufe zu Workshops zusammen, in denen sie erste Ideen zur Umsetzung kreieren. Ziel dieser Workshops ist es, aus den Betroffenen Beteiligte zu machen, die Mitar-

Vorgabe der Richtung

Formulierung messbarer Ziele

Mitarbeitern die Notwendigkeit des Change-Projekts erklären

Aus den Betroffenen Beteiligte machen

beiter zu involvieren und sie den Prozess mitgestalten zu lassen. Welche Maßnahmen wollen sie ergreifen, um die messbar formulierten Ziele des Projektes zu erreichen?

5. Stufe: Multiplikatoren ausbilden
Um Ihr Change-Projekt zum Erfolg zu führen, sollten Sie unbedingt Multiplikatoren gewinnen und als Coaches oder, wie wir sie nennen, „Change-Agents" ausbilden.

„Change-Agents"

6. Stufe: Momentum-Meetings
Diese regelmäßig stattfindenden Kurzbesprechungen, moderiert von den Change-Agents, sollen das Momentum der Veränderung aufrechterhalten. Dazu ist am besten die Kommunikation von Erfolgen geeignet. Ziel dieser Momentum-Meetings ist es daher, dass sich die bereichsübergreifenden Teams aus Stufe 4 immer wieder ihre Erfolge vor Augen führen. So ernten Sie die Früchte Ihrer Change-Arbeit nicht erst am Ende des Projektes, sondern können sie in diesen regelmäßig stattfindenden Kurzmeetings Woche für Woche oder Monat für Monat genießen. Dabei können Sie zugleich nächste weiterführende Maßnahmen und Schritte vereinbaren.
Dieser Prozess der Stufe 6 sollte regelmäßig wiederkehrend stattfinden bis zum Abschluss des Projektes.

Erfolge bewusst machen

Stufe 7: Audit
Am Ende des Projektes sollten noch einmal die Erfolge gefeiert und die Ergebnisse auf den Prüfstand gestellt werden. Jetzt ist der Veränderungsprozess abgeschlossen und Sie sind fit für den nächsten.

6.6 Checkliste: Erfolgsfaktorenanalyse

Was unterscheidet hochprofitable Unternehmen von ertragsschwachen? Dieser Frage ist der Bostoner Professor David H. Maister nachgegangen und kam zu dem Ergebnis: Zu mehr als 50 % wird der finanzielle Erfolg eines Unternehmens von den Einstellungen und Verhaltensweisen der Mitarbeiter bestimmt. Der Erfolgt hängt also nach dieser Studie von den so genannten weichen Faktoren ab. Ein Ergebnis, das Sie kaum überraschen dürfte, oder?

Erfolg hängt von so genannten weichen Faktoren ab.

Die weichen Faktoren zu messen ist allerdings schwierig, denn es gibt keine Kennzahlen. Abhilfe schafft die von implus entwickelte Erfolgsfaktoren-Analyse. Mit Hilfe von speziell entwickelten Fragebögen, die auf der Maister-Studie basieren, können aussagefähige Erkenntnisse über die aktuellen Denk- und Verhaltensweisen der Mitarbeiter erreicht und damit erstmalig messbar und dadurch veränderbar gemacht werden. Für Sie als Service nachfolgend die Fragen:

Übersicht der Fragen der implus®-Erfolgsfaktorenanalyse*

Modul 1: Qualität und Kundenbeziehungen
- Wir geben unseren Kunden das Gefühl, wichtig für uns zu sein.
- Wir informieren unsere Kunden regelmäßig über Themen, die relevant für ihr Geschäft (Business) sind.
- Wir bekennen uns zu einem Kundenservice von hohem Niveau und tolerieren nichts anderes.
- Wir bekennen uns zu qualitativ hochwertiger Arbeit und tolerieren nichts anderes.
- Die Qualität der Arbeit, die meine Abteilung für unsere Kunden durchführt, ist auf konstant hohem Niveau.
- Die Qualität des Services, die meine Abteilung unseren Kunden bietet, ist konstant hoch.
- Unsere Kunden zufrieden zu stellen hat oberste Priorität in unserem Unternehmen.
- Langfristige Kundenbeziehungen aufbauen – darin sind wir besonders gut!
- Die meisten Mitarbeiter in unserem Unternehmen tun alles erdenklich Mögliche, um gute Arbeit für ihre Kunden zu leisten.
- Wir machen unsere Arbeit gut, wenn es darum geht, Probleme unserer Kunden zu lösen.
- Wir hören gut zu, was der Kunde uns zu sagen hat.
- Die Interessen der Kunden kommen für uns immer an erster Stelle – vor den Interessen des Unternehmens.
- Wir sind stets bestrebt, innovative Lösungen für die Probleme unserer Kunden zu finden.
- Wir haben hier Spaß am Umgang mit Kunden. Wir sind nicht nur an der Arbeit interessiert, die wir für sie tun.
- Wir diskutieren die Ergebnisse von Feedbacks zum Thema Kundenzufriedenheit.
- Wir haben in unserem Unternehmen ein effektives System um das Feedback unserer Kunden zu erfassen.

Modul 2: Aus- und Weiterbildung
- An meinem Arbeitsplatz wird mir das Training geboten, das ich benötige, um meine Arbeit gut zu machen.
- Ich werde bei meiner persönlichen Weiterentwicklung aktiv unterstützt.
- Das Erlernen und Entwickeln neuer Fähigkeiten wird hier nicht nur unterstützt, sondern auch gefordert.
- Die Handlungsweise der Unternehmensführung zeigt, dass Mitarbeiterschulung einen wichtigen Stellenwert hat.
- Die Trainingsmöglichkeiten, die zur Weiterqualifizierung genutzt werden können, haben eine hohe Qualität.
- Ich habe an meinem Arbeitsplatz die Möglichkeit, neue Fähigkeiten zu erlernen und zu entwickeln.

Modul 3: Coaching
- Meine Führungskraft/mein Abteilungsleiter ist mehr Coach als Vorgesetzter für mich.
- Mein direkter Vorgesetzter ist ein extrem guter Coach.
- Ich spreche oft mit meinen Vorgesetzten über Anliegen, die meine Arbeit betreffen könnten.
- Ich bin Mitglied eines gut funktionierenden Teams.

Modul 4: Engagement, Enthusiasmus, Respekt
- Enthusiasmus und Moral könnten nicht besser sein.
- Die Unternehmensführung fördert erfolgreich Engagement und Loyalität der Mitarbeiter.
- Es macht Spaß, hier zu arbeiten.
- Die Menschen in unserem Unternehmen behandeln sich gegenseitig mit Respekt.
- Wir haben keinen Platz für diejenigen, die ihre eigenen Interessen höher einstufen als die unserer Kunden oder des Teams/Unternehmens.
- Die Unternehmensführung versteht es, die Mitarbeiter so zu motivieren, dass jeder sein Bestes gibt.
- Unser Team ist erfolgreich im Erreichen der gewünschten Resultate.
- Wir arbeiten durchweg gut als Team zusammen.
- Die Mitarbeiter hier sind engagierter als in den meisten anderen Unternehmen.
- Unser Management schätzt Beiträge aus allen Ebenen.
- Die Kommunikation zwischen Management und Mitarbeitern auf meiner Ebene ist sehr gut.

Modul 5: Hoher Standard
- Die Qualität unserer Fachleute entspricht den Erwartungen, die an sie gestellt werden.
- Schlechte Leistungen werden hier nicht toleriert.
- Es werden sehr hohe Ansprüche an die Mitarbeiter gestellt.
- Wenn es erforderlich ist, stellen die Mitarbeiter die Unternehmensinteressen über ihre eigenen.
- Wir haben eine starke Unternehmenskultur. Wer da nicht hineinpasst, wird bei uns keinen Erfolg haben.
- Die Qualität der Überwachung von Kundenprojekten ist einheitlich hoch.
- Wir legen hier Wert auf Teamarbeit. Individualisten werden nicht toleriert.
- Wir wollen lieber die Besten als die Größten sein.
- In dieser Firma werden sehr hohe Standards für die Qualität der Arbeit angesetzt und auch durchgesetzt.
- Wir haben eine kompromisslose Entschlossenheit, in allem, was wir tun, hervorragend zu sein.
- Unser Fokus als Team liegt auf genau bezeichneten Teamzielen.
- Wir bemühen uns außergewöhnlich, um für jede Tätigkeit die besten Mitarbeiter zu ermitteln und einzustellen.
- Die Geschäftsleitung hält die Mitarbeiter auf dem Laufenden über das, was im Unternehmen passiert.
- Das Management agiert in Übereinstimmung mit Unternehmensphilosophie und -werten: Sie praktizieren, was sie predigen.

Modul 6: Langfristige Unternehmensausrichtung
- Ich kenne die strategische Zielsetzung unseres Unternehmens genau.
- Es besteht ein Gleichgewicht zwischen kurz- und langfristiger Zielsetzung.
- Wir diskutieren regelmäßig die Fortschritte hinsichtlich der strategischen Zielsetzung, und zwar nicht nur in Bezug auf die finanzielle Zielerreichung.
- Wir investieren viel Zeit in Dinge, die sich erst in der Zukunft auszahlen werden.
- Der Schwerpunkt liegt eher auf langfristigem Erfolg als auf kurzfristigen Resultaten.
- Die Handlungen der Firma stehen im Einklang mit strategischen Zielen und Leitbild.

Modul 7: Übertragung von Verantwortung
- Ich werde aktiv dazu ermutigt, neue Ideen und Verbesserungsvorschläge einzubringen.
- Ich habe die Entscheidungsfreiheit, Dinge zu entscheiden, die nötig sind, um meine Arbeit korrekt zu erledigen.
- Ich sage oft meine Meinung zu Themen, die mir wichtig sind, auch wenn ich weiß, dass andere nicht mit mir übereinstimmen werden.
- Grundsätzlich kann ich selbst entscheiden, wie ich meine Arbeit am besten erledige.
- Wir sind gut darin, Arbeit an die entsprechenden Mitarbeiterebenen zu delegieren.
- Das Pensum an Arbeit, das ich habe, fordert mich heraus, aber es fordert mich nicht.

Modul 8: Die Vergütung
- Diejenigen, die den größten Beitrag zum Gesamterfolg leisten, werden auch am besten bezahlt.
- Hinsichtlich meiner Leistung werde ich im Vergleich mit den Kollegen fair bezahlt.
- Im gesamten Unternehmen wird das Vergütungssystem fair und gerecht gehandhabt.

Modul 9: Mitarbeiterzufriedenheit
- Ich bin sehr zufrieden mit meinem Arbeitsplatz.
- Ich erhalte durch meine Arbeit einen hohen Grad an Selbsterfüllung.
- Der größte Teil der mir übertragenen Arbeiten ist eher anspruchsvoll als monoton.
- Ich stehe hinter dem Unternehmen, weil ich hier die Chance habe, mich beruflich weiterzuentwickeln.
- Für eine sinnvolle Karriere und berufliche Weiterentwicklung gibt es hier echte Chancen.
- Es gibt hier mehr Gelegenheiten rasch vorwärts zu kommen als in den meisten anderen Unternehmen.
- Man vertraut dem Management hier.
- Das Management unseres Unternehmens hört den Mitarbeitern immer zu.

6.7 Gesamtcheckliste: Aufgaben der Vertriebsleitung

1. Ziele setzen
- Haben wir die Chancen, Risiken, Stärken und Schwächen unserer Vertriebsorganisation analysiert und dokumentiert?
- Welche kundenbezogenen und mitarbeiterbezogenen Ziele haben wir daraus abgeleitet?

2. Rahmenbedingungen schaffen
- Haben wir ein passendes (zielführend und motivierend) Vergütungssystem für unsere Mitarbeiter installiert?
- Gibt es einen „Jahres-Kommunikationsplan", der gleichermaßen interne Meetings wie Kundenveranstaltungen berücksichtigt?

3. Vertriebssteuerung
- Nach welchen Kriterien steuern wir unseren Vertrieb?
- Welche Instrumente setzen wir dazu ein?

4. Unterstützung der Vertriebsmitarbeiter
- Berücksichtigen wir bei der Durchführung von internen wie externen Trainings in hohem Maße unsere eigenen Vertriebsprozesse?
- Nach welchen Grundsätzen motivieren und führen wir unser Vertriebsteam?

5. Veränderungsmanagement
- Haben wir einen kontinuierlichen Verbesserungsprozess installiert?
- Nach welchem Vorgehensmodell realisieren wir notwendige Change-Projekte?

6. Checkliste Erfolgsfaktorenanalyse
- Wissen wir, dass die Einstellungen und Verhaltensweisen unserer Mitarbeiter für unseren Erfolg entscheidend sind?
- Handeln wir auch danach?

7 Kundenorientierte Vertriebsmitarbeiter

Genauso, wie sich Vertrieb in den letzten Jahren weiterentwickelt hat, muss sich natürlich auch Ihre Vertriebsmannschaft weiterentwickeln.

Dieses Kapitel bezieht sich gleichermaßen auf die Anforderungen an die Vertriebsleiter als auch die „normalen" Vertriebsmitarbeiter unter Ihnen als Leser/innen dieses Buches. Wir behandeln hier die Themen Anforderungsprofile und Recruiting und geben zusätzlich Tipps rund um Selbstorganisation und Selbstmotivation.

Im Vertrieb ist heute, salopp ausgedrückt, „vom push zum pull" oder, wie wir hier im Buch schon mehrfach geschrieben haben, „Sog statt Druck" angesagt.

Sog statt Druck

Aus dem Wandel resultieren Anforderungen
Vorgestern wurde noch der Produktverkäufer gebraucht, der sein Produkt versteht und auf die Produktvorteile fokussiert war. Gestern waren Sie vermutlich noch erfolgreich mit Produktberater-Verkäufern, die die Situation des Kunden verstehen konnten und dann auf den Produktnutzen fokussiert waren. Heute aber, und erst recht morgen, sind Mitarbeiter/innen im Vertrieb gefragt, die als Problemlöser agieren können. Mitarbeiter, die sich in die Situation des Kunden hineinversetzen können und ihm helfen können, noch erfolgreicher zu werden.

Mitarbeiter müssen als Problemlöser agieren.

> GEBRAUCHT WERDEN „MENSCHENVERSTEHER", DIE DEN KUNDEN ALS RATIONAL UND MEHR ODER WENIGER VERBORGEN EMOTIONAL HANDELNDE PERSÖNLICHKEIT VERSTEHEN UND DIE RICHTIGEN MOTIVTREIBER HERAUSFINDEN KÖNNEN.

Emotional verkaufen – das gilt nicht nur im B2c-, sondern auch im B2b-Geschäft.

Zusätzlich muss dieser Verkäufer von morgen bei Ihnen im Unternehmen auch Botschafter des Kunden sein. Ein Botschafter, der sein Wissen, das er durch die Verschmelzung mit seiner Zielgruppe erlangt, auch bei Ihnen im Unternehmen intern vertreten kann, sodass Sie frühzeitig auf Veränderungen reagieren können. Und noch etwas muss der Vertriebsmitarbeiter von morgen können: Er muss Networker sein. Ein Teamplayer, der in der Lage ist, mit den zu ihm passenden Kunden eine Partnerschaft einzugehen und ein Erfolgsnetzwerk zu bilden.

Der Verkäufer von morgen als Botschafter des Kunden

Networker

Da kommt einiges auf Sie zu. Und da stellt sich doch schnell die Frage: Haben Sie die richtigen Mitarbeiter/innen für die Herausforderungen von heute und morgen? Und wenn nein, wie bekommen Sie die richtigen Mitarbeiter? Was müssen diese Mitarbeiter können? Wie sollten sich diese Mitarbeiter organisieren und motivieren?

7.1 Anforderungsprofil

Die Vertriebsmitarbeiter sind für Ihr Unternehmen von außerordentlich hohem Interesse. Denn der Vertriebsmitarbeiter transportiert direkt Positionierung und Image Ihres Unternehmens zum Kunden, und das Tag für Tag.

Außerdem wird hier der Umsatz gemacht und das Ergebnis Ihres Unternehmens direkt beeinflusst. Umso wichtiger ist es, gerade in konjunkturell schwierigen Zeiten, Top-Leute mit dieser Aufgabe zu betrauen. Darüber hinaus wird sich der Vertrieb in den nächsten Jahren dramatisch verändern. Sie brauchen also Top-Leute, die noch dazu in der Lage sind, sich den veränderten Rahmenbedingungen anzupassen.

Top-Leute müssen in der Lage sein, sich den veränderten Rahmenbedingungen anzupassen.

Was macht einen **guten Verkäufer** aus? Einerseits sind es **Persönlichkeitsmerkmale** wie Optimismus, Kontaktfreude, Flexibilität und Kommunikationsfähigkeit. Andererseits ist die **Fachkenntnis** wichtig. Und das bedeutet heute mehr als nur die Daten des Produktes herunterleiern zu können. Zusätzlich muss sich der Verkäufer auf dem eigenen und auf den Märkten der Kunden auskennen, betriebswirtschaftliche Grundkenntnisse in das Verkaufsgespräch einbringen, um so mit dem Kunden gemeinsam Lösungen individuell entwickeln zu können.

Auf Augenhöhe mit dem Kunden

WAS SIE ALSO BRAUCHEN, SIND PARTNER DES KUNDEN, DIE SOWOHL FACHLICH ALS AUCH PERSÖNLICH AUF AUGENHÖHE MIT DEM KUNDEN KOMMUNIZIEREN KÖNNEN.

Einkleines Beispiel: Die Servicephilosophie der Ritz-Carlton-Hotels drückt das ganz gut aus: „*We are ladies and gentlemen, serving ladies and gentlemen.*"

7.1.1 Rollenverständnis

Diese eben genannten Anforderungen sind unternehmerische Anforderungen und sie können daher am leichtesten von Unternehmern erfüllt werden. Was Sie also brauchen, sind „Unternehmer im Unternehmen". Mitarbeiter, die erkannt haben, dass es ihre vornehmste Aufgabe ist, im Unternehmensinteresse Kunden zu gewinnen, zu begeistern und zu halten. Mitarbeiter, die wie Unternehmer eigenverantwortlich entscheiden. Und auch einmal Ausnahmen von organisatorisch grundsätzlich sinnvollen Funktionsregeln immer dann zulassen, wenn sich die Chance bietet, im Interesse eines Customeyes-Service für den Kunden eine extra Meile zu gehen.

Gefragt sind „Unternehmer im Unternehmen".

Verschiedene Benchmark-Projekte, die wir in den vergangenen Jahren durchgeführt haben, haben dies übrigens bestätigt. Vertriebsmitarbeiter, die sich als Unternehmer in ihrem Gebiete bzw. ihrem Kundensegmente verstehen, sind sehr häufig die erfolgreichsten Vertriebsmitarbeiter eines Unternehmens.

Noch einmal, Sie brauchen nicht Mitarbeiter, auch nicht freie Mitarbeiter, auch nicht Ich-AGs, sondern Unternehmer, denn auf diese Mitunternehmer kommen neue Anforderungen zu.

Früher hatte der Verkäufer das Monopol auf die Kundenbeziehung. Er war der Einzige, der Kontakt zum Kunden hatte, und über ihn lief alle Kommunikation. Er war Nadelöhr und Datenbank in Personalunion. In der Vergangenheit war die Kundenbeziehung daher das wichtigste Kapital eines Verkäufers.

In einem modernen Multichannel-Vertrieb dagegen muss sich der klassische Vertriebsmitarbeiter völlig neu definieren. Er ist plötzlich ein Manager des „Projekts Kunde" geworden. Er ist nur noch einer von vielen, die mit dem Kunden kommunizieren, die ihn beeinflussen. Er weiß plötzlich nicht mehr alles und kann auch nicht mehr alles direkt kontrollieren, was mit der Kundenbeziehung zu tun hat. Aber auch im modernen Multichannel-Vertrieb muss jemand für die Kundenbeziehung in Gänze verantwortlich sein. Denn nicht jeder Vertriebskanal kann seine eigene Kundenstrategie entwickeln. Sondern es muss eine übergreifende Strategie für die Zusammenarbeit mit diesem einen bestimmten Kunden geben.

Manager des „Projekts Kunde"

In der Regel wird das der bisherige Außendienstmitarbeiter sein, der diese Aufgabe übernimmt. Denn er kennt den Kunden am besten, hat über den persönlichen Kontakt den intensivsten Zugang auf höchstem Entscheiderniveau und wird in der Regel die Basisstrategien festlegen müssen. Das ist nichts Neues, das hat er bisher ja auch gemacht. Neu für ihn ist dagegen, dass er jetzt auch Kollegen aus anderen Vertriebskanälen einsetzen und einplanen muss. Er muss entscheiden, wie und auf welchem Kanal er den Kunden zukünftig weiter entwickeln will. Er muss eine integrierte Kundenstrategie entwickeln und dieses Projekt quasi als Projektleiter auch umsetzen und controllen.

Wie Sie sehen, werden an den Vertriebsmitarbeiter von morgen erhebliche und neue Anforderungen gestellt, die über das traditionelle Leistungsprofil eines Vertriebsmitarbeiters hinausgehen. Denn er muss sein „Unternehmen Kunde" langfristig zum Erfolg führen.

7.1.2 Persönliche Werte

Haben Sie schon einmal jemanden ausreichende Einsatzbereitschaft, zufrieden stellende Motivation oder angemessene Loyalität loben hören? Wohl kaum.

Was Sie von Ihren Mitarbeitern erwarten, ist vielmehr **volle** Einsatzbereitschaft, **hohe** Motivation und **unbedingte** Loyalität. Solides Mittelmaß wird oft als Mittelmäßigkeit abgestempelt und wer sich nicht voll einbringen will, braucht sich erst gar nicht zu bewerben. Vor Jahren reichte Motivation noch als wichtige Eigenschaft eines Vertriebsmitarbeiters aus. Heute wirkt manchmal sogar hohe Motivation schon blässlich. Also wird neuerdings als vermeintliche Steigerung die **Volition**

(Willenskraft) eingefordert. Nur, wie bekommen Sie solche Mitarbeiter? Woran erkennen Sie solche Mitarbeiter? Warum sind die persönlichen Werte der Mitarbeiter wichtig?

Ableitungen aus einer Studie

Es besteht ein Zusammenhang zwischen persönlichen Werten und Berufserfolg.

Eine Studie aus der Allfinanz-Branche, in der über drei Jahre rund 150 Führungskräfte begleitet wurden, die sowohl im operativen Verkauf als auch in der Mitarbeiterführung tätig waren, hat einen ganz klaren Zusammenhang zwischen persönlichen Werten und Berufserfolg ergeben. Wobei der Berufserfolg hier am Jahresumsatz, an der Fluktuation der Mitarbeiter, am persönlichen Einkommen und an den Stornoquoten gemessen wurde. Nach dieser Studie unterscheiden sich erfolgreiche Verkaufsmanager vom Bevölkerungsdurchschnitt vor allem in ökonomischen (Eigennutz) und individualistischen (Positionsmacht) Werten durch eine höhere Ausprägung. Entsprechend sind bei ihnen die sozialen (Selbstlosigkeit) und traditionellen (Missionswunsch) Werte eher geringer ausgeprägt.

Erfolgreiche Verkaufsmanager haben ökonomische und individualistische Werte.

In dieser Studie wurden ebenfalls die Verhaltenpräferenzen anhand der im Buch bereits vorgestellten vier Insights-Typen (siehe Abschnitt 4.1.3) untersucht. Wie vermutet, war der mit Abstand häufigste Typ unter den Vertriebsmitarbeitern der gelbe Typ, dessen Stärken in der Motivation und der Begeisterung von anderen Menschen liegen. Allerdings war auch ein wesentliches Ergebnis dieser Studie, dass es anteilig genauso viele erfolgreiche rote und anteilig genauso viele erfolgreiche grüne wie gelbe Topverkäufer gibt. Sogar blaue Typen waren unter den Topverkäufern vertreten. Zusammenfassend kann man also sagen:

Den Unterschied zwischen Topverkäufern und sehr guten Verkäufern macht nicht das Verhalten, sondern die Werte. Dort ist ein signifikanter Zusammenhang zum Erfolg festzustellen.

Die Werte der Mitarbeiter müssen zu den Werten des Unternehmens passen.

Es bleibt die Frage: Müssen die Werte aus der zitierten Studie besonders ausgeprägt sein? Unserer Erfahrung nach müssen die Werte der Verkäufer vor allem mit den Werten des Unternehmens, für das sie verkaufen, deckungsgleich sein. Das ist der entscheidende Zusammenhang für Erfolg. Die Werte Ihrer Mitarbeiter müssen zu den Werten Ihres Unternehmens passen. Wie hat Jack Welch, der ehemalige und sehr erfolgreiche CEO von General Electric, einmal gesagt: *„We hire people because of their skills and we fire them because of their personality."* Zu Deutsch: „Wir engagieren Mitarbeiter aufgrund Ihrer Fähigkeiten und wir schmeißen sie wieder raus aufgrund ihrer Persönlichkeit." Im Umkehrschluss:

Die Persönlichkeiten, die zu Ihrem Unternehmen passen, haben in Ihrem Unternehmen auch Erfolg.

7.1.3 Einstellungen

Passende Werte sind also eine Grundvoraussetzung für motivierte und erfolgreiche Mitarbeiter. Aber natürlich gehört noch mehr dazu. Die richtigen Mitarbeiter im Vertrieb müssen auch die richtigen Persönlichkeitsmerkmale mitbringen. Sie sollten offen und kommunikativ sein, wobei kommunikativ hier vor allem „Fragen" statt „Sagen" bedeutet.

Offenheit und Kommunikativität

Und sie brauchen die richtige Einstellung zum „Nein" des Kunden. Insofern geht es auch um die Einstellung zu Misserfolgen. Spornt sie ein solcher Fehlschlag eher an oder steigert er vielmehr eine bereits vorhandene Angst vor weiteren Rückschlägen? Wie gehen diese Mitarbeiter mit Fehlern um? Werden Fehler unbedingt vermieden und gar als schlimm betrachtet, oder herrscht die Einstellung vor, aus Fehlern lerne ich? Sind sie bei Herausforderungen problemorientiert, lösungsorientiert oder idealerweise optionenorientiert und entwickeln aus der Kombination der verschiedenen Optionen die optimale Lösung?

Aus Fehlern lernen

Optionenorientierung

Was verstehen sie unter einer guten Kundenbeziehung? Agieren sie wie gestern noch nach dem Motto „anhauen, umhauen, abhauen" oder konzentrieren sie sich auf ein bestimmtes Verfahren, so wie es heute sehr häufig gefordert wird? Oder sind sie schon in der Lage, sich auf die Grundbedürfnisse der Kunden zu konzentrieren und dadurch eine dauerhafte Kundenbeziehung einzugehen? Sie erinnern sich noch: Kundenbesitz statt Produktbesitz ist unser Motto. Daraus folgt auch die Frage nach dem persönlichen Fokus. Worauf sollte er gerichtet sein? Auf sich selbst (gestern), auf die Partner und Kunden (heute) oder auf die Bedürfnisse des Partners und der Kunden (morgen!).

Konzentration auf die Grundbedürfnisse der Kunden

7.1.4 Wissen – Können

Wie heißt es so schön: „Einen Wettbewerbsvorteil erlangt man nicht durch mehr Wissen, sondern nur durch mehr Kompetenz." Das hat einen wahren Kern – nur, welche Anforderungen werden an die Vertriebsmitunternehmer der Zukunft gestellt? Mercuri International hat in seiner „Pisa-Studie des Vertriebs" Einkaufsleiter aus 140 Unternehmen befragt, was sie von den Verkäufern erwarten, mit denen sie zu tun haben. Hier eine kompakte Zusammenfassung der Ergebnisse:

> **Was sollte ein/e Verkäufer/in wissen? (Top 6 Antworten)**
> - Er/sie kennt die Branchensituation des Kunden und die relevanten Branchentrends.
> - ... kennt die eigenen Produkte und ihre Leistungseigenschaften.
> - ... kennt die Wettbewerbsprodukte incl. Leistungseigenschaften.
> - ... kennt die Produktanforderungen und Einsatzsituationen des Kunden.
> - ... kennt die aktuelle Marktstellung des Kunden.
> - ... kennt die Zielsetzung/Marktstrategien des Kunden.

Verkäufer als aktive Erfolgshelfer des Kunden

Das sind Anforderungen, die bisher höchstens an Key-Account-Manager gestellt wurden. Diese Antworten hier beziehen sich aber auf die Durchschnittsverkäufer. Die Einkaufsleiter erwarten von ihnen, dass sie sich zu aktiven Erfolgshelfern des Kunden weiterentwickeln. Denn viele Unternehmen sind heute darauf angewiesen, das Know-how ihrer Lieferanten aktiv für die Verbesserung ihrer eigenen Wettbewerbsfähigkeit zu nutzen. Am liebsten sind den Einkaufsleitern Verkäufer, die selbstständig mit Lösungen auf ihre Kunden zukommen. Mitdenken wird nicht bestraft, im Gegenteil. Wissen allein reicht jedoch erfahrungsgemäß nicht aus. Erst wenn es mit den entsprechenden Fähigkeiten gekoppelt wird, kann es aktiv genutzt werden.

Deshalb wurden die Einkäufer auch gefragt, welche Fähigkeiten und Kompetenzen sie von Verkäufern erwarten.

Hier auch diese Ergebnisse aus der oben zitierten Studie:

> **Was sollte ein/e Verkäufer/in können? (Top 5 Antworten)**
> - Er/sie reagiert schnell auf Kundenanfragen.
> - ... hat Kompetenz für verbindliche Liefertermizusagen.
> - ... kann kompetent über das Leistungsangebot des Lieferanten informieren.
> - ... hat Kompetenz für verbindliche Preiszusagen.
> - ... kann sein Angebot genau auf die spezifischen Ziele des Kunden ausrichten.

Alle diese fünf Punkte wurden von mehr als 80% aller befragten Einkaufsleiter von den Verkäufern gefordert.

Noch ein Ergebnis aus dieser Studie: Es herrscht sowohl beim Wissen als auch beim Können eine große **Diskrepanz zwischen Wunsch und Wirklichkeit**. Beim heutigen Verkäufer gibt es noch **viel Potenzial für Verbesserungen** ... Es gibt also noch viel zu tun.

7.1.5 Der Verkäufer im Innendienst

Mehrmals haben wir in diesem Buch herausgearbeitet, dass Außendienstmitarbeiter sich zukünftig deutlich stärker als bisher auf Zielkunden/Partner konzentrieren müssen. Und wir haben auch aufgezeigt, dass die neue Qualität der Kundenbearbeitung zu anderen Arbeitsfeldern führt. Das hat allerdings zur Konsequenz, dass der Außendienstmitarbeiter von seinen Routinebesuchen mit einer Gesprächsdauer von, sagen wir einmal, 30 Minuten abrücken muss und viel mehr – nämlich durchaus 60 bis 70% seiner zeitlichen Kapazität – in die qualitativ wettbewerbsüberlegene Bearbeitung seiner Zielkunden investieren muss.

Wer aber bearbeitet Nicht-Zielkunden, Stammkunden, routinemäßig zu betreuende Kunden? Der „Verkäufer im Innendienst", ein bisher so in vielen Verkaufsorganisationen nicht bekanntes Berufsbild!

Diese veränderte Form der Kundenbearbeitung kann sehr gut nach dem Motto „Abbau der persönlichen Besuchsfrequenz bei gleichzeitiger Steigerung der Kontaktfrequenz" erfolgen.

Abbau der persönlichen Besuchsfrequenz bei gleichzeitiger Steigerung der Kontaktfrequenz

Die Steigerung der Kontaktfrequenz ist dann die Aufgabe für Ihren Verkäufer im Innendienst. Unabhängig, ob dieser Innendienstverkäufer im Sinne einer Tandemorganisation gemeinsam mit dem Außendienstmitarbeiter die kundenbezogene Umsatz- und Ergebnisverantwortung trägt, oder ob er ganz allein die Betreuung des Kunden übernimmt und deshalb auch ganz allein die Ergebnisverantwortung übernimmt.

So oder so führt es zu einem neuen Anforderungsprofil für den Vertriebsinnendienst.

Zusammenfassend kann man es so beschreiben: „Der neue Verkäufer im Innendienst wäre in der Lage, ab morgen einen Außendienstbezirk eigenverantwortlich zu übernehmen".

7.1.6 Top-Verkäufer-Checkliste

- Sie sind bei der Akquise systematischer.
- Sie sind aktiver bei der Suche nach neuen Kunden.
- Sie segmentieren Kunden nach Kundenwert und vertrödeln keine Zeit mit nicht werthaltigen Kunden.
- Sie achten auf die Qualität ihrer Termine und fahren nicht vorschnell zu potenziellen Kunden.
- Sie sind perfekt am Telefon und sondieren den tatsächlichen Bedarf.
- Sie setzen sich klare und eindeutige Ziele.
- Sie entwickeln passende Aktivitäten und richten ihr tägliches Handeln an diesen Zielen aus.
- Sie bereiten Kundengespräche genauestens vor.
- Sie kennen die Marktsituation, die Wünsche und Probleme Ihrer Zielkunden.
- Sie nutzen das Wissen, um Kunden bessere Angebote als die Konkurrenz zu machen.
- Sie haben ein wirkliches Interesse an ihrem Kunden.
- Sie achten auch auf die körpersprachlichen Signale ihrer Kunden.
- Sie haben die Gesprächsführung im Griff, fragen viel und reden erst dann, wenn es darauf ankommt.
- Sie nutzen jede Gelegenheit zur beiläufigen Kundenpflege.
- Sie nutzen jede Gelegenheit zur Marktbeobachtung.
- Sie spüren Trends auf und liefern ihren Kunden aktuelle Informationen.
- Sie sind gute Beziehungsmanager.
- Sie sind Profis im Empfehlungsmarketing.
- Sie verfügen über ein weit verzweigtes und gut funktionierendes Netzwerk, das sogar die Kunden ihrer Kunden umfasst.
- Sie haben ein hohes Fachwissen bezüglich ihres Produktes, ihres Marktes und des Marktes ihres Kunden.
- Sie kennen ihre Wettbewerber genau.
- Sie sind verlässlich.
- Sie bereiten Kundengespräche systematisch nach und überlegen, wie sie ihre Erfolgsquote künftig verbessern könnten.
- Sie verstehen sich als Experte und Helfer.
- Sie haben Werte, die zu den Unternehmenswerten passen.
- Sie verstehen sich als Unternehmer im Unternehmen, als eigenverantwortlicher Manager des eigenen Gebiets/Segments.
- Sie sind Partner der Kunden auf gleicher Augenhöhe.

7.2 Recruiting von Vertriebsmitarbeitern

Das Gallup Institut hat vor einiger Zeit 1,7 Millionen Mitarbeiter aus 101 Unternehmen in 39 Ländern der Welt nach dem Übereinstimmungsgrad von Aufgabe und eigenen Stärken befragt.

Auf die Frage: „Haben Sie an Ihrem Arbeitsplatz täglich Gelegenheit, das zu tun, was Sie am besten können?" antworteten nur 20 % der Befragten mit: „Ja". Anders ausgedrückt: 80 % aller Mitarbeiter in den befragten Großunternehmen haben nicht das Gefühl, so eingesetzt zu sein, wie es ihren Stärken optimal entspräche. Natürlich ist das die subjektive Meinung der befragten Mitarbeiter.

Aber überlegen Sie einmal: Wie oft verbringen Mitarbeiter in Ihrem Unternehmen Zeit mit Tätigkeiten, die ihnen nichts bedeuten, an Orten, die ihnen gleichgültig sind, und das möglicherweise noch mit Menschen, die ihnen ebenfalls egal sind? Und das nur aus einem einzigen Grund: Weil es ihr Job ist.

Mitarbeiter sollten dort eingesetzt werden, wo sie im Kernbereich ihrer Talente tätig sein können.

Dabei wissen wir doch alle ganz genau, dass wir deutlich besser als andere auf Dauer nur dort sein können/sind, wo wir im Kernbereich unserer Talente und Stärken tätig sein können. Das ist dort, wo sich automatisch eine hohe Lerngeschwindigkeit mit Motivation, Begeisterung, Durchhaltevermögen und dem Stolz auf das eigene Können zur Spitzenleistung verbinden.

Deshalb nun zu den Managern, die diese Vertriebsmitarbeiter einstellen. Das Ergebnis einer weiteren Gallup-Untersuchung zeigt die Grundannahmen der Durchschnittsmanager:
- Jeder Mensch kann lernen, in nahezu jedem Gebiet kompetent zu werden.
- Das größte Wachstumspotenzial hat jeder Mensch dort, wo er bislang noch Schwächen hat.

Im Gegensatz dazu erklärten die Topmanager sehr übereinstimmend:
- Menschen ändern sich nicht so sehr.
- Verschwende keine Zeit ihnen beizubringen, was sie sowieso nicht lernen.
- Arbeite heraus, was sie an Talenten und Stärken mitbringen (dies ist hart genug), und setze sie diesen Talenten und Stärken gemäß ein.

Lassen Sie sich bei Ihrem Vertriebsteam von diesen Prinzipien leiten:

Fokussieren Sie auf die Stärken Ihrer Mitarbeiter/innen und achten Sie bei der Teamzusammensetzung auf die passenden Kompetenzen.

Ihre Kunden werden es Ihnen danken.

7.2.1 Auswahl der richtigen Mitarbeiter

Wie gerade schon erarbeitet, sollten Sie idealerweise nur Mitarbeiter einstellen, die die Stärken, Talente und Einstellungen mitbringen, die sie für die Aufgabe, in der sie eingesetzt werden sollen auch benötigen. Noch mal zur Deutlichkeit: Es geht nicht um Wissen, um Können, um Skills, um Kompetenzen. Sondern es geht darum: Was tun die Leute gerne, wo haben sie ihre Stärken und ihre Talente? Dazu müssen Sie natürlich ein klares Anforderungsprofil haben. Ein Anforderungsprofil, das sich nicht nur auf Wissen und Können bezieht. Sondern ein Anforderungsprofil, in dem auch ganz klar die erforderlichen persönlichen Einstellungen und Werte beschrieben sind.

Wählen Sie die Mitarbeiter aus, die zu dem ausgeschriebenen Job passen, die aber auch zu Ihnen und zu Ihrem Unternehmen passen. Und wählen Sie die Mitarbeiter aus, die mit ganzem Herzen „Ja" sagen können zu Ihrer Organisation.

Wählen Sie die Mitarbeiter aus, die sich voll und ganz mit Ihrem Unternehmen identifizieren.

7.2.2 Mitarbeiter finden

Die richtigen Vertriebsmitarbeiter sind schwer zu finden. Es reicht nicht, dass der Bewerber Verkaufserfolge in der Vergangenheit nachweisen kann. Er muss die konkreten Anforderungen der freien Vertriebsaufgabe erfüllen. Wenn Sie hier irren, riskieren Sie eine Fehleinstellung und das kann teuer werden.

Eine methodische Auswahl sowie Kompetenz- und Potenzialanalysen können Ihnen bei der erfolgreichen Stellenbesetzung helfen. In der Personalfachliteratur finden Sie dazu natürlich umfangreiche Leitfäden, aber die Praxis zeigt: Werden mancherorts (auch) die Einstellungsverfahren der Vertriebsmitarbeiter nach allen Regeln der Personalwirtschaft fast wissenschaftlich betrieben, gibt es andernorts noch immer Vertriebsleiter, die ausschließlich „ihrer Nase" vertrauen. Wir plädieren für Systematik, aber mit Augenmaß. Für den „Normalfall" des Vertriebs bauen wir nach unseren Erfahrungen auf folgende Schritte:

Sechs Schritte zum richtigen Vertriebsmitarbeiter

1. Schritt: Am Anfang steht das Anforderungsprofil

Wie oben beschrieben, müssen Sie sich zuerst darüber klar werden, welchem Anforderungsprofil Ihr Bewerber genügen soll. In einem klaren Soll-Profil können Sie dann die Anforderungen formulieren. Darin sollten neben der Fach- und der Methodenkompetenz auch die soziale und persönliche Kompetenz berücksichtigt werden. Genauso wie die Einstellungen und die geforderten Werte. Auch das gesuchte Rollenverständnis sollte hier noch einmal erwähnt werden. Wenn Sie die Anforderungen festgelegt haben, müssen Sie entscheiden, in welchem Ausmaß der Verkäufer die Anforderungen erfüllen muss. Hier gilt nämlich nicht immer unbedingt „zu 100 %". So können Sie Prioritäten setzen.

Auswahlkriterien: Fach- und Methodenkompetenz, soziale und persönliche Kompetenz, Wertvorstellungen

2. Schritt: Vorauswahl

Klar, die Vorauswahl erfolgt nach Durchsicht der Bewerbungsunterlagen. Beachten Sie neben dem Lebenslauf mit seinen Informationen, den Zeugnissen und Referenzen unbedingt auch das Anschreiben. Wie ist die Bewerbung begründet? Welche Erwartungen verbindet der Bewerber mit dem angestrebten Stellenwechsel? Will er zu Ihnen und in Ihr Unternehmen oder sucht er nur irgendeinen Job, egal wo?

Erwartungen des Bewerbers an die angestrebte Stelle

3. Schritt: Auswahlprozess und Auswahlmethoden festlegen

Um Kompetenzen und Leistungspotenziale der Bewerber zuverlässig einzuschätzen, bieten sich folgende Verfahren an:
- strukturiertes oder teilstrukturiertes Interview,
- Assessment-Center und
- computergestützte oder internetbasierte Diagnosesysteme zur Kompetenz-, Werte- und Potenzial-Analyse.

Diese Verfahren können Sie selbstverständlich miteinander kombinieren, meistens macht das auch Sinn. Keines der Verfahren kann aber „laienhaft" erfolgreich betrieben werden, alle drei erfordern Professionalität sowie (unterschiedlich umfangreiche) Vorbereitung. Wie viel Sie hier investieren, hängt naturgemäß davon ab, um welche Stellen es geht, ob Sie mehrere Mitarbeiter einstellen und/oder dies regelmäßig tun. Insofern werden Sie nicht in jedem Fall das gesamte Verfahrensrepertoire einsetzen, sondern bedarfsweise nur ausgewählte Verfahren.

Kompetenzen und Potenziale der Bewerber richtig einschätzen

4. Schritt: Interview

Wer sich um einen Arbeitsplatz bewirbt, wird bestrebt sein, sich und seine Qualitäten ins rechte Licht zu rücken. Er wird sich beim Einstellungsgespräch dem Interviewer anpassen und alles daransetzen, die angebotene Position zu erhalten. Viele Interviewer lassen sich – trotz Menschenkenntnis und langjähriger Erfahrung – durch sicheres Auftreten, gute Kommunikationsfähigkeit, intelligente Fragen des Bewerbers und nicht zuletzt durch gemeinsame Interessen zu einer Sympathieentscheidung verleiten. Nicht, dass Sympathie nicht auch ein Entscheidungskriterium sein sollte, aber eben nur eines von mehreren. Um rein subjektive Entscheidungen weitgehend auszuschalten, hält sich idealerweise jeder Interviewer an ein vorher vereinbartes Kriterienschema. Zur Vorbereitung auf ein optimales Bewerbergespräch sollten Sie deshalb Ihr **Anforderungsprofil nach** bestimmten **Dimensionen gruppieren**. Dazu ist es hilfreich, sich zu den geforderten Werten und Einstellungen etc. typische Verhaltensweisen zu überlegen. Stellen Sie sich immer wieder die Frage: „Woran würde ich das geforderte Kriterium erkennen?"

Ein vorher vereinbartes Kriterienschema, um subjektive Entscheidungen zu vermeiden

Diese Verhaltensliste können Sie dann wieder gruppieren und die entsprechenden Cluster auf die einzelnen Interviewer verteilen. Idealerweise besitzt nämlich jeder Interviewer eine unterschiedliche Aufstellung von Auswahlkriterien.

Beobachtungsbogen

Beobachter: _____   Teilnehmer: _____

Interview

beobachtbare Verhaltensweisen	Beobachtungen	Ausprägung Beurteilung
Rollenspiel		
Ist überzeugend		
Zeigt Konsequenz		
Ist wertschätzend		
Ist empathisch		
Weitere Beobachtungen		
Offenes Interview		
Ist an Rückmeldung zu eigener Person interessiert		
Reflektiert sich und die eigenen Fähigkeiten		
Kann vernetzt denken / kann auf verschiedenen Ebenen denken		
Hat realistische Zukunftserwartungen		
ist international denkend / kann unterschiedliche Perspektiven einnehmen		
Weitere Beobachtungen		
Fazit		nb ++ + o –

Abb. 7.1: Muster eines Beobachtungsbogens für Bewerberinterviews

Anhand von Fragen das Verhalten des Bewerbers in speziellen Situationen kennen lernen

Diese Auswahlkriterien sollten in Form von Fragen vorliegen, die das Verhalten in Situationen des früheren Arbeits- und Ausbildungslebens des Bewerbers zutage fördern sollen. Das Ziel dieser Fragen ist es nämlich, anstelle von theoretischen Erklärungen das Verhalten des Bewerbers in speziellen, der Anforderungsdimension entsprechenden Situationen kennen zu lernen.

FRAGEN SOLLTEN IMMER SO FORMULIERT WERDEN, DASS DARAUF KONKRETE ANTWORTEN FOLGEN MÜSSEN, AUS DENEN EIN KLARES PROFIL ERSICHTLICH WIRD.

Hypothetische Fragen wie: „Was würden Sie tun, wenn ein Kunde ..." sind in der Regel ungeeignet, da sie zu unrealistischen Antworten verführen können.

Beispiele für vertriebstypische Fragen

- Um die Verkaufs- und Überzeugungsfähigkeit des Bewerbers zu ermitteln, könnten Sie z. B. bitten: „Beschreiben Sie mir ein besonders erfolgreiches Verkaufsgespräch." Als Interviewer/Beobachter können Sie dann die Situation/Aktion und das Resultat notieren.
- Um die Übernahme von Verantwortung abzufragen, könnte beispielsweise eine Frage lauten: „Welches war die schwierigste Entscheidung, die Sie während Ihrer Tätigkeit bei Ihrer letzten Firma zu treffen hatten? Welche Alternativen hatten Sie erwogen?" Aus der Antwort des Bewerbers notieren Sie dann Sachlage, Entscheidungen, Alternativen und Resultat.
- Zur fachlichen Kompetenz könnte eine Frage lauten: „Sie bewerben sich bei uns für die Position des ... Welche Kenntnisse und Fähigkeiten haben Sie sich in den letzten zwei Jahren angeeignet, um diese Position erfolgreich ausfüllen zu können?"

Auswahlbesprechung der Interviewer

Nach dem Interview diskutieren die Interviewer anhand ihrer Notizen gemeinsam die gewonnenen Erkenntnisse in jeder Dimension und verdichten diese Ergebnisse zu einem einheitlichen Ergebnis. Idealerweise in einem Punktsystem, das die einzelnen Dimensionen getrennt und zusätzlich eine Gesamtpunktzahl ausweist. So können Sie später eine Reihenfolge festlegen und die Besten zu einem nächsten Schritt in der Bewerberauswahl einladen.

5. Schritt: Assessment-Center

In den Auswahlgesprächen äußert der Verkäufer naturgemäß sein Selbstbild. Diese Selbstbeschreibung im Interview muss nicht dem Bild entsprechen, das ein Beobachter, z. B. auch ein Kunde, von diesem Verkäufer hat. Deshalb sollten Auswahlgespräche durch Verfahren ergänzt werden, die ein fundiertes Fremdbild erlauben. Dies ist beispielsweise in einem Assessment-Center der Fall. Deshalb können Sie z. B. die fünf punktbesten Bewerber aus dem strukturierten Interview in ein Assessment-Center einladen. Die zentrale Herangehensweise im Assessment-Center ist das „Zeigenlassen". Hier können Sie ein Fremdbild durch Beobachtung in simulierten Kundengesprächen und Produktpräsentationen gewinnen.

Verfahren, die ein fundiertes Fremdbild erlauben

Neben Simulationen und Rollenspielen, die immer auch ein gefiltertes Verhalten der Bewerber zeigen, sollten Sie in einem Assessment-Center deshalb unbedingt auch erlebnisorientierte Übungen mit einbauen: konkrete Aufgaben, Wettbewerbe, Strategie- oder Planspiele. Der Vorteil von Aufgaben mit solch einem Rahmen ist, dass Sie authentisches Verhalten in einem anderen Kontext beobachten können.

Bei erlebnisorientierten Übungen authentisches Verhalten beobachten

Zum Bewertungsverfahren gilt für Assessment-Center das Gleiche wie bei Interviews. Mehrere Beobachter, mit klar vorher festgelegten Auswahlkriterien, sollten schriftlich ihre Beobachtungen festhalten und anschließend gemeinsam die Ergebnisse besprechen und in einem Punktsystem bewerten. Ein Beispiel für einen Bewertungsbogen ist auf der folgenden Seite abgedruckt (Abb. 7.2).

Es würde den Rahmen dieses Buches sprengen, ausführlicher auf Assessment-Center einzugehen, dazu können wir hier nur auf die einschlägige Literatur verweisen und darauf hinweisen, dass ein Assessment-Center auf jeden Fall gründlich und professionell vorbereitet werden muss.

6. Schritt: Diagnoseverfahren

In Diagnoseverfahren werden durch entsprechende Fragestellungen oder Aufgaben die relevanten Kompetenzen, Verhaltensmuster oder Werte der potenziellen Vertriebsmitarbeiter erfasst. Diese psychologischen Diagnoseverfahren werden heute meist PC-gestützt oder über das Internet durchgeführt. Als objektive und effiziente Variante der Potenzialerfassung ergänzen sie andere Verfahren optimal. Damit solche technischen Analysetools erfolgreich eingesetzt werden können, bedenken Sie bitte zwei Dinge:

Objektive und effiziente Variante der Potenzialerfassung

1. Überlegen Sie sehr genau, auf welcher Ebene die Analyse dieser Tools ansetzt, und hüten Sie sich davor, aus einem Verhaltenstest auf Werte des Bewerbers zu schließen. Genauso wenig können Sie natürlich aus einem Kompetenztest herauslesen, ob sich jemand später beim Kunden auch kundenorientiert verhält. Kompetenztests analysieren Kompetenzen, Verhaltenstests analysieren Verhalten und Wertetests analysieren Werte.
2. Natürlich ist es auch hier enorm wichtig, dass Sie sich im Vorfeld überlegen, welches Profil Ihr Bewerber erfüllen soll. Welche Werte sind erwünscht, welches Verhalten ist nicht erwünscht, welche Kompetenzen müssen unbedingt sein? Etc.

Und auch hier gilt: Sie brauchen professionelle Vorbereitung!

Beobachtungsbogen

Beobachter: _____   Teilnehmer: _____

Papierwenden

Beobachtbare Verhaltensweisen	Beobachtungen	Ausprägung Beurteilung
Kann andere überzeugen		
Kann sich angemessen durchsetzen		
Hört zu, lässt andere ausreden		
Greift andere Meinungen und Ideen auf und führt sie weiter		
Reagiert besonnen auf Angriffe anderer		
Erzeugt bei anderen keine Spannungen/Agressionen		
Übernimmt flexibel Führungsrolle		
Fordert und bewertet Alternativen		
Bedenkt Folgen einer Entscheidung		
Weitere Beobachtungen		
Fazit		nb ++ + o −

Abb. 7.2: Exemplarischer Beobachtungsbogen zum Assessment-Center (am Beispiel einer Aufgabe „Papierwenden", die hier jedoch nicht näher beschrieben werden soll; verdeutlicht werden sollen vielmehr die generalisierten Beobachtungskriterien)

7. Schritt: Bewertung – Reaktion

Nachdem alle Ergebnisse vorliegen, sollten Vertriebs- und Personalleiter die Bewerber anhand des Soll-Profils schnell bewerten können. Am besten noch am gleichen Tag, denn dann sind die Eindrücke noch aktuell und präsent. Daraus ergibt sich eine Rangfolge der Kandidaten. Jetzt gilt es, sich zu entscheiden und schnell zu handeln, denn die besten Bewerber sind auch für andere Unternehmen interessant. Und Sie wollen die Bewerber, die zu Ihnen passen, doch am liebsten selbst einstellen.

7.3 Selbstorganisation im Vertrieb

Nachdem dies kein Buch über Selbstorganisation, sondern über Vertrieb ist, möchten wir uns in diesem Abschnitt auf drei Aspekte der Selbstorganisation beschränken, die aus unserer Erfahrung heraus für Mitarbeiter im Vertrieb von besonderer Relevanz sind: Zeit, Prioritäten und Tagesplanung.

Aspekte, die im Vertrieb von besonderer Relevanz sind: Zeit, Prioritäten, Tagesplanung

Denn manchmal ist die Lösung schwieriger Probleme überraschend banal – zumindest in der Theorie. Bestes Beispiel: Wie kann ein Vertriebsmitarbeiter seinen Umsatz verdoppeln? Klare Antwort: wenn er doppelt so viele Kunden besucht. Klingt wie ein Witz, ist aber Realität. Wir gehen sogar gerne noch einen Schritt weiter und behaupten: Wenn Sie doppelt so viele Kunden besuchen, machen Sie 2,5 Mal so viel Umsatz. Denn dann haben Sie einfach mehr Übung, sind besser trainiert und steigern so zusätzlich auch noch Ihre Erfolgsquote. Nur: Wie macht man das, wie kann man so viel effizienter werden und die Anzahl der Besuche verdoppeln?

Schauen wir also in die Praxis. Eine internationale Produktivitätsstudie des Vertriebs, durchgeführt von dem weltweit tätigen Beratungsunternehmen Czipin & Proudfoot Consulting, das dafür 1.440 Unternehmen in sieben Ländern näher unter die Lupe nahm, zeigt, dass Außendienstmitarbeiter nur etwa 10 % ihrer Arbeitszeit für die reine Verkaufsarbeit nutzen. Wie die Studie ausweist, sind diese Zahlen in den letzten Jahren noch einmal dramatisch gesunken. Denn vor zehn Jahren galten noch 25 % verkaufsaktive Zeit als guter Durchschnitt. Was ist mit dem Rest? Lapidar gesagt: 30 % der Zeit gehen bei Stop and Go auf der Autobahn verloren, 27 % für die Erstellung von PowerPoint-Grafiken und Excel-Tabellen, 16 % für die Teilnahme an Meetings.

Kommen Sie aus der Pharmabranche? Pharmareferenten sollten sich eigentlich Kraftfahrer nennen, denn sie verbringen ca. 50 % ihrer Arbeitszeit hinter dem Steuer und nur knapp 9 % vor einem Arztschreibtisch. Die Bausparkassen- und Versicherungsvertriebler sind dagegen eher Bürohengste als Verkäufer im Außendienst. Laut der Proudfoot-Studie sitzen sie statistisch gesehen fünf Stunden in ihrem Büro und täglich nur 25 Minuten in den Räumen ihrer Kunden. Noch Fragen?

7.3.1 Zeitinventur

Die Ergebnisse in dieser Studie bringen uns auch sofort zu unserem ersten Tool. Wissen Sie überhaupt, wofür Sie wie viel Zeit verwenden? Füllen Sie doch unten stehende Tabelle in der Spalte „Ihre Schätzung" einmal sofort aus.

Ermitteln Sie, womit Sie wie viel Zeit verbringen.

Persönliche Zeitinventur: Wie viel Zeit verwenden Sie wofür?

	Ihre Schätzung	Ihre Messung
Interne Besprechungen		
Administrative Tätigkeiten		
Reklamationsbearbeitung		
Reisezeit		
Fortbildung		
Besuchsvor-/nachbereitung		
Angebotsbearbeitung		
Telefon/E-Mail/Internet, nicht mit Kunden		
Aktive Verkaufszeit, persönlich		
Aktive Verkaufszeit Telefon/E-Mail oder ähnliches		

Und jetzt kopieren Sie sich diese Tabelle 20-mal (oder laden Sie sie von unserer Website im Internet herunter und drucken Sie sie 20-mal aus). Schreiben Sie für jeden Arbeitstag in den nächsten vier Wochen eine Liste, und machen Sie in der Spalte „Ihre Messung" für jede fünf Minuten oder, wenn Sie es nicht ganz so genau nehmen wollen und etwas pragmatischer herangehen wollen, für jede 15 Minuten in die jeweilige Zeile einen Strich. Nach vier Wochen wird abgerechnet. Sie können jetzt anhand Ihrer Striche sehr genau ermitteln, womit Sie wie viel Zeit verbringen.

Ganz nebenbei erfahren Sie auch noch, wie viel Zeit Sie wirklich „gearbeitet" haben.

Wir versprechen Ihnen, wenn Sie diese Liste die nächsten vier Wochen führen und Ihre persönliche Zeitinventur erstellen, haben Sie mindestens ein Aha-Erlebnis. Eine der Konsequenzen, die Sie daraus ziehen können, erfahren Sie sofort im nächsten Abschnitt (nämlich „richtiges" Setzen von Prioritäten) und für Weiteres verweisen wir auf die Zeitmanagement-Literatur.

7.3.2 Prioritäten setzen

Höchstwahrscheinlich benutzen Sie ja bereits irgendein Zeitmanagementsystem, sei es auf Papier oder elektronisch. Höchstwahrscheinlich führen Sie auch eine To-do-Liste und höchstwahrscheinlich stehen auf dieser To-do-Liste mehr A-Prioritäten, als Sie heute erledigen können. Richtig?

Wir wissen nicht, nach welchem Schema Sie Ihre Prioritäten vergeben. Sehr häufig treffen wir auf die Unterscheidung „dringend" und „wichtig". Wir machen allerdings immer wieder die Erfahrung, dass kaum ein Mensch wirklich gut unterscheiden kann zwischen wichtig und dringend. Irgendwie sind doch alle dringenden Aufgaben auch wichtig, oder?

Deswegen haben wir, und damit befinden wir uns guter Gesellschaft mit anderen Autoren, die zum Thema geschrieben haben, das gute alte Eisenhower-Prinzip (dringend x wichtig) einen Schritt weiter entwickelt. Wir unterscheiden – und das mit Blick auf dem Bedarf speziell im Vertrieb – nicht mehr zwischen dringend und wichtig, sondern zwischen zeitkritisch und nicht zeitkritisch bzw. zwischen zielführend und nicht zielführend. Auch das führt zu der im Prinzip bekannten Matrix.

Unterscheidung zwischen zielführend und nicht zielführend

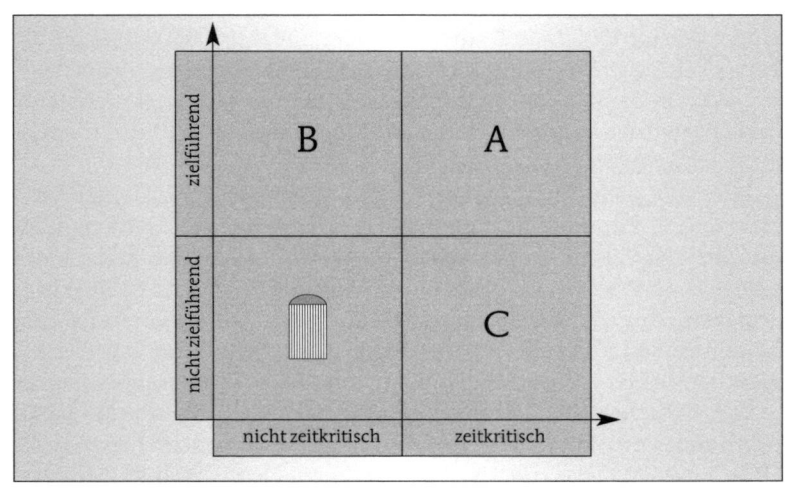

Abb. 7.3: Zeitmanagement-Matrix

Schauen wir uns einmal die vier entstehenden Quadranten an. In welchem Quadrant finden sich die A-Aufgaben? O.k., das ist noch einfach. Das ist der zielführende und zeitkritische Quadrant. Hier finden sich die zielführenden Aufgabengebiete wieder, die keinen Aufschub dulden. Projekte mit anstehenden Abgabeterminen, Krisensituationen, heute stattfindende Termine mit Kunden, heute zu erledigende Anrufe zur Angebotsverfolgung etc.

Quadrant D: Zeitverschwender

Auch der letzte Quadrant, früher hieß er „D", heute heißt er „Müll", ist einfach. Das ist der nicht zielführende und nicht zeitkritische Quadrant. Hier finden sich sämtliche Zeitverschwender wieder. Manche Post und viele Mails, einige Anrufe, das Neusortieren der Arbeitsstapel auf dem Schreibtisch, das sorgfältige und wohl organisierte Ablegen von Informationen, die kein Mensch mehr braucht und wenn doch, sie dann doch nicht mehr wieder findet usw. usw.

Jetzt kommt die spannende Frage: Welcher der beiden noch verbleibenden Quadranten hat die Prioritätsklasse B?

Heutzutage, und das ist die Zeitmanagement-Matrix der vierten Generation, ist Quadrant B der nicht zeitkritische, aber zielführende Quadrant.

ZIELFÜHREND SCHLÄGT ZEITKRITISCH. DIESE VORFAHRTSREGEL SOLLTEN SIE UNBEDINGT BEACHTEN!

Wir sagen Ihnen gerne auch warum. Die B-Aufgaben von heute sind die A-Aufgaben von morgen. Der Quadrant B ist also der Vorbeugequadrant.

Quadrant B: Tagesplanung, strategische Überlegungen zur Kundenentwicklung

Leider sind die Aufgaben hier nicht zeitkritisch. Deshalb bleiben sie schon einmal gerne liegen. Aber wenn Sie dauerhaft Herr über Ihre eigene Zeit bleiben wollen und nicht täglich mehr A-Aufgaben auf Ihrem Schreibtisch wiederfinden wollen, als Sie bewältigen können, dann müssen Sie sich um Quadrant B kümmern. Hier findet sich übrigens auch die Tagesplanung wieder, die wir im nächsten Kapitel noch bearbeiten wollen. Hier finden sich ebenso strategische Überlegungen zur Kundenentwicklung wieder. Visionen, Ziele, neue Möglichkeiten, Planung, manchmal auch Erholung etc.

Nun zu Quadrant drei, zu den C-Prioritäten. Machen Sie sich bitte klar: Eine C-Priorität kann niemals zu einer A-Priorität werden, denn nur weil der Termin immer näher rückt, wird diese C-Aufgabe nicht plötzlich zielführend. Sie bleibt eine C-Aufgabe. Vielleicht ist sie megadringlich, trotz alledem bleibt es eine C-Aufgabe. Und was wir Ihnen jetzt schreiben, bestätigt jede Führungskraft, mit der wir bisher darüber gesprochen haben. Wenn Sie glaubhaft versichern können und eine bewusste Entscheidung getroffen haben, nicht zielführende Aufgaben liegen zu lassen, um zielführende Aufgaben zu erledigen, dann ist das in Ordnung. Genau das erwarten wir von Ihnen. Denn Sie sind Unternehmer in Ihrem Vertriebs-Segment, selbst verantwortlich für Ihren Erfolg.

Was findet sich in diesem C-Quadranten? Die meisten Unterbrechungen, einige Anrufe, manche Post, einige Meetings (!) und viele sonstige Terminaufgaben, die schon seit Wochen auf Ihrem Schreibtisch liegen und dadurch zwar dringender, aber eben nicht zielführender werden. Noch ein Praxistipp:

> Arbeiten Sie jeden Tag an einer langfristigen B-Aufgabe. Denn Sie wissen ja: vorbeugen ist besser als heilen.

7.3.3 Bedeutung der Tagesplanung

Wie gerade eben schon angesprochen, ist die Tagesplanung, die wir jedem Verkäufer dringend empfehlen wollen, eine klassische B-Aufgabe. Hier eine kleine Metapher.

Eine klassische B-Aufgabe

Die Geschichte vom Holzfäller
Vor einigen Jahren wanderte ein deutscher Zimmermann nach Kanada aus und verdingte sich in den Wäldern dort als Holzfäller. Holzfäller in Kanada arbeiteten zu dieser Zeit sozusagen im Akkord und wurden nach Leistung bezahlt. In unserem Fall war es das Ziel des Holzfällers, binnen einer Woche 50 Bäume zu fällen. Also zehn an jedem Arbeitstag. Da unser deutscher Zimmermann sehr kräftig und gut trainiert war, war es für ihn ein Leichtes, die 50 Bäume zu fällen. In der ersten Woche hatte er bereits am Donnerstagnachmittag sein Wochensoll erreicht. In der zweiten und dritten Woche waren die Ergebnisse auch noch in Ordnung. Aber bereits in der vierten Woche wurde es eng. Bis Mittwoch Sonnenuntergang hatte unser Holzfäller erst 26 Bäume geschafft. Und obwohl er jetzt jeden Tag schon zwei Stunden mehr arbeitete als am Anfang, so schaffte er bis Freitag Sonnenuntergang doch nicht die geforderten 50 Bäume und musste am Samstag eine Sonderschicht einlegen. Noch einmal zwei Wochen später wurde die Lage langsam dramatisch. Am Montag und Dienstag schaffte er nur noch je fünf Bäume. Er arbeitete härter und länger. Und als er auch am Mittwoch und nur mit Mühe und Not wieder fünf Bäume schaffte, wurde er langsam ratlos.
Glücklicherweise kam am Donnerstag ein erfahrener kanadischer Holzfäller vorbei. Der beobachtete das Treiben und gab seinem deutschen Kollegen dann folgenden Rat: „Hey Man, du musst dringend deine Axt schärfen. So wird das nie was." Daraufhin der deutsche Kollege: „Sorry, habe keine Zeit zum Axtschärfen, ich muss hacken, hacken, hacken."

Tagesplanung ist wie Axt schärfen. Manchmal muss man sich Zeit nehmen, um Zeit zu gewinnen.
  Nicht nur, um effizienter zu werden. Nein, vor allem auch um effektiver zu werden.
  Nur mit einer guten Tagesplanung können Sie die richtigen zielführenden Aufgaben priorisieren. Viel Erfolg.

Manchmal muss man sich Zeit nehmen, um Zeit zu gewinnen.

7.4 Selbstmotivation im Vertrieb

Ein durchschnittlicher Verkäufer muss sieben Absagen verkraften, um drei Aufträge zu bekommen. Dieses Verhältnis von sieben Misserfolgserlebnissen zu drei Erfolgserlebnissen ist der Grund, warum es für alle Mitarbeiter im Vertrieb besonders wichtig ist, die eigene Motivation zu organisieren. Deshalb hier ein paar kurze vertriebsspezifische Tipps zur Selbstmotivation.

Was heißt eigentlich Motivation? Wann sind Sie motiviert?

Was motiviert Sie?

Die Antwort findet sich in Ihren persönlichen emotionalen Motivfeldern (siehe Kapitel 4). Was motiviert Sie? Balance, Dominanz, Stimulanz, Kontrolle, Revolution oder Offenheit? Egal was davon Sie motiviert, wichtig ist, dass Sie eine Aufgabe haben, in der Sie diese Motivfelder auch stimulieren können. Und dass Sie diese Aufgabe auch so erledigen, dass Sie Ihre Motivfelder regelmäßig stimulieren. Jetzt ist aber nicht jede Aufgabe, jede Stelle, auf den ersten Blick dafür geeignet.

Nachdem Sie nun aber die Aufgabe bzw. die Stelle haben, die Sie im Moment haben, gibt es drei Möglichkeiten:
1. Change it.
2. Love it.
3. Leave it.

Fangen wir hinten an: **Leave it**. Natürlich – und darüber haben wir ja auch im Abschnitt über „Recruiting" gerade erst geschrieben: Wenn Sie eine Aufgabe haben, die nicht zu Ihnen passt, werden Sie auf Dauer wohl keinen Erfolg haben und dann ist es für Sie und Ihren Arbeitgeber besser, Sie suchen sich eine neue Aufgabe. Wir reden hier übrigens nicht von Kündigung, sondern von „neuer Aufgabe". Die kann durchaus auch im eigenen Unternehmen zu finden sein.

Die zweite Möglichkeit: **Love it**. Was an Ihrer momentanen Aufgabe stimuliert Ihre Motivfelder? Was sind die Dinge an Ihrer Aufgabe, die Sie gerne tun?

Und da wären wir schon beim ersten: **Change it**. Wie können Sie Ihre Aufgabe so machen, dass diese Aufgabe sehr viel stärker noch Ihr Motivfeld stimuliert?

Und glauben Sie uns, es gibt immer mehr als eine Möglichkeit, eine Aufgabe zu erledigen. Deswegen noch einmal die ganz zentrale Fragestellung: *Wie können Sie Ihre momentane Aufgabe zukünftig anders machen, um noch viel stärker Ihre persönlichen emotionalen Motive zu stimulieren?*

Neben den Werten und den Motiven gibt es noch etwas Wichtiges, das Ihr Denken beeinflusst und damit Ihre Motivation: Ihre **Einstellung**. Wie wäre es mit folgendem Satz: Es gibt keine Misserfolge, nur Feedback. Oder: Umwege erhöhen die Ortskenntnis.

Umwege erhöhen die Ortskenntnis.

Welches Feedback geben Ihnen die oben genannten sieben Absagen? Was können Sie daraus lernen?

Noch einen Motivationsturbo gibt es aus unserer Erfahrung, besonders im Vertrieb: **Ziele!** Natürlich wissen Sie längst, dass Sie sich Ziele stecken müssen, um dann motiviert an der Zielerreichung zu arbeiten. Hier deshalb jetzt der versprochene Turbo: Systematische Selbstmotivation bedeutet weit mehr als nur positives Ziel-Denken. Denn im Laufe der Jahrmillionen der Evolution hat unser Gehirn ein bipolares Antriebssystem entwickelt. Um die beiden Grundfunktionen als Lebewesen sicherzustellen, nämlich Selbsterhaltung und Arterhaltung, arbeitet unser Gehirn mit zwei Prinzipien: *Zwei Arbeitsprinzipien des Gehirns*

1. Hin zur Lust, d. h. hin zu allem, was Selbst- und Arterhaltung fördert, und
2. Weg von Schmerz und Pein, d. h. dem, was unser Leben bedroht (vgl. auch Abschnitt 4.2.5).

Wenn Sie sehr motiviert, diszipliniert und konsequent sind, dann deswegen, weil Ihr bipolarer Antrieb Sie in die Zange nimmt. Machen Sie es sich daher zur guten Angewohnheit, sich nicht nur die positiven Folgen Ihres Handelns vor Augen zu führen, sondern machen Sie sich jedes Mal auch die negativen Konsequenzen Ihres Nichthandelns klar. Hierbei ist die emotionale Intensität Ihrer Vorstellung ausschlaggebend. Dieses „Warum" hinter Ihren Zielen gibt Energie und verleiht Ihnen Nehmerqualitäten. Selbstmotivation heißt deshalb auch immer: Machen Sie sich die eigentliche Motivation hinter Ihren Zielen klar. *Machen Sie sich die eigentliche Motivation hinter Ihren Zielen klar.*

Zum Abschluss stellen wir Ihnen noch ein Tool vor, mit dem wir und viele von uns betreute Vertriebsmitarbeiter sehr erfolgreich und nachhaltig ihre Motivation verbessern konnten:

Das persönliche (Verkaufs-) Logbuch
Wir möchten Ihnen dringend empfehlen, ein Tagebuch zu führen. Beantworten Sie sich doch schriftlich zum Ende eines jeden (Arbeits-) Tages folgende vier Fragen:
1. Was war am heutigen Tag die wichtigste Lernerfahrung für mich?
2. Was war am heutigen Tag mein größtes Erfolgserlebnis?
    Welche meiner Stärken und Fähigkeiten haben mir dabei geholfen?
3. Wofür bin ich heute besonders dankbar?
    Was war der glücklichste Moment des heutigen Tages?
4. Sonstige Gedanken

Noch ein Garantieversprechen vom Autor persönlich in diesem Buch: Wenn Sie konsequent über mindestens drei Monate täglich dieses Tagebuch führen und Sie sich jeden Tag nicht eher zufrieden geben, als bis Sie zumindest auf die ersten drei Fragen eine Antwort haben, garantieren wir Ihnen, neben einer gesteigerten Motivation, mehr Erfolg und mehr Erfüllung in Ihrem Leben als Verkäufer. Für Führungskräfte folgt noch eine kurze Checkliste zum Thema Mitarbeitermotivation.

> **Checkliste
> für Führungskräfte zur Mitarbeitermotivation**
>
> 1. Kann ich sagen, dass ich ein Maximum an Motivation bei meinen Mitarbeitern dadurch erreiche, dass sich diese zu einem großen Anteil selbst steuern?
> 2. Haben meine Mitarbeiter Freude an ihrer Arbeit?
> 3. Arbeite ich nicht nur mit einem allgemein gehaltenen Anforderungsprofil, sondern auch mit individuellen und zukunftsgerichteten Profilkomponenten?
> 4. Kennt jeder meiner Vertriebsmitarbeiter seine zukünftige Rolle im Sinne von Chancen und Risiken?
> 5. Zeichnet sich meine Mannschaft durch ein starkes Wir-Gefühl aus und schließt dieses „Wir" auch die Firma mit ein, für die sie arbeiten?
> 6. Gibt es neben der materiellen Motivation auch Komponenten der immateriellen Motivation?
> 7. Handelt es sich bei Innen- und Außendienstmitarbeitern um ein kundenbezogen eingeschworenes Erfolgsteam?
> 8. Werden speziell die Verkaufsinnendienstmitarbeiter in Erfolgsfeiern des Außendienstes mit einbezogen?
> 9. Wird in meiner Organisation neben der Kundenzufriedenheit auch nach der Mitarbeiterzufriedenheit gefragt?
> 10. Würden meine Mitarbeiter mich als Führungskraft freiwillig wiederwählen?
> 11. Werden meine Mitarbeiter konsequent gemäß ihren Stärken und Talenten eingesetzt?

7.5 Gesamtcheckliste: Kundenorientierte Vertriebsmitarbeiter

1. Anforderungsprofil
   - Welche Eigenschaften zeichnen unsere Top-Performer aus?
   - Welche Differenzierungen gibt es für die einzelnen Rollen in unserem Vertriebsteam?
2. Recruiting von Vertriebsmitarbeitern
   - Welche Ressourcen investieren wir in die Auswahl neuer Mitarbeiter?
   - Lassen wir uns dabei intern und extern unterstützen?
3. Selbstorganisation im Vertrieb
   - Setzen unsere Mitarbeiter stets die richtigen Prioriäten?
   - Berücksichtigen wir hinreichend viel Zeit für die Planung unserer Zeit?
4. Selbstmotivation im Vertrieb
   - Kennt jeder seine persönlichen emotionalen Motivfelder?
   - Nutzen wir konsequent unsere Stärken und Fähigkeiten, um unsere persönlichen Ziele zu erreichen?

8 Integrierte CRM-Systeme

In diesem Kapitel des vorliegenden Buches stellen wir Wesentliches zu integrierten Customer-Relationship-Management-Systemen (CRM-Systemen) vor. Viele der in diesem Buch behandelten Themen sind oft auch unter diesem Stichwort CRM zusammengefasst und zahlreiche Abschnitte des Buches enthalten entsprechende Verweise.

Wir haben dieses Kapitel ganz bewusst ans Ende des Buches gestellt, denn wir sind der festen Überzeugung, dass Sie dieses Buch erst einmal durcharbeiten sollten, bevor Sie sich vertieft mit CRM befassen. Und erst

- wenn Sie sich klar sind über Ihre Strategie,
- wenn Ihre Vertriebsorganisation steht,
- wenn Sie vor allem Ihre verschiedenen Prozesse zur Kundengewinnung und zum Kundenausbau definiert haben,
- wenn Sie eine klare Vorstellung davon haben, wie Ihre Kundenwertklassen aussehen,
- wenn Sie wissen, wie Ihr direkter Kundenkontakt organisatorisch gestaltet wird, und
- wenn Sie wissen, was die Vertriebsleitung controllen sollte,

erst dann macht es Sinn, über ein CRM-System nachzudenken. Denn all diese Punkte sind Voraussetzung für ein passendes CRM-System.

WIR SIND DER UNBEDINGTEN MEINUNG, DASS DIE IT SICH NACH DER STRATEGIE UND DEN PROZESSEN ETC. RICHTEN SOLLTE UND NICHT UMGEKEHRT.

Sonst würde quasi der Schwanz mit dem Hund wedeln.

Das zentrale Anliegen dieses Buches gilt natürlich auch in diesem Kapitel: Wir möchten gerne den **Kunden in den Mittelpunkt** stellen. Und wir sind der Meinung, dass passende und danach ausgerichtete CRM-Systeme Sie dabei durchaus unterstützen können. Denn CRM dient nicht nur der Organisation der Kundenbeziehungen, sondern CRM kann auch sehr gut zur Kundenpflege und Umsatzsteigerung genutzt werden. Das tut auch dringend Not, denn nach einer Studie von Mummert Consulting und dem FAZ-Institut organisieren mittlerweile zwar knapp 30 % der deutschen Dienstleistungsunternehmen ihre Kundenbeziehungen mittels CRM-Software. Zur Kundenpflege oder Umsatzsteigerung nutzen sie diese Systeme aber kaum. Dabei geht es bei CRM-Systemen schließlich nicht nur darum, Daten zu sammeln, um sie dann im besten Fall auch noch dem Außendienst am richtigen Ort zur richtigen Zeit zur Verfügung zu stellen. Sondern es geht ja idealerweise auch darum, diese Daten effizient auszuwerten und in profitable Kundenbeziehungen umzuwandeln.

Mit Hilfe von CRM-Systemen den Kunden in den Mittelpunkt stellen

Daten in profitable Kundenbeziehungen umwandeln

Aus Daten werden Informationen, dann Kenntnis, dann Erkenntnis, dann Wissen, dann Kompetenz und dann Erfolg.

Ein gutes CRM-System unterstützt den Unternehmer-Außendienstmitarbeiter mit den nötigen Daten, damit dieser vor Ort profitorientierte Entscheidungen zum Wohle des Kunden treffen kann. Dies ergibt eine Wirkkette, wie folgt: Aus Daten werden Informationen, dann Kenntnis, dann Erkenntnis, dann Wissen, dann Kompetenz und dann Erfolg.

8.1 Grundlagen des CRM

8.1.1 CRM ist „in", warum eigentlich?

Aus unserer Sicht gibt es zwei wesentliche Treiber für das Thema CRM.

Zum einen ist dies das **veränderte Kommunikationsverhalten** Ihrer Kunden. Früher lief der Kontakt zwischen Vertriebsorganisation und Kunde zu einem überwiegenden Teil über den Außendienstmitarbeiter. Heute nutzen Ihre Kunden immer öfter die verschiedensten Kommunikationsmedien, noch immer Post, verstärkt Telefon und Fax bzw. gehäuft E-Mail, und landen damit jedes Mal bei einem anderen Ansprechpartner in Ihrem Unternehmen. Wenn Sie als Vertriebsorganisation dabei noch

Eine Datenbank genügt nicht, um den Überblick über die Kunden zu behalten.

den Überblick behalten wollen, wann einzelne Kunden wie mit Ihnen kommuniziert haben, dann brauchen Sie mehr als nur eine Datenbank.

Der zweite Aspekt aus unserer Sicht, der das Thema CRM treibt, ist der **steigende Wettbewerb** und immer ähnlicher werdende Produkte und Dienstleistungen. Sie als Anbieter können sich kaum noch über Ihre Kernleistungen beim Kunden positionieren. Stattdessen bauen Sie auf individuelle Angebote, die den Kunden an Ihr Unternehmen binden sollen. Je genauer Sie wissen, was Ihr Kunde eventuell haben möchte, umso **zielgenauer** können Sie ihn **kontaktieren**.

CRM kann Ihnen also dabei helfen, sich wirklich kundennah zu positionieren.

Solch ein System fordert nämlich einen einheitlichen gleichen Blickwinkel auf den Kunden, und das unternehmensweit. Dadurch lassen sich die Kontakte sehr viel besser zielkundenspezifisch gruppieren. Von dieser gesteigerten Kundenorientierung und zugleich gesteigerter Effizienz profitieren der Kunde und Ihr Unternehmen.

Auch bei der Einführung eines Customeyes-Konzepts hat ein IT-System Vorteile. Denn bereits bei einer mittelgroßen Vertriebsorganisation entsteht in solch einem Konzept eine große Menge an Wissen über Ihre Kernzielgruppe. Dieses Wissen allen Außendienstmitarbeitern und allen Mitarbeitern mit Kundenkontakt zugänglich zu machen, kann ein weiterer Vorteil eines CRM-Systems sein.

Das Wissen über die Kernzielgruppe allen Mitarbeitern mit Kundenkontakt zugänglich machen

Ferner gibt es noch einen weiteren unschätzbaren Vorteil: Ein CRM-System kann die klassische Vertriebsproblematik beseitigen, dass Wissen (zu) personengebunden ist.

Denn: Einmal erarbeitetes Wissen, beispielsweise zur Bewertung oder zu den Vorlieben eines Kunden, geht mit dem Weggang eines Mitarbeiters nicht mehr verloren. Der gewonnene Informationspool schafft so für das gesamte Unternehmen eine erhebliche Zukunftssicherheit.

Der Informationspool dient der Zukunftssicherheit des Unternehmens.

8.1.2 Was bedeutet CRM im Einzelnen?

Häufig wird CRM mit Software bzw. IT-Systemen gleichgesetzt. Im Prinzip charakterisiert CRM jedoch eine Managementphilosophie, die eine komplette Ausrichtung Ihres Unternehmens auf vorhandene und potenzielle Kundenbeziehungen vorsieht. Der Kunde steht dabei im Mittelpunkt aller Ihrer unternehmerischen Überlegungen und Entscheidungen.

CRM – eine Managementphilosophie

ZIEL VON CRM IST DAS MANAGEMENT DAUERHAFTER, PROFITABLER UND BELASTBARER KUNDEN- ODER PARTNERBEZIEHUNGEN.

- Dabei erklärt **Management** die Fähigkeit, alle Interaktionen mit bestehenden und potenziellen Kunden über alle Grenzen der Vertriebsorganisation hinweg zielorientiert zu koordinieren und weiterzuentwickeln.
- **Dauerhaft** bedeutet, loyale Telling Customer als Partner aufzubauen, Kundenbeziehungen zu festigen sowie ein dauerhaftes Verschmelzen mit der Kernzielgruppe zu erreichen.
- **Profitabel** bedeutet, dass über die Dauer der gesamten Kundenbeziehung hinweg sichergestellt werden soll, dass der Beitrag Ihres Kunden zum Unternehmensgewinn maximiert wird.
- **Belastbare** Kundenbeziehungen bedeutet, dass Sie sich sehr viel stärker auf die Kundenbeziehungen statt auf Ihre Produkte konzentrieren sollten.

Dies alles müsste prinzipiell gar nicht zwangsläufig IT-gestützt geschehen, ist aber in der heutigen Praxis selbst in kleineren Unternehmen ohne IT-Unterstützung nicht mehr denkbar. Insofern gehört zu einem CRM-System zwangsläufig Software dazu, aber nach der gerade gegebenen Definition ist ein CRM-System deutlich mehr als ein Adressenpool mit einer gewissen Grundordnung. Es ist sozusagen ein Adressenpool, der auch die **Beziehungen mitverwaltet**. Man könnte sogar sagen, es ist ein Adressenpool, der für ertragsstarke Geschäfte sorgt.

Ein CRM-System ist ein Adressenpool, der auch die Beziehungen mitverwaltet.

SINNVOLL ERSCHEINT UNS DAHER EIN GANZHEITLICHER ANSATZ, DER DIE TECHNISCHE UND MENSCHLICHE PERSPEKTIVE MITEINANDER VERBINDET UND EINE ERWEITERUNG UM DIE WESENTLICHEN ASPEKTE DER ORGANISATIONSSTRUKTUR UND PROZESSKULTUR VORNIMMT.

> **Wesentliche Begriffe aus dem CRM-Umfeld**
>
> *CMR = Customer Managed Relationship*
> Neuere Ansätze gehen über das klassische CRM hinaus. CMR rückt den Kunden konsequent ins Zentrum aller geschäftlichen Bemühungen. Ihr Kunde bestimmt, wie sich Ihr Unternehmen am Markt aufstellt, agiert und kommuniziert. Ihr Kunde steuert seine Beziehung zu Ihrem Unternehmen.
>
> CMR ist ein Derivat von CRM, es ist damit zwar kein neuer, aber wie wir meinen, ein durchaus gelungener Ansatz, denn er verschiebt den Fokus weiter in Richtung Kunde.
>
> *CLV = Customer Lifetime Value*
> Unter dem Customer Lifetime Value versteht man die diskontierten Deckungsbeiträge eines einzelnen Kunden über die durchschnittliche Dauer einer Kundenbeziehung. Es ist also die Summe aus heutigen und noch zu erwartenden Gewinnen.
>
> *CE = Customer Equity*
> Dies ist der Kundenwert aus Lieferantensicht. Betriebswirtschaftlich korrekt ist CE das kundenbeziehungsinduzierte Eigenkapital.
>
> Es ist die Summe aller gegenwärtigen und zukünftigen kundenbezogenen Erlöse im gesamten Kundenlebenszyklus.
>
> Der Kundenwert im weiteren Sinn erfasst jedoch nicht nur die monetären Faktoren, sondern wird um „weiche", qualitative Faktoren ergänzt. Dies beinhaltet etwa das Referenz-, das Empfehlungs- und das Informationspotenzial des Kunden.
>
> *CV = Customer Value*
> Er entspricht dem monetär bewerteten Kundennutzen der Geschäftsbeziehung abzüglich der Aufwendungen des Kunden. Der Customer Value ist somit der Angebotswert aus Kundenperspektive. Sozusagen das Ergebnis von Kosten-Nutzen-Überlegungen auf Seiten des Kunden.
>
> *CVM = Customer Value Management*
> Dies ist eine spezielle Ausrichtung der wertorientierten Unternehmensführung. Sie als Anbieter bieten Ihrem Kunden gezielt Mehrwerte und erhöhen so seinen Value.
>
> *Diese Liste ist keine vollständige Liste aller rund um das Thema CRM schwirrenden Abkürzungen. Wir hoffen jedoch, dass wir die wichtigsten in aller Kürze für Sie darstellen und damit für etwas mehr Klarheit im Begriffswirrwarr sorgen konnten.*

8.1.3 Die neun Megatrends des CRM

Die Roland Berger Strategie Consultants haben in einer Studie neun Megatrends des CRM für die Zukunft ermittelt, die wir Ihnen hier kurz vorstellen wollen. Sie machen unserer Meinung nach die Richtung, in die sich CRM entwickeln wird, sehr anschaulich, und die Headlines, unter die die neuen Trends gestellt werden, zeigen zugleich Perspektiven für den gesamten Vertrieb auf:

Kunden und Märkte verstehen

1. Die Kombination von zukunftsorientiertem Bedürfnis und Wertsegmentierung wird zur Grundlage für erfolgreiches CRM.

Überlegene Angebote schaffen

2. Kundenbedürfnisse werden durch Mehrwertproduktbündel umfassend abgedeckt.
3. CRM-basiertes Dialogmarketing wird die Kommunikationslandschaft deutlich verändern.

Profitable Kunden gewinnen

4. Vertikale Kooperationen zwischen Wertschöpfungsstufen werden ein wichtiger Erfolgsfaktor für CRM.
5. Der Kunde wird zum Channel Portfolio Manager des Unternehmens.

Profitable Kunden binden

6. Bestehende Kundenkarten werden durch zielgruppenspezifische Multifunktionskarten abgelöst.

Organisation und Prozesse

7. Veränderte Kundenanforderungen führen zum radikalen Umbau von Unternehmensstrukturen und Prozessen.

Controlling- und Anreizsysteme

8. Kundenwertorientierte Steuerungsgrößen bestimmen die Controllingsysteme der Zukunft.

Technologie

9. IT-Systeme werden zunehmend funktions- und bereichsübergreifend vernetzt.

8.2 Eigene Anforderungen klären

„Fertige" CRM-Systeme in Form von Softwarepaketen für entsprechende vertriebliche Funktionen werden am Markt gerne als die „eierlegende Wollmilchsau" angepriesen. Wir warnen jedoch davor, sich von den Versprechungen der Systemanbieter leiten zu lassen.

Noch einmal: Nicht das technisch Machbare ist ausschlaggebend, sondern Ihre strategischen Vertriebsziele; Ihre Vertriebsprozesse bestimmen den IT-Einsatz.

Die Vertriebsprozesse bestimmen den IT-Einsatz.

Ein passendes CRM-System kann Ihnen dann mehr Effektivität bei der Führung und Steuerung Ihres Vertriebs ermöglichen und Ihnen zusätzlich auch noch mehr Effizienz und Produktivität bei der Markt- und Kundenbearbeitung ermöglichen.

Bevor Sie ein solches Effektivität und Effizienz steigerndes CRM-System auswählen können, gilt es zuvor in acht Bereichen Ihre individuellen Anforderungen zu klären.

Acht Anforderungskomplexe für ein CRM-System

1. Es sollten möglichst alle Abteilungen mit Kundenkontakt integriert werden.

Sämtliche Kontaktpunkte zum Kunden sollten einbezogen werden.

Meist sind das Vertrieb, Service und Marketing. Dabei beziehen Sie idealerweise sämtliche Kontaktpunkte zum Kunden mit ein. Ziel ist es ja gerade, einen so genannten 360-Grad-Blick auf den Kunden zu bekommen, also alle Aktivitäten und Kontakte mit dem Kunden als Überblick zu erhalten.

Die Praxis zeigt, dass viele Systeme zwar zur Vertriebsunterstützung eingesetzt werden, zum Teil wird auch noch der Marketingbereich integriert. Aber mehr oder weniger außen vor bleiben bisher Service und Kundendienst. Dabei geht es ja gerade darum, die Möglichkeiten und Chancen einer integrierten Kundenbetreuung über alle Ebenen hinweg zu nutzen, um das im gesamten Unternehmen vorhandene Wissen über den Kunden optimal auszuschöpfen.

2. Es müssen sämtliche Kommunikationskanäle zum Kunden zusammengeführt werden.

In den meisten Fällen sind das Telefon, Fax, Briefverkehr und E-Mail. Bei manchen Unternehmen schicken die Kunden auch SMS-Nachrichten oder chatten auf der Website.

Über welche Kommunikationskanäle stehen Sie mit Ihren Kunden in Kontakt? Beziehen Sie alle diese Kommunikationskanäle mit ein!

Auch hier sieht die Praxis zur Zeit noch ganz anders aus. Eine europäische Studie der British Telecom legte offen, dass erstaunliche 95 % der untersuchten Unternehmen nicht wussten, dass bereits eine E-Mail geschickt wurde, wenn derselbe Kunde seine Frage per Telefon wiederholte. Die Folge daraus: Ein und dieselbe Frage, einmal per E-Mail und einmal am Telefon gestellt, wurde in 85 % der Fälle unterschiedlich beantwortet. Sie sehen, integrierte CRM tut Not in vielen Unternehmen.

3. Datenstruktur: Hier sollten Sie sehr genau analysieren, welche Daten Sie im System benötigen.

Es lassen sich zwei große Blöcke unterscheiden, zum einen
- Daten über den Kunden und zum anderen
- Know-how-/Wissens-Daten.

Daten über die Kunden

Beginnen wir mit den Daten über Ihre Kunden.

a) **Stammdaten**: Hier sind die klassischen Adressdaten zu erfassen, wie Name, Telefon etc. Aber auch Betreuerdaten, Kundenwertklassen, Kundennummern usw.

Eine wichtige Frage ist zugleich, inwieweit die Komponente Mensch integriert ist. Lässt die Stammdatenmaske genug Raum für weiche Faktoren? Bei manchen Systemen lassen sich über bestimmte Tools

inzwischen Persönlichkeits-Typologie-Modelle, wie das hier in diesem Buch vorgestellte Insights-System, integrieren.
b) **Aktivitäten**: In diesem Datenbereich werden alle Aktivitäten und Kontakte mit dem Kunden erfasst: Datum, Uhrzeit, Kontaktart und natürlich Inhalt und Vereinbarungen.
c) **Verkaufschancen**: Des Weiteren gibt es einen speziellen Datenbereich, der die einzelnen Verkaufschancen erfasst und deren Potenzialbewertung ermöglicht. Jede Chance in Ihren Vertriebsprozessen sollte hier erfasst werden können.
d) **Verkaufsprozess**: Um die einzelnen Verkaufschancen richtig einordnen zu können, ist es hilfreich, ein spezielles Modul zur Prozessebenenbestimmung einzubauen. In einigen Systemen lässt sich etwa unser hier vorgestelltes BLUBZEWE oder Ähnliches integrieren.
e) **Umsätze**: Natürlich sollten auch sämtliche Umsätze gekaufter Produkte und Dienstleistungen in Ihrem CRM-System zur Verfügung stehen. Inklusive Preise, Zahlungsbedingungen und Zahlungsverhalten.

Darüber hinaus können Sie in Ihrem CRM-System auch Know-how zur Verfügung stellen.

Im CRM-System Know-how zur Verfügung stellen

a) **Zielgruppen-Know-how**: Alles Wissenswerte über Ihre Kernzielgruppe gehört in einer Art Wissensdatenbank erfasst, um so für Ihre Außendienstmitarbeiter jederzeit auf Abruf zur Verfügung zu stehen.
b) **Markt-Know-how**: Natürlich kann auch Wissen über den Markt, Marktentwicklungen, Benchmarks, Preisvergleiche, Wettbewerbs-Know-how etc. hier eingestellt werden.
c) **Vertriebs-Know-how**: Auch alle in Kapitel 3.3 vorgestellten Hilfsmittel zur Vertriebsunterstützung könnten in einem CRM-System auf Abruf zur Verfügung gestellt werden. Also Referenzlisten, Case Studies, Spezialistenprofile, Ansprechpartner im Marketing etc.

4. Kundenwert im Hinblick auf das Reporting

Zusätzlich, und wir möchten darauf noch einmal besonders hinweisen, sollten Kunden und Interessenten nach ihrem Wert für Ihr Unternehmen klassifiziert werden können, um daraus entsprechende Kommunikationsstrategien und Betreuungsstrategien ableiten zu können. Nur so ist das CRM für den Außendienstmitarbeiter eine Unterstützung, um zukünftig ertragsstarke Geschäfte bevorzugen zu können.

Kunden und Interessenten nach ihrem Wert für Ihr Unternehmen klassifizieren

Überlegen Sie sich also im Vorfeld genau:
- Welche Anforderungen haben Sie an das Reporting Ihres CRM-Systems?
- Welche Informationen sollte der Außendienstmitarbeiter aggregieren können?
- Welche Listings, Ranglisten und Auswertungen benötigt die Vertriebsleitung? Inwieweit ist eine aussagekräftige Forecast-Planung mit Hilfe des CRM-Systems gewünscht?

5. Auch die einzelnen abzubildenden Prozesse sollten berücksichtigt werden.

Wichtig ist, dass die Software Ihren Prozessen folgt und nicht umgekehrt.

Auch auf die Gefahr hin, dass wir uns wiederholen: Wichtig ist, dass die Software Ihren Prozessen folgt und nicht umgekehrt. Also stellt sich die Frage, welche Ihrer Prozesse (Kundenneugewinnung, Kundenausbau, Cross Selling ...) im CRM-System Berücksichtigung finden soll.

6. Beachtung des Kundenblickwinkels

Welche Anforderungen an Ihr CRM-System gibt es aus Sicht der Kunden?

Noch ein Wort zu den Prozessen: Betrachten Sie Ihr CRM-System doch auch einmal „customeyes". Welche Anforderungen an Ihr CRM-System gibt es aus Sicht der Kunden? Was würden sich die Kunden wünschen in Bezug auf Ihre CRM-Prozesse?

7. Technische Anforderungen

Neben den rein technischen Anforderungen wie Hardware, Netzbandbreite etc. geht es uns hier noch um weitere Anforderungsgruppen:

Anbindung an bestehende Systeme

a) Die Anbindung an bestehende Systeme:
Inwieweit sollte Ihr CRM-System an bestehende Systeme wie Auftragsabwicklung, Enterprise (ERP)- Systeme etc. angebunden werden können?
Offline/Mobil: Sind Ihre Außendienstmitarbeiter sehr viel unterwegs, auch mehrtägig? Ist es wichtig, dass Ihr CRM-System auch offline, also ohne Netzanbindung, auf den Notebooks Ihrer Mitarbeiter zur Verfügung steht, oder reicht es, wenn Ihre Außendienstmitarbeiter das CRM-System benutzen können, wenn sie online sind?
Ferner: Über den Einsatz von PDAs (wie Palm, iPAQ, XDA...) sollten Sie nachdenken. Ist der Einsatz erforderlich und wenn ja, auf welchen Systemen? Gerade für den schnellen Zugriff, ohne dass ein Notebook erst noch hochfahren muss, eignen sich diese mobilen CRM-Systeme. Oder reicht eine webbasierte Lösung mit einer zentralen Datenbank? Diese ist in der Regel einfacher zu implementieren, da die Problematik der verteilten Datenhaltung entfällt. Dies bedeutet für Ihre Außendienstmitarbeiter allerdings: kein Web, keine Daten.

Herkunft der Daten

b) Herkunft der Daten: Zum einen müssen Sie zentrale Datenbanken beachten, aus denen Sie die statischen Daten wie Kundenstammdaten, Produktstammdaten etc. beziehen können. Die Bewegungsdaten (Änderungen der Stammdaten) und kaufmännischen Daten wie Zahlungsverhalten und Außenstände müssen in das System transferiert werden. Ebenso aktuelle, schnell sich wandelnde Massendaten wie Sonderkonditionen, aktuelle Absatz- und Umsatzplanungen etc. Zum anderen müssen natürlich die Mitarbeiter kontinuierlich die Daten der Kunden- und Marktbearbeitung einpflegen. Wie sollte das idealerweise geschehen, sodass es auch geschieht? Denn Sie wissen ja: Jedes Datensystem ist nur so gut wie die Qualität der Daten, die es verarbeiten kann.

Eigene Anforderungen klären 323

Herkunft der Daten

Mitarbeiter pflegt ein (online/offline)

- Kunden- und Marktbearbeitung / Aktivitäten Verkaufschancen Stammdaten

→ Host
→ ERP

- Stammdaten / Kunden Mitarbeiter Produkte

→ Auftragsabw.
→ FiBu

- Kaufmännische Daten / Zahlungsverhalten Außenstände

→ Waren.wirtschaft
→ etc.

- aktuelle Informationen / Preislisten Sonderkonditionen Warenbestand

statische Daten
Bewegungsdaten
Massendaten

CRM-System

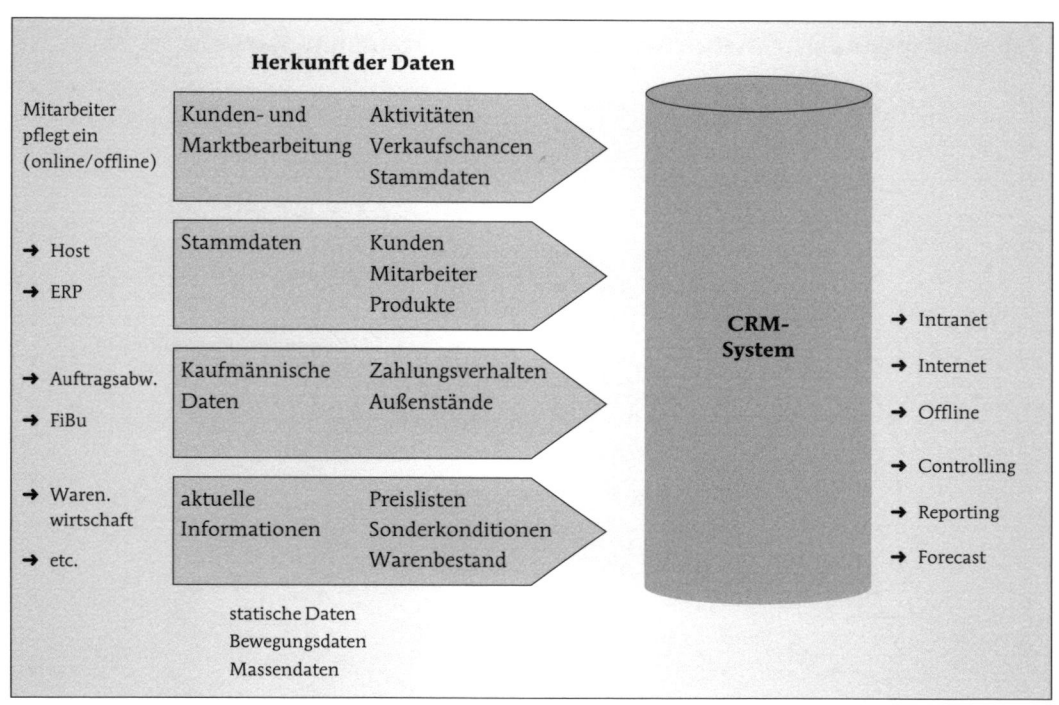

→ Intranet
→ Internet
→ Offline
→ Controlling
→ Reporting
→ Forecast

Abb. 8.1: Übersicht über die Herkunft der Daten

8. Kaufmännische Überlegungen

An dieser Stelle taucht noch eine weitere Frage auf: Sollen Sie ein System kaufen und verschiedene Lizenzen für ihre Arbeitsplätze erwerben, oder wollen Sie das System mieten und als ASP(Application Service Provider)-Lösung einsetzen?

Ein System kaufen oder mieten?

8.3 Auswahl eines Systems

Nachdem Sie, wie gerade gesehen, Ihre Anforderungen an Ihr CRM-System geklärt haben, gilt es, die inzwischen schier unüberschaubare Menge von CRM-Systemen zu sichten.

Wir wollen keine allgemeine Empfehlung aussprechen, da es das beste CRM-System nicht gibt. Es gibt maximal das eine oder die zwei, drei, vier, oder mehr... besten Systeme für Ihre Anforderungen, unter denen Sie dann Ihre Auswahl treffen können.

Um Ihnen als Basis für Ihre Entscheidung noch ein Gefühl für die unterschiedliche Komplexität der Systeme zu geben, stellen wir Ihnen hier kurz die zehn Stufen von der „Zettelwirtschaft" zum integrierten CRM-System vor.

Zehn Stufen von der „Zettelwirtschaft" zum integrierten CRM-System

- 10. Stufe: Integrierte CRM/ERP-Systeme
- 9. Stufe: CRM-Systeme
- 8. Stufe: Integrierte CAS-Systeme
- 7. Stufe: CAS (Computer Aided Selling)
- 6. Stufe: Mehrdimensional verknüpfte Datenbestände
- 5. Stufe: Adressprogramme
- 4. Stufe: Sonderanpassungen
- 3. Stufe: Software-Inseln
- 2. Stufe: Formulare
- 1. Stufe: Zettelwirtschaft

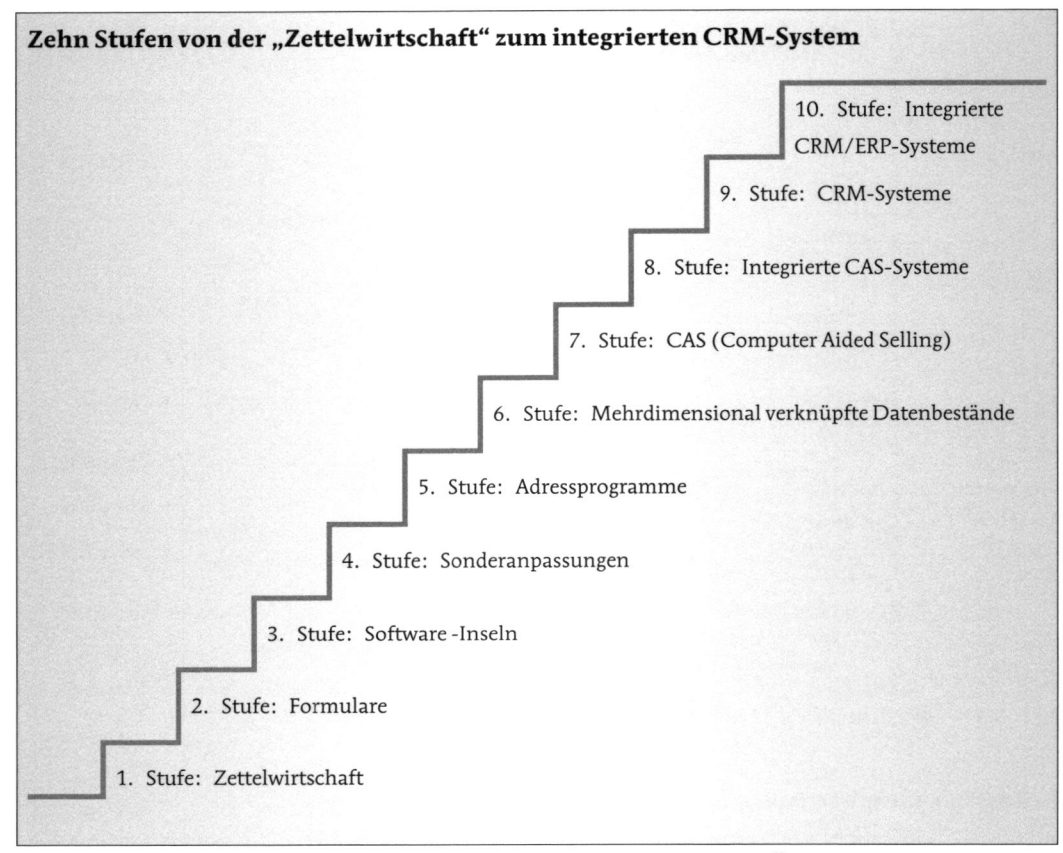

Abb. 8.2: Die zehn Entwicklungsstufen zum integrierten CRM-System im Überblick

1. Stufe: Zettelwirtschaft

Fast alle „Vertriebskünstler" und Existenzgründer starten auf diese Weise. Hier werden Kundenakten und Kundenstammdaten noch von Hand gepflegt.

2. Stufe: Formulare

Vertriebsorganisation mit Hilfe eines ausgefeilten Formularwesens schafft Strukturen, ermöglicht bereits erste manuelle Auswertungen, allerdings stößt auch das Formularwesen bei der großen Fülle der Abwicklungsvorgänge schnell an seine Grenzen.

Die verfeinerte Form dieser Stufe arbeitet deshalb bereits mit **Excel-Tabellen**.

3. Stufe: Software-Inseln

Als Ergänzung zu den Excel-Tabellen ist in dieser Stufe ein EDV-Warenwirtschaftssystem bzw. die Finanzbuchhaltung hinzugekommen.

EDV-Basissysteme, mit denen die Verkaufsmitarbeiter umgehen müssen, werden hier rudimentär zur Vertriebssteuerung herangezogen. Allerdings sind vertriebsspezifische Steuerungsauswertungen kaum möglich.

4. Stufe: Sonderanpassungen

Um das Manko aus Stufe 3 zu beheben, werden hier die Basissysteme um Sonderauswertungen ergänzt.

Dies könnten z. B. Warenlisten, ABC-Aufstellungen nach Umsatz für alle Kunden, ABC-Listen von Kunden ohne Bestellung bis dato etc. sein. Diese Listen werden in dieser Stufe dann auf Anfrage vom Rechenzentrum über das Controlling geliefert oder kommen regelmäßig, z. B. monatlich, als Papierausdrucke.

Auch in dieser Stufe lassen die Datenmodelle die aktive Kundenbetreuung noch außen vor.

5. Stufe: Adressprogramme

Hier werden erstmals die wichtigsten Kundendaten strukturiert festgehalten und die Historie der Kundenkontakte EDV-technisch dokumentiert. Es wird in der Regel Standardsoftware wie MS Outlook oder Lotus Notes benutzt oder als Basissoftware verwendet. Auch einfache Accessdatenbanken sind häufig im Einsatz.

6. Stufe: Mehrdimensional verknüpfte Datenbestände

Um noch weitere Auswertungsmöglichkeiten zu gewinnen, müssen die Datenbestände mehrdimensional verknüpft werden. Als Basis bieten sich dann Datenbankprogramme von Oracle, Microsoft, Sybase oder Ähnlichem an. Sie erlauben schnelles und flexibles Suchen, bei Bedarf auch online und auch nicht nur nach vordefinierten Begriffen.

7. Stufe CAS (Computer Aided Selling)

Alle Vorgänge der Markt- und Kundenbetreuung vom Außen- und Innendienst werden vernetzt und online automatisiert. Das Adressprogramm wird erweitert um die Funktionalitäten
- Kundenhistorie,
- Besuchsplanung,
- Besuchsberichte,
- Reiseabrechnung und die
- Steuerung von Mailingaktionen.

Hiermit ist bereits eine systematische Steuerung des Vertriebsteams möglich.

Es fehlt allerdings noch der Zugriff auf die Daten der Warenwirtschaft und des zentralen Rechnungswesens.

8. Stufe: Integrierte CAS-Systeme

Hier werden die angepassten CAS-Systeme über Schnittstellen mit den zentralen Mainframedaten der Buchhaltung, Kalkulation, Finanz- und Warenwirtschaft verbunden. Jetzt sind auch Absatz- und Umsatzplanungen und Vertriebscontrolling möglich.

9. Stufe: CRM-Systeme

In dieser Stufe wird die Außendienststeuerung außerdem mit den Arbeitsvorgängen im Marketing, Callcenter und Service (Kundendienst) vernetzt. Jetzt können die kundenbezogenen Prozesse der verschiedenen Abteilungen aufeinander abgestimmt werden, um eine Balance zwischen Kunden- und Kostenorientierung zu erreichen. Erst in dieser Stufe sprechen wir streng genommen von CRM-Systemen.

10. Stufe: Integrierte CRM/ERP-Systeme

Noch höher integriert ist diese letzte Stufe der computergestützten Unternehmensgesamtsteuerung. In dieser Stufe spricht man auch von vertikaler Unternehmensintegration durch betriebswirtschaftliche Standardsoftware. Die Aufgabe dieser Systeme ist die Erfassung und Steuerung aller Waren- und Werteströme der Unternehmen, ebenso die Verknüpfung der internen Unternehmenssteuerung mit den weichen Kundendaten.

Was ist in der Praxis verbreitet?

Eine Studie der FHS Landshut unter überwiegend mittelständischen Unternehmen hat ergeben, dass ca. 50 % der befragten Unternehmen über Stufe 6 noch nicht hinausgekommen sind. Weitere 30 % arbeiten auf dem Niveau des Computer Aided Sellings und erst ca. 20 % der Unternehmen haben ein CRM-System oder ERP-Software mit Kundenintegration im Einsatz. Wir schätzen allerdings, dass in deutschen Großunternehmen die Zahlen doch deutlich anders aussehen und dort ca. 90 % über eine professionelle Vertriebssteuerungssoftware verfügen.

8.4 CRM einführen

CRM, oder was dafür gehalten wird, ist inzwischen in aller Munde und auf vielen Projektlisten zu finden. Seine Anwendung macht aber nach wie vor Sorgen. Die Ergebnisse verschiedener Studien zeigen, dass ca. 60 % aller CRM-Einführungen nicht wie geplant funktionieren. Jeder fünfte Anwender berichtete etwa den Beratern von Bain, dass die CRM-Initiative nicht nur keinen Profit geliefert, sondern auch gute Kunden verärgert hätte. Woran liegt das?

Viele Unternehmen wollen mit dem Thema CRM so genannte „quick wins" erzielen und konfrontieren das Thema so mit überzogenen Ansprüchen und unverhältnismäßigen Renditeerwartungen. Außerdem machen viele Unternehmen aus dem CRM-Prozess nach wie vor primär ein IT-Projekt und wollen Kundenmanagement auf die Software reduzieren. Oder aber das Thema Kundenmanagement wird über das Vehikel Technik den Mitarbeitern einfach übergestülpt. Wenn Ihr Unternehmen seine Kunden nicht ernst nimmt, kann eine CRM-Software diesen Zustand auch nicht verbessern.

Dazu kommt noch ein weiterer Punkt. Wer Beziehungen managen will, muss zuallererst den Menschen, seine Welt und seine Bedürfnisse verstehen und auch ernst nehmen. Der moderne Kunde will seine Kontakte und Verbindungen zu Unternehmen am liebsten selbst in die Hand nehmen. Er möchte täglich einen Beziehungsnutzen erkennen und individuelle Vorteile erleben. Dazu muss Ihr Unternehmen Macht an seine Kunden abgeben können, damit Ihr Kunde Einfluss nehmen kann. Einfluss auf den gesamten Kommunikationsmix. Ein gutes CRM-System kann diesen Wandel nicht erzwingen, aber ermöglichen und unterstützen.

8.4.1 Erfolgsfaktoren

Aus unserer Sicht gibt es deshalb vier Erfolgsfaktoren zu beachten, damit die Einführung Ihres CRM-Systems ein Erfolg wird:

1. Unternehmen

Wie bereits gesagt, CRM und Customeyes ist eine Kultur, die in Ihrem Unternehmen, die in der Struktur Ihres Unternehmens verankert werden muss. Bedenken Sie: Ihr Unternehmen wird nicht allein durch den Einsatz eines CRM-Systems plötzlich kundenorientiert.

2. Personen

a) Management: Zuerst muss das Topmanagement mit ins Boot geholt werden. CRM und auch Customeyes sind eine Vertriebskultur, eine Unternehmenskultur und kein IT-Projekt. Deswegen muss die CRM-Philosophie zuerst vom Topmanagement verinnerlicht werden.

Die Firma Debitel hatte dazu eine tolle Idee. Dort gibt es seit einiger Zeit neben dem CEO, also dem Chief Exccecutive Officer, auch einen CCO, einen Chief Customer Officer.

b) Mitarbeiter: Ein wichtiger Erfolgsfaktor für ein erfolgreiches CRM-System ist sicher auch, dass es von den Mitarbeitern verstanden und der Nutzen erkannt wird. Unbedingt sollten Sie deshalb auch die betroffenen Mitarbeiter mit ins Boot nehmen, und das schon bei der Planung des CRM-Systems. Fordern Sie Feedback bereits in der Entwicklungsphase ein und nehmen Sie dieses auch ernst. Im Prinzip gelten hier ähnliche Regeln wie im Change-Management-Prozess, den wir bereits ausführlich behandelt haben.

Die Kriterien sowie deren Gewichtung müssen von den betroffenen Fachleuten erarbeitet und mit dem Management abgestimmt werden. Wenn Sie die Leistungsträger und Meinungsbildner erst einmal mit im Boot haben, dann überzeugen diese auch Ihre Kollegen.

c) Noch eine weitere Person kann ein Erfolgskatalysator sein: Sie sollten unbedingt einen CRM-Experten benennen. Einen „Systemadministrator", der Hilfe geben kann und auch Veränderungen an Software und Berichten vornehmen kann. Dieser Experte gibt Sicherheit, Flexibilität und Praxisnähe und erhöht so die Akzeptanz.

3. Zeit

Machen Sie sich klar, die Einführung eines integrierten CRM-Systems benötigt Zeit, manchmal sogar viel Zeit. Kurz einmal eine Software implementieren und die Umsätze springen nach oben, sprich: einen schnellen Return on Investment und dazu noch plötzlich glückliche Kunden, das gibt es mit CRM leider auch nicht.

Denn allein schon bis die eingepflegten und ermittelten Daten eine statistisch stabile Aussagekraft haben, kann es manchmal Jahre dauern. Beispiel: Die Firma Bosch Siemens Hausgeräte hat nach eigener Aussage rund drei Jahre gebraucht, bis das ausgeklügelte Scoring Modell zur Kundenwertbestimmung mehr Aussagekraft hatte als das bisher eingesetzte Bauchgefühl.

4. Projektphasen

Deshalb macht es Sinn, sich zur Einführung eines CRM-Systems die drei Projektphasen
- Definition,
- Datenintegration und
- Umsetzung

vor Augen zu führen. Jede dieser Phasen muss von Analyse, Kontrolle und Change-Management begleitet werden.

Gehen Sie also mit genügend Geduld, einem gut organisierten Projekt, einer im Unternehmen verankerten Customeyes-Kultur und überzeugten Mitarbeitern und Topmanagern an das Projekt CRM, dann wird es auch ein Erfolg.

8.4.2 Phasen der Einführung

Analog unserem Phasenmodell im Veränderungsmanagement (siehe Abschnitt 6.5) hier die aus unserer Sicht typischen Phasen eines Projektes zur Einführung eines CRM-Systems:

1. Phase: Definition

Wie wir hier im 2. Kapitel ausführlich erklärt haben, steht am Beginn der erfolgreichen Einführung eines CRM-Systems unbedingt die ausführliche Klärung der Anforderungen.

2. Phase: Expertenrunde

Bereits zur Klärung der Anforderungen sollten Sie eine Expertenrunde, quasi ein Projektteam, berufen, das diese Anforderungen gemeinsam definiert. Dort sollten CRM-affine Mitarbeiter aus allen beteiligten Abteilungen vertreten sein – auch ein Topmanager. Nachdem die Anforderungen geklärt sind, muss der Markt gesichtet werden und letztendlich die Entscheidung fallen, welches System in Ihrer Firma eingesetzt werden soll.

3. Phase: Kick-off

Dann ist es Zeit für einen Kick-off. Jetzt werden alle betroffenen Mitarbeiter informiert und die Einführung des CRM-Systems angekündigt.

4. Phase: Mitarbeiter-Workshops

Sehr schnell anschließend an Phase drei sollten nach unserer Überzeugung jetzt Workshops mit allen Mitarbeitern durchgeführt werden. Diese Workshops haben zwei Ziele.

Zum einen sollten die Mitarbeiter überzeugt werden von der Sinnhaftigkeit und dem Nutzen für ihre Tätigkeit durch die Einführung des CRM-Systems. Denn letztendlich hängt die Qualität der Daten und damit der Erfolg des Systems von den Daten ab, die die Mitarbeiter einpflegen.

Zum anderen sollten die Mitarbeiter in diesen Workshops auch trainiert werden, sodass Sie das System richtig und professionell einsetzen und bedienen können.

5. Phase: Multiplikatoren

Wir empfehlen auch in diesem Change-Projekt „CRM-System" den Einsatz von Multiplikatoren. Mitarbeiter, die besonders fit im Umgang mit dem Programm und besonders überzeugt vom Nutzen des Systems sind, sollten als Speerspitze besonders gefördert und als Multiplikatoren eingesetzt werden.

6. Momentum-Meetings

Auch bei der Einführung eines CRM-Systems ist es wichtig, dass die Mitarbeiter möglichst schnell und möglichst andauernd Erfolgserlebnisse vor Augen geführt bekommen. Denn nur so wird das Momentum hochgehalten und die Motivation der Mitarbeiter, die am Anfang lästige Arbeit des Datensammelns und Datenpflegens zu machen, erhalten.

Gerade am Anfang bei nur durchwachsener, weil noch unvollständiger Datenqualität sind natürlich auch die Auswertungen nur durchwachsen. Diese Phase kann durch Momentum-Meetings und das Bewusstmachen von Erfolgen abgemildert werden.

7. Phase: Audit

Auch ein CRM-System ist selten im ersten Wurf perfekt. Deshalb sollten die Erfahrungen der das System einsetzenden Mitarbeiter gesammelt, bewertet und im Bedarfsfall auch umgesetzt werden, sodass auch für Ihr CRM-System ein kontinuierlicher Verbesserungsprozess entsteht.

8.5 Gesamtcheckliste: Integrierte CRM-Systeme

1. Grundlagen des CRM
   Stehen unsere Strategie, unsere Organisation und unsere Prozesse fest, bevor wir an die Einführung eines CRM-Systems denken?
   Wissen wir, wie wir die gesammelten Daten auch zur Kundenpflege und Umsatzsteigerung einsetzen wollen?

2. Eigene Anforderungen klären
   Ist unser Topmanagement integriert und überzeugt vom Nutzen eines CRM-Systems?
   Haben wir unsere Ziele und die Vorteile, die wir uns von CRM versprechen, dokumentiert?

3. Auswahl eines Systems
   Haben wir die potenziellen Anbieter anhand unserer Anforderungen vorselektiert?
   Haben wir ausgewählte Kunden in den Entscheidungsprozess eingebunden?

4. CRM einführen
   Haben wir genügend Zeit bis zur erfolgreichen Umsetzung eingeplant?
   Beachten wir die Change-Management-Phasen auch bei der Einführung eines CRM-Systems?

Nachwort

Wie entwickelt sich der Vertrieb in Zukunft?
Wie werden sich Vertriebsorganisationen entwickeln?
Wie sollten Sie sich als Mitarbeiter im Vertrieb entwickeln?

Nachdem wir Ihnen in diesem Buch schon so viele Fragen gestellt haben, möchte ich Ihnen zum Abschluss noch ein paar Antworten geben – aus meiner ganz persönlichen Sicht.

Folgende Trends, zu den vier Vertriebsthemen Kunden, Mitarbeiter, Organisationen und Strategie, zeichnen sich meiner Meinung nach für die nächsten Jahre ab und werden sich eher noch verstärken.

1. Kunden

Die Kunden werden in Zukunft bestimmen, mit wem sie wann und wie in Kontakt treten wollen. Und sie werden auch bestimmen, wer mit ihnen in Kontakt treten darf.

Auf der einen Seite werden sie immer aufgeklärter, haben immer mehr Informationen über den Markt, seine Produkte und Preise.

Auf der anderen Seite wird der Markt immer vergleichbarer, die Produkte immer ähnlicher. Für den Kunden bedeutet das: Er wird immer mehr Produkte wie heute schon Commodity-Produkte (Massenware) einkaufen. Gute Qualität, schnell, billig und möglichst einfach.

Nur, dafür braucht die Vertriebsorganisation keinen Außendienst mehr, sondern einen Manager der Kundenbeziehung, der für optimale Strukturen und eine reibungslose Zusammenarbeit sorgt. So stellt er sicher, dass der Kunde möglichst schnell, möglichst einfach und möglichst billig gute Qualität einkaufen kann.

Customeyes bedeutet hier, das Kaufen dem Kunden so zu ermöglichen, wie er es möchte. Nehmen Sie amazon, dort kann ich heute schon wann ich will (24 h/7 Tage) und was ich will (neu oder gebraucht) einkaufen. Und einfach ist es auch, dank „1-Klick-Bestellung". Was heute amazon für Bücher ist, muss morgen Ihre Organisation für Ihr Produkt sein, vor allem auch im B2b-Markt.

Noch etwas zum Thema Kommunikation: Meine Handynummer hat früher nicht jeder bekommen, das ist heute anders – ich kann ja sehen, wer anruft (...) Und was früher die Handy-Nummer war, ist heute meine Skype-Kennung (Internet-Telefonie-„Nummer").

Und nun der Lackmustest für Sie, liebe Vertriebler: Kennen Sie die Skype-Kennung Ihrer besten Kunden?

2. Vertriebsmitarbeiter

Wie Sie sehen, kommen auf Sie in den nächsten Jahren große Herausforderungen zu. Im Investitionsgütermarkt werden Sie weiter gebraucht. Und überall dort, wo komplexe Produkte oder Dienstleistungen verkauft werden. Überall dort, wo Sie mit Ihrem Know-how zum Kundenerfolg beitragen können. Überall dort werden Sie gebraucht werden. Nur dann ist quasi jeder Vertriebler ein „Key-Accounter". „Jeder" Vertriebler wird Aufgaben übernehmen (müssen), die heute in der Regel nur KAMs haben: Kunden tief verstehen, kundenindividuelle Lösungen mit einem Team von Fachspezialisten entwickeln und umsetzen. Kurzum, dem Kunden helfen bessere Geschäfte zu machen.

Noch etwas kommt auf Sie zu, es wird immer mehr Neues immer schneller von Ihnen erwartet werden. Dietrich Mateschitz, der Inhaber von Red Bull, hat einmal gesagt: *„Ich beschäftige keine Trainer, nur Personalberater. Will heißen: ‚Time to market' ist heute so kurz, dass ich fertige Leute brauche, sofort!"* – damit zeigt er die Richtung.

Für Sie heißt das: Sorgen Sie selbst für Ihre Aus- und Weiterbildung, machen Sie sich fit für die Entwicklung vom Verkäufer zum Marktmanager und weiter zum Wertemanager. Wobei die Wertemanager von morgen nicht nur kapitale Werte, sondern vor allem auch ideelle Werte werden managen müssen.

3. Vertriebsorganisation

Schauen wir uns für die Prognose noch einmal das in diesem Buch vorgestellte Graves-Value-System (GVS, Abschnitt 4.1.3.2) an.

Die autokratischen Vertriebe sind eigentlich fast alle vom Markt verschwunden. Oder kennen Sie noch einen erfolgreichen autokratisch geführten Strukturvertrieb?

Die bürokratischen Vertriebe werden auch immer seltener, und diejenigen, die es noch gibt, strukturieren aktuell fast alle um und entrümpeln ihr festes Regelwerk.

Zur Zeit sind im Markt ganz klar die Vertriebe mit ökonomischen Strukturen am häufigsten zu finden. Gefragt ist der Erfolgssucher, der Unternehmer im Außendienst.

Team-Vertriebe, ja die gibt es, aber in Reinform sind sie noch selten. Wie im Buch ausführlich beschrieben, wird das wohl eine Entwicklung für die nähere Zukunft im Vertrieb sein. Und dann?

Nach Graves kommt dann die Netzwerk-Organisation. Davon gibt es zur Zeit kaum welche im Vertrieb. Ich kenne eine einzige Firma, die konsequent und erfolgreich mit Akquisitions-Projektteams arbeitet, die wirklich immer wieder kundenindividuell zusammengestellt werden.

Vielleicht gibt es davon schon mehr und ich kenne sie nur nicht? Dann geben Sie mir bitte Bescheid. Aber auch hier bin ich mir sicher, werden wir in Zukunft immer häufiger auch im Vertrieb solche Projekt- und Netzwerkstrukturen antreffen. Wir haben hier im Buch ja an der einen oder anderen Stelle schon ein leidenschaftliches Plädoyer dafür gehalten.

Und Globale-Denker-Strukturen im Vertrieb? Es gibt heute schon Organisationen, die dieser Struktur sehr nahe kommen. Wie Linux, Mozilla etc. Damit lässt sich bestimmt auch erfolgreicher Vertrieb organisieren. Die Frage ist nur: Ist die Zeit dafür schon reif?

4. Vertriebsstrategie

Auch Vertriebsstrategien haben sich entwickelt und werden sich weiter entwickeln:
vom Vertrieb mit Power
... über den Vertrieb mit Methode (PRUNCK, ABC-Analyse, etc.),
... den Vertrieb mit System (CRM, ...)
... den Partnerschaftsvertrieb mit Kunden
bis zum Netzwerkvertrieb mit Kunden und Lieferanten (falls man das dann noch unterscheidet).

Deshalb ein letzter Tipp:
Gehen Sie, lieber Leser, einen Schritt nach dem anderen: Evolution statt Revolution. Leisten Sie sich aber auch keinen Stillstand, sondern fördern Sie Ihr Wachstum und das Wachstum Ihrer Organisation - und das auf allen Ebenen.
Finden Sie Ihre Vision.
Als Vertriebsorganisation.
Als Mitarbeiter im Vertrieb.
Als Partner des Kunden.
Und arbeiten Sie daran, dieser Vision Tag für Tag einen kleinen Schritt näher zu kommen.

Viel Spaß am Erfolg –
Heiko van Eckert

Danke!

Ika und Jannis
Für Euren Verzicht (notgedrungen) auf Ehemann und Papa

Kerstin
Für dein sinngebendes Deutsch
und deine schier endlose Geduld,
bei meinen mehrfachen „Hin und her und wieder hin"- Aktionen

Christiane
Für deine schnellen Finger

André
Für Dein inhaltliches Sparring und den Checklistencheck

Kunden
Für Ihr Vertrauen
Ohne das das Buch nicht möglich gewesen wäre

Team
Für die gute Zusammenarbeit vor und während dieses Buchprojektes

Literaturverzeichnis

Ahlert, Dieter; Dannenberg, Holger; Huckemann, Matthias (Hrsg): **Der Vertriebs-Guide.** München/Unterschleißheim 2004. Luchterhand

Arbeitskreis Assessment Center E. V. (Hrsg.): **Assessment Center in der betrieblichen Praxis.** Hamburg 1995. Windmühle GmbH

Barowski, M.: **Verkaufsförderung.** Berlin 2004. Cornelsen Verlag

Berth, Rolf: **Erfolg.** Düsseldorf, Wien, New York, Moskau 1993. ECON Verlags GmbH

Bettger, Frank: **Lebe Begeistert und Gewinne.** Zürich 1990. Oesch Verlag AG

Bosshart, David: **Billig.** 2004. Ueberreuter Wirtschaftsverlag

Carlzon, Jan, Lagerström Tomas: **Alles für den Kunden.** Frankfurt/Main 1995. Campus Verlag GmbH

Christiani, Alexander; Scheelen, Frank M.: **Stärken stärken.** München 2002. Redline Wirtschaft bei Verlag moderne industrie (Landsberg)

Cialdini, Robert B.: **Die Psychologie des Überzeugens.** Bern 1997/2002. Verlag Hans Huber

Covey, Stephen R.: **Die sieben Wege zur Effektivität.** Frankfurt/Main 1992. Campus Verlag

Czech-Winkelmann, Susanne: **Vertrieb.** Kundenorientierte Konzeption und Steuerung. Berlin 2003. Cornelsen Verlag

Della Schiava, Manfred: **Excel für Marketing und Vertrieb.** Wien/Frankfurt 2000. Wirtschaftsverlag Carl Ueberreuter

Detry, Erich-Norbert; Scheelen Frank M.: **Jeder Kunde hat seinen Preis.** Berlin/Regensburg 2003. Metropolitan Verlag

Drucker, Peter F.: **Managing for Results.** 1999. Butterworth Heinemann.

Felser, G.: **Motivationstechniken.** Berlin 2002. Cornelsen Verlag

Finch, Brian: **30 Minuten für professionelles Verhandeln.** Offenbach 1999. Gabal Verlag GmbH

Fink, Dietmar H.: **Virtuelle Unternehmensstrukturen.** Wiesbaden 1998. Gabler Verlag

Fisher, Roger; Ury, William; Patton, Bruce: **Das Harvard Konzept.** Frankfurt/New York 1999. Campus Verlag

Friedrich, Kerstin; Seiwert, Lothar J.; Geffroy, Edgar K.: **Das neue 1x1 der Erfolgsstrategie.** Offenbach 2002. Gabal Verlag GmbH

Geffroy, Edgar K.: **Clienting.** Landsberg/Lech 1995. Verlag moderne industrie (Landsberg)

Geffroy, Edgar K.: **Das einzige was stört ist der Kunde.** Düsseldorf 1992. Geffroy InformationsAgentur

Geffroy, Edgar K.: **Machtschock.** Frankfurt/New York 2002. Campus Verlag GmbH

Girard, Joe; Brown Stanley H. Brown: **How to Sell Anything to Anybody.** New York 1981. Warner Books

Goldmann, Heinz M.: **Wie man Kunden gewinnt.** Berlin 2002. Cornelsen Verlag

Häusel, Dr. Hans-Georg: **Brain Script.** Planegg/München 2004. Rudolf Haufe Verlag GmbH & Co. KG

Harris, Godfrey: **Empfehlen Sie uns weiter.** Wien 1999. Signum Verlag.

Johnson, Spencer; Wilson, Larry: **Das Minuten-Verkaufstalent.** September 2002. Rowohlt Taschenbuch

Kotter, John P.: **Chaos Wandel Führung – Leading Change.** Düsseldorf 1997. Econ Verlag GmbH

Kremer, Alfred J.: **Reich durch Beziehungen.** Landsberg/Lech 2000. Verlag moderne industrie (Landsberg)

Kraus. G. u. a.: **Change Management.** Berlin 2004. Cornelsen Verlag

Kreuter, D.: **Verkaufs- und Arbeitstechniken für den Außendienst.** Berlin 2005. Cornelsen Verlag

Lewicki, Roy J.; Hiam, Alexander; Wise Olander, Karen [ISI Marketing GmbH]: **Verhandeln mit Strategie.** Bochum 2000. ISI Marketing GmbH

Löffler, Horst; Scherfke, Andreas: **Praxishandbuch Direkt Marketing.** Berlin 2000. Cornelsen Verlag

Macioszek, H.-Georg: **Chruschtschows dritter Schuh.** Hamburg 1995. Ulysses Verlag

Maderthaner, Wolfgang: **Der Kundenmanager.** Wiesbaden 1987. Betriebswirtschaftlicher Verlag Dr. Th. Gabler

Maister, David H.: **Practice What You Preach.** New York 2003. Free Press a Division of Simon & Schuster, Inc.

Miller, Robert B.; Heiman, Stephen E. mit Tuleja, Tad: **Strategisches Verkaufen.** Landsberg/Lech 1999. Verlag moderne industrie (Landsberg)

Miller, Robert B.; Heiman, Stephen E. unter Mitarbeit von Tad Tuleja: **Schlüsselkunden-Management.** Landsberg/Lech 1992. Verlag moderne industrie (Landsberg)

Mühlen, Alexander: **Internationales Verhandeln.** Münster 2002. LIT Verlag

Peoples, David A.: **Selling To the Top.** Wiesbaden 1995. Betriebswirtschaftlicher Verlag Dr. Th. Gabler

Peseschkian, Nossrat: **Der Kaufmann und der Papagei.** Frankfurt 2003. Fischer Taschenbuch

Peters, Tom: **Re-imagine!** Starnberg 2004. Dorling Kindersley Verlag GmbH

Rackham, Neil: **Die neue Welle im Verkauf.** Hamburg 1989. McGraw-Hill Book Company GmbH

Scheelen, Frank M; Simon, Walter: **Bewerberauswahl leicht gemacht.** 2003. Ueberreuther Wirtschaftsverlag.

Scheelen, Frank M.: **Menschenkenntnis auf einen Blick.** Landsberg Lech 2000. Verlag moderne industrie (Landsberg)

Scheelen, Frank M.: **So gewinnen Sie jeden Kunden!** Landsberg/Lech 2000. Verlag moderne industrie (Landsberg)

Schmitz, Karl-Werner: **Haptisches Verkaufen.** 2004. Verlag moderne industrie (Landsberg)

Schranner, Matthias: **Verhandeln im Grenzbereich.** München 2003. Ullstein Heyne List GmbH & Co. KG

Scott-Morgan, Peter; Maira, Arun; Arthur D. Little International: **Unternehmen auf der Überholspur.** Frankfurt/New York 1997. Campus Verlag

Senge, Peter M.: **Die Fünfte Disziplin.** Stuttgart 1996. Klett-Cotta

Senge, Peter; Kleiner, Art; Roberts, Charlotte; Ross, Richard B.; Roth, George; Smith Brian J.: **The Dance of Change.** Wien/Hamburg 2000. Signum Verlag Ges.m.b.H. & Co. KG

Sprenger K. Reinhard: **Das Prinzip Selbstverantwortung.** Frankfurt/Main; New York 1998. Campus Verlag

Sprenger, Reinhold K.: **Mythos Motivation.** Frankfurt/Main; New York 1997. Campus Verlag

Steinbuch, Pitter A.; Olfert, Klaus (Hrsg.): **Organisation.** Ludwigshafen 2003. Friedrich Kiehl Verlag GmbH

Stoffel, W.: **99 Tipps für den erfolgreichen Verkauf.** Berlin 2005. Cornelsen Verlag

Stöger, Gabriele; Stöger, Hans: **Besser verkaufen mit Glaubwürdigkeit und Sympathie.** München 2002. Redline Wirtschaft bei Verlag moderne industrie (Landsberg)

Töpfer, Armin: **Kundenzufriedenheit messen und steigern.** 2004. Luchterhand

Verweyen, Alexander: **Der Verkäufer der Zukunft.** Wiesbaden 1997. Betriebswirtschaftlicher Verlag Dr. Th. Gabler

Vögele, Siegfried: **Dialogmethode.** Das Verkaufsgespräch per Brief und Antwortkarte. Landsberg/Lech 1998. Verlag moderne industrie (Landsberg)

Weis, Hans Christian (Hrsg.): **Modernes Marketing für Studium und Praxis: Verkauf.** Ludwigshafen 1995. Friedrich Kiehl Verlag

Winkelmann, Peter: **Kundenwerte ermitteln und Prioritäten steuern.** eBook, 2004. Schimmel Media Verlag 2004.

Internet-Quellen

www.akquisa.de

www.geffroy.de

www.huthwaite.de

www.mw-online.de

www.salesprofi.de

www.verkauf-aktuell.de

www.vertriebs-experts.de

www.vm-aktuell.de

www.wiwo.de

Stichwortverzeichnis

Abbaukunden 114
ABC-Analyse 113
Accountradar 107, 146
Accountstrategie 145
Administrations Management 68
Adresse 98
Adressgewinnung 98
Adressprogramme 325
After Sales 188
Aftersalesphase 132
Aktionsplanung 255
Aktionstypen 256
Alleinstellungsmerkmal 186
Alternativangebot 220
Anforderungen 319
Anforderungsprofil 301
Angebot, Aufbau 183
Angebote 103, 109, 182
Angebots Management 68
Angebotskunde 109
Anwender 150
Argumentationsqualität 178
Argumentationstreppe 177
Argumente 173
Asessmentcenter 304
Aufbau eines Angebots 183
Aufbauen einer Beziehung 213
Aufbauorganisation 62
Außendienstleasing 54
Außendienstverkäufer 65
Ausüben von Druck 222
Auswahlmethoden 302
Auswahlprozess 302
Autokratie 157

B2b 59, 149
Balanced Scorecard 266
Bedarf 104
Bemessungsgrößen 253
Beobachtungsbogen 303
Bestandsaufnahme der vertrieblichen Situation 20
Betrug 223
Bewerberinterviews 303
Beziehen einer Position 213
Beziehung aufbauen 164, 213
Beziehungen 317
BLUBZEWE 107, 146, 270
BLUBZEWE-Radar 271
Botschaften, Verbalisieren emotionaler 181
Bottom-up-Ansatz 82
Branchen-Know-how 133
Bürokratie 157
Buy-in 18
Buying Center 105, 149, 151

CAS Systeme 325
Changeprozesse 286
Coaching 281
Comittment 170
Controlling 68
CRM einführen 326
CRM-System 315
CRM-System, integriertes 324
Customer Care Call-Center 124
Customer Equity 318
Customer Lifetime Value 318
Customer Managed Relationship 318
Customer Managed Score Card 267
Customer Value 318
Customer Value Management 318
Customer-Relationship-Management 315
Customeyes 33, 132
Customeyes-Kommunikation 69
Customeyes-Organisation 79
Customeyes-Verhalten 192
Customeyes-Kultur 51
Customeyes-Strategie 37
Customeyes-Vertriebskultur 32, 35

Daten, Herkunft der 323
Datenbanken 322
Datenstruktur 320
Deckungsbeitragsgesteuerte Vertriebsorganisation 264
Diagnoseverfahren 305
Direkte Vertriebskanäle 53
Direkter Kundenkontakt 199
Distributionspartner 59
Drohung 221
Druck ausüben 222
Du-Nutzen 174
Durchsetzung höherer Preise 236

E-commerce 54
Einführen von CRM 326
Einkäufer, Verhandeln mit 224
Einsatzbereitschaft 295
Einstellungen 228, 297
Einwandbehandlung 178, 182
Einwände 180
Eisenhower-Prinzip 309
E-Mails 195 f.
Emotionale Botschaften, Verbalisieren 181
Empfehlungen 127
Empfehlungsmarketing 128
Enterprise (ERP)-Systeme 322
Entscheider 149
Entscheidung 185
Entscheidungsbeeinflusser 149
Entscheidungskompetenzen 76
Entwicklung 74
Erfolgsfaktorenanalyse 289
Erfolgstagebücher 258
Ergebnisbezogene Ziele 243
Erstkontakt 101
Ersttermin 99
Exzellenz, operative 192

Face-to-Face 192
Feilschen 214
Festgehalt 248, 252
Finden von Mitarbeitern 301
Finte 223
Flächenvertrieb 63
Förderungsplan 81
Forecastplanung 268, 270
Fragetechnik 164
Fragezeichenkunden 114
Franchising 58
Freiberufler 284
Freundlichkeit 193
Führung 283

Gemeinschaft, globale 157
Gesprächsklima 160
Gesprächsphasen 162
Globale Gemeinschaft 157
Good guy – bad guy 220
Graves-Value 156 f.
Guter Verkäufer 294

Halb-win, halb-loose 215
Haltung, professionelle 193
Handelspartner 59
Handelsvertreter 54, 284
Harvard-Konzept 202
Herkunft der Daten 323
Höhere Preise, Durchsetzung 236
How-to-Lerner 169

Ich-Merkmale 174
Ideales Vergütungssystem 252
Implus-Erfolgsfaktorenanalyse 290
Incentives 250 ff.
Indirekte Vertriebskanäle 58
Informationsfluss 69
Informationsmanagement 69

Innendienst 259, 297
Innendienst-Organisation 66
Innendienstverkäufer 65
Insights 231
INSIGHTS MDI(r) 153
Integriertes CRM-System 324
Interne Kommunikation 71
Internet 60
Internetseiten 53
Interview 302
IT-Abteilung 140

Jahrestagung 260
Jahresvereinbarung 125, 188 f.
Jahresziele 261

Kataloge 53
Kaufhaltung 104
Kaufmotive 165, 167
Kennzahlen 264, 280
Kernzielgruppe 27
Key-Account-Manager 65
Key-Account-Management 51
Kommunikation 69
Kommunikation, interne 71
Kommunikationsplan 81
Kommunikationsverhalten 316
Können 297
Kontaktaufnahme 100
Konzeptkunde 108
Kooperationen 136
Kooperationsphase 219
Kunden 75, 329
Kunden im Mittelpunkt 315
Kundenausbau 91, 122
Kundenbezogene Ziele 245
Kundenblickwinkel 322
Kundendienst-Mitarbeiter 67
Kundendiensttechniker 65
Kundenerfolgssteigerungsprogramme 256

Kundengespräch, Vorbereitung eines 163
Kundengewinnung 90, 98
Kundengruppen 49, 63
Kundengruppen, Vertriebsbetreuung nach 50
Kundenklassen 116
Kundenkontakt 144
Kundenkontakt, direkter 199
Kundenlebenszyklus-Analyse 118
Kunden-Nutzen 175
Kundenorientiertes Verhalten 192
Kundenorientierung 33, 293
Kundenpflege 122
Kundenpotenzialdaten 102
Kundenrendite-Portfolio 120
Kundenrückgewinnung 139, 256
Kundenservice 192
Kundensicht 132
Kundentypen 153 f., 231
Kundenwertanalyse 111, 121
Kundenzufriedenheit 32

Landkartensoftware 49
Leads 98
Lerntypen 168
Liebig'sches Wachstumsgesetz 246
Lieferanten 74
Lieferdienst 123
Logbuch 313
Loose-loose 215
Loose-to-win 214
Loyalität 295

Macht-Portfolio 120
Marketing 73, 140
Marktnische 27
Matrixvarianten 63
M-commerce 54
Melkkunden 114
Mengenrabatt 43

Merchandiser 65
Messen 198
Messgrößen 266
Mindopener 168
Mitarbeiter 282
Mitarbeiter finden 301
Mitarbeiter, qualifizierte 275
Mitarbeiterbezogene Ziele 245
Mitarbeiterführung 240
Mitarbeitermotivation 314
Mittelpunkt, Kunden im 315
Mobile-Learning 280
Motiv 167
Motivation 78, 282, 295, 312
Motivationsplan 81

Netzwerke 79, 137, 157
Neukundengewinnung 256
Neuprodukteinführungen 256
Normgremien 75
Nutzenargument 181

Offensiv-Strategie 181
Ökonomie 157
Operative Exzellenz 192
Organisationsplan 80

Partner 132, 200, 284
Partnernetzwerke 138
Personalplan 80
Persönliche Werte 295
Persönlichkeit 296
Phasen der Verhandlung 205
Phasen des Verkaufsgesprächs 160
Portfolio-Analyse 114 f., 119
Positionen beziehen 213
Prämien 250, 252
Präsentationen 168, 170, 172
Preis 184
Preisargumentation 232
Preisdifferenzierung 40

Preise, Durchsetzung höherer 236
Preismanagement 39
Preispolitik 45
Preisstrategie 38
Preistaktiken 233
Preisverhandlungen 226
Prioritäten 309 f.
Produktgruppen 47
Produktsortimentspolitik 140
Professionelle Haltung 193
Provisionen 248, 252
Prozesse Customeyes 141
P.R.U.N.C.K. 161 f., 205

Qualifizierte Mitarbeiter 275
Qualität 120

Rabatt 38, 226
Rabattfalle 42
Rabattpsychologie 230
Rabatttypen 232
Rechtsabteilung 75
Recruiting 300
Regionalmeetings 259
Regionen 48
Reklamationen 198
Rentabilitätsorientierung 264
Reporting 321
Rollenverständnis 294

Salamitaktik 221
Schlüsselkunden 51
Schmutzige Tricks 223
Schulungen 140
Scoring-Modell 117
Selbstmotivation 312
Selbstorganisation 307
Service 123
Serviceführerschaft 123
Servicekulturprozess 124
Servicelevel-Agreement 126
Setting 211
Setzen von Zielen 241
Situation, Bestandsaufnahme der vertrieblichen 20

Sonderaktionen 256
Sortimentsbindung 59
SPIN®-Selling 165
Sponsor 150
SPOT-Methode 277 f.
Strategie 14
Strategische Zielfindung 241
Strukturvertrieb 57, 63
Stufen der Vertriebsprozesse 86 f.
SWOT-Analyse 241 f.
Sympathie 186
Szenario-Strategie 181

Tagesplanung 311
Taktikmatrix 152
Team 157
Technik 74
Technisches Management 68
Telefon 191, 193
Telefon, Verkaufsgespräche am 191
Telefonnotiz 195
Telefonskript 100
Telling customer 127, 132
Top-down-Ansatz 82
Topverkäufer 296, 299
Trainings 276
Tricks 220
Tricks, schmutzige 223

Umgang mit Einwänden 180
Umsatzstars 114
Uniques 186
Unternehmensstrukturen 157
Unternehmensstrukturtypen 156
Unternehmensvision 15
Unterschreiber 149
USP 29, 105

Veränderungsmanagement 240, 285
Verbalisieren emotionaler Botschaften 181
Verbraucher 28
Vergütung 247

Vergütungssystem, ideales 252
Vergütungssysteme 248
Verhalten, kundenorientiertes 192
Verhandeln mit Einkäufern 224
Verhandlung, Phasen der 205
Verhandlungen 153, 201
Verhandlungsprinzipien 203
Verhandlungsspanne 210
Verhandlungsspielraum 209
Verhandlungstaktiken 216
Verhandlungstechniken 215
Verhandlungsvorbereitung 207, 212
Verkäufer, guter 294
Verkaufs Management 68
Verkaufserfolg 144
Verkaufsgespräch, Phasen des 160
Verkaufsgespräche 159
Verkaufsgespräche am Telefon 191
(Verkaufs-) Logbuch 313
Verkaufsteams 67
Vertrauen 186
Vertriebliche Situation, Bestandsaufnahme der 20
Vertriebsanalyse 19
Vertriebsbetreuung nach Kundengruppen 50
Vertriebscontrolling 265, 274
Vertriebsdeckungsbeitrag 264 f.
Vertriebsfunktionsträger 65
Vertriebskanäle 53
Vertriebskanäle, direkte 53
Vertriebskanäle, indirekte 58
Vertriebskreislauf 95

Vertriebskultur 32, 34
Vertriebsleitung 240
Vertriebsmeetings 257
Vertriebsmitarbeiter 275, 294, 329
Vertriebsorganisation 46, 329
Vertriebsorganisation, deckungsbeitragsgesteuerte 264
Vertriebspartner 59
Vertriebspipeline 93
Vertriebsplan 80, 82
Vertriebsproduktivität 273
Vertriebsprozesse 84
Vertriebsprozesse, Stufen der 86 f.
Vertriebssteuerung 262 f.
Vertriebsstrategie 14, 25, 330
Vertriebsstrukturen 46
Vertriebsteams 66
Vertriebstreppe 93 f.
Vertriebstrichter 94 f.
Vertriebsvision 15
Verwundbarkeitsanalyse 105 f.
Vision 14
Visionsentwicklung 17
Visualisierung 171
Vorauswahl 302
Vorbereitung eines Kundengesprächs 163
Vorwände 180

Wachstumsgesetz, Liebigsches 246
Wachstumsstrategie 31
Wandel 293
Weiterbildung 277
Weiter-Frage-Strategie 180
Werte, persönliche 295
Wettbewerb 75, 250
What-Typen 169
Win-win 214
Wir-Gefühl 261
Wissen 297
Wissensmanagement 69

Zähigkeits-Strategie 181

Zeitinventur 308
Zeitmanagement-Matrix 309
Ziele setzen 241
Ziele, ergebnisbezogene 243
Ziele, kundenbezogene 245
Ziele, mitarbeiterbezogene 245
Zielfindung, strategische 241
Zielkunden 98, 188 f.
Zielvereinbarungen 245
Zielvereinbarungsgespräche 246
Zuhörer 170
Zukunftstauglichkeit 31
Zulieferer 74
Zusatznutzen 176

Cornelsen

Die Vertriebsaufgabe.

Der erste Kunde, an den die Produkte verkauft werden müssen, ist der Handel. Die herstellende Industrie kämpft um jeden Zentimeter in den Regalen der Handelsketten. Das Vertriebsmanagement muss darum neben den Endkunden zunehmend die Interessen der Handelskunden beachten.
Eine Herausforderung für das Marketing jedes Unternehmens.

Susanne Czech-Winkelmann
Trade-Marketing

320 Seiten, Festeinband
ISBN 3-589-23691-4

Erhältlich im Buchhandel. Weitere Informationen zu den *Handbüchern Unternehmenspraxis* gibt es dort oder im Internet unter *www.cornelsen-berufskompetenz.de*

Cornelsen Verlag
14328 Berlin
www.cornelsen.de